Martin Kowatsch

RADENTHEIN

Arbeiterleben und Wirtschaftswandel – zur Entstehung eines Weltkonzerns

Radenthein, 2018

OGB VERLAG

Umschlag/Cover:	Rötelzeichnung von Josef Kornfeld, Wien
ISBN:	978-3-99046-377-2
Medieninhaber:	Verlag des Österreichischen Gewerkschaftsbundes GmbH Wien
	© 2018 by Verlag des Österreichischen Gewerkschaftsbundes GmbH Wien
Internet:	www.oegbverlag.at
Herausgeber, Verfasser:	Mag. Dr. Martin Kowatsch
Zusammenarbeit:	Institut für die Geschichte der Kärntner Arbeiterbewegung, 9020 Klagenfurt am Wörthersee (www.igka.at) und Jobstmedia, 1020 Wien (www.jobstmedia.at). – Mit freundlicher Unterstützung durch die Kammer für Arbeiter und Angestellte für Kärnten.
Redaktion:	Prof. Vinzenz Jobst
Druck:	Christian Theiss GmbH, Am Gewerbepark 14, 9431 St. Stefan im Lavanttal
Layout/Satz:	Satz & Design Schöffauer, St. Ulrich 28, 9161 Maria Rain

Inhaltsverzeichnis

Vorwort 5

I. Einleitung 7

II. Der Industriestandort Radenthein 10
Vorgeschichte und Entstehung von Radenthein 10
Die ersten 25 Jahre (1908–1933) 20
Die neue Industrie/Gedicht von Josef Huber 29
Vom 25-Jahr- zum 40-Jahr-Jubiläum 33
Im Sturm der politischen Systeme 43
Machtkämpfe um Magnesit 46
Entnazifizierung 53
Der Wiederaufbau 69
Das Öl geht aus 81
Eine neue Ära beginnt - das Management Buy out! 93
Zukäufe und Fusionen in Europa 95
Wir kaufen Amerika! 102
Zurück im Leben …! 104
Der nächste Schritt – RHI Magnesita 111

III. Verantwortung, Gesellschaft, Soziales 115
Betriebliche Sozialpolitik 116
Wohnraum/Mobilität 127
Kinderbetreuung 133
Werkssportgemeinschaft Radenthein (WSG) 136
Werkskulturgemeinschaft Radenthein (WKG) 141
Personalmaßnahmen 141
Sozialleistungen/Gesundheit 144
Bildung 149
Regionale Bildungspolitik 152
Bildung im Magnesitwerk 156
Berufsausbildung 176
Kernpunkte der Bildungsentwicklung 187
Betriebsrat und Mitwirkung der Arbeitnehmer/innen 191
Mitbestimmung in Aufbau- und Boomzeiten 193
Das Jahrzehnt der Rationalisierungen 205
Die Mitbestimmung – neue Herausforderungen 212
Eine Replik: Die Information zu Hause/der Weg voraus
(k)ein Widerspruch (inter-/national) 217

IV. Arbeiterleben und Wirtschaftswandel . . . 222
Im Spiegel familiärer Erinnerungen . . . 222
Allgemein . . . 223
Aus der Praxis . . . 224
Interviews . . . 225
Praxisbetrachtung . . . 234
Im Spiegel der betrieblichen und überbetrieblichen Arbeiternehmer/innen-Vertretung . . . 235
Die Lohn-Preis-Abkommen/Verstaatlichung . . . 236
Der Weg zurück . . . 243
Wirtschaftskrisen . . . 254
Die Mitbestimmung mit neuen Gedanken und Zielen . . . 257
7 Jahrzehnte … im Spiegel . . . 261
Im Spiegel der Werkszeitung der Österreichisch-Amerikanischen Magnesit AG Radenthein 1947–1951 . 265
Internationales . . . 268
Das Gesetz und die politische Bildung . . . 271
Das neue Jugendschutzgesetz . . . 271
Werk, Personen und Gemeinde . . . 273
Ein alter Rotierofenmeister erzählt … . . . 274
Sicherheit, Gesundheit und Unfallverhütung . . . 275
Die Betriebssicherheit . . . 277
Die betriebliche und überbetriebliche Interessensvertretung 279
Themen, Experten, Meinungen . . . 281
Freisprechung von Lehrlingen . . . 288
Berufsausbildung auf neuen Wegen (Anton Proksch) . . . 289

V. Replik des Autors . . . 291

VI. Anhang . . . 299
Literaturverzeichnis . . . 300
Zeitungen/Zeitschriften . . . 303
Gesetzesquellen . . . 303
Quellen Kärntner Landesarchiv . . . 303
Festschriften / Ansprachen / Werkszeitung . . . 304
Interne Notizen und Protokolle / Arbeitnehmervertretung 307
Firmenleitung und allgemeiner Schriftverkehr . . . 310
Geschäftsberichte . . . 313
Dank . . . 313
Der Autor . . . 313
Personenregister . . . 315

Vorwort

Das vorliegende Buch „Radenthein. Arbeiterleben und Wirtschaftswandel – zur Entstehung eines Weltkonzerns" basiert auf einer Dissertation, die vom Unterfertigten begutachtet und im Jahre 2013 an der Alpen-Adria-Universität Klagenfurt/Fakultät für Kulturwissenschaften approbiert wurde. Es ist erfreulich, dass dieser Text nunmehr in Buchform vorliegt, um die in der Dissertation behandelte Thematik einem breiteren Leserkreis nahezubringen. Der Autor hat in seine Arbeit viel Zeit und Mühe investiert und sich durch vielfältige, verantwortungsvolle Berufstätigkeit nicht von seinem Weg abbringen lassen. Seine Konsequenz bis hin zur Gestaltung dieses Buches zeigt exemplarisch, welche Potentiale in der Kärntner Arbeiterschaft vorhanden sind.

Mag. Dr. Martin Kowatsch hat ein Thema bearbeitet, das aus zeitgeschichtlicher und bildungspolitischer Sicht sehr interessant und zudem hoch aktuell ist. Der Autor stellt sich zwei zentralen Fragen:

1. Was bedeutet Qualifikation – wie haben sich die Anforderungen im Laufe der Zeit verändert?
2. Wie wirken die sozialen Veränderungen auf die Qualifikation der Arbeiter im mikroregionalen Raum?

Dr. Kowatsch hat sich bei seiner Vorgangsweise der Methode der „teilnehmenden Beobachtung" verschrieben, wodurch ein realitätsnahes Bild vermittelt werden konnte. In diesem Sinne führte der Autor mit 18 ausgewählten Mitarbeitern Interviews, deren Ergebnisse an verschiedenen Stellen in die Arbeit einfließen. Dr. Kowatsch ist zudem selbst Mitarbeiter des Magnesitwerkes Radenthein und verfügt zudem als Betriebsratsvorsitzender über umfassende Einblicke in das Geschehen im Unternehmen. Dadurch ergeben sich Sichtweisen, die einem Außenstehenden weitgehend verschlossen bleiben würden.

Der Hauptteil der Arbeit besteht aus zwei umfangreicheren Kapiteln. Das erste beschäftigt sich ausführlich mit dem Industriestandort Radenthein, der zweite größere Abschnitt steht unter dem Titel „Arbeiterleben und Wirtschaftswandel". Das erste Großkapitel leitet der Autor mit einer längeren geschichtlichen Darstellung der Entwicklung des Industriestandortes Radenthein von den Anfängen bis zur Gegenwart ein. Fragen der betrieblichen Sozial- und Bildungspolitik und der Einfluss des

Betriebsrates und die Mitwirkungsmöglichkeiten der Arbeitnehmer/innen werden in den darauf folgenden Abschnitten behandelt.

Im zweiten Großkapitel analysiert der Autor die Auswirkungen des Wirtschaftswandels auf das Arbeiterleben aus drei Perspektiven: 1. im Spiegel familiärer Erinnerungen, 2. im Spiegel der betrieblichen und überbetrieblichen Arbeitnehmer/innen-Vertretung und 3. im Spiegel der Werkszeitung der Österreichisch-Amerikanischen Magnesit AG Radenthein in den Jahren 1947 – 1951. Schließlich befasst sich Dr. Kowatsch in einem weiteren, kleineren Abschnitt mit den Qualifikationsverläufen von Radentheiner Arbeitern/innen im Kontext zu wirtschaftlichen, gesellschaftlichen und strukturellen Veränderungen.

Das Buch stellt einen wertvollen Beitrag zur Sozialgeschichte mit dem Schwerpunkt Bildung dar, dessen Resultate weit über den lokalen Bezugsrahmen hinausreichen. Durch die Themenstellung und die Ausarbeitung bereichert der Text zudem die regionale und allgemeine Zeitgeschichte. Eines der wesentlichen Erkenntnisse des Autors geht dahin, dass es gelingen müsse, die Bildungspolitik nicht mit Wettbewerbspolitik gleichzustellen und gegenüber der notwendigen Individualität der Menschen keine Schranken zu setzen. Es bleibt zu hoffen, dass die Ergebnisse dieser Arbeit bei künftigen bildungspolitischen Weichenstellungen ihre Berücksichtigung finden werden.

Univ.-Doz. Dr. Hellwig Valentin
Karl-Franzens-Universität Graz/Institut für Geschichte/Abteilung Zeitgeschichte

I. Einleitung

Radenthein entwickelte sich vom „Bauerndorf“ zur Industriegemeinde. Es ist der Werdegang einer Region, der zu Wohlstand und modernem Leben für viele Menschen in mehreren Generationen führte. Die fortwährenden wirtschaftlichen Veränderungen brachten immer wieder neue Anforderungen für den Wirtschafts-, den Gesellschafts- und den Bildungsbereich. Es organisierte sich eine gut strukturierte Gewerkschaftsbewegung im Magnesitwerk mit Auswirkungen auf das urbane Leben. Eine starke Arbeiterbewegung, geprägt durch diese Industrialisierung und die einhergehende gewerkschaftliche Organisation, beeinflussten über Jahrzehnte die Region von Radenthein. Der englische Historiker Eric Hobsbawm bezeichnete die Arbeiterbewegung als „soziales Phänomen“. Die Arbeiter bekamen Zugang zur Erwerbsarbeit gegen Entgelt, mit einer stufenweisen Arbeitszeitverkürzung und den Möglichkeiten zur Bildung.

Mit der vorliegenden Arbeit wird der Versuch unternommen, einen Einblick über mehr als ein Jahrhundert regionaler (Konzerngeschichte im Überblick) Entwicklung zu vermitteln und die wechselhafte Beziehung eines montanistischen Wirtschaftsbetriebes zu der ihn umgebenden Region darzustellen. Betrachtet wird unter Beachtung der wirtschaftlichen Entwicklung die betriebliche Sozialpolitik, die Bildungspolitik, die Sozialpartnerschaft im Betrieb, der Arbeitnehmern/innen sowie des Arbeiterlebens im Spiegel familiärer Erinnerungen, im Spiegel der betrieblichen und überbetrieblichen Arbeitnehmer/innen-Vertretung, im Spiegel der Werkszeitung ÖAMAG. Der Autor versuchte sich den Fragen, was bedeutet Qualifikation, wie haben sich die Anforderungen im Laufe der Zeit verändert, sowie der Kontext der sozialen Veränderung und deren Auswirkung auf die Qualifikation der Arbeiter anzunähern.

Durch den Wirtschaftswandel gab es im Laufe der Zeit wesentliche Veränderungen für den Ablauf im Betrieb, aber auch für die von ihm abhängigen Menschen. Der Umgang mit diesen Veränderungen blieb vielen Menschen positiv in Erinnerung. Das Werk setzte in der Bildungspolitik regionale Impulse (Bau der Volksschule/1924, Gründung der Hauptschule/1927, der Kindergartenbau/1931, die Errichtung des Sportplatzes/1938). Unterstützung gab es nicht nur für die Bildung, indem Mitarbeiter Unterstützungen für den Schulbesuch von Kindern bekamen, sondern auch im Lebensumfeld der Arbeitnehmer (Sicherstellung der Ernährung in der Nachkriegszeit des Zweiten Weltkrieges, die Schaffung des werkseigenen Kaufhauses, Unterstützungen beim Wohnungs- und Hausbau).

Bereits 1949 wurde ein Bildungsreferat im Werk errichtet. Der werkseigene Zusatzunterricht für Lehrlinge, Umschulungs- und Maßnahmen zur Wiedereingliederung für Arbeitnehmer/innen im notwendigen zeitlichen Ausmaß und bei gesetzlicher Möglichkeit zeigten klare Signalwirkung. Die adaptierten Bibliotheken mit weiteren Bildungsangeboten eröffneten Chancen für die Arbeitnehmer. Dies zeigt auch eine funktionierende Sozialpartnerschaft mit innerbetrieblichen Mitbestimmungsrechten, vom ersten Einsatz mechanischer Geräte über die steigende Mechanisierung bis zu den fortwährenden Rationalisierungsmaßnahmen im Betrieb.

Das Verhältnis mit den überbetrieblichen Interessensvertretungen entwickelte sich nach dem Zweiten Weltkrieg positiv. Prägende Themen wie Entnazifizierung, die Lohn- und Preisabkommen, Umschulungsmaßnahmen von Arbeitnehmer/innen sowie die Unterstützungsmaßnahmen für die betriebseigene Lehrwerkstätte sind Zeichen dafür.

Im „Wellental" des Miteinanders stellten sich sich offene Fragen, die es zu erforschen gab. Den Unterlagen zu Folge setzte der Trend von den „schnell arbeitenden Händen" zur höheren Qualifikation schon in den Anfangsjahren unseres Werks ein. Es zeugt von einem fortschrittlichen Rollenverständnis: „Bildung als Menschenrecht sowie als Verpflichtung sich seines Verstandes zu bedienen, um ein nützliches Mitglied der Gesellschaft zu werden."

Mit der vorliegenden Arbeit wurde einiges beantwortet, weitere Fragen bleiben aber weiterhin aktuell und müssen ständig neu erörtert werden. Hilfreich mag dabei der gewählte inhaltliche Zugang in die Arbeiterregion Radenthein sein. Nach einem Kurzüberblick über das Leben in der Region vom 15. bis in das 19. Jahrhundert und dem Entstehen des Magnesitwerkes im Jahr 1908, mit der Darstellung der Entwicklung bis 1945 gibt es einen genaueren Überblick für den Zeitraum danach. Dieser umfasst den wirtschaftlichen Wandel und die einhergehende Modernisierung, den sozialen Wandel und Qualifikationserfordernisse im Zeitraum von 1945 bis 2018. Herkömmlich formuliert finden wir in der Abhandlung die gesamten „Lebensbereiche" der Gesellschaft wieder. Es gibt Teilbereiche, die aus Lesbarkeits- und Darstellungsgründen stark vereinfacht und ohne Anspruch auf Vollständigkeit wiedergegeben sind.

> „Denn Geschichte ist komplexer. Sie ist ein dichtes Geflecht aus Zusammenhängen. Es zu entwirren, bedarf der Reduktion, jedoch nicht der entstellenden Verkürzung. Und es bedarf einer vernetzten Denkweise.“ (Androsch 2005: 17)

Nutzen wir die Veränderungen als Chance, doch behalten wir in Erinnerung, dass jeder Mensch das Recht hat, in Würde zu arbeiten und zu leben sowie das Recht hat, zum Schutz seiner Interessen Gewerkschaften zu bilden und solchen beizutreten. (vgl. Art. 23 der UN-Menschenrechtserklärung von 1948) Es ist ein klares schriftliches Zeichen, die praktische Umsetzung obliegt uns als Gesellschaft.

Kapital ist mobil, Investitionsgelder nach der höchsten Rendite fordern höchste Flexibilität. Unternehmen können künftig nur gewinnen, wenn sie den Gegentrend der „Flexibilität der Menschen in ihrem Sinn“ erkennen und beachten. Viele Etappen der Veränderung sind in einem sehr überschaubaren Sozial- und Wirtschaftsraum wie Radenthein historisch erkennbar und verständlich nachvollziehbar.

Die Frage, Qualifikation versus Bildung, damit ob Anordnung versus Kreativität (auch überschneidend) vorherrscht, gilt als weiteres zu den Fragen der Unternehmen, die künftig zu den Gewinnern gehören wollen. Es sind jene Unternehmen, die Gedanken und Verbesserungsideen aufnehmen, damit die Zukunft in Richtung kreativer Arbeiten mit größerem Spielraum für individuelle Entfaltung lenken. Um konkurrenzfähig zu bleiben, wird es immer wichtiger, die geistigen Ressourcen der Arbeitnehmer/innen für eine positive, humane Zukunft zu erheben. Es ändern sich die Anforderungen an die Menschen für das Arbeitsleben in Wirtschaft und Gesellschaft.

Die Auswirkungen des Strukturwandels zu betrachten, und sinngemäß

> „ (…) heute dies und morgen jenes zu tun, morgens zu jagen, nachmittags zu fischen, abends Viehzucht zu treiben, nach dem Essen zu kritisieren, wie ich gerade Lust habe, ohne Jäger, Fischer, Hirt oder Kritiker zu werden.“ (vgl. Marx/Engels 1981: 33)

Das zuvor erwähnte Zitat mit den eigenen Vorstellungen „im heute“ zu interpretieren, obliegt jedem selbst. Vergessen wir nicht, dass „heute gestern von morgen“ ist.

„Aufklären – *to englighten* (erleuchten) – im Sinne von Verständnis schaffen“!

II. Der Industriestandort Radenthein

Vorgeschichte und Entstehung von Radenthein

Es gab wenige Zeiträume und Epochen, in denen die Gemeinde Radenthein und die sie umgebende Region stärker verändert wurden als durch die Entstehung eines modernen Industrieunternehmens im 20. Jahrhundert. Das typische dörfliche Bauernleben veränderte sich nach 1908 binnen kurzer Zeit grundlegend. „Seit den Benediktinern im 12. Jahrhundert hat niemand mehr so stark in das Leben von „Millstatt" eingegriffen wie das Werk in Radenthein und sein verstorbener Gründer Mr. E. Winter aus Pittsburgh, USA." (Türk 1996: 14) In der Zeit zwischen 1060 und 1088 wurde das Millstätter Stift gegründet. Jakob Unrest, Pfarrherr und Kärntner Chronist des 15. Jahrhunderts, schreibt um 1480 über diese Gründung, (...) „...das Kloster hat gestiftet einer von Bayern, derselbe hat einer von Görtz zu Gemahl gehabt, derselbigen hayrat guet ist dye gult (der Zins) gewesen, davon er das Kloster gestiftet hat, und hat die gult darumb vertift, daß sie nicht in anderer Herr Hände cham, den von Görz zu schaden." (Türk 1996: 34)

1124 kommt Abt Otto aus dem Kloster Admont nach Millstatt und führt es zu einem ersten wirtschaftlichen und kulturellen Hoch. Bestätigt ist, dass schon mit 6. April 1177 Papst Alexander III. den Benediktinern eine besondere Urkunde ausstellte. Zum Kloster Millstatt gehörten dieser Urkunde nach die gesamte Seengegend, Radenthein bis nach Kirchheim und St. Oswald dazu. Diese Urkunde im Original von Papst Alexander III. befindet sich im Staatsarchiv in Wien.

„Papst Alexander III. nimmt das Kloster Millstatt in des Heiligen Petrus unter seinen Schutz. Er bestätigt dessen namentlich angeführte Besitzungen, wogegen das Stift dem päpstlichen Stuhl jährlich eine Goldmünze zu entrichten hat." (Monuenta Historica Ducatus Carinthiae Nr. 1216, Band 3 in Türk 1996: 38)

> apud Chirechem cum sua capella, das Dorf bei Kirchheim mit seiner Kapelle. Curiam Dowrab, die Ortschaften Grop- und Kleindombra. Curiam Lobinstorf. Curiam Sirunwich, die Ortschaften Tschierweg. Villamque Milistat dictur cum sua capella, das Dorf, das Millstatt genannt wird, mit seiner Kapelle. Curiamque vocatur Lomastorf, die Ortschaft Lammersdorf. Deciman in Parachia lisere, das ist der Zehent der Pfarre Lieseregg, Curiamque vocatur tibria cim piscatine sua, die Ortschaft Döbriach mit ihren Fischgründen, villam Ratehtim cum capella, das Dorf

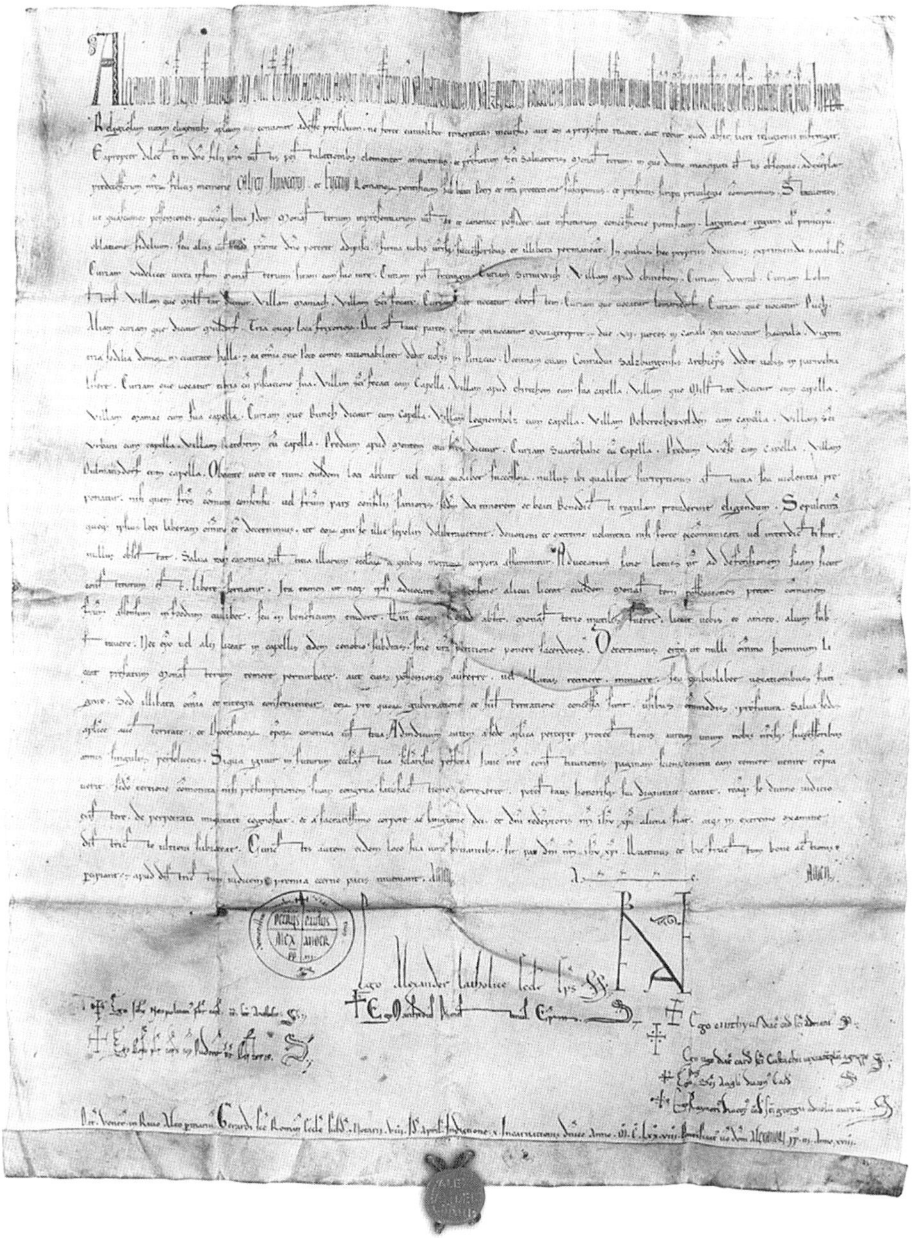

Abb. 1: „Villam Ratehtim cum capella“, das Dorf mit Kapelle. Der Ort Radenthein wird (1178) als Radintin erwähnt. Papst Urban III. sollte am 23. Jänner 1187 eine Urkunde mit dem Namen „Radentin“ ausgestellt haben. (Die Friesacher Urkunde aus dem Jahr 1178: hier handelt es sich um eine Fälschung aus dem Jahre 1202). In der Urkunde des Papstes Urban III. vom 23. Jänner 1187 heißt Radenthein – Radentin. (vgl. Türk 1996: 40)

mit Kapelle.“ (Urkunde des Papstes Alexander III. von 1177 – Österreichisches Staatsarchiv)

Es waren stürmische, schwere Zeiten in dieser Gegend. Die Benediktiner errichteten ein sehenswertes Kloster, ein weithin ausstrahlendes Kulturzentrum, eine Bibliothek sowie unter anderem auch eine Schule. Beinahe 400 Jahre lang bestimmten die Ordensleute das Leben in der Region. Im Jahr 1469 veranlasste Kaiser Friedrich III. als letzter Vogt des Benediktinerklosters die Gründung eines Ordens zu Ehren des Hl. Georg.

Es folgten die St.-Georgs-Ritter als neue Herrscher im Stift Millstatt und in weiterer Folge in der Region Millstatt, im Seengebiet und in Radenthein, bis die Jesuiten das Stift Millstatt übernahmen. In der Zeit der St.-Georgs-Ritter entstanden Kunstwerke wie das Weltgerichtsfresko (ca. 1520) oder das Millstätter Fastentuch (1594).

Im Jahr 1598 übernahm das Jesuitenkolleg die Besitzungen und Millstatt wurde damit zur Jesuitenresidenz. Die stark protestantisch verwurzelte Bevölkerung hatte nicht nur mit der Gegenreformation der Jesuiten Probleme, sondern auch mit den Jesuiten als Grundherrn von Radenthein. Den Bauern des Herrschaftsbereiches Millstatt war die Art und Weise, wie die Jesuiten mit ihnen umgingen, fremd. Sie konnten sich nie an sie gewöhnen. Dies führte bis zum wesentlichsten Ereignis der Jesuitenherrschaft, dem Millstätter Bauernaufstand im November 1737. Die Rebellion fand nicht wegen religiöser Gegensätze, sondern wegen zu hoher Abgabenlasten statt. Die Bauern empfanden die Abgaben als zu hoch. In den Jahren 1735/1736 begannen sie, sich gegen diese „Lasten“ zu wehren. Die besonneneren Bauern hofften auf einen Vergleich mit der Herrschaft. Der von den Jesuiten angebotene Vergleich wurde von den Kirchheimern und Radentheinern einfach abgelehnt. Eine Bauernabordnung wollte direkt nach Wien zum Kaiser reisen, weil sie mit ihren Bitten sonst nirgends Gehör fanden. In der Kaiserstadt Wien war aber ein Vordringen zum Kaiser nicht möglich. In einer Schenke traf die Delegation den Anwalt Johann-Paul Zapf. Dieser versprach in überzeugenden Worten, das Anliegen der Radentheiner mit dem Kaiser selbst zu regeln und die Papiere besorgen zu können. Er selbst wolle mit dem Ergebnis persönlich zu ihnen nach Kärnten kommen. Die Bauern waren hoch zufrieden, dass sie einen so perfekten Vertreter gefunden hatten.

Es war Anfang November 1737, da kam Zapf zur entscheidenden Bauernversammlung nach Dellach und zeigte ein gefälschtes Mandat. Nach diesem hätten die Millstätter das Recht, die Jesuiten mit Gewalt zu vertreiben. Die Bauern stürmten am 2. November 1737 mit Tatkraft und Gewalt auch das Stift Millstatt. Jene, die fliehen konnten, suchten Schutz beim Fürsten von Porcia in Spittal. Nach diesem Gewaltakt sandte die Landesregierung im Wiener Auftrag Soldaten, um wieder Recht und Ordnung herzustellen. Das Mandat des Kaisers stellte sich als gefälscht heraus, damit waren die Bauern im Unrecht. Es folgten für die Bauern im Jahr 1738 langwierige Prozesse wegen Landfriedensbruch, Raub, Gewalttätigkeit und Brandstiftung. „Die Rädelsführer Thomas von Dellach, Matthias Oberherzog von Kaning und Paul Zapf aus Wien wurden zu Tode verurteilt und geköpft." (Türk 1948: 12) Die anderen Bauern erhielten schwere Strafen oder hatten hohe Geldleistungen aus dem Prozess zu leisten. Nach der Aufhebung des Jesuitenordens 1773 wurde der Fürstbischof von Gurk der kirchliche Oberhirte. Die gesamte Region erlebte wieder ruhigere Zeiten und es wurde fast durchgängig Landwirtschaft betrieben.

In dieser Region, in bäuerlicher Struktur, wurde jahrhundertelang Landwirtschaft, später Handwerk und auch bereits zu Beginn des 16. Jahrhunderts Bergbau betrieben. Es existierte für einige Zeit ein Silberbergbau. Bereits im Jahr 1794 wurde in Radenthein ein Hammerwerk errichtet. Der Hochofen maß 7,58 Meter. Das Eisenerz wurde mit Ochsengespannen von der Langalm (Bockalpe, Saualpe, Wollitzenalm, Wollanigberg) nach Radenthein zur Verarbeitung gebracht. Der eisenverarbeitenden Unternehmen bzw. die Eisenindustrie schlossen in Kärnten meist wegen fehlender Wirtschaftlichkeit. Mitte des 19. Jahrhunderts kam es zu größeren wirtschaftlichen Problemen, so dass auch das Radentheiner Hammerwerk zwischen 1862[1] und 1885 eingestellt wurde. Im Jahr 1856 wurden noch „50 Zentner Roheisen hauptsächlich zu Wagenachsen und Radreifen verarbeitet".

Dass es in der Gegend um Radenthein Magnesit gibt, war schon dem Eisengewerken Rudolf Sprung bekannt. Die Rohmagnesitsteine von der Millstätter Alpe wurden um 1860 als feuerfestes Material in den Hochöfen des Eisenwerkes verwendet. Der Gebrauch von Magnesit im alten Radentheiner Hammerwerk wird wie folgt verifiziert: „Mit der Stillegung des Betriebes 1885 geriet das Rohmagnesitvorkommen in Vergessenheit."

1 Färber 1948: 15 berichtet vom Schließungsdatum um 1855. Die Kammer der gewerblichen Wirtschaft 1953: 323 von einem Schließungsdatum von 1862

(Günther/Paar 1997: 18) Dr. Richard Canaval soll bereits seit 1882 von der Lagerstätte gewusst bzw. sie eigentlich schon „entdeckt" haben. Zu dieser Zeit könnte auch das Hammerwerk noch in Betrieb gewesen sein.

Im Jahr 1849 hatte Radenthein 1.475, bis zum Jahr 1857 steigend 1.545, dann weiterverlaufend 1869 sinkend 1.501[2] Einwohner. Es gab mit 29. März 1869 eine neue Zählweise nach dem damals geltenden Volkszählungsgesetz. Für 1869 gab es für Radenthein laut Statistik Austria 1.928 Einwohner. Die Bevölkerung von Radenthein stieg tendenziell leicht nach oben. Im Jahr 1880 waren es 1.970, 1890 bereits 2.045 Einwohner. In diesen Zahlen unberücksichtigt und damit besser vergleichbar bleiben die Veränderungen der Gemeindegrenzen, u. a. die Selbständigkeit ab 1921 und die Wiedereingemeindung von Kaning ab 1. 1. 1973. Es gab ansonsten zu Beginn des Jahres 1880 noch einen Abbau von Granatstein am Laufenberg, der bis Ende des 19. Jahrhunderts anhielt. Der Granatstein ist ein blutroter Schmuckstein. Der Erfolg dieses Bergbaus war eher bescheiden. Erst mit der Errichtung des Magnesitwerks war bei jeder Volkszählung ein stärkerer Anstieg der Einwohnerzahl zu verzeichnen.

Mit der Inbetriebnahme des Magnesitwerkes entwickelte sich eine rege Bautätigkeit. Das Ortsbild veränderte sich durch die Errichtung von vielen Neubauten. Aus dem Bauerndorf wurde einer der bedeutendsten Industrieorte im Land.

Die Geschichte von RHI Magnesita reichte bis in das Jahr 1834 zurück. Friedrich Ferdinand Didier hatte ein Ziegelwerk in Podejuch bei Stettin. Bei der Suche fand er eine Lagerstätte mit sehr reinem Quarzkies und Quarzsand. Er entschied sich daraus mit Beginn 1834 unter dem Namen „Chamottefabrik F. Didier in Podejuch", feuerfeste Produkte herzustellen. Nach Erweiterungen (1864/65 Neubau eines Werkes bei Stettin) wurde Didier 1878 eine Publikumsgesellschaft. Erweiterungen geschahen mit dem Bau der Werke Bodenbach (1889; Böhmen) und 1890 in Niederlahnstein/Rhein.

Im Unterschied zu Radenthein wurde der Rohmagnesit (Ursprung auch 1860 Kraubath bei Leoben; Prof. Anton Miller) weiter abgebaut und auch zur Auskleidung der Eisenerz-Hochöfen bei Vordernberg in der

2 Daten: Türk 1996: 259

Steiermark verwendet. Im Jahr 1870 wurde dann Magnesit kaustisch[3] gebrannt. 1879 wurde die Entphosphorung des Roheisens im Konverter durch den Thomasprozess bekannt. Die Idee entstand, dies auch im Flammofen zu versuchen. Creusot in Frankreich versuchte dies vorerst mit Böden aus neutralem Chromeisenerz, später war das erfolgreich mit Böden aus Magnesit, wie Hödl/Schmidt-Withley beschreiben. Die Physiker Friedrich und Wilhelm Siemens stellten die Stahlerzeugung 1856 auf neue Füße. Sie entwickelten ein Regenerativsystem, in welchem sehr hohe Temperaturen erreicht wurden. Das war allerdings sehr aufwendig, da Gas und Luft vor der Verbrennung im Ofenraum in den Regenerativkammern vorgewärmt werden musste. Die Ausmauerung der Siemens-Martin-Öfen mit Kalkstein, Dolomit, Bauxit, Chromeisenstein war nicht optimal. Es fehlte noch das Material zum Verbrennungsprozess bis 1800° Celsius bzw. das Material zur Innenauskleidung der Öfen.

Siemens hatte offensichtlich auch mit Magnesit experimentiert, denn er berichtete anlässlich des Iron and Steel Institute 1879 in Paris, „er habe bei seinen Öfen Magnesitziegel zum Einsatz gebracht, das Futter habe zwar hervorragend entsprochen, doch könne er wegen des hohen Preises dieses Feuerfestmaterials die Verwendung desselben nicht empfehlen". (Hödl/Schmidt-Withley 2011: 41)

Der Siemens-Martin-Prozess konnte erst erfolgreich angewendet werden, als er ausreichend Magnesitprodukte in guter Qualität zu vernünftigen Preisen geliefert bekam. Der Durchbruch gelang dem Koblenzer Industriellen Carl Später 1881 (mit Partner Max Sax) in der Nähe von Groß-Veitsch, wo seit 1886 der erste größere Schachtofen in Betrieb genommen und das Vorkommen industriell ausgebeutet wurde. 1888 (Rückzug von Sax), sieben Jahre nach der Entdeckung und dem Beginn der Ausbeutung der Lagerstätte in Groß-Veitsch, kam es zur Gründung der Magnesitwerke Spaeter in Veitsch in der Steiermark.

---

3 Beim „Brennen" von natürlich vorkommendem Magnesiumcarbonat (Magnesit) bei etwa 800 °C entsteht sogenannter „kaustisch gebrannter Magnesit". Während des Brennvorgangs entweicht das Kohlendioxid, jedoch ist die Temperatur zu niedrig, um ein Sintern zuzulassen. Kaustisch gebrannter Magnesit wird heute für die Herstellung von Industriefußböden, als Bindemittel, in der Dünge- und Futtermittelindustrie verwendet. Bei 1700 °C bis 2000 °C bildet sich Sintermagnesia, oberhalb von 2800 °C Schmelzmagnesia. Beide Sorten reagieren kaum noch mit Wasser. Sintermagnesia wird wegen seiner Feuerfestigkeit (Schmelzpunkt 2800 °C) für Ofenauskleidungen und Laborgeräte verwendet. Magnesit wird zur Erzeugung basischer Feuerfestmaterialien u.a. für die Zement-, Glas-, Nichteisenmetalle- und Stahlindustrie verwendet.

Der Weltbedarf an Eisen war 1855 durch die Erfindung des Engländers Henry Bessemer, eines kippbaren Gefäßes, welches heute Konverter genannt wird, angestiegen. P. C. Gilchrist und S. G. Thomas veränderten 1879 mit ihrem Patent des Thomas-Gilchrist-Verfahrens, auch basisches Windfrischverfahren genannt, die Stahlerzeugung. Die notwendigen Temperaturen von 1450° C konnte in den selbst konstruierten Öfen für einen Sinterbrand nicht erreicht werden. Im Jahr 1886 gelang Ing. J. Hörhager als Werksdirektor in Veitsch die Konstruktion eines Schachtofens, der funktionierte.

Damit war der Weg für die Magnesitindustrie frei, bei dem Österreich wegen seiner Lagerstätten für Jahrzehnte eine Monopolstellung einnehmen sollte. Mit Versuchen und Verbesserungen der Brennmethoden gab es mit Magnesit für Werner von Siemens die ideale Auskleidung für Hochtemperaturöfen, insbesondere des nach ihm benannten Siemens-Martin-Stahlofens.

Im Jahr 1891 begann man in Veitsch auch mit der Produktion von gebrannten Magnesitziegeln. In den Folgejahren gab es in Veitsch einige gravierende Großinvestitionen. Um die notwendigen Finanzmittel lukrieren zu können, wurde unter Mitwirkung der Unionsbank die Umwandlung zur Aktiengesellschaft vorbereitet und vollzogen (konst. Generalversammlung fand am 24. Juli 1889 statt; „Veitscher Magnesitwerke Actien-Gesellschaft“ mit Sitz in Wien; Kapital 8 Mio. Kronen, 20.000 Aktien).

1888 Gründung des Feuerfestwerkes in Valenciennes, „Sociètè des Brinques et Pierres Balnches et Ciment der Fer Northomb et Cie“ (Magnesita).

1889 Gründung der Baker Refractories in York. Baker bietet als erstes US-Unternehmen teilkalzinierten Dolomit und hitzebeständige Reparaturmaterial für Hochöfen an (Magnesita).

1900 Gründung der Dolomie Francaise in Flaumont, Frankreich (Magnesita).

Das Radentheiner Magnesitvorkommen entdeckte Berghauptmann Dr. Richard Canaval bereits 1882. Doch erst im Jahre 1904 berichtete er im naturwissenschaftlichen Mitteilungsblatt „Carinthia II“ davon. Unabhängig davon stellte 1904 der Bergbauingenieur Josef Hörhager, Leiter des fürstlich Schwarzenberg‘schen Erzbergbaues Turrach und früherer Werksleiter der Veitscher Magnesit Gesellschaft, zusammen mit Bergführer Konrad Glanzer das Magnesitvorkommen auf der Millstätter Alpe fest. Die Suche nach der Lagerstätte wurde nicht in Eigeninitiative, sondern im Auftrag von Emil Krieger, einem Industriellen aus Wien, getätigt. Der Kontakt mit Krieger kam auf Veranlassung von „Herrn von Oswald, Vizepräsident der Veitscher Magnesitwerke AG“ (Hödl, 2011: 60) zustande. Interessanterweise steht das im Gegensatz zu den Aufzeichnungen der Festschrift „100 Jahre Magnesit in Radenthein“ aus dem Jahre 2008, die wie folgt lauten: Krieger kannte „Hörhager nach eigenen Aufzeichnungen noch aus der Zeit seiner Tätigkeit bei den Veitscher Magnesitwerken“.

Ing. Höhrhager erkannte die Zukunft des Kärntner Bergbaues. Er sah auch das nahe Ende der Turracher Eisenerzgewinnung. Somit benötigte er neue Arbeitsplätze für seine Bergleute. Die probeweise Ausbeutung der Magnesitvorkommen auf der Millstätter Alpe finanzierte der Wiener Industrielle E. Krieger. Doch um in dieser abgelegenen Gegend ein leistungsfähiges Unternehmen bauen zu können, auch die Voreingenommenheit der örtlichen Bevölkerung zu überwinden, brauchte es größere Kräfte. Krieger war auch das Bindeglied zwischen den amerikanischen Interessenten und Josef Hörhager, die in Europa durch den USA-Konsul Frank Hessenbruch vertreten wurden. Krieger war damals schon im Besitz einer Option auf ein bereits bekanntes, aber hinsichtlich seines Gesamtinhaltes von Experten unterschiedlich beurteiltes Magnesitvorkommen in der Kothalm bei Turrach und wollte diese an die amerikanischen Interessenten verkaufen, welche den Kauf auch tatsächlich unter der Bedingung in Aussicht stellten, dass ihnen „in der Nähe ein größeres ausnützbares Lager verschafft würde“.

In St. Oswald/Kärnten gab es ein Magnesitvorkommen, das bekannt war, „weil lt. Tagebuchaufzeichnungen Hörhager dort am Christi-Himmelfahrts-Tag desselben Jahres gemeinsam mit Direktor Carl Beel aus Veitsch über einen möglichen Kauf von Abbaurechten verhandelt hatte. Er wusste auch, dass sich die ‚Veitscher‘ dort um 100.000 Kronen eingekauft hatten und wollte zunächst prüfen, ob das dort daneben liegende Vorkommen von Max Ebner, Wirt in Döbriach, noch frei ist und eventuell für Krieger zu erwerben wäre“.

Da Ebner an dem Tag verhindert war, nutzte Hörhager die Zeit und suchte auf der Lammersdorfer Alm.

> „Hörhager begab sich daher nach eigenen Angaben am Donnerstag dem 26. September 1907 mit Glanzer von Döbriach aus natürlich zu Fuß auf die Lammersdorfer Alm. Dort befragten sie einen mit Holzarbeiten beschäftigten Bauern nach Federweißvorkommen (Talk) in der Gegend, weil Glanzer wusste, dass die Abdecker hier seit Jahren Federweiß gegen

> Schweinekrankheit holten. Hörhager wusste wiederum, dass Talk als Begleitmineral von Magnesit auftritt und dass daher Magnesit dort zu finden sein könnte, wo Talk geholt werden kann. Vom befragten Bauern erhielten sie die Auskunft, dass Talk bei den eine halbe Stunde entfernten Obermillstätter Hütten zu finden sei." (100 Jahre Magnesit Radenthein 2008: 9)

Hörhager fand schließlich mit Glanzer nach eigenen Aufzeichnungen die Abbaustelle.

> „Als Glanzer und ich über den letzten Rücken zwischen Millstätter Hütten und Schwarzwald Graben kamen, sahen wir einen gelblichen Felsen, der sich in der Nähe als Magnesit mit Federweiß-Einlagerungen erwies. Die Untersuchung des Bodens ergab, daß ringsum auf einige hundert Meter Länge und Breite alles Magnesitblöcke waren bis hinab ins Bachbett. Die Schätzung ergab bei gering gerechneten 400x400x10m=1,600.000 m3 à 2,5 t = 4,000.000 t oder bei nur 50 % Ausbringen 200.000 Waggons Rohmagnesit. Nachdem dies festgestellt wurde, wurde nach Kaning und über die Scharte nach St. Oswald gegangen, wo wir bei voller Dunkelheit um 9 Uhr abends anlangten." (100 Jahre Magnesit in Radenthein 2008: 10)

Die Abbauverträge und den Werksstandort zu fixieren war von 1907 an in den Gemeinden, den Almnachbarschaften und Bauernversammlungen ein Thema. Im Zuge der Verhandlungen sagten die Gemeinden Gmünd und Eisentratten ab. Andere Gründe zu dieser Zeit, wie etwa der Acker oder der Anger, die für den Werksbau notwendig waren, waren nicht zu haben. „Vermeintliche Schäden am ‚Zaun' fürchtete Einer, ein Anderer hatte Angst um seine Dienstleute, wenn es bessere Angebote gibt. Das ‚fremde Volk' wollten alle nicht." (Färber 1948: 13)

Im Liesertal hatten sie ihre alte Tradition mit dem Schmied und eisenverarbeitenden Betrieben längst vergessen, sie hatten doch ihre Kaufmannstraße. Auch die Bauern im Drautal lehnten die Errichtung eines Hüttenbetriebes ab, so kam man auf das Dorf Radenthein. Die Zukunft wird weisen, welche Chance sie vergeben haben. Die Chancen für die Menschen, die Wirtschaft, die Region, die Zukunft zeigt das folgende Zitat, wie Menschen oft engstirnig, aber auch weitsichtig denkend bzw. vorausschauend sein können: „Die Österreichisch-Amerikanische Magnesit Aktiengesellschaft, im Jahre 1908 durch den Deutsch-Amerikaner Emil Winter, einen Pittsburgher Industriellen gegründet, kann nach 56-jährigem Bestand eine stolze Bilanz legen."

So kam es zur Standortentscheidung Radenthein, wo man weder die Kleinbahn von Gmünd nach Spittal benötigte noch die Landstraße, sondern eigene Seilbahnen einplante. Bis zum Jahr 1862 war in Radenthein noch eine kleine Eisenhütte betrieben worden. Die Grundstücke, die landwirtschaftlich genutzt wurden, die sogenannte „Meislitzer-Hube", war im Jahre 1871 durch ein gewaltiges Hochwasser des Kaningbaches verwüstet und für die Bauern arg entwertet worden, so kam es zu diesem relativ günstigen Standort für das Magnesitwerk.

Am 6. Oktober 1907 schloss Emil Krieger mit den Grundbesitzern einen Vorvertrag ab. Im November 1907 überzeugte er gemeinsam mit Konsul Hessenbruch, nach Amerika reisend, den Financier. Mit Gutachten, Kalkulationsunterlagen und Besitzurkunden ausgestattet lernten sie über Joseph Denton Billard, den späteren Werksleiter Emil Winter kennen, einen Deutschamerikaner, der gemeinsam mit drei Freunden die Pittsburgh Steel Company, später auch die American Refractories Company gegründet hatte. Er konnte für das Projekt des Magnesitabbaus auf der Millstätter Alpe gewonnen werden.

Die Obermillstätter Alpengenossenschaft trat ihre Rechte mit einer hohen Zahlung und langjähriger Rente an die Gesellschaft ab. Man stellte bald fest, dass der Abbau in einem billigen Tagbau möglich war. Der Rohmagnesit wurde auch vom k.u.k. Generalprobieramte in Wien auf den Gehalt von Magnesiumcarbonat analysiert. Die Montanistische Hochschule in Leoben untersuchte den gebrannten Sintermagnesit auf den MGO-Gehalt (damals 92,5%). „Laut heutigem Wissenstand bildet der Hauptteil der von Hörhager entdeckten Lagerstätte, laut der Festschrift „100 Jahre Magnesit in Radenthein", eine steil stehende unregelmäßige Platte im Ausmaß von 60 x 600 x 450 Meter. Mineralogisch handelt es sich um ein Wertmineral, ein Spatmagnesit mit einem Magnesium-Carbonat-Anteil von 94–96 % im Schnitt. Verunreinigt mit Dolomit und Calcit. Die Lagerstättenvorräte betrugen mehr als 50 Millionen Tonnen." Der Magnesit war damit qualitativ noch besser (damals 92,5%) als bis dahin bekannt. Eine endgültige Entscheidung fiel nach der Begutachtung von amerikanischen Experten im Frühjahr 1908. Die Problembereiche, wo das Werk entstehen sollte, wurden gelöst. Somit konnte am 25. August 1908 beim Notar Oscar Ritter von Luschan in Millstatt die Firmengründung der „Radenthein Austro-American Magnesite-Company" erfolgen.

Die Gründung erfolgte durch den Deutschamerikaner Emil Winter[4] (Bankier, Industrieller aus Pittsburgh; 550.000 Kronen, 50%), Otto Briede (Fabrikbesitzer aus Benrath; 120.000 Kronen), Hugo Wilitsch (Fabrikbesitzer aus Königswinter; 220.000 Kronen), Frank King Clark (Rentner aus Paris; 110.000 Kronen) und Frank Hessenbruch (Kaufmann aus Düsseldorf; 110.000 Kronen). Am 28. August 1908 wurde mit einer Stammeinlage von 1.275.000 Kronen der Eintrag der Austro-American Magnesit Company in das Handelsregister Klagenfurt, Sitz der Gesellschaft in Radenthein, durchgeführt.

In den folgenden Jahren wurde der schnell wachsenden Gesellschaft öfter neues Kapital zugeführt. Es gab zwei neue Gesellschafter, Mr. Billard aus New York und Mr. Cook aus Pittsburgh. Die deutschen Gesellschafter schieden im Jahr 1914, die anderen Gesellschafter in den Folgejahren aus der Gesellschaft aus, sie verkauften die Anteile an Mr. Winter. Damit hielt Familie Winter im Jahr 1925 erstmals 100% der Anteile an der Firma.

Eine noch offene Frage war, warum „amerikanisches Geld“ zur Finanzierung in ein entlegenes österreichisches Gebiet floss. Emil Winter benötigte für seine Betriebe (Pittsburgh Steel Company) in Pittsburgh, dem Zentrum der Schwerindustrie im Osten der Vereinigten Staaten, qualitativ hochwertiges und kostengünstiges Material. Er bekam Schwierigkeiten mit der Magnesitbeschaffung da es sowohl Exklusivverträge seiner amerikanischen Konkurrenz für österreichischen Magnesit gab und auch Amerika nur einen Bruchteil des Eigenbedarfs (3 – 4 %) selbst abdecken konnte. Diese Abbaugebiete lagen zudem noch im Westen des Landes und mussten erst quer durch das Festland von Amerika transportiert werden. Durch die bessere Qualität des Radentheiner Materials, die Mächtigkeit des Vorkommens und die Notwendigkeit der Verwendung konnte für ein modernes Industrieunternehmen eine langjährige Rentabilität gewährleistet werden. Mit diesen Vorzeichen wurde die Organisation zum Aufbau einer Montanindustrie in Bewegung gesetzt.

Die ersten 25 Jahre (1908 – 1933)

Um 1900, zur Zeit der Jahrhundertwende, bestand in der gesamten Region Radenthein eine dörfliche Struktur. Die Gemeinde hatte im Jahr 1900 insgesamt 2.060 Einwohner. Eine Infrastruktur mit Wasser und Strom

4 Die Eltern (hessische Bauern, Herkunft Nähe Darmstadt) wanderten 1848 nach Amerika aus.

(nach heutigem Standard) gab es de facto nicht; die Straßen entsprachen den damaligen engen „schottrigen“ Verhältnissen. Damit musste das notwendige Material wie Kesselwände, Seilspulen, Lager oder eiserne Träger zum Aufbau des Werkes mit eigens dafür gebauten Wägen in die Region gebracht werden. Für diese schweren Transporte wurden Fahrzeuge konstruiert und gebaut, die laut Türk (1948: 14), mit einem Achter-Zehner-Ochsengespann gezogen wurden. Der Aufbau des Unternehmens schritt schnell voran und griff tief in die sozialen Strukturen und somit in den bisher gewohnten gesellschaftlichen Mikrokosmos ein.

Das Werk bot einen besseren Verdienst, als man am eigenen Bauernhof erwirtschaften konnte. So gingen viele Söhne, auch die Knechte von Bauern, in das neue Unternehmen, um hier Arbeit zu finden. Auch viele fremde Arbeiter zogen in die Region. In Radenthein wuchsen Werksbauten und Häuser. Das Werk entwickelte sich, die Schlote wuchsen aus dem Boden. Vom Hilfsarbeiter zum Handwerker, eine Entwicklung die auch mit den Worten „Von den Händen zum Können“ (Färber 1948: 14) beschrieben worden ist, setzte relativ rasch ein.

Im Bergbau auf der Millstätter Alpe, wo noch im „Bruchbetrieb“ gearbeitet wurde, lebten die meisten Arbeitnehmer als Wochenpendler. Die Arbeiter begannen am Montagmorgen ihre Arbeit und gingen an den Samstagabenden über die Berge nach Hause. Aus Wiesen und Feldern wurden Baugründe, einfache Arbeiter heirateten Bauerntöchter. Gemeinsam wurde ein Haus gebaut. Üblicherweise wurde noch ein Stück Wiese gemäht, ein Schwein gefüttert, Ziegen sowie Hühner gehalten. Das Unternehmen, aber auch das Dorf Radenthein entwickelte sich und hatte 1910 bereits 2.894 Einwohner.

Mit der Erschließung der Lagerstätte im Jahre 1908 wurde auch die 7,1 km lange Seilbahn von dem in 1.500 m Seehöhe befindlichen Bergbau bis in das Magnesitwerk in einer Seehöhe von ca. 730 Meter errichtet, um den Rohmagnesit abzutransportieren. Für den obersten Teil der Rohmagnesitseilbahn und den Bauplatz für den Bau von Wohnungen wurde der Gemeinde (Ober-)Millstatt für ihre Pichlalm 20.000 Kronen geboten. Aus den Gesprächen ergab sich, dass die Veitscher Magnesitwerke um das Grundstück zur Verhinderung dieser Bauten, mitboten. Es mussten daher 65.000 Kronen aufgewendet werden.

Die Konkurrenz zu behindern wurde auch als wirtschaftliches Ziel gesehen. Im Herbst 1909 wurde mit dem Abbau des Rohmagnesits im Berg-

Abb. 2, 3:1909 – Aufbau des ersten Werksgebäudes (oben) und Abbildung der ersten Brucharbeiter (unten) mit den Kollegen Piendl (ganz links) und Johann Stölzl (2. v. l.).

bau begonnen und mit einer Abbaumenge von 12.350 Tonnen beendet, im Jahr 1910 wurde der Abbau auf 71.142 Tonnen gesteigert. Im Jahr 1909 wurden im Werk eine Magnesit-Aufbereitungsanlage (Brech-, Sieb- und Mahlanlage) und sechs Schachtöfen in Betrieb genommen. Um Energie für das Magnesitwerk zu erzeugen, wurde ein „Lokomobile“ mit einer Leistung von 300 PS nach Radenthein gebracht. Am 9. April 1909 (bis 22.10. 1924) wurde Mr. Joseph D. Billard jun. Geschäftsführer des Unternehmens. Er holte 1910 den späteren Generaldirektor Dipl.-Ing. Konrad Erdmann als technischen Leiter ins Werk. „Das Werk hatte 1909 bereits 120 Dienstnehmer beschäftigt.“

Bis 1911 wurden noch zwei weitere Schachtöfen gebaut. Mit dem vorhandenen Material gab es in den Schachtöfen Probleme mit der Qualität, „es gab einen „Schwachbrand.“[5] Somit erweiterte man bereits 1912 die Sinterproduktion um einen 50 Meter langen Drehrohrofen mit einen Durchmesser von 1,8 Meter (RO I). Die Erklärung liegt darin, dass man auch Feinkorn einer Verwendung zuführen wollte. Dieser Rotierofen war ein Prototyp in der Feuerfestindustrie mit einer Brenntemperatur von ca. 900° Celsius. Bei dieser Temperatur wurde Magnesit kaustisch gebrannt. Die damalige Verwendung des Radentheiner Kausters ist heute nicht mehr klar nachvollziehbar. Ein weiterer folgte im Jahr 1915/1916, es wurde ein mit Kohlenstaub befeuerter Rotierofen. Der dritte Drehrohrofen wurde schließlich im Jahr 1952 errichtet.

Der Drehrohrofen 2 war zum Zeitpunkt seiner Errichtung mit einer Länge von 100 Meter und einem Durchmesser von 2,85 Meter der größte der Welt. Durch Anwendung des Regenerativ-Feuerungsprinzips konnte man eine Brenntemperatur von 1.800° C erreichen.

Die Abbaumenge betrug im Jahr 1912 bereits 190.000 Tonnen Rohmagnesit. „Im Jahr 1912 wurden bereits 580 Arbeitnehmer beschäftigt.“

Die Veitscher Magnesitwerke sicherten sich im Jahr 1903 die Abbaurechte für den Bergbau Trieben (Sunk) und begannen 1910 mit dem Abbau, die Sinterhütte hatte 6 Schachtöfen. Die Investitionen wurden 1911 und 1912/13 fortgeführt (elektromagnetischen Aufbereitung, Aufbau der Steinfabrik). 1909 wurden die Dolomitwerke in Hagen (Deutschland) von August Thyssen gegründet.

---

5 Anm.: Durch unterschiedliche Temperaturbereiche verblieb das CO^2 noch im Gestein, es konnte nicht vollständig ausgebrannt werden.

Didier entwickelte sich über die Lieferung in die Glasindustrie, Eisen und Stahl, Chemie, Porzellan und Zement sehr vielfältig. Wichtige Internationalisierungsschritte fanden in Amerika im Jahr 1906 mit der Gründung der Didier March Company in Jersey City in New Jersey und 1907 mit der Compagnie Generale des Fours in Paris, Frankreich statt.

Im Jahr 1913 hatte der Dider-Konzern 14 Werke mit einer Produktion von 371.000 Tonnen feuerfesten Erzeugnisse. Im Jahr 1929 wurde das Feuerfestunternehmen Scheithauer und Gießing AG mit den Werken Duisburg und Mainzlar übernommen. 1929 erfolgte auch die Übernahme der Stella Werke AG mit den 8 Werken (z. B. Niederdollendorf). 1931 erfolgte die Umbenennung in Didier-Werke AG. Atilio Franchi gründet in Marone 1919 die Firma Dolomiti Franchi einen Feuerfesthersteller auf Dolomitbasis. (RHI) 1920 beginnt die Ziegelproduktion in Valenciennes sowie der Produktion in Kruft und Hagen in Deutschland.

Im Jahr 1913 wurde in Untertweng (Gemeinde Radenthein) ein Wasserkraftwerk mit einer Leistung von 1.250 PS für die eigene Energieversorgung errichtet. Der geplante Bau einer Eisenbahnlinie nach Radenthein kam nicht zustande, so dass das gesamte Material per Seilbahn vom Werk Radenthein zur Eisenbahnstation Ferndorf transportiert werden musste.

Für die Seilbahntrasse von Radenthein in das Drautal wurden Servitutsrechte verhandelt. Der Döbriacher Wirt hatte ein wichtiges Grundstück. Nachdem er das Angebot abgelehnt hatte, wurde in Verhandlungen klar, dass die Veitscher Magnesit 6.000 Kronen geboten hatte, wenn er den Seilbahnbau nicht gestattet. Nach langen Verhandlungen wurde der Vertrag für 20.000 Kronen unterfertigt.

Zu Beginn wurde die gesamte Produktionserzeugung zum Hafen Triest transportiert und dort in die Vereinigten Staaten verschifft. Ab 1911 belieferte man auch Abnehmer in Deutschland, Frankreich und England. Mit Beginn des Ersten Weltkriegs war auch die Produktion des Magnesitwerks rückläufig, der Absatz wurde spürbar weniger. Im Jahr 1915 wurden nur 700 Tonnen produziert, 1916 wurde das Werk sogar stillgelegt.

Die Jahre von 1914 bis 1918 bedeuteten für die gesamte österreichische Magnesitindustrie, die bis zu diesem Zeitpunkt das Weltmonopol innehatte, einen schweren Umbruch. Die Produktion ging zunächst zurück, erholte sich später wieder, aber das Weltmonopol konnte nicht mehr rückerobert werden. Es blieb eine starke Stellung der österreichischen Magnesitindustrie.

Welt-Rohmagnesitförderung für feuerfeste Verwendung von 1915 bis 1919 in %

Jahr	Österreich Ungarn	USA	Russland	Kanada	Italien	Indien	andere
1915	65%	11%	6%	6%	3%	3%	6%
1916	39%	26%	13%	9%	4%	4%	5%
1917	26%	43%	10%	9%	4%	3%	5%
1918	29%	43%	4%	10%	6%	2%	6%
1919	22%	38%	3%	20%	11%	5%	16%

Während des Ersten Weltkriegs wurde mit dem Bau der Steinfabrik begonnen, aber aufgrund von Brennstoff-, Absatz- und Personalschwierigkeiten wurde erst Anfang der 1920-er Jahre der Betrieb aufgenommen. „Die Beschäftigtenzahlen fielen 1916 auf einen Stand von 130 Arbeitnehmern."

Ein Kernstück der Steinfabrik war der Tunnelofen, mit dessen Bau 1914 begonnen wurde. Im Jahr 1919 konnte er in Betrieb gesetzt werden. Man war nun in der Lage, neben den ungeformten Produkten nun auch gebrannte, geformte Steine herzustellen. Der Tunnelofen hat eine Länge von 165 Meter und wurde mit Generatorgas bei Temperaturen bis zu 1.600° C betrieben. Es war der erste Ofen dieser Art, der für so hohe Temperaturen gebaut wurde und konnte als erster dieser Art im kontinuierlichen Betrieb betrieben wurde. Der zweite Tunnelofen folgte im Jahr 1941, der dritte Tunnelofen wurde im Jahr 1973 errichtet. Errichtet wurde auch eine Mischeinrichtung sowie vier Drehtischpressen. Der sortierte und in verschiedene Korngrößen klassierte Magnesia-Sinter wurde unter Beigabe von Magnesia-Kauster und Wasser in einem Kollergang gemischt und in Formen gepresst.

Nachdem 1913 bereits in Untertweng ein Kraftwerk gebaut worden war, gab es 1920 aufgrund des gesteigerten Energiebedarfs den Startschuss für das zweite Wasserkraftwerk am Kaningbach mit einer Leistung von 3000 PS. In diesem Zeitraum wurden noch der Kohlebergbau Sittenberg im Görtschitztal, die Abbaurechte im Gebiet von Geldegg Wenig, westlich von Schwarzach St. Veit und im Hinterthal, östlich von Saalfelden im Tal des Urschlaubbaches gekauft. Im Jahr 1921 wurde ein provisorisches Werkskaufhaus für die wichtigsten Lebensmittel errichtet.

Die Gemeinde Radenthein zählte 1910 noch 2.894 Einwohner. Bis zum Jahre 1923 steigerte sich die Einwohnerzahl auf 3.510. Im Zeitraum des Ersten Weltkriegs war keine Magnesitausfuhr nach Amerika möglich. In Amerika entdeckte man 1916 neue, mit der Radentheiner Qualität nicht vergleichbare und konkurrenzfähige Vorkommen. Nach dem Krieg drohten die österreichische und die europäische Magnesitindustrie die neu aufgebaute amerikanische Magnesitindustrie, die das Doppelte verlangte, im Preiskampf zu erdrücken. Die USA schützten das gute Geschäft ihrer Wirtschaft durch einen hohen Zoll und drückten damit den Import (vor allem Österreichs Export) auf eine unbedeutende Menge.

Die wirtschaftlich-politische Lage war durch das Zerfallen der k.u.k. Monarchie ebenso in einer schwierigen Situation. Der Friedensvertrag von Saint-Germain-en-Laye vom 10. September 1919 zwischen Österreich und den Entente-Mächten brachte den Verlust der wichtigen slowakischen Rohmagnesit-Lagerstätte, „wie der angeschlossenen Magnesitindustrie, die vor dem Weltkrieg ein Drittel des in der österreichisch-ungarischen Monarchie produzierten Magnesitsinters erzeugt hatte." Darüber hinaus war die Magnesitindustrie als exportorientierte Industrie vom Verlust des Hafens Triest betroffen. „1923 war die Eisen- und Stahlindustrie nur bis 60 Prozent ausgelastet, das Magnesitwerk in Radenthein zu 30 bis 40 Prozent."

Ab 1919 gab es erste Kontakte zwischen den großen österreichischen Magnesitwerken für eine Marktregelung. Um eine gemeinsame Plattform zu haben, bildeten im Jahr 1923 in Wien folgende Firmen – die Österreichisch-Amerikanische Magnesit Aktiengesellschaft in Radenthein, die Veitscher Magnesit Aktiengesellschaft, die Magnesit AG Bratislava-Budapest und die Steirische Magnesit AG – ein gemeinsames Verkaufsbüro. Um ein „Kartell" zustande zu bringen, bedurfte es noch einiger Gespräche und Anstrengungen. 1925 kam es schließlich zur Gründung des Magnesitkartells ebenfalls mit Sitz in Wien. Hinzu gehörten noch:

„die westböhmischen Kaolin- und Schamottgesellschaft Prag, die Allgemeine Magnesit AG Bratislava in der Tschechoslowakei, die Stella Werke AG vormals Wilisch & Co in Homberg und M. Weißenberg aus Breslauf in Polen, weiters die Magnesitwerke Eichenberg-Aue Ges.m.b.H. in Wien und die Eglinton Magnesite Brick Col Ltd. In London, in Großbritannien. Im Gründungsjahr kamen noch die Società Lavelli in Pisa aus Italien Kartell sowie 1928 die von der westböhmischen Kaolin- und Schamottegesellschaft übernommenen Herkuleswerke. Im Jahr 1931 folgten noch die Magnesit Ges.m.b.H. Bonn in Deutschland, im Jahr 1932 erfolgte die Fusion der Stella-Werke und der Magnesit Ges.m.b.H. Bonn mit den Didier Werken damit gehörte auch der größte deutsche feuerfest Konzern dem Kartell an." (vgl. Günther/ Paar 1997: 32)

Nach einem Abkommen der zwei größten Magnesitproduzenten der USA und Mitgliedern des Kartells wurde der Weltmarkt in Regionen eingeteilt. Das Absatzgebiet für das Magnesitkartell bildeten Europa, Asien und Afrika.

Europas größte Magnesitproduzenten, die Veitscher Magnesitwerke AG in Wien samt ihren Konzernunternehmen, die Magnesitindustrie AG Bratislava-Budapest und die Österreichisch-Amerikanische Magnesit AG durften Magnesitsinter und Magnesitsteine an die Harbison-Walker und General Refractories vertraglich vereinbart liefern. Lieferungen an dritte Abnehmer in den Vereinigten Staaten, nach Kanada oder nach Mexiko erfolgten nur im Einverständnis der beiden amerikanischen Firmen. „Im Gegenzug waren diese verpflichtet, zwei Drittel des Sinterbedarfs zu vereinbarten Preisen bei den Veitscher Magnesitwerken AG, der Magnesitindustrie AG Bratislava-Budapest und der Österreichisch-Amerikanischen Magnesit AG zu decken."

Im Jahr 1926 gab es eine Fusion mit der „Allgemeinen Automobil Ges.m.b.H.", die Österreichisch-Amerikanische Magnesit Ges.m.b.H. wurde liquidiert. Dr. Hugo Wilisch und Konrad Erdmann wurden zur selbständigen Vertretung befugt. Die Allgemeine Automobil AG erhöhte das Aktienkapital von ATS 100.000,-- um ATS 9.000.000,-- auf ATS 9.100.000,-- und übernahm sämtliche Aktiva und Passiva der übertragenen Ges.m.b.H. Die neu ausgegebenen Aktien bekamen die Gesellschafter der aufgelösten Ges.m.b.H. Mit 8. Januar 1927 kam es zur Statutenänderung der Firma und am 19. Jänner wurde der Sitz nach Radenthein verlegt. Dwight Winter (Sohn von Emil Winter) wurde 1927 Geschäftsführer, es kam zur Namensänderung im Handelsregister. Die

Firma wurde von einer GmbH in eine Aktiengesellschaft mit dem Namen „Österreichisch-Amerikanische Magnesit Aktiengesellschaft“ geändert.

In den Jahren „1927 bis 27.07.1931 scheint laut Überlieferungen auch Ferdinand Porsche als Mitglied im Verwaltungsrat (heute Aufsichtsrat) auf“. (General Refractories 1983: 32) Über das Wirken Porsches ist nichts Näheres bekannt. Zur gleichen Zeit wurden auch die Abbaurechte in Fieberbrunn erworben, die dann später als Versorgungsbasis für das Werk in Hochfilzen (Tirol/Salzburg) werden sollte.

Im Jahr 1928 begannen die ersten Versuche, metallisches Magnesium industriell zu erzeugen. Dieser Prozess, das karbothermische Verfahren, besaß wesentliche Vorzüge gegenüber den bisherigen Erzeugungsmethoden. Der volle Durchbruch zum Erfolg basischer Steine kam in den folgenden Jahren mit der Entwicklung der temperaturwechselbeständigen basischen Steine aus Magnesit und Chromerz. Diese Steine waren nicht nur hochfeuerbeständig und temperaturwechselbeständig, sie boten auch eine bessere Unempfindlichkeit bei Angriffen gegen die sauren Schlacken, vor allem in den Einsatzgebieten, den Industrieöfen. Damit begann Anfang der 1930-er Jahre eine neue Ära. Der Markenname Radex (Radenthein Export) wurde durch die Verwendung in der Zementindustrie, den Schmelzöfen, der Glasindustrie, aber vor allem in der Stahlindustrie bekannt. Durch hervorragende Laborergebnisse und Praxisversuche stellte man diese Spezial-Magnesitsteine (Magnesit mit Chromerzmischung) auf breiter Basis her.

Der Radex-Stein begründete den Weltruf von Radenthein. Sein Anwendungsgebiet wurde auf alle Zonen in den Öfen erweitert bzw. konnten alle Zonen damit ausgemauert werden. In der Stahlerzeugung waren die Betriebe nun in der Lage, mit einer deutlich höheren Betriebstemperatur zu produzieren. Durch diese Steintypenerweiterung konnten nicht nur die Einsatzbereiche in den Öfen, sondern auch andere Branchen, z.B. die Nichteisenmetallindustrie, versorgt werden. Für die neue Steinproduktion war es notwendig, die Werksanlagen zu verbessern und zu vergrößern.

Die günstige Wirtschaftslage führte 1929 zu einem Höhepunkt der Magnesitgewinnung. Aber die Weltwirtschaftskrise brachte wiederum ein Absinken der Produktion und einen Rückgang des Absatzes. Die Rohmagnesitförderung sank von 1929 bis 1932 weltweit von „1.056.000 Tonnen auf 680.000 Tonnen“. Die österreichische Rohmagnesitförderung ging in demselben Zeitraum von „438.000 Tonnen auf 139.659 Tonnen zurück. Die österreichische Magnesitsinterexporte sanken von über 90.000 Tonnen auf 15.000 Tonnen sowie Magnesitkauster von 27.500 Tonnen auf 15.500 Tonnen sowie Magnesitsteine von über 44.000 Tonnen auf 14.000 Tonnen".

Auch das Jahr 1932 brachte für die österreichische Magnesitindustrie einen Tiefpunkt. In den Folgejahren kam es auch jedoch aufgrund der gesteigerten Rüstungsindustrie und der damit zusammenhängenden ansteigenden Produktion in der Stahlindustrie wieder zu einer deutlichen Erholung.

Die neue Industrie

Zur Jahrhundertwende 1900 zählte die Gemeinde Radenthein 2.060 Einwohner, zehn Jahre später waren es schon 2.894. Auch der Zuzug ausländischer Arbeiter hielt weiter an. 1923 verzeichnete man bereits 3.510 Einwohner. Die sozialen, gesellschaftlich-bäuerlichen Strukturen veränderten sich sehr schnell z.B. mit der Elektrifizierung. Durch den Bevölkerungszuzug stiegen auch die Lebensmittelpreise rascher. Die Umweltsituation war jedoch problematisch geworden und es zeigten sich Anzeichen, dass sich die Hilfsarbeiter zu Facharbeitern weiter entwickeln sollten.

Welche Änderungen eintraten, wie das Magnesitwerk „auch" gesehen wurde, welche sozialen, wirtschaftlichen und auch gesellschaftlichen Änderungen sich in kurzer Zeit vollzogen, zeigt das folgende, einer Ballade nachempfundene Gedicht von Josef Huber.

Die neue Industrie!

Josef Huber

Ja unser liebes Radenthein, schwingt sich jetzt auf zur Stadt.
Ich will erzählen kurz und klein wie sich`s entwickelt hat.
Ja ganz a neue Zeit bricht an. Man merkt's auf Schritt und Tritt,
das bringt die neue Industrie, das macht das Magnesit!

Das Magnesitwerk bringt uns Geld. Es wird viel konsumiert,
drum müssen mehr Kaufleut sein, mehr Fleischer und mehr Wirt.
Und jeder G´schäftsmann lebt recht fein, und macht an mords Profit.
Das bringt die neue Industrie, das macht das Magnesit.

Vom Ausland kommen Leut herbei, fast aus der halben Welt,
gar mancher Kommt ganz leer daher bei uns verdient er Geld.
Die Wirt und G'schäftsleut haben's gut, weil's G´schäft gedeiht und blüht,
das bringt die neue Industrie, das macht das Magnesit.

Drum baut man neue Häuser her, um viel und teuers Geld.
In Oberdorf, in Unterdorf, und´s meiste in Ottmann Feld.
Wenn das der alte Ottmann säh, der glabets uns gar nit,
daß sein Besitz heut so dasteht, das macht das Magnesit.

Den Fortschritt sieht man überall, im großen wie im klein;
Elektrisch sind wir a schon bald, a Wasserleitung fein.
Ja nächstes kommt das Telefon, die Zeit bringt alles mit.
Und z`letzt kommt gar die Eisenbahn, das macht das Magnesit!

O, welche Lust ein Bauer z`sein, wo all´s hoch im Preis.
Man nimmt a masse Geld jetzt ein, für Eier, Butter, Fleisch.
Ja all`s wird gut an Mann gebracht, já früher gabs das nit.
Das bringt die neue Industrie, das macht das Magnesit.

Wo`s Sonnenschein gibt, gibt`s Schatten a, das sieht man überall.
Das ist auch bei der Industrie, beim Magnesit der Fall.
Bei manchen ist der Sebzaun aus, eh daß er sichs versieht.
Er sagt: Hörts auf, i hab schon gnug von änkern Magnesit.

Die Sunn scheint nie mehr licht und hell, so wie`s sonst war der Brauch.
Die ganze Gegend aus und ein voll Dampf und Ruß und Rauch.
Kein Obst, kein Traad, kein Futter mehr in dem Fabriksgebiet.
Das bringt die neue Industrie, das macht das Magnesit.

Gar mancher schimpft und lamentiert im Wirtshaus drin und schreit:
I hätt a Massa Arbeit z`haus doch kriegt man kani Leut,
und fragt man heut an Knecht, a Dirn, bleibt noch a Jahr, i bitt,
da haßt's: I hör vom Dienst sein auf I geh zum Magnesit.

Wer früher Knecht war wird zum Herrn, verdient sich viel mehr Geld,
wohl in an Jahr drei-, viermal mehr, als ihm der Bauer zahlt,

drum zahlt er jetzt a fein Quartier und nimmt die Seine mit.
Juhe, famos das is a Hetzt, das macht das Magnesit.

Mitunter ist die Herrlichkeit in kurzer Zeit schon aus,
Es kommt holt öfter als man`s wünscht der Klapperstorch ins Haus.
Die Lebensmittel werden knapp, drum wachst der Appetit,
die Milch, das Fleisch kost halt viel Geld: das macht das Magnesit.

Gar mancher G´schäftsmann, mancher Wirt, der hat mitunter Pech,
weil mancher Gast nit zahlen will und durchgeht mit der Zech.
Anstatt daß der seine Schuld bezahlt, nimmt er noch sonst was mit,
das bringt die neue Industrie, das macht das Magnesit.

Und mit der eigenen Sicherheit laßt`s a a biß`l aus,
ja bei der Nacht wann's finster is geht kaner gern vom Haus.
Ein Hieb, ein Stich in Hals und Brust, riskiert a jeder nit.
A Rauferei kummt alleweil für, das macht das Magnesit.

Nah gut daß wir Gendarmen ham, a fünf, sechs feste Mann.
Die ärgsten Rafer treiben si glei dutzendeweis davon.
Trotz Schutzmannschaft und Polizei ist nachts oft noch ka Fried.
Das bringt die neue Industrie, das macht das Magnesit.

Auch haßt's gar oft das neue Werk tragt viele Steuern ein,
daß mit der Zeit, i g'frei mi schon, ka Umlag mehr wird sein.
Im Anfang, no, ja freili da, verspürt man so was nit,
bis jetzt ist die Umlag höher wor'n, das macht das Magnesit.

Wir haben an Konsumverein, der war sonst gut bestellt,
doch einen Haken hat's auch da: Man kriegt nix ohne Geld.
Die andern Kaufleut geben drum halt a nit viel Kredit.
Es haßt, wer waß ob's zahlen kimst: das macht das Magnesit.

Mit Maurern und mit Zimmerleut, da sind wir g'stellt famos,
nur kürzer wird die Arbeitszeit, die Schichten wachsen groß.
Gar mancher Bauherr wird's zu bunt, drum baut er lieber nit,
weil sich nit mehr an Bau rentiert: das macht das Magnesit.

Ja Fleischer ham wir a a Paar, die bilden sich was ein,
als hättens lauter Primafleisch, von Ochsen und von Schwein;
doch meistens schlachtens Magerkuh, wünsch guten Appetit.
Verkauft wird aber Primafleisch: das macht das Magnesit.

Zwei Bäcker ham wir a im Ort, man meint das sei a Glück,
die größeren Semmeln schickens fort, das Klaubach bleibt zurück.
Das Brot, die Semmeln sind schon klan, daß man's fast nit mehr sieht,
man braucht dazu ein Augenglas: das macht das Magnesit!

Auch Schuster, Schneider, Tischler gibt's und Sattler und Frisör,
und kömmands mit dem Geld nit aus, so rechnen sie halt mehr.
Die beste Kundschaft wird schon gewurzt, der Frisör macht sein Schnitt,
der dauert ewig nit, in fünf, sechs Jahren kommt jeder dran,
das macht das Magnesit!

Durch die wirtschaftlichen Verhältnisse entwickelte sich das Leben in der Region. Binnen zwei Jahrzehnten gab es grundlegende Änderungen, wie es in dem Gedicht zuvor zum Ausdruck kommt. Nach einer schwierigen Phase, der Kriegszeit und weiteren zwei Jahrzehnten hatte sich die Bevölkerung an die Industrie gewöhnt, wenn auch die Betrachtung aus einem anderen Blickwinkel erfolgte. „Wer heute (1948) in Oberkärnten vom ‚Werk' redet, der meint Radenthein. Die Gegensätze bestehen, aber sie stoßen sich nimmer. Seit den Benediktinern im 12. Jahrhundert hat niemand mehr so stark in das Leben von Millstatt eingegriffen wie das Werk in Radenthein." (Färber 1948: 14)

Vom 25-Jahr- zum 40-Jahr-Jubiläum

Durch die Weltwirtschaftskrise kam es zu einem gewaltigen Einbruch im Absatz von Feuerfestmaterialien. Es herrschte Depressionsstimmung in Radenthein, Probleme im Fremdenverkehr und dramatische innenpolitische Veränderungen.

Das Jahr 1929 war für die europäische und amerikanische Stahlindustrie, damit auch für die österreichische Magnesitindustrie noch ein Spitzenjahr. Generaldirektor DI. Dr. h.c. Konrad Erdmann führte das Unternehmen in eine neue Ära. Durch die Entwicklung der Radex-Steine (Radex-E) wurden neue Absatzmöglichkeiten eröffnet. Dieses qualitative Spitzenprodukt war nicht nur hochfeuerbeständig, sondern vereinigte unter anderem die Eigenschaften von hervorragender Widerstandsfähigkeit bei Temperaturschwankungen. Damit war dieses Produkt für alle Zonen im Ofen gleichermaßen verwendbar. Den beteiligten Technikern bei der Entwicklung dieses Produkts Dr. J. Carmann, Dipl.-Ing. J. Berlek, Ing. H. Gmeiner als auch von der Kostenseite Dr. Hans Lauda war damit ein Quantensprung im Qualitätsfortschritt gelungen. Durch diesen Quantensprung konnte sich die Österreichisch- Amerikanische Magnesit-Gesellschaft nach der Wirtschaftskrise weitaus schneller wirtschaftlich erholen als die Konkurrenz. Mit den neuen Steinqualitäten ergaben sich Verschiebungen z.B. am deutschen Markt (1938), die folgenderweise aussahen: Radenthein 40%, Didier 17%, Veitscher 13%, „Westböhmische“ 2%, andere deutsche Hersteller 28%.

Im Buch zum 100-Jahr-Jubiläum des Magnesitwerks Radenthein 2008 liest man, dass nach dem Putschversuch der Nationalsozialisten im Jahr 1934 alle deutschen Staatsangehörigen, die im Werk in leitender Position tätig waren, verhaftet und für 10 Tage interniert wurden. Es sollte auch eine Reihe von Entlassungen gegeben haben. Diese Information, die durch den Autor nicht verifzierbar war, ist insofern interessant, da einer der Hauptverantwortlichen des NS-Putschversuchs, Dr. Rudolf Weydenhammer, in der ÖAMAG im Verwaltungsrat war und später die Funktion des Generaldirektors einnahm.

Das Magnesitwerk veränderte das Dorf Radenthein grundlegend. Viele Entwicklungen und Bauten wurden nur mit Hilfe des Werkes oder deren Betreiber möglich. Im Jahr 1933 wurde Präsident Emil Winter anläss-

Abb. 4, 5: Am 25. August 1933 besuchte Präsident Emil Winter (oben: 2.v.l.) „sein" Werk in Radenthein. Im Hintergrund Dr. Weydenhammer (li.) und Dr. h. c. Erdmann (re.). Die 25-Jahr-Jubiläumsveranstaltung präsentierte sich als Höhepunkt der bisherigen wirtschaftlichen und technischen Entwicklung (darunter: Fuhrpark).

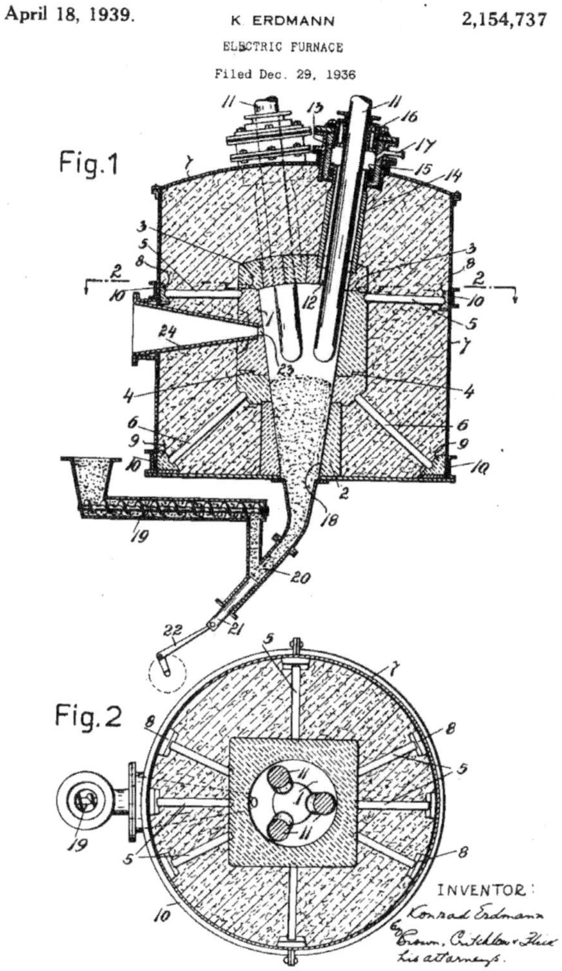

Abb. 6: Auszug einer von Erdmann eingereichten Patentschrift aus dem Jahre 1936/verbrieft im April 1939. Ein weiteres Patent reichte er zu dieser Zeit gemeinsam mit Fritz Hansgirg und Franz Schichtel im US-Patentamt ein.

Dr. mont. h.c. Konrad Erdmann sorgte während der 1930-er Jahre mit wegweisenden Innovationen für die wirtschaftliche Vormachtstellung „seiner" Feuerfestproduktion. 1921 übernahm Erdmann die Geschäftsführung in Radenthein mit der Einzelprokura als Generaldirektor. Bereits 1920 wurde der Bau einer Werksiedlung in Angriff genommen (Erdmannsiedlung); in diese Zeit fiel auch die Entwicklung der Leichtbauplatte Heraklith (bestehend aus Abfallstaub und Holzfasern), 1923 erfolgte der Bau des Heraklithwerkes in Ferndorf und 1927 wurden die Abbaurechte in Fieberbrunn in Tirol erworben. Den vollen Durchbruch auf dem Markt schaffte die Gesellschaft in den frühen 1930-er Jahren mit den temperaturwechselbeständigen basischen Steinen aus Magnesia und Chromerz, mit denen der Markenname Radex in alle Welt getragen wurde.

Abb. 7: Widmungsblatt der gesamten Arbeiterschaft der Österreichisch-Amerikanischen Magnesit AG zum 25-jährigen Dienstjubiläum des Generaldirektors Dr. Konrad Erdmann in Radenthein mit Magnesitbruch Kaning, Heraklithwerk Ferndorf, Magnesitwerk Radenthein und Braunkohlenbergbau Sonnberg bei Guttaring. (Holzschnitt von Switbert Lobisser, 1935/Dinklage 1982:147) – Unter den Nationalsozialisten wurde Konrad Erdmann 1938 von Dr. Weydenhammer abgelöst und die Firmenleitung nach München verlegt. Konrad Erdmann kam 1939 in Wien unter mysteriösen und tragischen Umständen (Sprung aus einem Hotelfenster?) ums Leben. Seine Beisetzung erfolgte im Familiengrab in Darmstadt. (Volkszeitung, 26. August 1948 und Kreuzer/Ktn. biogr. Skizzen)

lich des 25-Jahr-Jubiläums der ÖAMAG Ehrenbürger der Gemeinde Radenthein.

Im Gegensatz zu den schwer verschuldeten bäuerlichen Besitzungen stellte sich die finanzielle Lage des Magnesitwerkes besser dar. Durch die erhöhte Kriegsrüstung mehrerer Staaten herrschte im ganzen Jahr 1935 Hochkonjunktur. Das Werk stellte Beschäftigte ein, Menschen zogen nach Radenthein.

Doch bereits in dieser Zeit entstand Kritik durch die „Staubbelästigung im Ort, die durch Wassermangel nicht gesäubert werden können. Das Werk will den naturverbundenen Ausblick erhalten, dass alte Bäume, Sträucher und Hecken rund um das Werksgelände geschützt werden." (Schmölzer 1996: 298)

Im Jahr 1937 wurden Radenthein die Silo- und Mischanlage erweitert. 1938 folgte der Bau einer Drehtischpresse, weiter wurden zwei Kniehebelpressen in Betrieb genommen. Ebenfalls 1938 wurde mit der Auffahrung des Grundgleises für die untertägige Erschließung des Bergbaues begonnen. Bereits 1939 konnte eine Menge von 44.589 Tonnen an gebrannten Steinen erzeugt werden. Es wurde auch eine Werksküche eingerichtet.

Die Rohmagnesitförderung steigerte sich durch den rüstungsbedingten Anstieg der Stahlindustrie im Jahr 1934 auf mehr als eine Million Tonnen, um nach drei Jahren die Menge von 1,650.000 Tonnen Rohmagnesit zu erreichen. Österreich förderte davon 1937 397.000 Tonnen. Schon bald strebte Österreichs Magnesitexport wieder in Richtung der früheren Höchstwerte. Mit dem Einmarsch der Deutschen Wehrmacht und dem Anschluss Österreichs an das Deutsche Reich am 13. März 1938 wurde auch die Magnesitindustrie vor neue Anforderungen gestellt. Es mussten nun auch die Konkurrenzunternehmen in Deutschland mit Magnesitsinter beliefert werden.

„Der Zweite Weltkrieg setzte jedoch den Bestrebungen nach Einigung der Magnesitindustrie im europäischen Raum ein Ende." (Günther/ Paar 1997: 34)

Die Produktionsziffer der österreichischen Magnesitindustrie stieg ab dem Jahr „1938 an und überschritt 1939 die Förderung von 1929 mit 438.000, der Höhepunkt war 1943 mit 490.000 Tonnen erreicht." (ebd.)

In der Kärntner Industrie gab es mit Ende des Jahres 1939 hohe Zuwachsraten in der Produktion. Der Anstieg der Produktionszahlen im Magnesitwerk in Radenthein stieg von 1938 auf 1939 weiter. Probleme gab es in der Kärntner Industrie mit den Arbeitskräften von denen es zu wenige gab sowie mit der Energieversorgung für die Produktionsstätten.

Das Jahrzehnt zwischen 1929 und 1939 war also geprägt von wirtschaftlichen und gesellschaftlichen Veränderungen. Am Beginn des Jahres 1929 war die Absatzlage im Radentheiner Werk noch weitgehend in Ordnung, 1932 brach sie stark ein, um sich bis 1938 tendenziell wieder zu erhöhen. Im Statistikteil sind sowohl die Produktionsmengen als auch die Beschäftigtenzahlen dieses Zeitraumes dargestellt. Sie spiegeln die Höhen und Tiefen dieses Jahrzehnts.

Die Seilbahntransportleistungen wurden 1939 von Radenthein nach Ferndorf von 25 auf 30 t/h und 1941 vom Bruch nach Radenthein von 40 auf 56 t/h gesteigert. Es wurde die Optimierung und Vergrößerung der Anlagen des Werkes geplant. Der zweite Tunnelofen wurde in den Jahren von 1938 bis 1940 gebaut und 1941 in Betrieb genommen. Der Bau der 8. Presse erfolgte 1940. Im Jahr 1941 bekam das Wasserkraftwerk „Kaningwerk“ eine 2. Turbine mit 1.000 PS, das Kraftwerk Untertweng wurde auf 1.300 PS ausgebaut. 1940 wurde die Maerz Ofenbau Planung und Beratungs Ges.m.b.H. als Konzerntochter mit dem Ziel der Kompetenzerweiterung beim Bau von Stahl- und Metallschmelzöfen erworben.

In der Zeit von 1941 bis 1943 kaufte die DEUMAG noch Aktien der Didier AG bis auf einen Anteil von 15 Prozent. Didier besaß Ende der 1930-er Jahre bereits 23 Produktionswerke (20 in Deutschland, 3 in der Tschechoslowakei). Mit 1931 erfolgte die Umbenennung in Didier-Werke AG. Auch bei Didier wurde Personal aufgebaut. Die Produktion erreichte bis in das letzte Kriegsjahr ein Niveau von 400.000 Tonnen und brach 1945 abrupt ein. Im Jahr 1942 sowie 1943 wurde das Werk Niederdollendorf zu 60 % sowie wesentliche Teile des Werkes Duisburg zerstört. Im Jahr 1945 (Vertrag von Jalta) wurden Unternehmensteile in Thüringen und Sachsen den sowjetischen Truppen übergeben. Die Unterlagen vom Werk Eisenberg/Thüringen wurden in das Werk Marktredwitz (Oberfranken) gebracht. Nach dem Kriegsende folgten die Werke in Polen und Böhmen sowie vier Produktionsstätten in Ostdeutschland. Dem Unternehmen verblieben von 16 noch sechs Produktionswerke (Bibrich, Duisburg, Niederdollendorf, Niederlahnstein, Mainzlar, Marktredwitz), mit dem Unternehmenssitz in Wiesbaden (1948).

Im Jahr 1939 kam es nach der Entdeckung des Magnesitvorkommens in Brumade (Bahia) in Brasilien zur Gründung von Magnesita. Im Jahr 1944 begann Magnesita mit der Feuerfestproduktion in Contagem (Mines Gerais) in Brasilien.

Im Mai 1939 musste sich auch die Veitscher Magnesit AG an das deutsche Aktiengesetz anpassen. Durch den Kriegsausbruch zwischen Deutschland und Frankreich wurde ab 1940 auch französischer Besitz als in feindliches Vermögen betrachtet. Eine Zwangsverwaltung konnte durch die Abgabe der französischen Beteiligung an die Dresdner Bank vermieden werden. 1944 wurden Teile des Werkes Trieben durch Bombenangriffe zerstört. Die Idee einer zentralen Steinfabrik im Mürztal wurde nicht realisiert, das Werk Trieben wieder aufgebaut.

In der Kärntner Industrie gab es ab 1938 zu wenig Arbeitskräfte und Probleme mit der Energieversorgung für die Unternehmen.

Mit der Errichtung der Elektroschmelze 1941 wurde mit dem Schmelzen von Magnesit begonnen. Der Bau der Elektroschmelze war ein bedeutender Technologiesprung. Im Lichtbogen, in dem Temperaturen bis zu 3.500° C erreicht werden, kann auch feuerfeste Magnesia im hochqualitativen Verfahren geschmolzen werden. Die vor allem durch Silikate verursachten Verunreinigungen wandern entsprechend dem Temperaturgefälle im Schmelzgefäß nach außen, so dass ein Reinigungseffekt eintritt. Außerdem entsteht Magnesia von hoher Dichte mit großen Kristalliten. Steine mit Schmelzmaterialeinsatz wurden als Radex-B-Steine bezeichnet und in den am stärksten beanspruchten Stellen der Metallschmelzöfen eingesetzt.

Durch das Niveau der Forschungsintensität und der Versuche des Schmelzverfahrens in Radenthein konnte man bereits 1944 Magnesit im kontinuierlichen Verfahren schmelzen. Versuchsreihen zur Herstellung von metallischem Magnesium wurden schon seit 1928 betrieben. Für den metallischen Flugzeugbau war diese Herstellung von wesentlicher Bedeutung. Die ÖMAG verkaufte die Lizenz für das karbothermische Verfahren an die IG Farben in Deutschland, wo die Forschungen weiterverfolgt wurden. „Die Versuche zur Herstellung von metallischen Magnesium für den Flugzeugbau in Bitterfeld bei der IG Farbenindustrie AG, einer der größten Firmen des Deutschen Reichs, wurde mit Forschern aus Radenthein, im Jahr 1941 weiterverfolgt.“ (vgl. Gunther/Paar 1997: 19)

Anfang des Jahres 1942 wurde der Fischbestand des Riegerbaches durch Verunreinigungen des Magnesitwerkes vernichtet. Eine wesentliche Investition war ein zentrales Gasgeneratoren-Anlagesystem der Marke VIAG. Es wurden 1942 230.000 Tonnen Rohmagnesit produziert. Im Jahr 1943 lief die wirtschaftliche Produktion im Magnesitwerk auf vollen Touren, die Lebensmittelversorgung war zum größten Teil gewährleistet. Im Jahr 1944 gab es noch eine Produktionsleistung von 210.000 Tonnen.

In der Fertigung von Magnesitsteinen wurde 1939 die Rekordhöhe von 50.000 Tonnen erreicht, danach gab es Rohstoffprobleme, Chromerz war Mangelware in den Jahren 1941 und 1942, die Produktion fiel auf 30.000 Tonnen zurück, um im Jahr 1944 auf 45.000 Tonnen gesteigert zu werden.

Die Produktions- und Absatzlage der österreichischen Magnesitindustrie wurde in den Jahren 1944 auf 1945 schlagartig weniger. „Die Rohmagnesitförderung ging von 481.000 Tonnen auf 95.000 Tonnen zurück, die Produktion von Magnesitsinter von 130.400 auf 20.800 Tonnen, jene von Magnesitkauster von 64.300 auf 9.700.“ Das Werk hatte zwar den Krieg unbeschädigt überstanden, es fehlte jedoch an Roh- und Hilfsstoffen, insbesondere hochwertigen Kohle, um die Drehrohröfen zu betreiben oder für die Generatoren, um Gas für die Tunnelöfen zu erzeugen.

Dem Magnesitwerk ging es dabei ähnlich wie der gesamten Magnesitindustrie in Europa. Vom Mai 1945 bis Mitte 1946 stand das Werk in Radenthein abgesehen von kurzen Inbetriebnahmen des Drehrohrofens zum Brennen von Kalk- und Bruchsteinen für Bau- und Düngezwecke sowie kleinere Erhaltungsarbeiten still. Es gab auch Personalprobleme, da ein Teil der Belegschaft noch nicht aus dem Krieg zurückgekehrt war. Zwar berichtet Hödl von einer vollständigen Betriebseinstellung bis Juli 1946. Dennoch ist nicht von einem gänzlichen Betriebsstillstand auszugehen, da die Protokollverläufe der Firma und des Betriebsrates bereits mit 1945 beginnen. Somit konnte das Werk mit kurzen Unterbrechungen, schweren Problemen, jedoch von den Kriegshandlungen unberührt, die Produktion bald nach dem Krieg starten und seinen stetigen Produktionsanstieg wieder fortsetzen. „Die Erzeugung von Magnesit wurde als Folge der Inbetriebnahme des goßen Ofens von 879 to im März auf 2.200 to gesteigert werden.“

In Kärnten gab es eine leichte Steigerung der Industrieproduktion im März 1946, wobei der März mehr Arbeitstage als der Februar hatte.

Die Strombeschränkungen wurden teilweise aufgehoben. Der restliche allgemeine Arbeitsmarkt zeigte 17.000 fehlende Arbeitskräfte, die sich in der Hauptsaison auf 24.000 erhöhen sollten, wobei über die Heranziehung von italienischen Arbeitskräften verhandelt wurde. Die fehlenden Arbeitskräfte waren hauptsächlich Landarbeiter. Im Jahr 1948 lebten in Kärnten 9,4% oder 45.000 Ausländer. „Dieser Ausländeranteil ging bis 1951 auf rund 23.600 Personen oder 5% zurück."

Die im Jahr 1942 abgeschlossenen Zwangsverpachtungen mit der DEUMAG wurden gelöst. Das Werk wurde der englischen Militärregierung unterstellt. Der Leiter der englischen Property Control Office in Klagenfurt Major D. Morris stand dem Werk hilfsbereit zur Seite. Er trat 1952 in die Dienste der Firma ein und wurde 1959 Vorstandsmitglied der ÖAMAG.

Dr. Otto Büchler-Hauschka fungierte ab 1. Juni 1945 als Verwalter und später als Generaldirektor des Unternehmens. Das Magnesitkartell wurde aufgrund der Verstaatlichungen vieler Firmen und der Kartellbestimmungen 1946 aufgelöst. Im Jahr 1947 wurde der Firmenname von Österreichischer Magnesit AG wieder auf „Österreichisch Amerikanische Magnesit AG" geändert. Die Eigentumsrechte wurden wieder dem alten Besitzer übertragen. Dwight Winter wurde mit 1. Jänner 1947 Aufsichtsratspräsident.

Im Februar 1947 kam es zum Eintrag des alten Firmennamens „Österreichisch-Amerikanische Magnesit Aktiengesellschaft (ÖAMAG)" in das Firmenbuch.

Für die österreichischen Betriebe gab es wiederum völlig veränderte Marktverhältnisse. Die weltweite Rohstoffproduktion war auch durch die Seewasser-Magnesitproduktion in den Vereinigten Staaten und in England, der Magnesitproduktion in Russland, der Mandschurei (damals Japan) von 1939 bis 1944 von 1,95 Mio. Tonnen auf 3,0 Mio. Tonnen gesteigert worden. Die österreichische Produktion fiel von einem weltweiten Anteil von 23 % auf 16 % zurück.

Nach der vollen Produktionsaufnahme 1946 stieg die Erzeugung von Magnesitprodukten, nur durch die Strom- und Kohlenkrise behindert und in den Jahren 1946/47 dadurch rückläufig, wieder an, so dass die Leistung von 1948 jene von 1937 erreichte bzw. übertraf. Die Förderung von Rohmagnesit erreichte mit „401.000 Tonnen die Produktionsziffern vor dem Zweiten Weltkrieg: die Erzeugung von Magnesitkauster und

Magnesitsinter mit 53.000 Tonnen bzw. 127.000 Tonnen wurde um 13 bzw. 16 Prozent überholt. Die Magnesitsteinproduktion wies mit 91.000 Tonnen gegenüber den Leistungen vor dem Zweiten Weltkrieg eine Erhöhung von 50% auf.“ (Günther/Paar 1997: 35)

1948 wurde von der ÖAMAG die vorher noch unter alliierter Aufsicht stehende Geschäftsführung voll übernommen. Im Jahr 1948 wurde die Geschäftsführung der Alpenland Tux übernommen sowie 1949 das Werk Lassing in der Steiermark gekauft und in Betrieb genommen. Der Hauptabnehmer der Produkte, die Stahlindustrie, hatte technologisch noch die Siemens-Martin-Öfen in Betrieb, welche große Mengen an Feuerfestmaterial verbrauchten.

Im Jahr 1949 wurde versucht, die Magnesitindustrie zu verstaatlichen. Zu diesem Zweck musste man das Aktienpaket von Winter, der aufgrund „der hohen Erbschaftssteuern“ einen Teil des Familienvermögens veräußern musste, abkaufen.

Für eine Verstaatlichung fand sich schon 1946 keine Mehrheit. Die verstaatlichte Länderbank, die der SPÖ nahestand, „versuchte die Aktien in ihren Besitz zu bekommen, zu welchen Zweck bereits entsprechende Devisen von einer Schweizer Großbank zugesagt worden waren.“ (Hödl 2011: 110) Doch diese Verhandlungen scheiterten.

Die Aktien der ÖAMAG (Magnesitwerk) wurden 1950 von den Erben Emil Winters an die GREFCO (General Refrectories Company, Philadelphia) verkauft:

- ÖAMAG (Radenthein, Millstätter Alpe, Ferndorf, Braunkohlebergbau Sittenberg)
- Kaningwerk AG
- Alpenländische Bergbau Ges. m.b.H. Mayrhofen im Zillertal
- Maerz – Industrieofen Ges. m. b. H.
- Lassing Mineral Ges m.b.H. (Seltzthal)
- Deutsche Magnesit AG München

Im Sturm der politischen Systeme

Eine negative wirtschaftliche Stimmung, die Unterdrückung der Arbeiterbewegung und eine massive Richtungspolitik des Kapitals verursachten die größte menschliche Katastrophe im 20. Jahrhundert. Die Rüstungsmonopole und Großbanken (IG-Farben, Flick, Thyssen, AEG Siemens, Krupp, die Deutsche Bank, die Dresdner Bank, die Commerz-Bank als Beispiel) waren meist Auftraggeber und Nutznießer des Hitlerregimes.

Dieses Unheil kommt auf das Konto des eroberungswütigen deutschen Imperialismus. Die Rüstungsmonopole und Großbanken – IG-Farben, Flick, Thyssen, AEG, Siemens, Krupp, die Deutsche Bank, die Dresdner Bank, die Commerz-Bank und andere –, sie bestimmten maßgeblich die Politik des Hitlerregimes und sind hauptverantwortlich für die Kriegs- und Naziverbrechen. Emil Kirdorf, Gründer und langjähriger Leiter des Rheinisch-Westfälischen Kohlesyndikats, schrieb am 31. Januar 1934 in der „Preußischen Zeitung“: „Im Jahre 1927 bin ich zum ersten Male mit dem Führer zusammengekommen. In der Erkenntnis, dass nur die Politik Adolf Hitlers zum Ziele führen werde, habe ich mich in der Folgezeit ganz seiner Bewegung zur Verfügung gestellt. Kurz nach der Münchner Unterredung landen dann als Auswirkung der vom Führer vertagten und von mir verbreiteten Broschüre mehrere Zusammenkünfte des Führers mit leitenden Persönlichkeiten des Industriereviers statt, in denen dann Adolf Hitler in knappen und klaren Worten seine Ansicht darlegte.“

Die Übereinkunft mit Hitler lautete: Fünf Pfennig vom Verkaufserlös jeder Tonne Kohle an die Nazi-Partei. Durch diese Zahlungen erhielt die Hitlerpartei schon vor 1933 jährlich 6,150.000 RM allein vom Kohlesyndikat! Durch diese und andere Großspenden wurde Hitler an die Macht gebracht.

Am 11. Februar 1934 gab es laut Radentheiner Chronik eine Demonstration mit ca. 800 Teilnehmern, Nationalsozialisten, die für „Ein Volk, Ein Reich, Ein Führer“ in Radenthein demonstrierten. Der Versuch, diese Kundgebung zu verhindern, scheiterte am passiven Widerstand der Demonstranten. Am 12. Februar 1934 verbreitete sich die Nachricht, dass es zwischen dem Republikanischen Schutzbund und der Staatsexekutive in Wien zu schweren Kämpfen gekommen sei. In den Morgenstunden des 13. Februar verkündete die Arbeiterschaft des Magnesitwerkes einen Generalstreik, es protestierte zwar eine kleinere Anzahl nationalsozialistisch eingestellter Arbeiter dagegen, aber es wurde mit dem Streik begonnen. Die Streikposten wurden am Werkseingang postiert und verhinderten den Arbeitswilligen den Zutritt zu den Arbeitsplätzen.

> „Der Bezirksinspektor mit 20 Schutzkorpsleuten mahnte die Streikleitung zur Vernunft und machte sie auf das mittlerweile verhängte Standrecht aufmerksam. Der Sicherheitsdirektor für Kärnten stellte im Wege des Gendarmeriepostens der Streikleitung, dem Arbeiterbetriebsrat und sämtlichen sozialdemokratischen Parteifunktionären das Ultimatum entweder die Arbeit sofort aufzunehmen oder sie werden verhaftet und standrechtlich zur Verantwortung gezogen. Der Arbeiterbetriebsrat verhandelte mit den Streikenden, diese hielten an der Parole fest: Wir arbeiten erst, wenn das rote Wien diktiert." (Schmölzer 1996: 285f)

Erst nach sechsstündigen nächtlichen Verhandlungen wurde die Arbeit wieder aufgenommen. Die Einwohnerzahl der Gemeinde Radenthein hatte 1934 bereits 3.896 Personen erreicht. Von der Regierung in Wien kam die Aufforderung, sich ruhig zu verhalten, von Kampfhandlungen Abstand zu nehmen.

In Völkermarkt hatte „Bezirkssekretär Ferdinand Wedenig den Schutzbund alarmiert, in Ferlach war es Schutzbundführer Valentin Just, der mit 120 Bewaffneten die Straße am Hollenburger Hügel, in Neudorf und (…) sperrte. Andere Schutzbundeinheiten gingen in St. Peter in Stellung. Die Radentheiner Arbeiter befolgten die ausgegebenen Streikanweisungen, bezogen ebenfalls Stellungen und unterbrachen die Telefonverbindungen nach Villach und Spittal." (Schmölzer 1996: 293)

Auch in der Gemeinde waren längst nicht mehr die Beschlüsse des Gemeinderats wesentlich, sondern es entschied der Verwalter der Gemeinde. Die meisten der zahlreich eingegangenen Fürsorge- und Unterstützungsanträge wurden abgelehnt, weil der Antragsteller oder ein Angehöriger entweder im Magnesitwerk Arbeit und Verdienst hatte oder beim Bau der Plöckenstraße/Glocknerstraße beschäftigt war. Im Gegensatz zu den schwer verschuldeten bäuerlichen Besitzungen stellte sich die finanzielle Lage des Magnesitwerkes besser dar. Durch die erhöhte Kriegsrüstung mehrerer Staaten herrschte im ganzen Jahr 1935 Hochkonjunktur.

Doch die politische Lage spitzte sich im Sommer 1934 abermals dramatisch zu. In Oberkärnten kämpften die Nationalsozialisten. Sie hielten Oberdrauburg, Dellach, Greifenburg, Steinfeld, Sachsenburg und Möllbrücke besetzt. Insbesondere problematisch war die Lage aber in Millstatt, wo die Exekutive zwei Todesopfer zu beklagen hatte. In Radenthein hatte sich ein Teil der Arbeiterschaft an den Aufstandsaktionen beteiligt. Das ursprüngliche Marschziel Radenthein wurde erst auf dem Weg bekannt gegeben. Radenthein wurde wahrscheinlich am Nachmittag oder Abend des 26. Juli durch Einheimische und andere (z.B. aus dem Gegendtal) kommende Nationalsozialisten besetzt. Das Bundsheer, das zuvor im Raum Millstatt gekämpft hatte, „nahm Radenthein am 28. um 11 Uhr ein. Die Nationalsozialisten flüchteten bereits beim Anrücken der Regierungskräfte in die Berge, sodass der Ort widerstandslos zurückerobert werden konnte“.

Am Aufstand in Radenthein waren „vor allem Arbeiter der Österreichisch-Amerikanischen Magnesitwerke AG beteiligt, deren Generaldirektor Erdmann ein ‚grenzenloser Bewunderer Hitlers‘ war. Der deutsche Bankier Dr. Rudolf Weydenhammer, einer der Drahtzieher des Putsches, saß seit 1930 im Verwaltungsrat dieses Unternehmens.

> „Der Radentheiner Fall erscheint als der einzige, in dem Angehörige der Arbeiterschaft tätigen Anteil am Aufruhr genommen hatten, betont die amtliche Darstellung über diese Ereignisse, was auch durch die Tatsache erhärtet wird, dass es nur in Radenthein einen von der gesamten (!) Arbeiterschaft dem Generaldirektor Dr. Konrad Erdmann zum 25jährigen Dienstjubiläum 1935 gewidmeten Holzschnitt von Suitbert Lobisser gibt. Nach Schilderung ähnlicher Vorkommnisse in Arnoldstein, Bleiburg und Markt Griffen wird dann gezeigt, dass von jugoslawischer Seite die Aufständischen unterstützt wurden, so dass sie sich in Rabenstein bis zum Abend des 30. Juli hielten.“ (Dinklage 1982:148)

Die Regierung versuchte, die entstandenen Kosten für den Juliputsch und für die Kosten der Anhaltelager bei bekannten NS-Sympathisanten hereinzuholen. Diese Steuervorschreibungen bekamen die Alpine (GD Dr. Anton Apold, ca. ATS 400.000,-- und Dir. Dr. August Zahlbruckner ca. ATS 100.000,--), der Unternehmer Assman sowie Großgrundbesitzer. „Die Magnesitwerke Radenthein zahlten 200.000 Schilling; das Holzindustrieunternehmen Funder 50.000 Schilling; die Papierfabrik Frantschach 20.000 Schilling – insgesamt waren es bis Ende 1934 in Kärnten 311.700 Schilling, ein auch für damalige Begriffe lächerlich geringer Betrag.“

Im Jahr 1936 entstanden schon die ersten Anzeichen einer Verschlechterung der Wirtschaftssituation für die bäuerliche Bevölkerung. Im Magnesitwerk herrschte noch Hochkonjunktur, die Arbeiter und Angestellten kauften die erhältlichen Konsumgüter ein, für die Gewerbetreibenden entstanden zunächst keine Nachteile. Das Jahr 1937 verlief wirtschaftlich für diese Personengruppe noch ähnlich wie im Vorjahr.

Am 4. Juli 1937 erfolgte die 10-Jahres-Feier der Hauptschule Radenthein. Nach dem Besuch der Volksschule in die Hauptschule wechseln zu können, war zu dieser Zeit nicht immer selbstverständlich. In Radenthein gab es in der Hauptschule ab dem Jahr 1939 einen ständigen Lehrerwechsel. Diese Situation erschwerte einen ordentlichen Fortschritt des Lehrprogramms. Die Gemeinde Radenthein hatte inzwischen 4.458 Einwohner (1939).

Am 5. Oktober 1938 wurde die Zahl der Gemeinderäte vom NSDAP-Kreisleiter Zmölnig mit elf für Radenthein festgesetzt. Der Kreisleiter ernannte den Bürgermeister, es galt das „Führerprinzip“, die Gemeinderäte hatten nur noch beratende Funktion.

Kärnten war mit 1. Mai 1939 zum Reichsgau erklärt worden. Der politische Systemwechsel sollte auch auf die Führung des Werkes Radenthein sichtbar einwirken.

Am 1. September 1939 begann mit dem Überfall des Deutschen Reiches auf Polen der Zweite Weltkrieg. Die wirtschaftliche Produktion wurde durch die ansteigende Kriegsproduktion gestärkt, es herrschte Vollauslastung.

Mit 18. Juli 1938 wurde der Firmenname in Österreichische Magnesit Aktiengesellschaft (ÖMAG) – Austro Magnesite Company Ltd. geändert. Der Firmensitz sowie die Verkaufsleitung wurden nach München verlegt.

Machtkämpfe um Magnesit

Emil Winter wollte seinen Besitz im Falle eines Kriegseintritts der USA gegen Deutschland schützen. Für diese Aufgabe waren Dr. Fischer als Vizepräsident des Aufsichtsrates der ÖMAG und Kaningwerk AG und Dipl.-Ing. Noris als Aufsichtsratsmitglied in allen europäischen Gesellschaften der Gruppe die Vertrauten Männer von Winter. Dr. Rudolf Weydenhammer, seit Mai 1938 im Verwaltungsrat, war ab Juli 1939 Generaldirektor der ÖAMAG. Er zählte seit Jahren zur Elite der österreichischen Nationalsozialisten und hatte bereits in den Vorgängen des NS-Putsches im Sommer 1934 eine entscheidende Rolle gespielt. Generaldirektor Dr. mont. h.c. Konrad Erdmann hatte sich am 18. Mai 1939 in Wien das Leben genommen.

Es wurde ein Plan ausgearbeitet, dass eine neu zu gründende deutsche Gesellschaft alle Gesellschaften, die im Vermögen und Umfang von Emil Winter standen, formell auf zehn Jahre pachten sollte. Wenn die USA in den Krieg eintreten (es passierte im Dezember 1941), so würde das Vermögen unter „Feindvermögensverwaltung" gestellt werden, und dies hätte eine Schädigung des Eigentums von Emil Winter bedeutet.

Das Unternehmen wurde am 6. Juni 1942 gemäß der Verordnung über die Behandlung des feindlichen Vermögens vom 15. Januar 1940 unter staatliche Verwaltung gesetzt. Die Firma war zu diesem Zeitpunkt aber schon eine deutsche Pachtgesellschaft und konnte der schädigenden lähmenden Fremdverwaltung entzogen werden. Präsident Winter versprach seinen Vertrauten die volle Entschädigung der Unkosten nach dem Krieg. Der Vorstand übernahm die Funktionen in der Pachtgesellschaft. Aufsichtsratsvorsitzender wurde Dipl.-Ing. Noris. Durch die Zusammenarbeit mit der IG Farben gelang es Dr. Fischer, mögliche „politische Störfeuer" zu beseitigen. Nach dem Kriegseintritt der USA gelang es Dr. Fischer, der Teilhaber des Münchner Zweiges des Bankhauses Merck & Finck war, das Kapital für die Pachtgesellschaft zusammenzubringen. Die Aufteilung der Gesellschaft lautete wie folgt:

IG Farben 45%, Merck & Finck 45% sowie die drei Vertrauensleute 10%. Die Alpenminen AG verkaufte (eine 100% Tochter der ÖMAG) das Kapital der Alpenminen AG, es wurde in DEUMAG (Deutsche Magnesit AG) umbenannt. Im Jahr 1942 wurde die DEHERAG sowie ein 7-%-Aktienpaket der Didier AG erworben. Man erhöhte das Kapital der DEUMAG auf 6 Millionen Reichsmark.

I. G. Farben	(45,00%)	2.700.000 Reichsmark
Merck & Finck	(45,00%)	2.700.000 Reichsmark
Hr. und Frau Dr. Fischer	(5,00%)	300.000 Reichsmark
Dr. Weydenhammer	(3,33%)	200.000 Reichsmark
Dipl. Ing. Noris	(1,67%)	100.000 Reichsmark

In der Zeit von 1941 bis 1943 kaufte die DEUMAG noch Aktien der Didier AG bis auf einen Anteil von 15 Prozent.

Die im Jahr 1938 in der Ostmark angewandte Methode der Stilllegung von österreichischen Konkurrenzbetrieben verschwand später schnell wieder. Der Generaldirektor des Magnesitwerkes Dr. Weydenhammer

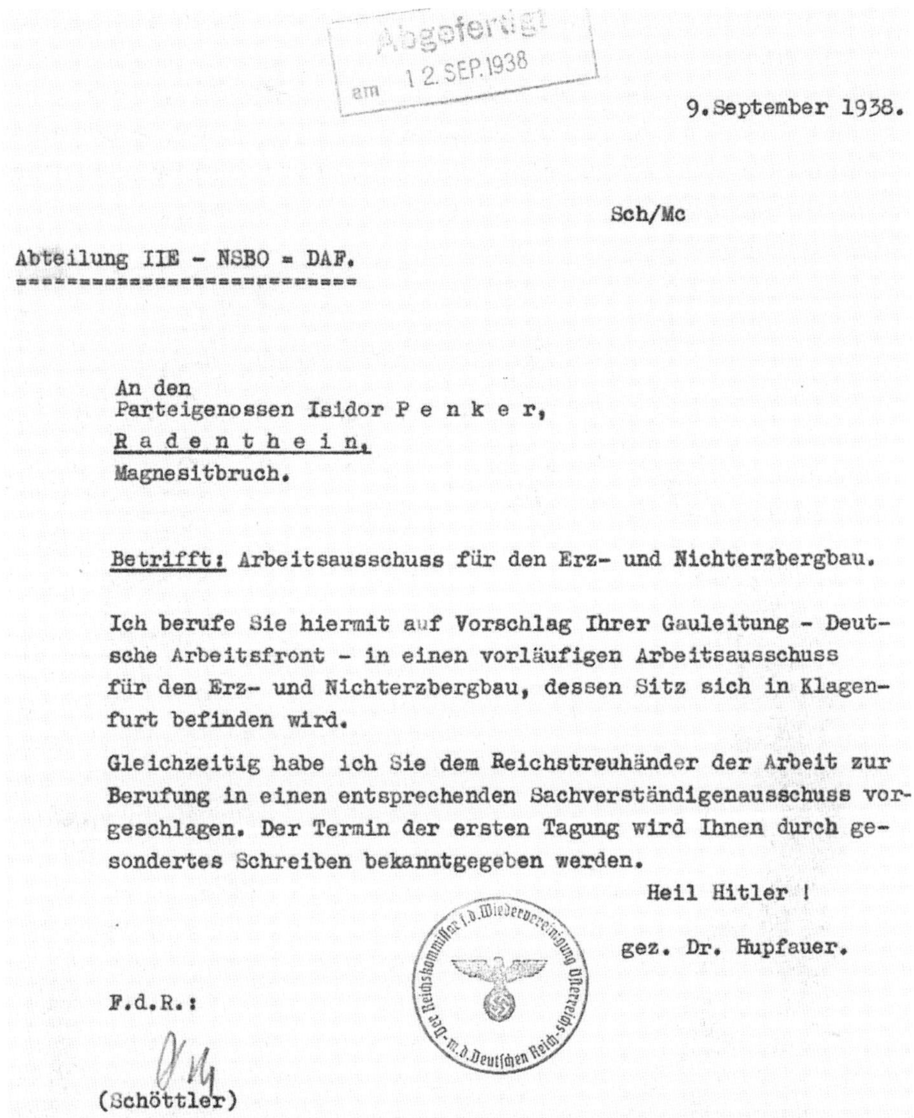
Abgefertigt
am 12. SEP. 1938

9.September 1938.

Sch/Mc

Abteilung IIE - NSBO = DAF.

An den
Parteigenossen Isidor P e n k e r,
R a d e n t h e i n,
Magnesitbruch.

Betrifft: Arbeitsausschuss für den Erz- und Nichterzbergbau.

Ich berufe Sie hiermit auf Vorschlag Ihrer Gauleitung - Deutsche Arbeitsfront - in einen vorläufigen Arbeitsausschuss für den Erz- und Nichterzbergbau, dessen Sitz sich in Klagenfurt befinden wird.

Gleichzeitig habe ich Sie dem Reichstreuhänder der Arbeit zur Berufung in einen entsprechenden Sachverständigenausschuss vorgeschlagen. Der Termin der ersten Tagung wird Ihnen durch gesondertes Schreiben bekanntgegeben werden.

Heil Hitler !

gez. Dr. Hupfauer.

F.d.R.:

(Schöttler)

DAF-Berufung von Isidor Penker in den vorläufigen Arbeitsausschuss für den Erz- und Nichterzbergbau mit Sitz in Klagenfurt vom 9. September 1938.

wollte das Unternehmen sofort in die Deutsche Magnesit AG einverleiben. Weydenhammer hatte zu diesem Zweck seine österreichische Gewerbeberechtigung zurückgelegt, eine Beschwerde gegen diese Maßnahme hatte jedoch nur aufschiebende Wirkung. „Winkler erhob gegen die Einverleibung Klage wegen Rechtswidrigkeit und führte an, daß der kommissarische Leiter zu einer Substanzminderung am Unternehmen nicht befugt sei.“ (Walzl 1992:179)

So war beispielsweise die Forschungsarbeit zur Erzeugung von metallischem Magnesium bis zur technischen Fabrikation fortgeschritten, der Produktion stand nur ein Mangel an elektrischer Energie entgegen. Durch die Interpretation „Strukturverbesserung“ wurde das Magnesitwerk trotz niedrigster Bewertung der Firmenaktiva von der DEUMAG einverleibt. Schließlich gelang es den Kärntner Partei- und Wirtschaftsgrößen nicht einmal „für eigene Belange genug Energie zu sichern“.

Nach dem Überfall auf Jugoslawien 1941 gab es Einvernehmen zwischen der ÖAMAG, der Veitscher Magnesit Werke AG und dem Reichswirtschaftsministerium, sämtliche Magnesitfirmen der eroberten Balkanländer zu übernehmen. Auch das Werk Aken (Didier) bekam mit einem Schreiben vom 5. September 1940 vom Reichswirtschaftsminister eine Anordnung über die Errichtung und Erweiterung von Magnesium-Metallerzeugungsanlagen.

Mit 12. Januar 1943 wurde im Auftrag von Wehrwirtschaftsführer Dr. Rudolf Weydenhammer der Antrag auf die Befreiung von der Veröffentlichung des Gesellschaftsberichtes der Österreichischen Magnesit Aktiengesellschaft[6], der Kaningwerk Aktiengesellschaft[7] und der Deutschen Magnesit Aktiengesellschaft[8] mit der Hauptverwaltung in München für das Jahr 1941 eingebracht.

Am 28. Jänner 1943 wurde der Antrag an den Reichsminister der Justiz mit der Bitte zur Genehmigung weitergeleitet. Als Begründung wurde die außerordentliche kriegswirtschaftliche Bedeutung der Werke herausgestellt. Die Unternehmungen gehören zu einem Magnesitkonzern, der insbesondere zu den Schlüsselindustrien der deutschen Stahlindustrie zu zählen ist. Mit dem Schreiben – Berlin 6. Februar 1943 – wurden die Oberlandespräsidenten von München und Graz informiert, dass Einsichtnahmen in die Handelsregister untersagt sind. Ferner sind sämtliche Eintragungen vom Registeramt nicht bekannt zu machen sowie die Unternehmen für die Dauer des Krieges von den Vorschriften des Aktiengesetzes, den Jahresabschluss in den Gesellschaftsblättern bekannt

---

6 Sitz in Radenthein, Eintrag im Handelsregister Klagenfurt
7 Sitz in Radenthein, Eintrag im Handelsregister Klagenfurt
8 Sitz in München, Eintrag im Handelsregister München

zu machen, befreit. Für München ist der Nachweis vorliegend, dass die Registerblätter zu einem unter Verschluss gehaltenen Sonderband umgeschrieben und die Registerakten unter Verschluss genommen wurden.

In einem Bericht an das Reichswirtschaftsministerium vom März 1944 (vorzulegen Herrn Ministerialdirektor Ohlendorf) gab es Varianten, die zwei Magnesitgesellschaften Veitscher Magnesit AG und österreichische Magnesit AG in deutsche Majorität zu bekommen. Die Dresdner Bank bemühte sich seit 1940, die Veitscher Magnesit zu repatriieren. Eine deutsche Majorität wurde zu diesem Zeitpunkt angezweifelt. Die Vorverträge zwischen Emil Winter, der IG Farben und dem Münchner Bankhaus Merck, Fink & Co, wonach die IG Farben und das Münchner Bankhaus „ungefähr“ 50 % des Aktienanteils von 20 Millionen Reichsmark erwerben sollten, kamen durch den Kriegsausbruch nicht zum Abschluss.

Deshalb wurde auf den zehnjährigen Pachtvertrag zwischen der Deutschen Magnesit AG und der ÖMAG verwiesen. Durch die Pachtung war der Einsatz deutscher Interessen gesichert.

Nach dem Ende des Krieges gab es noch interessante Diskussionen. Obwohl es für die Beteiligten im Konsortium der DEUMAG außer Zweifel stand, dass die Firmenbeteiligungen an die Familie Winter zurückzugeben seien, gab es noch gravierende Probleme. Die Beteiligten im Konsortium verlangten den Aufwand ihrer Kosten und Spesen ersetzt. Emil Winter war am 4. Juli 1941 verstorben, so ergab sich ein Rechtsstreit, der im November 1948 folgende Einigung vorsah: Die Erbengemeinschaft Winter stellte keine Schadenersatzansprüche und erhielt das Vermögen der DEUMAG sowie die Aktien der DEUMAG. Die Mitglieder des Konsortiums behielten den größten Teil der Didier-AG-Aktien und bekamen eine Barabfindung.

Das Kriegsende beeinträchtigte auch die schulische Situation. „Im Jahr 1944 gehörten zum Schulsprengel der Hauptschule Radenthein die Orte Radenthein, Kirchheim, Kaning, Afritz, Feld am See, Döbriach und Mooswald. 190 Schüler/innen besuchten die Hauptschule. „Der Lehrstoff für die vierte Klasse muss gekürzt und für einen eventuellen vorzeitigen Schulschluss angepasst werden. Der Unterrichtserfolg in den Radentheiner Schulen ist gering – ein Alarm folgt den anderen.“ (Schmölzer 1996: 334)

Als der Krieg bereits beendet war, ereignete sich noch eine Tragödie mit einigen Führungskräften des Magnesitwerkes. Aus einem Bericht der „Neuen Zeit“ vom 7. Dezember 1963 kann geschlossen werden, wie sich die Ereignisse um den 8. Mai 1945 zuspitzten: „Mord war nicht der eigentliche Auftrag: Das Magnesitwerk in Radenthein sollte von SS gesprengt werden (…) Letzteres ist auch der Grund, warum es des öfteren zu Kontroversen zwischen Krafft und Werksdirektor Dr. Carmann, einem NSDAP-Mitglied, gekommen ist. Dr. Carmann wehrte sich entschieden gegen den Plan der Sprengung…“

Von der SS-Einheit war bis zum 8. Mai 1945 schon ein großer Teil nicht mehr in Radenthein, es herrschte eine chaotische Stimmung, so eine Zeitzeugin. Nach den Zeitungsberichten vom Dezember 1963, der Prozessberichterstattung gegen den ehemaligen SS-Hauptscharführer Thomas Kraft im Justizpalast München, erinnerte sich der damalige LKW-Fahrer Hans Pirker an die Abläufe des 8. Mai 1945 folgend:

Pirker erhielt am 8. Mai laut seiner Aussage den Auftrag, die drei SS-Männer mit einem Werks-LKW nach Spittal zu fahren. SS-Hauptscharführer Kraft beorderte ihn noch zum Gästehaus, um Lebensmittel zu laden. An dieser Stelle kam zufällig der Direktor des Werkes Dr. Carmann vorbei und erklärte ihnen, dass sie hier nichts zu suchen hätten. Dabei wurde er mit Waffengewalt gezwungen, in den LKW zu steigen. Die Fahrt ging in die Neue Heimat zu Dr. Siegmund, der angeblich ein Jude war. Dieser konnte sich am Balkon in seiner Wohnung verstecken, wurde nicht gefunden, dafür nahm man seine Frau mit. Gerade in diesem Moment kam Ing. Berger vorbei, dieser benötigte von Dr. Carmann eine Unterschrift, auch er musste den LKW besteigen, anschließend wurde zur Wohnung von Dipl.-Ing. Geistler gefahren um auch ihn mitzunehmen. Im Gasthof Lechner, dem Quartier der SS, wurden die Rucksäcke abgeholt sowie in Döbriach noch eine Frau zur Mitfahrt gezwungen.

Im LKW waren somit Dr. mont. Ing. Josef Carmann, Dipl.-Ing. Wilfried Geistler, Direktionssekretär Ing. Erhard Berger, Frau Siegmund, der Fahrer Hans Pirker, die drei SS-Männer, die damalige Freundin von Krafft, Rosa Kühn geb. Niederer und die in Döbriach zum Zusteigen gezwungene Mariette Quadflieg. In Dellach westlich der Pension Härring gab es den Befehl, stehenzubleiben. Die vier Personen mussten aussteigen. Pirker war laut Aussagen eigeschlafen, da er zuvor nächtelang durchgefahren war und wurde erst durch die Schüsse munter. Er sah noch, wie Frau Siegmund tot zusammenbrach. Eine Dokumentation des Kärntner Landesarchivs beschrieb die Situation folgend:

„Eine Ende April 1945 in Radenthein eintreffende SS-Einheit nahm bei ihrer Flucht am Morgen des 8. Mai 1945 den kaufmännischen Werksdirektor Dr. mont Ing. Josef Carmann, den Leiter der Versuchsabteilung Dipl. Ing. Wilfried Geistler und Direktionssekretär Ing. Erhard Berger als Geiseln mit. Anstelle des Ofenbetriebsleiters Dr. Walter Siegmund, der flüchteten konnte, verschleppten die SS-Leute dessen Ehefrau. In Dellach am Millstätter See wurden die vier Geiseln zum Aussteigen gezwungen und mit Maschnienenpistolen niedergeschossen. Frau Siegmund und Dipl. Ing. Geistler waren sogleich tot, die beiden anderen Opfer verstarben bald darauf an ihren schweren Verwundungen.“ (Schreiben Kärntner Landesachiv 27.10. 1997)

Anschließend musste er die SS-Männer noch bis Rennweg fahren, wo der Ortsplatz mit Menschen voll war und zwei Männer mit rot-weiß-roten Armbinden nachfragten, wohin er fahren wollte. Nach einem Blick nach hinten stellte man fest, die Passagiere waren verschwunden.

Von den in Dellach erschossenen Personen waren Dipl.-Ing. Geistler und Frau Siegmund sofort tot. Dr. Carmann und Ing. Berger hatten sich tot gestellt und so überlebt. Sie wurden von Franz Seiser, der vom Krieg nach Hause kam, gefunden. Seiser versuchte eine Stunde lang Fahrzeuge anzuhalten. „Nach einer Stunde kam ein Sanitätswagen und dann passierte die Schweinerei, die Dr. Camann und Ing. Berger erst das Leben kosten sollte. Statt ins Werkspital nach Radenthein zu fahren, blieb der Sanitätswagen vorerst stundenlang bei seiner Einheit in Dellach stehen und fuhr dann erst zum Lazarett Millstatt. Als er dort endlich ankam, war Ing. Berger tot. Dr. Carmann starb zwei Tage später an einer Embolie.“

Noch im Mai 1945 wurde die „Hubert-Klausner-Siedlung“ in „Werkssiedlung“ (heute: „Erdmannsiedlung“) umbenannt. Die im Jahr 1942 abgeschlossenen Zwangsverpachtungen mit der DEUMAG wurden gelöst. Das Werk wurde der englischen Militärregierung unterstellt. Der Leiter der englischen Property Control Office in Klagenfurt, Major D. Morris, stand dem Werk hilfsbereit zur Seite.

Die dramatischen Ereignisse am Übergang zur Befreiung durch die britischen Militärkräfte sollten in den folgenden Jahren immer wieder zu veröffentlichten Erinnerungen führen. So schilderte eine Zeitzeugin in der „Wiener Zeitung“ ihre Eindrücke folgend:

„Ich war vor dem Kriegsende bei der SS in Klagenfurt dienstverpflichtet, und als klar war, dass der Krieg vorbei war, hat mein Vorgesetzter – gegen den Willen seines Chefs – veranlasst, dass die noch vorhandenen Vorräte und Kleidung an die Bediensteten verteilt wurden. Er selbst setzte sich ab. Am 8. Mai ging ich dann nicht mehr in die Dienststelle. Stattdessen wollte ich mit meinem Onkel und meiner Cousine zu meiner Tante nach Radenthein radeln, wo sie bei ihrer Schwester untergekommen war. Bei Velden ist uns ein Mann auf dem Rad entgegengekommen, der uns gewarnt hat: „Fahrt ja nicht nach Villach, dort sind schon die Engländer!" Also sind wir querfeldein weitergefahren und am Abend angekommen. Am nächsten Tag sind plötzlich drei SS-Männer aufgetaucht. Eine junge Radentheinerin hat sie zu jenen Leuten geführt, die nicht Nationalsozialisten waren. Sie haben tatsächlich drei oder vier Familienväter und sogar eine Frau, deren Ehemann nicht daheim war, auf ein Auto geladen. Ihre beiden Kinder haben sie alleine zurückgelassen. Die haben sie alle erschossen – am 9. Mai 1945! Jetzt hatten wir natürlich Angst, dass sie auch meine Tante mitnehmen könnten, deren Mann noch in Dachau interniert war, nachdem er eineinhalb Jahre vorher ins KZ geschickt worden war. Am nächsten Tag hat mein Onkel erzählt, dass er gesehen hat, wie noch ein weiterer Mann sich ein Loch graben musste und dann daneben erschossen wurde. Dann sind zum Glück die Engländer in Radenthein angekommen. Als die Opfer auf dem Friedhof begraben wurden, haben sie rundherum Soldaten aufgestellt, um noch Schlimmeres zu verhindern. Die SS-Leute und ihre junge Ortsführerin hatten sich aber da schon abgesetzt. Was aus ihnen geworden ist, weiß ich nicht ganz genau. In den Sechzigerjahren habe ich dann in der Zeitung gelesen, dass sie tatsächlich gefasst und in München vor Gericht gestellt und verurteilt wurden. Die junge Radentheinerin soll angeblich irgendwo unter einem anderen Namen leben. Mein Onkel ist dann übrigens heil aus Dachau zurückgekommen. Die Erinnerung an diese Ereignisse nach dem Kriegsende ist noch immer so lebendig in mir, ich spüre noch immer fast, wie es damals war."

Entnazifizierung

Die Erklärung der Unabhängigkeit Österreichs und die Ausschaltung des Nationalsozialismus hatten Änderungen im Kultur- und Wirtschaftsleben zur Folge. Die Arbeiter im Magnesitbruch verlangten am 8. Mai 1945 von der Arbeit freigestellt zu werden, um zu Hause ihr Eigentum zu schützen und mögliche Übergriffe verhindern zu können. Der den Betrieb leitende Obersteiger Haberl gab nach Rücksprache mit Dir. Stehle den Arbeitern dafür die notwendige Zeit bis 14. Mai. Auch die im Bruch beschäftigten Tschechen legten damit die Arbeit nieder. Nachdem am 14. Mai nur zwei Arbeitnehmer die Arbeit wiederaufnehmen wollten, erteilte der inzwischen von der freiwilligen Dienstleitung beim Volkssturm zurückgekehrte O.I. Kuschinsky die Order, dass mit Dienstag, 22. Mai 1945, die Arbeit wieder aufzunehmen sei.

„Am Vormittag des 22. Mai beschlossen die Arbeiter die Arbeit nicht aufzunehmen, bis die als besonders scharf bekannten Nationalsozialisten, darunter in der Hauptsache der Betriebsführer Kuschinsky und der inzwischen ebenfalls von seiner freiwilligen Dienstleistung zurückgekehrte Fahrsteiger Stefan Kaspar und noch die als scharf bekannte Nationalsozialisten aus dem Bruch entfernt worden sind." Kuschinsky ging auf diese Forderung nicht ein und verwies auf die Zuständigkeit der Direktion. Die Arbeiter legten die Arbeit nieder, Obersteiger Haberl verständigte die Arbeiter, dass sie im Bruch bleiben sollten bis mit den maßgebenden Stellen gesprochen wurde. Den Arbeitern wurde am Abend von der zurückgekehrten Abordnung mitgeteilt, dass das englische Kommando „Schritte" in dieser Sache unternehmen werde. Der Anspruch auf Entgelt entfalle aber. Am Mittwoch teilte O.I. Kuschinsky mit, dass er einen Urlaub antreten werde und Haberl den Betrieb vorläufig führe. Die Forderung auch Fahrsteiger Kasper anzuziehen wurde so argumentiert, dass es eine baldige Entscheidung geben werde.

Am Samstag den 26. Mai wurde Haberl die Anordnung von Dir. Stehle übermittelt, „dass O.I. Kuschinsky ab 28. Mai die Betriebsleitung wieder übernimmt. An diesen Tag kam es zu einer Besprechung mit Abgesandten der englischen Besatzung, Herrn Dir. Wick, Ing. Kuschinsky, Fahrsteiger Kaspar und H. Mauri. Nach einer halben Stunde entfernte sich das „Auto" mit den englischen Insassen und Dr. Wick wieder.

Am Montag den 28. Mai war die Wiederaufnahme der Betriebsleitung durch Ing. Kuschinsky noch den wenigsten bekannt. „Die Arbeiter nahmen die Arbeit nur deshalb auf, weil sie fest an die ihnen zugesagte Regelung dieser Angelegenheit durch das englische Kommando glaubte." (Der Betriebsratsobmann, 30. Mai 1945)

Die Entnazifizierung war ein wesentlicher Bestandteil im Vorgehen der Alliierten, deshalb gab es bereits 1945 (StGBI. Nr. 13/1945; 8. Mai 1945) ein Verbotsgesetz.

„Die wichtigste anlassbezogene Regelung war der Ausschluss aller ehemaligen Mitglieder der NSDAP und ihrer Wehrverbände vom aktiven und passiven Wahlrecht. Diese Frage war im Rahmen der Zweiten Länderkonferenz vom 9. bis zum 11. Oktober intensiv diskutiert worden (...) Eine der ersten gesetzgeberischen Maßnahmen der Provisorischen Staatsregierung ist die Erlassung des Verbotsgesetzes gewesen; damit ist nicht nur die NSDAP mit allen ihren Gliederungen verboten, sondern auch die Rechtsgrundlage für die verpflichtende Registrierung aller ehemaligen Nationalsozialisten geschaffen worden." (Republik Österreich 2005:55f)

In den Bestimmungen des Wirtschaftssäuberungsgesetzes vom 12. September 1945 unter Berücksichtigung der Novellen vom 16. 11. 1945 und vom 13. 12. 1945 wurde die Säuberung der Wirtschaft von den „Nazis" als wesentlichste Voraussetzung für einen gesunden Wiederaufbau der Wirtschaft definiert. Alle nach § 17 des Verbotsgesetzes als illegale Nazi bezeichneten Personen, ferner die einfachen Parteimitglieder, Parteianwärter und Angehörige der Wehrverbände der Nationalsozialisten, falls sie Funktionärstätig oder Angehörige der SS waren, wurden von der Leitung der Betriebe ausgeschlossen. Auch jene, die keine NSDAP-Mitglieder waren, aber diese Partei in der Zeit von 1. Juli 1933 bis 13. 3. 1938 durch beträchtliche finanzielle Zuwendungen gefördert haben, sind gleich zu behandeln. Arbeiter und Angestellte sollten sinngemäß nach den oben genannten Bestimmungen fristlos entlassen werden.

Sollten ehemalige Nazi im Betrieb neu oder wieder eingestellt werden, so ist hierfür eine schriftliche Zustimmung eines beim Arbeitsamt zu bildenden Ausschusses erforderlich. Ebenso waren die Anzeigepflicht und das Antragsrecht für Dienstgeber- und Dienstnehmervertreter im Gesetz verankert. Vor allem wenn der Dienstgeber Entlassungen oder Lohn- bzw. Gehaltskürzungen der illegalen nicht/oder, nach § 17 des Verbotsgesetztes gleichgestellten Personen vornehmen oder nicht vornehmen wollte, war dies der Kommission beim Landesarbeitsamt anzuzeigen. Von der Anzeige war der Betriebsrat, wo kein Betriebsrat bestand, die Gewerkschaft zu informieren. Der Betriebsrat und die Gewerkschaft konnten den Antrag bei der Kommission auf Entlassung, Kündigung oder Kürzung der Bezüge einbringen. Die Kommission bestand aus einem Richter, einem Dienstgeber- und einem Dienstnehmervertreter, die die Anträge behandelten und entschieden.

„Der Aufsichtsrat und der Vorstand der Deutschen Magnesit A.G. wird fast ausschließlich von Reichsdeutschen gebildet, die beinahe alle Mitglieder der NSDAP waren. An der Spitze des Vorstandes steht Generaldirektor Dr. Rudolf Weydenhammer (Wehrwirtschaftsführer)." (Betr.: Magnesitwerk Radenthein)

Infolge der Politik im Betrieb wurden fast alle leitenden Stellen sowohl im Betrieb als auch in der Verwaltung mit Nazis besetzt. Weitergehend geschah dies bis hin zu kleinen „Posten" wo man mittels Kommandogewalt arbeiten konnte. Der ermordete Ing. Geistler (Versuchsabteilung) galt lt. Schreiben als aufrechter Österreicher. Neben der folgenden Aufstellung führender Nationalsozialsten gibt es noch Beilagen von Dutzenden Angestellten, Vorarbeitern, die Nazis sind und „hübsche Posten" besitzen. Jedenfalls befinden sich die Nazis in allen leitenden und exporierten Posten weitaus in der Mehrheit.

Aufstellung Betr.: Magnesitwerk Radenthein:

Generaldirektor: Dr. Rudolf Weydenhammer (Wehrwirtschaftsführer)
Direktor Fluhrer, Simbach am Inn, Nazi; Reichsdeutscher
Direktor Bieneck, Berlin, Nazi; Reichsdeutscher
Direktor Stehle, derzeitig alleiniger Direktor des Werkes Radenthein
Direktor Raid, Stanberg bei München – Buchhaltungsdirektor, ein sehr alter Nazi –
harmlos
Obering. Lock, Radenthein, Nazi – derzeit in Haft
Prok. Dr. Wick, Nazi
Prok. Thomas, Reichsdeutscher
Dir. Carmann, Nazi – verstorben
Angestellte die nicht mit größeren Vollmachten ausgestattet sind:
Ing. Mayhuber, Radenthein, Sozialreferent, Nazi
Ing. Blaschinz, Radenthein, Leiter der Steinfabrik, Nazi, NSKK-Führer
Ing. Madritsch, Radenthein, Techn. Angestellter, Nazi
Ing. Hauenschild, Radenthein, Leiter der Drehofenabteilung, Nazi
Ing. Malle, Radenthein, Leiter des Einkaufs, Nazi
Ing. Martin, Radenthein, Architekt, Nazi, (ist geflüchtet) Reichsdeutscher
Ing. Ueberreiter, Radenthein, Leiter der Baukanzlei, Nazi, Reichsdeutscher
Ing. Hoja, Radenthein, Konstrukteur, Nazi
Dr. Skalla, Radenthein, Chemiker, Nazi
Dr. Lanser, Radenthein, Chemiker, Nazi

Es wurde in diesem Protokoll darauf hingewiesen, dass die Führung die „Nichtnazis" an die Front sandte, ohne Rücksicht auf Unentbehrlichkeit, Alter oder Gesundheit, während die Parteimitglieder als „unersetzlich" zu Hause blieben oder im Parteienersatz (Stellungsbau in Italien) teilnahmen.

„Alle guten Österreicher rechnen damit, dass im Sinne der von den alliierten Mächte ergangenen und noch ergebenen Direktiven bezüglich Ausrottung des Nazismus die in Bildung befindlichen österreichischen Behörden“ mit diesen Sachen intensiv befassen und Änderungen herbeiführen. Angeführt wurde noch, dass die im Werk vorwiegend österreichisch gesinnte Arbeiter- und Angestellenschaft, sobald die Voraussetzungen stimmen (Transport, Kohle u.a.), mit allen Maßnahmen für eine positive Entwicklung arbeite.

In einem Schreiben der Belegschaftsvertreter vom 31. Mai 1945 wird die Landesregierung ersucht, Dir. Stehle abzuberufen und Herrn Nechwatal als Übergangslösung zur Stabilisierung im Betrieb einzusetzen. Stehle war bis 1944 „Betriebsführer“ des Werkes, mit Beginn 1944 wurde Dir. Joseph Carmann von der Leitung der Münchner Hauptverwaltung als „Betriebsführer“ nach Radenthein versetzt. Dir. Stehle verblieb die technische Leitung des Werkes, bis er mit dem Tod von Dr. Carmann (8. Mai 1945) sich auch dessen Arbeitsgebiet wieder zulegte. „Stehle sah wohl schon vor langer Zeit die Entwicklung im Großdeutschen Reich voraus. Es wird daher angenommen, dass Dr. Carmann nur eine vorgeschobene Figur gewesen sei.“ Die Anweisungen von Stehle und Carman erfolgten jeweils im nationalsozialistischen Sinn. Dass die Entscheidungen im Werk und die Informationen auch von Stehle mitbestimmt wurden, wird durch die Einsetzung seiner Tochter, Lisbeth Stehle als Sekretärin neben Ing. Berger in der Direktion, unterstrichen.

Obering. Gernot Lock (ein fanatischer Nazi) wurde bereits im Jahr 1939 von Dir. Stehle engagiert. Obering. Lock wurde vor 3 Wochen im Zusammenhang mit der Mordaffäre in Radenthein festgenommen. Lock war im Laufe seiner Tätigkeit ein Verbindungsmann zur Gestapo in Spittal. Er ist aufgrund seiner Positionierung sicher „auch Mitwisser“ und Mitverantwortlich für alle Maßnahmen von Stehle und Carman, wie bei Anzeigen von Personen bei der Polizei, Verhaftungen, Willkür bei Einrückungen zum Militärdienst u.a.

Für viel Verdruss in den vergangenen Jahren sorgte auch Sozialreferent Ing. Mayrhuber. „Der Umstand, dass alle diese Herren nach der Auflösung der NSDAP Papiere verbrannt haben, deutet darauf hin, dass sich keiner von Ihnen unbelastet wusste.“

Für Misstrauen sorgte auch die Personalplanung von Dir. Stehle. Aufgrund der derzeitigen Lage (Mai 1945) wollte er Personal abbauen, aber „im Widerspruch dazu, einen berüchtigten Nazi und SA-Mann, der Reichsdeutscher ist, namens Herman Hoffmann wieder aufnehmen".

Dir. Stehle wurde als tüchtiger Techniker beschrieben, um aber für Stabilität zu sorgen wurde die Mitarbeit von Herrn Dir. Nechwatal begrüßt, bis die Übergangszeit überbrückt war und wieder sichere Verhältnisse geschaffen waren.

Auf Wunsch der Direktion des Betriebes der Österreichisch Amerikanischen Magnesit AG wurde bereits am 2. Juli 1945 mit den Vertrauensleuten der Arbeiterschaft Rücksprache bezüglich untragbarer Angestellter und Arbeiter gehalten. Betreffend die in den letzten Jahren zugewanderten Reichsdeutschen wurde die wahrscheinliche Abwanderung vermutet. Etwa 50 Angestellte des Werkes, viele Fachleute, wurden im Zuge der politischen Säuberungen entlassen. Diese Aussage sowie die Größenordnung und der „Umgang" mit den „Fachkräften" können wir in diesem Teil ein Stück weit begleiten.

> „(...) wahrscheinlich die seit 1.3.1938 zugewanderten. Da die meisten von ihnen für den Betrieb nicht tragbar erscheinen, würde eine rasche Regelung erwünscht sein und auch dazu beitragen, unseren Betrieb nach außen in günstigerem Licht erscheinen zu lassen." (Besprechungsprotokoll der Direktion vom 2. Juli 1945) Festgehalten wurden in dieser Besprechung am 2. Juli auch jene Personen mit NSDAP-Vergangenheit. Festgelegt wurde, dass sowohl bei Neueinstellungen als auch Überstellungen zwischen den Konzernbetrieben bezüglich der Rückkehrer vom Militärdienst, die Auskunft aus welchen politischen oder sozialen Gründen Leute entlassen wurden gesucht werden, auch bei Anfragen anderer Firmen jene erteilt werden.

Um genau und sauber die NSDAP-Zeit zu dokumentieren und weiter vorgehen zu können, wurden Listen mit NSDAP-Mitgliedern (Ortsgruppe Radenthein, Anwärter, vom 11.3.1938, Radenthein 10.5.1938) oder Verzeichnisse für registrierungspflichtige Arbeiter und Angestellte erstellt. In der Vertrauensratssitzung (Radenthein, 11. Juli 1945) wurden wie auch fortlaufend Personaldiskussionen geführt.

> „M...H... kann eingestellt werden, über B...A..:Döbriach (Bruder des Ortsgruppenleiters von Döbriach). SA-Führer. Bekannt als „guter" Nazionalsozialist. Kommt für eine Aufnahme nicht in Betracht. Bis hin zu M... H... im Bruch: illegal, Mitglied der SA war im Anhaltelager, Mitglied der SA, Juliputschist, war im Anhaltlager Wöllersdorf als Juliputschist wurde aus diesem Grund entlassen und erst 1938 von der Firma wiedereingestellt. Hat sich den Arbeitern immer als scharfer Nazi benommen und

ihm bekannte Nazigegner grob behandelt. M... sollte entlassen werden; geeignete Ersatzkraft wäre Schr..." (Vertrauensratssitzung, 11. Juli 1945)

Es ist auch in diesem Zitat die Schwierigkeit zwischen wirtschaftlicher Notwendigkeit, wenn auch nur für eine bestimmte, zeitlich begrenzte Tätigkeit und der gesellschaftlich-demokratischen Ordnung wiederzufinden.

Im Protokoll (Besprechung mit dem Betriebsrat am 11.9. 1945 wegen nationalsozialistischer Beteiligung) wurde ein Protestschreiben gegen den Aufenthalt untragbarer Personen in Radenthein besprochen. Namentlich angeführt wurden drei Frauen, die wegen nationalsozialistischer Betätigung aus ihren Wohnungen und dem Ort entfernt werden sollten und mit gerichtlichem Auftrag zur Räumung der Wohnung ein Verschwinden aus dem Ort erreicht werden sollte.

Für Personen, die nur aus Sorge um ihre Existenz oder durch politische Verführung zu Nationalsozialisten geworden waren, versuchten ÖVP und SPÖ eine Lockerung des Gesetzes zu erreichen. Persönlich sehe ich ein Problem mit einer Definition durch „politische Verführung" oder die Reinwaschung für Fachkräfte, die man für den Wiederaufbau gebraucht hat. Wo bleibt hier der Unterschied zwischen einem Nationalsozialisten als Hilfsarbeiter und einem als Führungskraft? Es wurde jedoch auch mit zweierlei Maß gemessen. So wurde ein Mitglied der SA, ein „scharfer Nazi" – so die Beschreibung – nicht entlassen, worauf die Belegschaftsvertretung reagierte.

„Als illegaler Nationalsozialist, der auch wegen dieser Betätigung einige Zeit eingesperrt war, hat sich Kaspar bei jeder Gelegenheit als scharfer Nazi gezeigt. Er hat die größten Leistungen für den Nazisieg von den Arbeitern verlangt. Da diese Leistungen oft nicht erreicht wurden, entzog Kaspar diesen Leuten, zumeist Tschechen und Kriegsgefangene, die Zulagenkarte. Dadurch (....) die verlangte Leistung (...) noch weniger erreicht wurde, mußten diese Leute über Sonntag oft 14 Tage und mehr ohne jede frei Zeit durcharbeiten. Bei jeder Gelegenheit drohte er mit dem Konzentrationslager. (...) Kaspar ist drei Wochen vor dem Kriegsende zugleich mit Kuschinsky freiwillig zum Volkssturm eingerückt.

Wurde von der Werksleitung (Dr. Hauschka, Ob. Ing. Riegger) trotz Hinweis (wie erwähnt) statt entlassen, nach Sittenberg verschoben. Wenn Kasper noch in Sittenberg sein sollte ist er sofort zu entlassen, da es nicht angeht, belastete Nazi nur zu verschieben. Es wird dieser oder ähnliche Fälle der Gewerkschaft zur Kenntnis und nochmals der F.S.S. zur Anzeige gebracht." (Vertrauensratssitzung 18. Juli 1945)

Es wurde auch über Ausnahmeregelungen, falls es gesetzlich möglich war, diskutiert. Für bestimmte Tätigkeiten gab es einen eklatanten Mangel an Fachpersonal. So war es auch „notwendig“, auf Sachverständige mit nationalsozialistischer Vergangenheit zurückzugreifen. In diesem Fall war die Diskussionsführung zur Klärung alles andere als einfach. Als erstes kommt anscheinend die Antwort einer Anfrage über einen Arbeitnehmer, welches der Betriebsrat der Firma Böhler Edelstahlwerke beantwortet hat. Die Antwort lautete, dieser Mann hatte eine NSKK-Ausbildung hinter sich. „Der Betriebsrat nimmt den Standpunkt ein, dass er gegen die Betrauung mit einer Begutachtung durch solche Leute Bedenken habe, ist jedoch bereit, seine Bedenken fallen zu lassen, wenn die Gewerkschaft sich zustimmend äußern sollte.“ (Besprechung mit dem Betriebsrat am 11.9. 1945)

Es wurden auch die Bereiche der Angestellten durchforstetet, wo lt. Säuberungsgesetz die Entlassung von Angestellten nach § 17 gemäß § 3 beantragt wurde, aber auch die Entregistrierung. Es wird hier die Problematik zwischen sauberer und getrennter Vorgangsweise, dem Fall Kaspar und wiederum sauberer Durchforstung der Belegschaft in den ersten Monaten sichtbar. Es wurden auch von anderen Firmen oder Betriebsratskörperschaften Bestätigungen eingeholt, wie über P...., und K..., die seit März 1943 in der mechanischen Werkstätte in Ferlach beschäftigt waren und die vom Betriebsrat der Kestag in Ferlach ein korrektes Verhalten ausgestellt bekamen.

Zum gleichen Thema gab es aber auch andere Meinungen, wie der Betriebsrat der Kärntnerischen Eisen- und Stahlwerke in Ferlach, wo P... und K... vom Jahre 1940 hinweg beschäftigt waren, aussagten. Sie schreiben: „Genannte haben nachgewiesenermaßen Spitzeldienste für die NSDAP geleistet und benahmen sich gegen ausländische Arbeiter äußerst unkorrekt. P... und K... waren in unserem Betrieb dienstverpflichtet und haben beim Umbruch schleunigst das Weite gesucht. Ich bin der Meinung, (...) jedes Recht verwirkt, in einem Betrieb unter anständigen Österreichern und Antifaschisten beschäftigt zu werden.

Dies hatte die Entnazifizierungskommission zu bestätigen, wie bei (K...), der am 8.2.1946 an die Entnazifizierungskommission nach Spittal als „Entlassen“ gemeldet worden ist. Soweit es sich um den gleichen Dienstnehmer handeln sollte, „verheiratet, Schlosser, N.S.D.A.P. seit 10.4.33 Unterbrechung ab 1.8.34 bis 11.3.38 dann Wiedereintritt. Blockhelfer, S.A. Mann." (Betriebsrat an die Entnazifizierungskommission, 8.2.1946:2) P... wurde anscheinend laut Schreiben des Betriebsrates in Radenthein mit 30. 6. 1946 „Entlassen", taucht aber ein halbes Jahr später wieder in einem Schreiben des Werksdirektors, betreffend der Entnazifizierungen, im Einvernehmen mit dem Betriebsrat wieder auf.

> P..., im Schreiben vom 15.1.1947, als gemeldet vom 30.1.1946. „P... war Mitglied der NSDAP, Scharführer des NSKK, durch Versetzen an einen schlechteren Dienstort gemaßregelt." (Rie/Ke; W8 159; Kü/Wa.- ; 11.1.1947; 15.1.1947)

Andererseits wurden auch die gesamten Teilbereiche des Konzerns seit Anfang des Jahres 1946 durchleuchtet, wie die Listen – datiert mit 30. und 31. Januar 1946 – zeigen.

> „Unter Bezugnahme auf meine Schreiben vom 27.11.45 und 18.1. 46 teile ich mit, daß eine kommissionelle Verhandlung wegen Durchführung des Säuberungsgesetzes im HeraklithwerkFerndorf in den nächsten Tagen stattfinden wird. Bei der in Radenthein (...) bereits (...) war auch der Betriebsrat des HeraklithwerkesFerndorf vertreten und es wurde lediglich bezüglich des Obermeisters Ed... En..., eine Entscheidung seitens des Betriebsrates im Einvernehmen mit dem Bürgermeister und dem Gewerkschaftsvertreter gefaßt, das Eng..., in seiner Stellung belassen werde. Eng...war Mitglied der NSDAP und wird ein (...) Sein Gehalt wird noch herabgesetzt werden. (...) er genießt das volle Vertrauen der Arbeiterschaft und ist wegen seiner Spezialkenntnisse hinsichtlich Wartung und Reparatur des (…) unentbehrlich. (Dr. H/K 31. Jänner 1946)

Die Aufstellung und Überprüfung laut Schreiben vom Magnesitwerk vom 30. 1. 1946 betreffend des Säuberungsgesetzes sah eine Liste von Namen vor, die von einer Kommission, bestehend aus einem Betriebsrat, einem Vertreter der Gewerkschaft und dem Bürgermeister, dem Landesarbeitsamt in Klagenfurt laut § 17 Verbotsgesetz Personen überprüfte und Vorschläge machte, diese gemäß § 3 zu entlassen. Es folgten weiter Schreiben bis hin zu den Namenslisten der Entregistrierung.

Die Einbindung der Belegschaftsvertretung bei der Säuberung war eine recht starke, wie auch der Schriftverkehr des Betriebsrates mit den Behörden oder der Informationsaustausch unter den Betriebsräten zeigt.

„Fenkel Johann, geb. 28. 01. 02 in Lieserhofen verh. Illegal, Beitritt zur N.S. D. A. P. (Name geändert) 1. 11. 37. Als Meister schlechtes Benehmen gegen Ausländer und inländischen Arbeiter. Entlassen am 19. 1.

1946 nach § 17" (Betriebsrat Werk an die Entnazifizierungskommission, 8.2.1946)

> „Bevor noch Herr Schönlechner endgültig zum Fuhrpark überstellt wurde, hatte ich mir zum Grundsatz gemacht, als Maschinen-Wärter in die Elektro-Zentrale nur mehr Leute aus verwandten Betrieben und von welchen ich die persönliche Überzeugung haben, dass sie in jeder Richtung ihren Dienstobliegenheiten voll und ganz nachkommen werden, einzustellen." (BL Elektrobetriebe 48/m Ing. Machner an, Betriebsrat 4.9. 1946)

> Es gab auch amtliche Bestätigungen über den Mitarbeiter, „Pleschberger Friedrich, geb. am 2.10. 1905, wohnhaft in Döbriach Nr. 35, Laut Liste der Angehörigen der NSDAP, seit 1934 bis 1945 Mitglied der NSDAP Blockleiter und Rotenführer sowie mit der Erinnerungsmaiteile ausgezeichnet." (Der Bürgermeister in Mooswald, 2.6. 1946)

Eine Differenzierung zwischen echten Nazi und Verleumdungen war teilweise recht schwierig, wobei sich Personen mit fälschlichen Angaben gegen ihre Kündigung zur Wehr setzten, vieles aber stimmte. Die Fragestellung, ob man angeordnet kündigen muss, zeigt auch ein Fall bei einem leitenden Angestellten, wo die Ansuchen der Weiterbeschäftigung und Begnadigung bis hin zum Landeshauptmann von Kärnten gerichtet waren. Prokurist R... war laut Bericht als Reichsdeutscher von 1934 bis 1938 Mitglied der NSDAP. Nach dem Anschluss, laut eigenen Aussagen und Bestätigungen von mehreren Personen bis zum Betriebsrat, entsagte er nach dem Anschluss an das Deutsche Reich dieser Partei.

Ein weiterer Fall war die Nachforschung von anonymen Beschuldigungen (12.2.1946) wie das folgende Beispiel, das dann vom Betriebsrat der ÖAMAG weiter zu eruieren war. Im Betreff vom 21.2. 1946 an die Landesregierung Steiermark zum Thema Einbürgerung bzw. Aufenthaltsbewilligung für Ing. Fe.... A.. Radenthein/Kärnten, wird um Antwort und Recherche gebeten. Der Betroffene hatte schon (gleich datiert) Stellung genommen.

> „(...) Es wurde wohl das KVK II Klasse verliehen (...) auf dem Gebiete der Rohstoffbeschaffung. (...) Ich war niemals ein Freund des Generaldirektors. (...) Es ist mir nicht bekannt, ob Dr. Weydenhammer zu der Zeit noch politische Funktionen hatte. (...) Ich bin der Partei im September 1930 beigetreten und habe mich ab 1933 an das Parteiverbot gehalten. Als ich mich im Oktober 1934 bei Humboldt Deutz in Köln um eine Stelle bewarb, wurde mir nahegelegt die Parteimitgliedschaft wieder anzustreben, was ich als Reichsdeutscher Staatsangehöriger schon aus

> Gründen der Anstellung nicht ablehnen konnte. Ich war dann ab November 1934 Parteimitglied und zwar in der Ortsgruppe Köln bis 1939. Ich habe in der Partei keine Funktion gehabt, mich nicht aktiv betätigt und keiner Formation angehört. (...) als Reiseingenieur tätig war, konnte ich unter Berufung auf diese Arbeit einer Parteitätigkeit auch ausweichen."

Es ist auch in diesem Zitat die Schwierigkeit zwischen wirtschaftlicher Notwendigkeit und der gesellschaftlich-demokratischen Ordnung wiederzufinden. Zu berücksichtigen, welche Fachkraft Nationalsozialist gewesen war, aber auch aktuelle Qualifikationserfordernisse zu einzuschätzen, war in einer Situation, wo die Ernährung und der grundlegende Wiederaufbau an erster Stelle standen, keine leichte Aufgabe. Es finden sich aber auch Nachfragen des Gewerkschaftsbundes, warum die Leiterin der Werksküche, eine Witwe, die den Unterhalt von drei Kindern bestreiten muss, entlassen werden sollte. Die Antwort des Betriebsrates war daraufhin eindeutig der Verweis auf die Betriebsratsprotokolle vom 2. Juli 1945 und 12. Februar 1946.

> „Kündigung: Der Betriebsrat beantragt die Kündigung der Fr. Koschier spätestens bis 30. Juni 1946. Sie wird beschuldigt, die Fremdarbeiter sämtlicher Nationen ungerecht behandelt zu haben. Außerdem wird ihr unfreundliches Benehmen ihrer Untergebenen und anderen Gefolgsschaftsmitgliedern gegenüber zur Last gelegt." (Betriebsrat Werk Radenthein an den Österreichischen Gewerkschaftsbund Landesexekutive Kärnten, 15.5. 1946)
>
> Der Betriebsrat fügt in dem Schreiben an, dass die letzte Verfügung, das Auswechseln der Leiterin dem Wunsch aller Küchenverpfleger und Untergebenen entspricht, die Aussagen der ausländischen Arbeiter in Abschrift falls sie gebraucht werden können, auch nachgesendet werden.

Es wird hier sichtbar, in welchem Pro-und-kontra-Konflikt die Handhabung und die Diskussionsführung der Entnazifizierung gestanden hat, zumal die politische und gesellschaftliche Hygiene berücksichtigt werden musste. Es wurde auch über Ausnahmeregelungen, falls sie gesetzlich möglich waren, diskutiert. Für bestimmte Tätigkeiten gab es einen eklatanten Mangel an Fachpersonal. So war es auch „notwendig", auf Sachverständige mit nationalsozialistischer Vergangenheit zurückzugreifen. In diesem Fall war die Diskussionsführung keinesfalls leicht. Das folgende Zitat verdeutlicht, wie man sich um rechtliche Klärung bemühte, um ein möglichst hohes Maß an Rechtssicherheit vorweisen zu können.

> „Der Betriebsrat nimmt den Standpunkt ein, dass er gegen die Betrauung mit einer Begutachtung durch solche Leute Bedenken habe, ist jedoch

bereit, seine Bedenken fallen zu lassen, wenn die Gewerkschaft sich zustimmend äußern sollte." (Besprechung mit dem Betriebsrat am 11.9. 1945)

Es war immer wieder notwendig, Informationen des Gewerkschaftsbundes an seine Bezirksleitungen, Gewerkschaften und Betriebsratsobmänner über die Wirtschaftssäuberung in Form von Rundschreiben zu verteilen. Am 25. Februar 1946 wurden die Informationen über das Wirtschaftssäuberungsgesetz vom 12.9.1945, STGBI Br. 160/45, unter Berücksichtigung der Wirtschaftssäuberungsnovelle v. 16.11.1945, STGBI, 39/46 und der zweiten Wirtschaftssäuberungsnovelle vom 13.12.1945, STGBI, 41/46 mitgeteilt. (Österr. Gewerkschaftsbund, Landeskartell Kärnten, Klagenfurt, Lidmanskyg. 20, Rundschreiben Nr. 5, Klagenfurt, den 25. 2. 1946; Wirtschaftssäuberung)

Ein wesentlicher Faktor war aber auch, die feststellbaren persönlichen Schicksale von Menschen, die im NS-Staat verschleppt, verschollen und in Konzentrationslagern gelandet waren, gegenüber den „Mitläufern" zu differenzieren.

„Die Denazifizierungskomitees für das Land Kärnten wurden immer wieder Ansuchen um Entlassung von Häftlingen aus dem Lager Wolfsberg zur Begutachtung vorgelegt. In einer Reihe von Fällen scheinen diese Ansuchen berechtigt zu sein, dennoch ist der jetzige Zustand durchaus unbefriedigend. Nur Gefangene, die geschickte Angehörige haben, gelangen auf diese Weise zu Kenntnis der Denazifizierungskomitees oder der FSS. Alle anderen, von denen vielleicht manche weniger belastet sind, bleiben unbekannt und es kümmert sich niemand um sie.

Ich sehe mich daher veranlasst und befinde mich hiebei in voller Übereinstimmung mit den Denazifizierungskomitees, Sie, geehrter Herr Oberst, zu bitte, den Denazifizierungskomitees, oder einem Ihrer Beauftragten die Möglichkeit zu verschaffen, eine Gesamtübersicht über die Inhaftierten und zugleich Einblick zu erhalten, die einzelnen Fälle von Amts wegen zu überprüfen und dann einen entsprechenden Antrag zu stellen.

Dies scheint aus politischen Gründen geboten. Es sitzen in Wolfsberg zweifelsohne schwerbelastete Nazis neben verhältnismäßig harmlosen. Es ist politisch unklug, diese beiden Kategorien gleich zu behandeln. Es müsste den österreichischen Behörden Gelegenheit gegeben werden, vom österreichischen Standpunkt aus den einzelnen Fällen Stellung zu nehmen und auf Grund eingehender Kenntnis des gesamten Lagers Anträge auf Enthaftung zu stellen.

Es sind Gründe wichtiger politischer Art, die mich zu diesem Schritt veranlassen. Die ehemalige Nazipartei hat sich zersetzt, doch bleib ein Kern übrig. Es liegt im Interesse der allgemeinen Befriedung und der

Ausrottung des Nazismus, von dem energischen Kern alle Mitläufer frei zu machen. In den Lagern geht diese Teilung nicht vor sich. Es wird durch diesen Antrag versucht, die notwendige Klärung zu schaffen.“ (Landesarchiv LH Piesch an S.M.G.O, 7.5.1946)

Es gab auch Interventionen an die Landeshauptmannschaft für Kärnten betreffend Staatsbürgerschaftsansuchen. Der Betriebsrat des Magnesitwerks Radenthein intervenierte für Herrn O. F., der seit seiner Geburt in Österreich lebt und laut dem Schreiben seit 8. 4. 1929 in der Österreichischen Magnesit AG in Radenthein als fleißig und tüchtig beschrieben wird. „Er hat sich politisch, trotz seiner Zugehörigkeit zur NSDAP und SS niemals irgendwie hervorgetan und hat auch, soweit wir unterrichtet sind, niemanden einen Schaden zugefügt.“ (Betriebsrat, Radenthein an die Landeshauptmannschaft für Kärnten Klagenfurt; am 17. 12. 1946) Der Betriebsrat ersuchte um nochmalige Überprüfung der Sachlage, sollte die Einbürgerung nicht möglich sein, die Aufenthaltsbewilligung bis zur restlosen Aufklärung der Angelegenheit zu erteilen.

Die Handhabung mit der Entnazifizierung wurde in Wirtschaftsbetrieben Kärntens differenziert gehandhabt. In der ÖAMAG wurden Arbeitskräfte benötigt, minderbelastete Illegale konnten nicht eingestellt werden. Für den weiteren Zuzug von „außen“ fehlten die Wohnungen.

„Die in den Kriegsgefangenenlagern in Kärnten angehaltenen Nationalsozialisten sind nun zu einem Problem geworden, dass die Aufmerksamkeit und das Interesse der Bevölkerung im großen Umfang in Anspruch nimmt.

Die Besorgnis der Bevölkerung ist jenen Nationalsozialisten zugewendet, die nur kleine Funktionäre in der Partei, DAF usw. innehatte und gegen kein Tatbestand nach dem Strafgesetz, dem Verbotsgesetz oder Kriegsverbrechergesetz vorliegt. Die allgemeine Auffassung der Bevölkerung geht dahin, dass derjenige der sich gegen ein Gesetz vergangen hat, bestraft werden soll, dass aber alle die sich während der Naziherrschaft keinen strafbaren Tatbestand schuldig machten, bis zum Abschluss der Prüfung ihres Falles enthaftet werden sollen.

Es gibt in Kärnten offenbar wenige Familien die nicht von der Inhaftierung unbelasteter Nationalsozialisten als der allgemeinen Rechtsauffassung widersprechend. Sie steht insbesondere bei jenen Fällen. In denen sich die politischen Kommissionen aller Instanzen, die Bürgermeister, Orts- und Bezirksbauernräte einstimmig für eine Enthaftung ausgesprochen hatten, verständnislos gegenüber.

(….) Nun beginnt sich dieser ehrliche Wille durch die lange Haftzeit in eine Verbitterung höchsten Grades umzuwandeln. Das Bewusstsein der Unschuld führt bei den kleinen Mitläufern unbelasteter Personen zu einen Zustand dumpfer Verzweiflung und der „Stacheldrahtkoller" bemächtigt sich ihrer.

In dem Zustande absolute Gleichgültigkeit und in der Erkenntnis, dass sie von beiden demokratischen Parteien keine Hilfe zu erwarten haben, beginnen sie mit dem Kommunismus zu liebäugeln, obwohl sie diesen bisher aus tiefster Seele hassten.

Zu dem kommt noch, dass von dieser Verbitterung nicht nur die Häftlinge selbst, sondern auch die Masse ihrer Angehörigen und Verwandten erfasst sind, so dass diese Angelegenheit zu einer ernsten Frage geworden ist, deren Lösung je eher desto besser erfolgen sollte, um weite Kreise der Bevölkerung von einer politischen Radikalisierung abzuhalten.

(….) Die Frauen der Häftlinge haben die vorhandenen Ersparnisse soweit sie überhaupt verfügbar waren längst aufgebraucht und sind nun der Mildtätigkeit ihrer Mitmenschen ausgesetzt bzw. überantwortet. Die Pflege er Kinder hindert sie oft, einen Verdienst nachzugehen." (Landesarchiv: Vertrauliche Lageberichte; Tag Nr.: 913/46; Wochenbericht Nr. 45, 30.07.1946)

In einem Ansuchen der Belegschaftsvertreter an die Landesregierung vom 31. Mai 1945 wurde ersucht, dass dem obersten Leiter des Werkes Dir. Stehle zumindest ein Direktor zur Seite gestellt wird. Vorgeschlagen wurde dabei der pensionierte Direktor der Heraklith-Abteilung Rudolf Nechwatal.

Wie komplex und undurchsichtig die Situation in der Nachkriegszeit war, zeigte die im Jahr 1946 festgestellte „unterstützende Mitgliedschaft bei der SS sowie die Mitgliedschaft bei der NSKK". Der Betriebsrat leitete deshalb (mit Unterstützung von Dir. Hauschka) mit 9. August 1946 die Suspendierung von Nechwatal durch die englische Militärregierung in die Wege.

Der Umgang und der „Kampf" um die Positionen erfolgte in allen Ebenen und oftmals anonym. Als Indiz könnten die Berichte der Tageszeitung für Kärnten und Osttirol, „Die Neue Zeit" vom 7. Dezember 1963, herangezogen werden. Vorliegend ist die Reaktion des Betriebsrates der Österreichischen Magnesit Aktiengesellschaft Radenthein, Arbeiter und Angestellte:

„Zu Beginn der Sitzung berichtet Herr Dr. Hauschka über den Stand der Entnazifizierung und legt den Betriebsrat zur Stellungnahme eine Liste der noch im Werk beschäftigten Minderbelasteten vor. Die Entnazifizierung im Werk kann als mustergültig bezeichnet werden. Zur

Durchführung weiterer Maßnahmen müssten die Durchführungsbestimmungen zum Nationalsozialistengesetz abgewartet werden." (BR-Protokoll Nr. 13, 1947) Es wurden neue Arbeitskräfte gebraucht, wegen Wohnungsmangel konnten von außen keine aufgenommen worden.

„Bis heute haben wir allen Illegalen, gleich ob schwer oder minderbelastet eine Einstellung in das Werk verwehrt. Dieselben Illegalen welche durchwegs alle in Radenthein wohnhaft sind, werden somit gezwungen ihre Arbeit außerhalb Radenthein (Spittal Porsche und Villach aufzunehmen) wo ihnen dort die Möglichkeit geboten wird, für ihre Arbeit volle Entlohnung zu erhalten.

Auf Grund dessen erlauben wir uns die Anfrage, ob die Möglichkeit bestehe vielleicht minderbelastete Illegale aus Radenthein wieder in das Werk Radenthein zu untergeordneter manuellen Arbeit einzustellen. Dadurch könnten wir einen Teil der Schwierigkeiten betr. Wohnungen lösen.

In hoffen auf baldige Erledigung grüßt mit gewerkschaftlich Gruß der Betriebsrat" (Schreiben Betriebsräte vom 18. 1. 1947)

Die Antwort des ÖGB war folgende:

„Bezugnehmend auf obiges Schreiben teilen wir Ihnen mit, dass als Unterlage für die Behandlung der Gemaßregelten nur das NS Gesetz von 1947 in Frage kommt.

Soweit Arbeiter oder Angestellte, die durch die Wirtschaftssäuberung aus dem Betrieb entfernt und durch den 13 Ausschuss eventuell wiedereingestellt wurden, kann es sich in einem solchen Falle um betriebswichtige Momente oder aber um leichtere Fälle handeln. Sie sind aber trotz alledem an dem schrecklichen Naziregime mehr oder weniger mitschuldig. In diesem Zusammenhang gesehen würde einer Prämierung für ihre nazionalsozialistischen Betätigung gleichzustellen sein, wenn man ihnen bei einer eventuellen Wiedereinstellung ihre alten Rechte gewähren würde. Solche Leute sind bei einer Wiedereinstellung wie ganz neu aufgenommene Arbeiter oder Angestellte zu betrachten. Irgendeine Sühne müssen die pardonierten Nazi von gestern erbringen." (Schreiben vom Österr. Gewerkschaftsbund Lex Kärnten an Arb. BR vom 7.7. 1947)

Ehemalige Arbeitskollegen, Verwandte, Bekannte als „Nazi" – benötigt wurden sie doch als Arbeitskräfte, teils wegen ihres Fachwissens und weil man allgemein Arbeitskräfte benötigte. Wie geht man mit dem Entnazifizierungsgesetz um, war eine Frage der Moral und der Zeit.

Als Beispiel kann man die vorliegenden vier Schreiben des Österreichischen Gewerkschaftsbundes Kärnten an den Arbeiterbetriebsrat des Magnesitwerkes Radenthein vom 25. April heranziehen. Es wird über mehrere Personen nachgefragt. Betreffend Dipl.-Ing. Fritz v. Kahler, um dem Wirtschaftssäuberungsgesetz zu entsprechen, um einer politischen Beurteilung und den Akt schnell schließen zu können. Herr Friedrich Hoja, wurde am 24. Jänner 1947 gemäß Entnazifizierung zur Entlassung weitergemeldet, mit der Bitte um eine schriftliche Stellungnahme. Herr Ing. Rudolf Maurer hatte laut Kommission von 24. 1. 1946 eine Gehaltskürzung, mit der Bitte um eine objektive Stellungnahme. Herr Dipl.-Ing. Alois Hütter, der per Beschluss vom 24. Jänner 1947 mit Ende Juni 1947 entlassen werden sollte, mit der Frage, ob er für die Firma tragbar sei. Bei allen vier Personen wurde um eine schnelle politische, schriftliche Einschätzung des Betriebsrates ersucht.

Die Antworten des Betriebsratsobmannes Liaunig lauteten, Fritz v. Kahler „(...) steht auf der Seite der stärkeren. Hat sich als Nazi nicht hervorgetan und es ist auch nicht bekannt, dass er irgendjemandem Schaden zugefügt hätte. Er ist ein fähiger Chemiker und ist mit wichtigen Aufgaben auf verschiedenen Spezialgebieten für das Werk befasst." (Betr.: Politische Beurteilung über Dipl. Ing. Fritz v. Kahler, 3. 5. 1947; Liaunig)

Herr Hoja war während des Krieges ein „guter Parteigenosse und hat die Partei sehr ernst genommen, was allenthalben nicht angenehm empfunden wurde. Hoja ist ein tüchtiger Mann und leistet für das Werk wertvolle Dienste. Überdies benimmt er sich heut sehr anständig und ist bemüht sich im heutigen Sinne einzustellen, so das eine Tragbarkeit bejaht werden kann." (Betr.: Politische Beurteilung über Herrn Friedrich Hoja, 3.5.1947, Liaunig) Über Rudolf Maurer schrieb Liaunig, dass er ein aufrechter, tüchtiger Mann sei, „seine Parteizugehörigkeit war eine vollkommen harmlose. (Betr. Politische Beurteilung über Ing. Rudolf Maurer, 3.5.1947, Liaunig) Ing. Alois Hütter war laut Liaunig für die Verkaufsabteilung als erfahrener und tüchtiger Ingenieur sehr wichtig. „(...) war ein harmloser Parteigenosse hat sich in keiner Weise als Parteigenosse hervorgetan". (Betr.: Politische Beurteilung über Alois Hütter; 3.5.1947; Liaunig) So die Antworten des damaligen Betriebsratsobmannes, die in der Beschreibung für alle vier Personen zwar differenzierbar, fachlich positiv und politisch geläutert ausfielen.

> „Die bisherige Erfahrung auf diesem Gebiete zeigt dass einzelne Kollegen in den Betriebsrat die Bedeutung der Wirtschaftssäuberung nicht immer richtig einschätzen. Es liegt im Interesse der Betriebsrätedemokratie, sowie jeder demokratischen wirtschaftlichen Aufwärtsentwicklung, dass die belasteten Nazis in den Betrieben aus dem Produktionsprozeß aus-

geschaltet werden. In erster Linie muss getrachtet werden, dass solche Elemente soweit sie noch in führender Position in Betrieben vorhanden sind, aus denselben verdrängt werden. Die Betriebsräte dürfen sich dabei durch eventuelle Verwandtschaft oder Bekanntschaft keine Hemmungen auferlegen und rücksichtslos die Beseitigung solcher untragbarer Elementen fordern." (Rundschreiben Nr. 7/47: 7)

Durch die Wirtschaftssteigerungen fehlten Österreich aber vor allem Fachkräfte. Im Schulbereich wurden dieselben Maßstäbe angelegt wie für den sonstigen Staatsdienst auch. Ein Problem war jedoch der hohe Organisationsgrad der Pflichtschullehrer als ehemalige Mitglieder der Nationalsozialistischen Partei. Die Anzahl der Lehrer, welche dadurch nicht unterrichten durften, war außerordentlich hoch. „Im März 1947 standen den im Unterricht eingesetzten 18.829 Pflichtschullehrern 5.907 enthobene gegenüber. Von den 3.407 Mittelschullehrern wurden 1.249 vom Dienst enthoben. Von den 3.154 Fach- und Berufsschullehrern wurden hingegen insgesamt nur 403 außer Dienst gestellt."

Die Regierungsparteien versuchten deshalb beim Alliierten Rat eine Lockerung des Nationalsozialistengesetzes zu erreichen. Im Jahr 1947 wurde dann das 2. Nationalsozialistengesetz (NSG) beschlossen. Es wurden ca. 540.000 Personen registriert, davon wurden ca. 500.000 als minderbelastet anerkannt. Die „Minderbelasteten" erhielten mit dem NSG 1947 wieder das aktive Wahlrecht, im April 1948 beschloss der Nationalrat die Amnestie der „Minderbelasteten". Mit dem Bundesverfassungsgesetz vom 13. Juli 1949 wurde die Streichung minderbelasteter Personen aus den Registrierungslisten beschlossen. Viele Belastete wurden in den Folgejahren durch den Bundespräsidenten begnadigt; 1957 erfolgte die generelle Amnestie.

Der Wiederaufbau

Die ersten Jahre nach dem 2. Weltkrieg wurden durch den „Marshall-Plan" geprägt. Dieses amerikanische Hilfsprogram für den westeuropäischen Wiederaufbau (European Recovery Programm/ERP) sah vor, dass Geld- und Sachwerte aus den USA in das zerstörte Europa gebracht wurde. Der Gegenwert dieser Lieferungen musste durch den Empfänger auf ein Sonderkonto (Counterpart – Konto) eingezahlt werden. Das Abkommen für Österreich wurde am 2. Juli 1948 mit den USA unterzeichnet. Die Gegenverpflichtung dafür war, das die Länder die

Nach dem Zweiten Weltkrieg verlief die Produktion zäh und mühsam. Begonnen wurde mit dem Brennen von Kalk für Bau- und Düngezwecke sowie bescheidenen Erhaltungsarbeiten. Nach und nach kehrten auch die vielen Männer heim, die der Krieg verschlagen hatte. Mit dem beginnenden Wiederaufbau in Österreich und Europa erfolgte auch die große Blütezeit des Werkes Radenthein. Nicht nur an Stahl und Zement, zu deren Erzeugung Magnesitsteine gebraucht werden, auch an anderen, traditionsreichen Baustoffen, wie Heraklith, herrschte großer Bedarf. Es folgte die Phase der großen Kapazitätsausweitungen. Freilich standen am Anfang noch fast unlösbare Probleme der Rohstoff-, Material- und Maschinenbeschaffung, zunächst auch die der Lebensmittelversorgung. Oben: Sanierungsarbeiten am Kamin (1947).

Währungen stabilisieren und den Staatshaushalt ausgleichen mussten. Es kam auch dadurch zu einer wirtschaftlichen und gesellschaftlichen Konsolidierung in Österreich. Im Werk Radenthein waren knapp 1.200 Arbeitnehmer[9] beschäftigt. Anstelle einer Ruhephase für die Menschen gab es Ansporn und Motivation zu neuen Investitionen, die die österreichische Volkswirtschaft anscheinend benötigte sowie den Ansatz, auf das kreative Potential der Arbeitnehmer/innen zuzugreifen.

Weitere Lohn-Preis-Abkommen waren nicht mehr notwendig, die Währung war stabil, die politisch Verantwortlichen entschlossen sich nach einer umfassenden gesellschaftlichen Diskussion zur sozialen Marktwirtschaft.

Es gab in den Jahren danach immer wieder wirtschaftliche Krisensituationen und Probleme mit hohen Arbeitslosenraten. Die staatlichen Interventionen sowie eine teilweise antizyklische Wirtschaftspolitik mit großen wirtschaftspolitischen Anstrengungen und der Sicherung der Aufbauarbeit machten sich im Wirtschaftswachstum bemerkbar. Bedeutend waren die Spannungen zwischen West und Ost sowie das Auslaufen der Marshallplanhilfe (Ende 1953; Übergabe des Verfügungsrechtes des ERP-Fonds mit einem Wert von ca. 1 Mrd. Dollar an Österreich mit 12. Juli 196), die österreichweit wirtschaftliche Probleme bereiteten.

Im Jahre 1952 wurde im Werk Radenthein ein dritter 100 Meter langer Drehrohrofen gebaut. Schwere Rauch- und Staubwolken belasteten das Gegendtal. Zwei Jahre später wurden die Öfen mit neuen, modernen Entstaubungsanlagen ausgestattet.

„Die Verdienste waren bei uns gut und der soziale Friede gesichert", so die wirtschaftliche Lage im Magnesitwerkes und somit der Region rund um Radenthein. (vgl. Schmölzer 1996: 272) Die Gemeinde erreichte im Jahr 1951 bereits 5.645 Einwohner.

Nach dem plötzlichen Tod von Dr. Hauschka wurde Dr. Bargezi neuer Generaldirektor in der ÖAMAG mit Sitz in Radenthein.

Um den Magnesitgehalt im Material zu steigern, wurde eine Aufbereitungsanlage installiert. Diese Rohmagnesit-Aufbereitungsanlage wurde in den Jahren 1950/51 errichtet. Die Funktionsweise einer solchen Anlage gestaltete sich in Form einer Schwereflüssigkeits-Trennanlage. Im Jahr

9 Anm.: Werk Radenthein umfasst die Hütte Radenthein d.h. das Werk, den Bergbau Millstätter Alpe sowie die Verladestelle Ferndorf.

1951 wurde mit der Produktion von den Steelklad-Steinen begonnen. Ein Jahr später (1952) wurde, wie zuvor erwähnt, der dritte Drehrohrofen in Betrieb genommen.

Es waren aber nicht nur Investitionen zu tätigen, sondern es gab auch laufende Bestrebungen, die Produktivität der Arbeitnehmer/innen zu heben. Nachvollziehbar ist das aus einem Zentralbetriebsratsprotokoll vom 18. März 1952.

> „Herr Generaldirektor Dr. Bargezi erscheint zur Sitzung und hält einen Vortrag über die allgemeine Wirtschaftslage und in unseren Betrieben im Besonderen.
>
> Die jetzt in unseren Betrieben durchgeführten großen Investitionen, die uns wieder in die Reihe der modernst eingerichteten Unternehmen stellen sollen, sind für uns alle eine Lebensfrage. Alle, die für die Wirtschaftlichkeit unseres Unternehmens mit verantwortlich sind, dürfen sich nicht von der augenblicklichen Konjunktur blenden lassen. Um einer sicher kommenden Änderung der gegenwärtigen Absatzverhältnisse gewappnet entgegentreten zu können, genügt es aber nicht, wenn das Unternehmen auf dem Sektor der Betriebsausrüstung allein vorbereitende Maßnahmen trifft. Eine Festigung gegen Krisen, wie sie ein Absatzrückgang erfordert, setzt selbstverständlich auch die Produktivität hebende Maßnahmen beim Faktor Arbeit voraus.
>
> Dazu gehört das Bestreben jedes einzelnen Dienstnehmers, auf seinem Arbeitsplatz 100%ige Arbeit zu leisten. Diese Erkenntnis muß aber auch jedem Dienstnehmer deutlich werden lassen, daß ein Versuch des einen oder andern, sich eventuell diesen Verpflichtungen zu entziehen, eine Gefahr für das Unternehmen und die Belegschaft bedeutet, daher im gemeinsamen Interesse verhindert werden muß.“ (ZBR – Protokoll Nr. 24 vom 18. 3. 1952)

Die Firmenleitung setzte weiter auf Investitionen und Rationalisierungen.

> „Herr GD Dr. Bargezi nimmt in seinen ausführlichen Erklärungen zu den Fragen, die auf den Geschäftsausgang unseres Unternehmens Einfluß haben, Stellung. Die Instandsetzung und Modernisierung unserer Betriebsanlagen, die unerlässlich ist, um den Anforderungen der Weltmärkte entsprechen zu können, ist im Gange. Gleichzeitig mit der Modernisierung der Anlagen muß aber auch die Produktivität in allen unseren Betrieben gehoben werden, wobei besonders an eine Rationalisierung der Rohmagnesitgewinnung im Bruch – auch von der personellen Seite her – gedacht ist. Das Unternehmen ist bemüht, neue Artikel auf den Markt zu bringen.“ (ZBR – Protokoll Nr. 26 vom 1.4. 1953)

Die Firmenleitung der ÖAMAG verwies auf die Steigerung der Leistungsfähigkeit und Konkurrenzfähigkeit. Dies läge im Interesse der Firma und der Belegschaft.

Über die Wirtschafts- und Arbeitslage Kärntens wurde im Landesauschuss zur Bekämpfung der Arbeitslosigkeit vom 22. 12. 1953 festgehalten, dass „mit Stichtag vom 15. 12. 1953 in Kärnten 16.925 Arbeitssuchende" gezählt wurden, gegenüber dem 15. 12. 1952 war die Anzahl der Arbeitslosen zum gleichen Zeitpunkt um 905 höher. Für die Industrie waren die Verhältnisse weitgehend, bis auf die holzverarbeitende Industrie, mit einer stabilen Beschäftigungslage günstig. Weitergehend sollte im Jahr 1954 die Konjunktur ansteigen, da sowohl die Bauvorhaben als auch das Wohnungs- Wiederaufbauprogramm finanziell sichergestellt wurden. Der Bericht des Landesausschusses verweist noch, dass im Jahresüberblick für das Jahr 1953 die instabile Wirtschaftslage Kärntens mit einer saisonalen Steigerung der Arbeitslosigkeit im Laufe des Monates November um 88 % gegenüber den österreichischen Durchschnitt von nur 24 % erkennbar wird.

Mit 1. Jänner 1952 besaß die ÖAMAG mehrere Bergbaue, in Radenthein (Millstätter Alpe), Tux im Zillertal, Fieberbrunn in Tirol und Lassing bei Selzthal in der Steiermark.

„Die ansteigende Wirtschaftskonjunktur 1954 brachte auch eine Entlastung auf dem Arbeitsmarkt. Die Arbeitslosenzahl war mit 16.364 (Österreich 160.073/7,6%) um 4.279 (Österreich 20.405/-11,1%) niedriger als im Jahr davor." Kärnten hatte während des laufenden Jahres im Vergleich zu den anderen Bundesländern stark schwankende Arbeitslosenzahlen. Dies war ein Anzeichen einer stark geprägten Wirtschaft in den Bereichen des Baugewerbes und vor allem im Fremdenverkehr. Trotz dieser strukturellen Probleme konnte Kärnten vom internationalen Ansteigen der Wirtschaftskonjunktur partizipieren, dadurch gab es auch eine deutliche Entlastung am Arbeitsmarkt.

Auch im Magnesitwerk musste der Direktor in einer Betriebsratssitzung über eine abgelaufene schwächere Periode berichten. Die Investitionen und Reparaturen für die Zukunft schienen mit den Einnahmen gedeckt, die Beschäftigungssituation wurde aber angepasst. Ab dem Jahre 1953 war die Geschäftsentwicklung schwächer. Es zeichnete sich keine besorgniserregende Entwicklung ab, trotzdem musste mit geänderten Beschäftigungsverhältnissen gerechnet werden. Sämtliche Investitionen, Instandsetzungen und sonstige Aufwendungen konnten auch in diesem Zeitraum nach den Berichten aus dem BR-Protokoll Nr. 59 aus den eigenen Einnahmen gedeckt werden. In Radenthein wurden 1.671 Arbeitnehmer beschäftigt. Die ÖAMAG konnte im Jahr 1955 das Werk Tux von der Firma Krupp endgültig erwerben.

Im Jahr 1957 gab es noch ein stetiges Wirtschaftswachstum. Im Bergbau der ÖAMAG wurde mit 429.908 Tonnen Magnesit die absolute Höchstmenge in der Geschichte des Magnesitwerkes abgebaut. Die Periode des stetigen Wirtschaftswachstums mit riesigen Investitionen und Produktionssteigerungen ging noch weiter. Für besondere Zwecke mussten außer dem alpinen, eisenhaltigen Magnesit auch noch andere Rohstoffe verwendet werden. Das Brennen von eisenarmen Rohmagnesit aus Griechenland zu Sintermagnesit gelang in Radenthein erstmals 1955. Im Jahr 1957 gelang es erstmals, amorphen hochreinen Magnesit im Drehrohrofen zu brennen. Es wurde die Firma Magnomin S. A. auf Chalkidike in Griechenland gegründet, um auch eisenarmen Sinter zu brennen. Dies war notwendig, um den gesteigerten Qualitätsanforderungen der Abnehmer entgegenzukommen.

Die österreichische Magnesitindustrie konnte ihre Weltgeltung wieder erringen, die Exportrate stieg auf über 90 %. Im Jahr 1957 wurde mit dem Bau des Werkes in Hochfilzen begonnen. Diese Investition war nicht nur die größte Kapazitätserweiterung der ÖAMAG seit der Firmengründung, sie verursachte auch ein Investitionsvolumen von ATS 300 Millionen. Das Werk Hochfilzen (Bergbaubetrieb) wurde 1959 in Betrieb genommen, das Werk Sittenberg wurde stillgelegt. Im Jahr 1958 wurden zwei Steinpressen installiert. Im laufenden Jahr wurden die Drehrohröfen 1 und 2 auf eine Schwerölheizung umgebaut. Weiter wurde eine Brikettierungsanlage errichtet. Bereits durchgeführt (1957) war die Verlegung der Bundesstraße in Richtung Süden, um für die Werkserweiterung Platz zu schaffen. Im Jahr 1958 wurden im Magnesitwerk die Feiern zum 50-jährigen Jubiläum durchgeführt. Der Konzern ÖAMAG beschäftigte insgesamt 4.115 Arbeitnehmer/innen.

Die Didier Werke AG versuchte im gleichen Zeitraum nicht nur durch den Neubau von Produktionsstätten sondern auch durch Zukäufe eine starke Marktstellung zu erlangen.

1955 Kauf der Pfälzer Chamotte und Tonwerke sowie die Chamotte- und Dinaswerke Homburg GmbH. Im Jahr 1957 der Kauf der Stöcker und

Kunz GmbH, Köln-Mühlheim. 1959 Kauf der Schamottewerke Karl Fliesen AG, Grünstadt und die Tonwerke Ritter GmbH .

Zusätzlich gab es einige ausländische Zukäufe sowie 1966 die 50% Beteiligung and der Stopinc AG, Baar in der Schweitz. Die Stopinc entwickelte das Interstop-System die den Siegeszug des kontinuierlichen Gießens in der Stahlindustrie ermöglichte.

Bei den Veitscher Magnesitwerken erwarb das französische „Groupement“ noch ein großes Aktienpaket von der Creditanstalt-Bankverein und hielt mit 1950 ca. 40 Jahre lang eine 70-%- Mehrheit. Im Jahr 1956 wurden in Trieben und Veitsch neue Schachtöfen gebaut, in der Breitenau der zweite Drehrohrofen in Betrieb genommen. In der Veitsch wurde ein neuer Tunnelofen (als Ersatz) in Betrieb genommen. VMAG kaufte 1960 einen 1/3-Anteil von der Brohltal AG für Stein- und Tonindustrie. „Ein weiteres Drittel am Unternehmen wurde von der ÖAMAG gekauft“ (vgl. Thalbauer 1976:93)

Im Jahr 1959/69 wurde das Forschungszentrum in Leoben errichtet (VMAG).

1960 kam es zum Beginn der Ziegelproduktion bei Baker in York. Es kam zum Ausbau des Betriebes in Brasilien und Aufnahme der Exporttätigkeit nach Südamerika. Magnesita gründet die erste Tochtergesellschaft außerhalb Brasiliens. RASA in San Nicolàs, Argentinien. (Magnesita)

Die Stahlindustrie produzierte im Jahr 1950 190 Mio. Tonnen Stahl, im Jahr 1955 273 Mio. Tonnen und bis zum Jahr 1960 341 Mio. Tonnen, im Siemens-Martin-Verfahren. Durch dieses Verfahren wurden große Mengen Magnesitmaterial benötigt. Seit den Jahren 1958/59 zeichnete sich schon ein konjunktureller Rückgang an. Durch das Linz-Donawitz Verfahren wurde auch wesentlich weniger (nur mehr 10 – 20% als davor) Feuerfestmaterial zur Stahlherstellung verbraucht. Die konjunkturellen Probleme versuchte man im Magnesitwerk personell mittels Zeitabbau auszugleichen. Trotzdem kam es zu personellen Verlusten und Kündigungen von 210 Arbeitern. Im dritten Quartal des Jahres 1959 gab es wieder einen Anstieg der Konjunktur. Im Laufe des zweiten Halbjahres stieg die Auslastung wieder an und die gröbsten Probleme schienen überwunden zu sein. Nach dem Krisenjahr 1959 stieg die Produktion im Magnesitwerk in Radenthein im Jahr 1960 in ungeahnte Höhen. Neue Investitionen, wie zum Beispiel im Magnesitbruch durch neue Förderanlagen, die den Abbau von Rohmagnesit um ca. 10 Prozent auf über 400.000 Tonnen erhöhten, wurden getätigt. „Die Erzeugung der feuerfesten Steine im Werk wurde durch den Bau der Flotation, durch die Vergrößerung der „Preß“ und die Errichtung einer Ölheizungsanlage auf einen noch nie erreichten Höchststand gesteigert.“ (Schmölzer 1996: 407) Das Werk beschäftige 1960 2.602 Arbeitnehmer.

Zwischen 1950 und 1966 vervierfachte sich die Produktion von Rohmagnesit und Sintermagnesit. Zu beachten ist dabei auch die Erweiterungsinvestition durch den Standort Hochfilzen. Es verdoppelte sich die Steinproduktion. Im Dezember 1959 schied Dr. Bargezi als Vorstand aus. DDr. Wolfgang Wick wurde sein Nachfolger.

Laut Tätigkeitsbericht des ÖGB Kärnten war das Jahr 1960 aus wirtschaftlicher Sicht für das Land Kärnten ein Spitzenjahr. „Das Jahr 1960 hat für Österreich den stärksten Wirtschaftsanstieg seit dem Jahr 1945, der bis dahin größten Nachkriegskonjunktur, gebracht. Auch in Kärnten gestalte sich die Beschäftigungslage im Berichtsjahr günstiger als 1959.“ Das Jahr 1960 war konjunkturell ein Jahr der Hochkonjunktur die auch im Jahr 1961 weiter anhielt, „es war zumindest in den Sommermonaten ein Jahr der Vollbeschäftigung“.

Zielgerichtete Investitionen kamen in die Finalproduktion, zu diesem Zwecke wurde die Steinfabrik erweitert und der Beschluss zum Kauf neuer Pressen gefasst. In der Berichterstattung des zuständigen Werksdirektors Samitz in der BR-Sitzung vom 13. Juli 1960 erklärte dieser, dass sich sowohl der Feuerfest- als auch der Heraklith-Sektor gut entwickelten und eine Vergrößerung der Steinfabrik und die Neu-Anschaffung von zwei Pressen beschlossen wurden. Sichtbar war in diesen Berichten auch eine stabile positive Beschäftigungsentwicklung. „Mit 31. Mai 1960 beschäftigte die ÖAMAG 3.567 Arbeiter und 603 Angestellte, davon 1.671 Arbeiter und 366 Angestellte in Radenthein. Im Jahr davor, mit 31. Mai 1959, betrug der Beschäftigtenstand 3.292 Arbeiter und 580 Angestellte, davon in Radenthein 1.572 Arbeiter und 359 Angestellte.“ (Buchhaltung an Vorstand, 14.06.1960)

Die ÖAMAG beschäftigte mit September 1961 4.552 Arbeitnehmer und konnte im Jahr 1962 im Konzern ÖAMAG mit 4.603 Beschäftigten den Höchststand an Arbeitnehmern erreichen. Das Werk in Radenthein beschäftigte mit 30. September 1962 1.882 Arbeiter und mit Stichtag ein Jahr später 1.720 Arbeiter. Die Einwohnerzahl von Radenthein stieg weiter an und erreichte im Jahr 1961 bereits 6.720.

Im Jahr 1962 gab es eine allgemein schlechtere Weltwirtschaftslage, der Auftragsstand wurde schwächer. Branchenmäßigen Unterschiede, stärkere internationale Konkurrenz sowie die technologischen Fortentwicklungen wurden erkennbar.

> „Zum ersten Punkt der Tagesordnung nimmt Herr Direktor Samitz ausführlich Stellung. Die Unterbeschäftigung in der Stahlindustrie hat zu einem erheblichen Rückgang der Auftragseingänge geführt. Die Ausweitung und immer stärker werdende Konkurrenz auf dem Feuerfest-Sektor, die Anwendung von Seewasser- Magnesit und schließlich auch die Einführung des LD- und ähnlicher Verfahren haben ebenfalls zur rückläufigen Geschäftsbewegung beigetragen. Für das kommende Jahr lässt sich noch keine Prognose stellen. Die Unternehmensleitung wird die größten Anstrengungen machen, um Aufträge hereinzubekommen. Die Qualität unserer Erzeugnisse wird dabei eine wichtige Rolle spielen." (BR-Protokoll Nr. 90 vom 7. November 1962)

Im Gegensatz zu diesem Zitat wurden in der Radentheiner Chronik die Auftragslage des Magnesitwerkes trotz wirtschaftlicher und politischer Krisen im Bundesgebiet sowie das Wirtschaftsjahr im Magnesitwerk als gut beschrieben. Es ist auch hier ein Zeichen von Innen- und Außenwirkung der Problembearbeitung spürbar bzw. wie sorgfältig Informationen behandelt worden sind. „Produktionssteigerungen im Magnesitwerk durch die Erschließung neuer Absatzgebiete, vor allem in den Oststaaten. Das Werk produziert 1962 140.000 to Magnesitsteine und 210.000 to Sinter." (Schmölzer 1996: 422) Die Absätze gingen im Jahr 1962 zurück, Kurzarbeit wurde eingeführt, die Seilbahn mechanisiert, was eine Produktivitätssteigerung um mehr als 100 Prozent brachte. Investiert wurde in eine neue Kompressorenanlage sowie in einen Röntgenfluoreszenz-Analysenapparat. Die im Jahr 1962 begonnenen Absatzschwierigkeiten für die Produkte des Magnesitwerkes und die Auswirkungen der Mechanisierung der Produktion bereiteten Probleme und schafften Gegensätze zwischen Werksdirektion und Betriebsrat. Sichtbar wurde ein stetiges Auf und Ab im Wirtschaftsleben bereits wieder im Jahr 1963, so das eine Prämie für das Jahr 1962 bezahlt wurde. „Der Vorstand hat in seiner Sitzung am 26.8.1963 im Einvernehmen mit dem Aufsichtsrat beschlossen, im Hinblick auf den im Jahre 1962 noch verhältnismäßig guten Geschäftsgang und als Anerkennung der Leistungen unserer Mitarbeiter allen Dienstnehmern unserer Gesellschaft einen halben Monatsverdienst als einmalige Prämie zu bezahlen." (Pers. Abt./M/A 29.8. 1963)

Im Land Kärnten entwickelte sich das Jahr 1964 entgegen mancher ungünstigen Prognosen in wirtschaftlicher Hinsicht äußerst günstig. „Vollbeschäftigung und Konjunktur konnten aufrechterhalten und noch weiter gesteigert werden.“ (Dinklage 1982: 232)

Zwischen 1959 und 1965 wurde die Firma massiv auf neuesten Standard gebracht. Durch steigende Investitionen ergaben sich auch andere Qualifikationsanforderungen für die Arbeitnehmer. So wurde die Steinfabrik erweitert, in Steinpressen investiert und die Umstellung auf elektrische Datenverarbeitung vollzogen, d.h. im Jahr 1965 wurde im Magnesitwerk die EDV eingeführt. Durch steigende Investitionen wurden auch Änderungen in der Qualifikation notwendig. 1965 waren 2354 Arbeitnehmer/innen im Werk beschäftigt. Für das Jahr 1966 gestaltete sich die Lage als noch recht günstig; das Werk floriert weiterhin, es konnte den Stand der Beschäftigten halten. Es wurde auch weiterhin investiert. So wurde die Kapazität der Elektroschmelze verdoppelt und eine neue Entstaubungsanlage errichtet. Im Innenverhältnis wurden allerdings bereits Vorsorgemaßnahmen getroffen, da sich die Wirtschaftswolken verdunkelten. Der Tagbau auf der Millstätter Alpe musste 1964 aus Kostengründen auf Untertagbau umgestellt werden. Das Verhältnis von verwertbarem Material zu taubem Material wurde immer ungünstiger.

> „Der Geschäftsgang in unserem Unternehmen wird im Jahre 1967 rückläufig sein. Vom Vorstand wurde deshalb Folgendes beschlossen:
>
> Eine generelle Aufnahmesperre für Arbeiter und Angestellte. Natürliche Abgänge sind nicht zu ersetzen. Für die Aufnahme von unbedingt notwendigem Ersatz (Spezialisten) ist eine schriftliche Begründung der zuständigen Betriebsleitung notwendig.
>
> Die Leistung von Über- und Sonntagstunden sind auf ein Mindestmaß einzuschränken.
>
> Lohnerhöhungen (Lohnkorrekturen) sind in den nächsten Monaten lediglich bei Veränderungen des Arbeitsbereiches durchzuführen. Veränderungen der Grundlöhne, Prämien, Akkorde oder Gedinge sollen unterbleiben.
>
> Wir erwarten, daß Sie in Ihrem Betrieb für eine strikte Einhaltung des Vorstandsbeschlusses Sorge tragen. Obige Regelung gilt bis auf weiteres.“ (ÖAMAG 23. November 1966)

Beschäftigt wurden im ÖAMAG-Konzern mit 10. November 1966 4425 Arbeitnehmer/innen. Es gab tiefgreifende Veränderungen, in Jahren schwacher Konjunktur kam es zu starken Produktionseinbußen, denen fallweise nur durch Strukturmaßnahmen begegnet werden konnte.

„Herr Direktor Samitz teilt mit, dass auf dem Feuerfest-Sektor der Auftragseingang stark zurückgegangen ist. Die Situation sei aber nach wie vor unübersichtlich. Eine gewisse Konjunkturabschwächung in sehr vielen Ländern wirke sich besonders auf dem Gebiete des Absatzes unserer feuerfesten Produkte aus. Um dieser Situation Rechnung zu tragen, wurde von Vorstand im Wesentlichen – u. zw. Für alle unsere Betriebe und Werke – eine Einschränkung der Über- und Sonntagsstunden und die Ausnützung des natürlichen Abganges beschlossen. Im Werk Radenthein wird bei etwa 45 – 50 Saisonarbeitern das Dienstverhältnis über den 31.12.1966 hinaus nicht verlängert werden. Sollten sich weitere Reduzierungsmaßnahmen als notwendig verweisen, so wird mit dem Betriebsrat sofort Kontakt aufgenommen werden, zu einer Panikstimmung sei jedoch kein Anlass. Es seien auch verschiedene Aufträge abgeschlossen worden und man hoffe, dass sich die Lage nach einiger Zeit doch wieder bessern werde." (BR-Protokoll Nr. 109 vom 9. Dezember 1966)

Es kursierten Gerüchte in der Region, dass in Radenthein 300 bis 500 Arbeiter abgebaut werden sollten. Die Firmenleitung dementierte auch gegenüber dem Betriebsrat von nahe bevorstehenden Kündigungen. Wenn es notwendig wäre, würden personelle Maßnahmen mit dem Betriebsrat vorbesprochen, ist dem Protokoll zu entnehmen. Weiter: Es wurden vom Vorstand noch keine Beschlüsse zur Personalreduktion gefasst.

Die Firma beschäftigte im Jahr 1967 2424 Arbeiter und 537 Angestellte, somit insgesamt 2961 Arbeitnehmer. Der Abbau von Saisonarbeitern und die Ausnützung der natürlichen Abgänge zeigten ihre Wirkung auf den Personalstand.

Die Stahlindustrie verlangte immer mehr die Verwendung von eisenarmem Sinter, der in Österreich nicht abgebaut wurde. Diese Situation war unter anderem auch mit verantwortlich für die Schließung des Bergbaus Schlagalpe in Hütten bei Leogang im Jahr 1970.

Die Magnesitproduktion war im Jahr 1965 im österreichischen Rohstoffsektor trotz allem noch ein bedeutender Devisenbringer, die in 54 Länder weltweit ausgeführt wurde. Mehrere Arten von Produkten, die aus Magnesit hergestellt wurden, sei es Sinter-, Kauster-, Spezialprodukte, chemisch gebundene Produkte, Rohmagnesit sowie Heraklith wurden exportiert. „Diese Produkte erreichten 1966 einen Wert von ca. 1,4 Mrd. Schilling. Die Exporte gingen vor allem in die BRD, die USA, Frankreich, Ungarn, Großbritannien, weiter nach Belgien, Luxemburg, Spanien, Argentinien, die Türkei sowie in zahlreiche Länder auf den verschiedenen Kontinenten." (vgl. Günther, Paar 1997: 37)

Im Frühjahr 1967 gab es einen starken Auftragsrückgang im Magnesitwerk in Radenthein. Erst gegen Ende des Jahres normalisierte sich die Produktion. Die Anlagen unterlagen durchgängig Rationalisierungsmaßnahmen und Modernisierungen. Die Investitionspolitik wurde vom Vorstand fortgeführt. Unter anderem wurde das Analytik-Labor neu gebaut, weiter wurde in den Jahren 1966 bis 1968 der Tagbau im Bergbau beendet und die Flotation erweitert. In den Jahren 1969 bis 1971 wurde der Bergbau in Leogang stillgelegt. In diesem Zeitraum wurde der erste Teil der neuen Mischanlage gebaut.

Im Jahr 1969 stiegen die Auftragseingänge wieder an. Die Anforderungen im Bereich Qualität und der Preisdruck sorgten aber weiterhin für Probleme im personellen Bereich. Es wurden Vorbereitungen für weitere „natürliche" Personalreduktionen getroffen. „Durch verschiedene Maßnahmen wird sich der Personalstand (Arbeiter-Seite) aufgrund der derzeitigen Kenntnisse um ca. 90 Mann (…) reduzieren lassen." (Dir. Klose 17. 2. 1969) Im Gegensatz zu den Problemen und Änderungen im Innenverhältnis des Magnesitwerkes zeigte sich die Außendarstellung des Magnesitwerkes für das Jahr 1969 positiv.

„Das Werk, das als „Barometer des Ortes" gilt, verzeichnet ein recht erfolgreiches Jahr und setzt sein technisches Modernisierungsprogramm fort: Die Steinfabrik erhält eine elektronisch gesteuerte Mischanlage, die S 17,5 Mill. kostet. Der Beschäftigtenstand ändert sich kaum." (Schmölzer 1996: 456)

Im Jahr 1969/70 kommt es zum Börsengang von Magnesita. 1970: CEC (Lafarge) kauft die Dolomie Francais and Sociètè et Pierres Blanches et Ciment de Fer etCie1971 Northomb. Es wird das Forschungs- und Entwicklungszentrum von Magnesita in Contagem (Minas Gerais) gebaut. 1971 kommt es zur Gründung von Montec (Montagewesen im Bauwesen) von Magnesita.

Auf Basis der Rohmagnesit-Abbaumenge und den Vergleichszahlen mit dem Konkurrenten in Österreich, den Veitscher Magnesitwerken, zeigt sich, dass die abgebaute Rohmagnesitmenge nach einem Höhepunkt im Jahr 1961 bis ins Jahr 1963 in ein Tief fiel, sich danach aber auf einem gleichbleibenden Niveau bewegte. Die ÖAMAG lag dabei deutlich höher als die VMAG, obwohl die VMAG etwas mehr Steinsinter, Mörtel, Massen und Steine herstellte.

Die Veitscher Magnesitwerke setzten in diesem Jahrzehnt massiv auf Investitionen, vor allem Anfang der 60er Jahre wurde im Werk Breitenau durch ein großes Kernbohrungsprogramm eine neue Lagerstätte gefunden. Die Rohmagnesitgewinnung wurde gesteigert. Im Jahr 1965 wurde in Eskishir (Türkei) der erste Doppelschaftofen in Betrieb genommen und die Abbaurechte für die Lagerstätte in Tutlucka erworben Durch die neuen Lagerstätten wurde der Bergbau Veitsch reduziert und im Jahr 1968 stillgelegt. Die Beschäftigten der Veitscher Magnesitwerke in Österreich verringerten sich von Anfang der 1960-er Jahre bis Ende der 1970-er Jahre von 3.259 auf 2.678 Arbeitnehmer.

Das Öl geht aus…!

Es war bereits seit Ende der 60er Jahre absehbar, dass die Grundstoff- und Schlüsselindustrien umorganisiert werden mussten. Die Rohstoffvorräte neigten sich dem Ende zu. Die ÖAMAG reagierte auch mit Zukäufen und Beteiligungen wie an „Dead Sea Periclase in Israel im Jahr 1970, wodurch die Versorgung mit höchst reinem synthetischen Magnesit sichergestellt werden konnte." (Thalbauer 1976: 93) Durch die schon erwähnte 1/3 Beteiligung in Deutschland konnte die Produktion auf die Bereiche Silika, Schamotte und Hochtonerde ausgedehnt werden.

Für die Arbeitnehmer in Kärnten, die von den Umorganisationen betroffen waren, bedeutete dies längere Anfahrtszeiten zu ihren Arbeitsplätzen. Auch Umschulungen, um in neuen Bereichen Chancen auf neue Arbeitsplätze zu erhalten, waren eine der Folgen die verstärkt auf die Arbeitnehmer zukamen. Das Bundesland Kärnten konnte trotz einer Vielzahl an Wirtschaftsproblemen von den wirtschaftlichen Bemühungen der Bundesregierung noch stärker profitieren. Das Jahr 1971 war wirtschafts- und arbeitsmarktpolitisch positiv im Trend liegend. Auch das Jahr 1972 zeigte sich positiv, obwohl dieser Trend nicht auf die Expansion der Industriebeschäftigten zurückzuführen war. „Die Ansiedlung neuer Industriebetriebe hatte sich somit nur insoweit auf den Arbeitsmarkt ausgewirkt, als die von einzelnem Kohlenbergbau freigesetzten Arbeitskräfte wieder der Wirtschaft zugeführt wurden." (Dinklage 1982: 253f)

Die wirtschaftliche Lage verschlechterte sich jedoch im Magnesitwerk Radenthein. Im Zuge der Umstrukturierungen mussten sogar für die Aufnahme von Fachkräften die Ansuchen vom Vorstand genehmigt werden. Die Aufnahmesituation war so straff gespannt, dass bereits mit dem zuständigen Vorstandsdirektor vorbesprochene notwendige Neuaufnahmen nicht vorgenommen wurden, da die Genehmigungen nicht vorlagen. Aufgrund einer Erkrankung des Vorstandsdirektors befanden sich die notwendigen Unterlagen bei ihm. Es musste ein weiteres formelles Ansuchen gestellt werden, um die Aufnahme von notwendigem Personal doch noch durchzuführen. Es änderte nichts, durch die zusätzliche Abschwächung der Konjunktur der Stahlindustrie im EWG-Raum gab es große Absatzprobleme.

> „Die Konjunkturabschwächung hat sich in den letzten Monaten weiter verstärkt. Die Auftragseingänge sind stark zurückgegangen. Stornos mussten mehr als erwartet entgegengenommen werden. Einige Kunden haben die Aufträge zwar nicht storniert, aber den Abruf des Auftrages auf unbestimmte Zeit verschoben.
>
> Die nunmehr für die einzelnen Werke und Betriebe der ÖAMAG für die Monate September bis Dezember 1971 feststehenden Produktionsziffern verlangen eine entsprechende Reduzierung des Personalstandes. In erster Linie sollen für die Reduzierungen des Personalstandes alle Pensionierungsmöglichkeiten ausgeschöpft werden. Eine verstärkte Aktivität für die Überführung in die Invaliditätspension wird einsetzen. Bei Hilfsarbeiten mit befristeten Arbeitsverhältnissen werden die Verträge nicht verlängert. Bei Facharbeitern mit befristeten Arbeitsverhältnissen wird die Entscheidung über den möglichen Verbleib für die, die mit 30.9. befristet sind, im Laufe der kommenden Woche und für die, die mit 31.10. befristet sind, im Laufe des Monats Oktober 1971 erfolgen. Die Erfassung des vorstehend aufgezeichneten Personenkreises ergibt in Radenthein einen Abgang von 62 Mitarbeitern bis Ende 1971. Diese Abgänge sind aus den einzelnen Gruppen wie folgt zu errechnet: 18 Alterspension, 14 Invalidenpension, 3 Saisonarbeiter (Facharbeiter), 21 Saisonarbeiter (Hilfsarbeiter), 6 sonstige Abgänge, = - 62." (BR-Protokoll Nr. 127 vom 16. 9. 1971)

Im Jahr 1973 wurde der Tunnelofen 3 (Hochbrand-Tunnelofen) in Betrieb genommen. Zusätzlich kamen durch die Witterung unterstützt noch Staubprobleme hinzu, wonach resultierend aus den Problemen mit der Gemeindebevölkerung Entstaubungsanlagen gebaut werden sollten. Dr. Wolfgang Wick ging mit Ende 1973 in Pension, sein Nachfolger als Vorstandsvorsitzender wurde Dipl.-Ing. Karl Leitner.

Die Gemeinde Radenthein hatte mit dem Volkszählungsergebnis von 1971 den Höchststand der Bevölkerungsentwicklung mit 7.260 Einwohnern erreicht. Die Kärntner Wirtschaft hatte durch das antizyklische Gegensteuern auch im Jahr 1974 eine Aufwärtsentwicklung erfahren, wobei es in einzelnen Wirtschaftszweigen auch zu Rückgängen in der Auftrags- und Absatzsituation gekommen war. Im Jahr 1975 wurde jedoch die österreichische Wirtschaft als auch die wirtschaftliche Entwicklung von Kärnten von Rückgängen erfasst, wie sie im Bericht des ÖGB Kärnten von 1975 nachzulesen sind.

> „Die weltweiten Rezessionserscheinungen schlagen auch voll auf Kärnten durch. Der Kärntner Arbeitsmarkt ist aufgrund der hohen Exporte und der Fremdenverkehrslastigkeit stärker betroffen als Restösterreich. Im August 1975 waren 176.127 AN beschäftigt, um 3,3% weniger als im Jahr zuvor. Besonders bemerkenswert ist die Abnahme der männlichen Beschäftigten in den Arbeiterberufen um 9,1%. In den Angestelltenberufen ist eine Steigerung um 2,2% zu verzeichnen. Ende 1975 wurden in Kärnten 169.260 Beschäftigte gezählt, was gegenüber dem Vorjahr eine Abnahme von 7712 Beschäftigten oder 4,6% bedeutet“ (Dinklage 1982: 262)

Im Sinne des Strukturverbesserungsgesetzes wurden 1974 das Heraklithwerk Ferndorf in Kärnten und das Werk in Hochfilzen in Tirol ausgegliedert und in eigene Gesellschaften, der Heraklith AG bzw. der Tiroler Magnesit AG ausgegliedert. Mit 1.1.1977 wurde die Tiroler Magnesit AG als 100% Tochter der ÖAMAG gegründet.

Im Jahr 1976 wurde die RCE als Refractories Consulting and Engineering Ges.m.b.H. gegründet, um für den Anlagenbau *Know How* zu entwickeln. Im Jahr 1981 wurde die General Refracories European AG in Wien gegründet, wobei die Österreichisch- Amerikanische Magnesit AG als 100-%-ige Beteiligung dazu eingebracht wurde.

Auch 1974 wurde weiter investiert. Im Magnesitwerk wurde die erste Drehtischpresse (1000/to) gebaut. Die Auftragslage im „Ortsbarometer“ des Werkes war zufriedenstellend, der Beschäftigtenstand blieb annähernd gleich, berichtet die Radentheiner Chronik für diese Zeit. Die Investitionen des Jahres 1973 in den dritten Tunnelofen zeigten im Jahr 1974 in der Steinproduktion bereits Wirkung. Die Kapazitätserweiterung in der Steinproduktion stieg von „1950 mit 55.000 Tonnen zum Rekordjahr 1974 mit fast 187.000 Tonnen“ (Thalbauer 1976: 93) stark an.

Im Jahr 1975 gab es eine schwache Konjunktur, gepaart mit konjunkturellen Änderungen auch gab es die ersten vollautomatischen Pressenanlagen. Es gab weitere Investitionen in die Modernisierung und Rationalisierung der Steinfabrik. Die Temper- und Vakuumimprägnieranlage wurde im Jahr 1975 gebaut. Im Bergbau Millstätter Alpe wurde mit einer Investition (ATS 100 Mio.) die Änderung der Abbaumethode begonnen. Im Jahr 1975 wurden 2.052 Arbeitnehmer im Werk beschäftigt. Der neu erschlossene Bergbau Weißenstein für das Werk Hochfilzen wurde bereits 1972 in Betrieb genommen.

Der Bergbau Tux (Mayerhofen im Zillertal) wurde wegen der Erschöpfung der magnesitischen Rohstoffreserven (Abbau von Magnesit und Scheelit) sowie aufgrund der Kostenentwicklung im Dezember 1976 stillgelegt. Die Folge dieser Krisensituation war, dass der Personalstand zum Jahresende mit 2.612 Arbeitnehmern um 414 unter der Vergleichszahl des Vorjahres lag. Davon entfielen 82 auf das Werk Tux. Nicht nur, dass der Bergbau Tux eingestellt wurde, am Bergbau Millstätter Alpe wurde auf ein neues, wirtschaftlicheres Abbauverfahren umgestellt.

Zusammenfassend kann gesagt werden: In den Jahren von 1950 bis 1975 gab es eine sehr dynamische Entwicklung, die sich in der nachstehenden Tabelle (vgl. Thalbauer 1976: 93) gut ablesen lässt. Die Vergleichszahlen für Investitionen, Verbesserungen bzw. Rationalisierungen zwischen 1950 und 1975 zeigen eine klare Sprache, waren aber letztlich zu wenig. „1950 wurde mit 2650 Mitarbeitern eine Produktion von 250.000 Tonnen Rohmagnesit und 173.000 Tonnen Kauster, Sinter und Radex-Steinen erreicht. 1975 war die Mitarbeiterzahl fast gleich, die Produktion erhöhte sich jedoch auf fast 600.000 Tonnen bzw. 435.000 Tonnen." (Thalbauer 1976: 94)

Die wirtschaftliche Lage blieb während des Jahres 1976 weiter schlecht. Im Zuge der schlechten Auftrags- bzw. Absatzlage mussten die Personalkosten drastisch gesenkt werden:

> „Die negative Entwicklung der Auftragslage, die sich bereits zu Beginn des Jahres 1975 abgezeichnet hat, war – von sporadischen Ausnahmen abgesehen – auch das ganze Jahr 1976 wirksam und hält bis heute an, ohne dass eine Wende abgesehen werden kann. Nur durch rechtzeitige Anpassung an diese stark reduzierte Kapazitätsauslastung und die damit erreichte weitere Senkung des break even - Punktes konnte 1975 ein positives Gesamtergebnis erzielt werden. Bei den Investitionen wurden die 1975 begonnenen Projekte zur Qualitätsverbesserung (Temper- und Vacuum- Teerimprägnier-Anlage) fertiggestellt." (Geschäftsbericht ÖAMAG für 1976: 1977)

Im Jahr 1976 wurde die Erdgasleitung nach Italien gebaut. Das Magnesitwerk Radenthein entschloss sich sowohl aus Gründen der Standortsicherung als auch zum Schutz der Umwelt zum Anschluss an das Netz. Trotz der schweren Situation kam es zu Erweiterungsinvestitionen in Richtung Qualität, es wurde die Vakuum-Pechimprägnieranlage in Betrieb genommen. Auch im Jahr 1978 kam es zu Investitionen. Der Schachtofen der Refractories Consulting and Engineering (RCE) wurde als Versuchsofen für die RCE in Betrieb genommen.

Im Jahr 1977 feierte die Marktgemeinde Radenthein ihre 800-Jahr-Feier, die Hauptschulen feierten auf dem Sportgelände zeitgleich ihren 50-jährigen Bestand. Eingebunden waren fast 1000 Hauptschüler aus 31 Klassen, als Akteure beim Singen, beim Schauturnen, bei Gymnastik und Volkstanz. (Schmölzer 1996: 499) Es wurden mit 31. Dezember 1977 am Werksstandort Radenthein 1982 Arbeitnehmer/innen beschäftigt.

> „Dem Belegschafts- und Förderleistungsdiagramm ist zu entnehmen, dass sich der Belegschaftsstand über sieben Jahrzehnte ähnlich veränderte wie die Fördermengen und die Förderleistung sich recht langsam und konstant der Marke von 1.000 Tonnen pro Mann und Jahr näherten. Deutlich niedrigere Leistungen werden nur während und unmittelbar nach den Kriegsjahren verzeichnet. Diese Konstanz hängt zunächst mit der weitestgehend händischen Gewinnung und dem menschlichen Leistungsvermögen zusammen. In der Zeit der einsetzenden Mechanisierung hemmt vorerst noch der rasante Anstieg des Aufwandes für die Abraumbewegung und der Übergang auf den Grubenbetrieb den Anstieg der auf den Magnesit bezogenen Förderleistungsdaten. Ende der 1970er Jahre ändert sich dieses Bild plötzlich grundlegend. Die Förderleistung steigt um ein Vielfaches und überschreitet im Jahr 2001 die 10.000-Tonnen-Grenze. Hauptursache für den rasanten Anstieg waren die fortschreitende Mechanisierung und die Entwicklung der Bergbautechnologie." (100 Jahre Magnesit in Radenthein 2008: 26)

Die Personalanpassungen im Zuge von Modernisierung und Verbesserungen waren ein laufender Prozess. Vor allem die unsicheren Marktgegebenheiten, wie 1976 und 1977, setzten sich auch im Jahr 1978 fort. Im Bereich der Investitionen konnte neben verschiedenen kleinen Projekten, die überwiegend der Verbesserung der Anlagen bzw. Herstellungsprozesse dienten, vor allem das in 1976 begonnene Rationalisierungs-Großprojekt für den Bergbau Radenthein abgeschlossen werden.

Im Jahr 1978 fand die 70-Jahr-ÖAMAG-Feier statt. Beschäftigt wurden mit 31. Dezember dieses Jahres insgesamt 1891 Arbeitnehmer/innen.

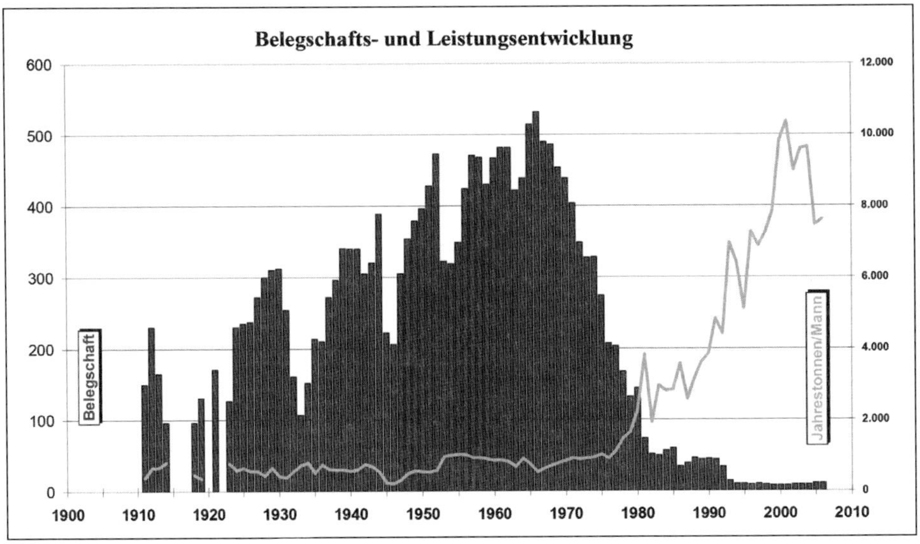

Nach einer langen Durststrecke sollte in der Personalentwicklung endlich Ruhe einkehren, es schienen keine weiteren Arbeitsplätze in Gefahr. Im Geschäftsbericht der ÖAMAG für 1979 wird von einer wirtschaftlichen Erholung sowie einer leichten personellen Steigerung berichtet. Diese war bedingt durch die konjunkturelle Erholung der Stahlindustrie auf mehreren Märkten. Ein Vorteil für das Magnesitwerk war auch die hohe Qualität der erzeugten Produkte. So konnte auch der Personalstand auf 1906 Arbeitnehmer erhöht werden. Im Jahr 1980 konnte für das abgelaufene Geschäftsjahr 1979 in der ÖAMAG eine Gewinnbeteiligung ausgezahlt werden. Es wurde als einmalige Prämie 1980 an alle Mitarbeiter ein voller Monatsbezug + 10 % ausbezahlt. Die wirtschaftliche Durchwachsenheit der 1970-er Jahre erhielt sich bis in die 1980-er Jahre, aber die Boomphase währte nur kurz. Im Jahresbericht für 1980 wurden noch positive Zahlen dargestellt, die letzten Wochen des abgelaufenen Jahres brachten jedoch starke Auftragseinbrüche mit sich:

„Trotz stark rückläufiger Entwicklung im letzten Quartal, vor allem auf den westeuropäischen Märkten, konnte der mengenmäßige Absatz gegenüber dem Jahr 1979, bedingt vor allen durch hohe Qualität unserer Produkte nochmals geringfügig gesteigert werden. Der Personalstand hat sich gegenüber Ende des Vorjahres um 75 auf 1981 Mitarbeiter erhöht.“ (Geschäftsbericht ÖAMAG für 1980: 1981) Laut Statistik wurden 1980 insgesamt 1877 Arbeitnehmer beschäftigt.

Auch die Didier Werke spürten die verminderten Absatzmöglichkeiten vor allem für Standardprodukte. Der Personalstand wurde ab 1970 schrittweise massiv gesenkt. Ab Mitte der 1980-er Jahre wurde von Didier nur mehr die Hälfte der Menge erzeugt wie noch im Jahr 1970. Bei der VMAG vollzog sich dieser Wandel im ähnlichen Ausmaß. Von 1979 bis 1983 sank die Produktionsmenge stetig, damit auch der Mitarbeiterstand von 2.304 auf 2.040 Mitarbeiter. Ab 1982 wurde zur Verbesserung der Kostenstruktur eine 25-%-Beteiligung an der Bank für Handel und Industrie AG, 1984 die Neuberger Holz- und Kunststoffwerke sowie die 58-%-Beteiligung an der steirischen Magnesitindustrie AG (Magindag) verkauft.

Magnesita erwarb im Jahr 1980 die Refratec und konnte dadurch Schmelzmagnesia im Inland herstellen.

Zusammenfassend kann für das Jahrzehnt der 1970-er Jahre gesagt werden, dass nach dem Rückgang des Absatzes ab 1973 ein Anstieg erfolgte. 1974 war ein Rekordjahr in der Produktion. Im weiteren Verlauf wurde 1977 ein Tiefpunkt innerhalb der 1970-er Jahre erreicht, danach stieg die Produktion bis Anfang der 1980-er Jahre wieder an. Die Arbeitnehmerzahlen betrugen 3.450 (+ 500 in Ferndorf) im Jahr 1970 und verringerten sich bis zum Ende des Jahrzehnts auf 1.767[10] Arbeitnehmer (+ 500 in Ferndorf).

Die sich 1970 anbahnenden Änderungen im Wirtschaftsgefüge waren begleitet von dunklen Gewitterwolken. Die Zeit der Aufbauphase nach dem Zweiten Weltkrieg war vorbei. Ein stark steigendes Wirtschaftswachstum mit einer steigenden Beschäftigungsanzahl reduzierte sich Richtung Nullpunkt. Die Land- und Forstwirtschaft schrumpfte sehr stark. Die Landwirte fanden vor allem im sekundären Produktionssektor Arbeit, dieser stand aber in der weiteren Folge auch vor einer Sättigung. Stark im Steigen war noch der tertiäre Sektor, der sogenannte Bereich der Dienstleistungen. Es schien, als ob hier die Chancen der Zukunft liegen würden.

Bestätigt wurde dieser Trend von den ausgewiesenen Beschäftigungszahlen und dem sozialen Wandel in den sich ändernden Beschäftigtenzahlen, vor allem in der Schrumpfung des Produktionssektors, angefangen mit der Land und Forstwirtschaft. Waren im Jahr 1951 noch 32,6 % (37,5 %)

10 Beachte: In diesem Jahrzehnt wurde der Bergbau und die Hütte Tux geschlossen sowie das Werk und der Bergbau Hochfilzen (240 AN) ausgelagert.

der Berufstätigen in diesem Bereich tätig, sank dieser Anteil 1977 bereits auf 11,8% (1961: 25,3 %; 1971: 14,4 %) und betrug 1985 nur mehr 8,8% (Kärnten 1981: 8,1 %; 1991: 5,8 %). Die abwandernden Landwirte fanden hauptsächlich im sekundären Sektor – in Bergbau-, Industrie- und Gewerbe ihren Arbeitsplatz. Dieser umfasste 1981 38,8 % (1951: 33,6 %; 1961: 38,6 %; 1971: 40,4 %; 1981: 39,7 %) und fiel bis 1985 auf 38,6 % (Kärnten: 35,1 %). Der Anteil der Beschäftigten im Dienstleistungssektor wuchs von 29,6 % (1951: 26,5 %; 1961: 34,6 %) im Jahr 1951 auf 47,2 % 1977[11] (1971: 44,6 %; 1981: 52,2 %; 1991: 59,1 %)

Das Augenmerk der österreichischen Wirtschaftspolitik galt der Modernisierung der Industrie. Obwohl sich die wirtschaftliche Lage in Österreich im Vergleich zu zahlreichen anderen Mitgliedsstaaten insgesamt nach wie vor günstig gestaltet hatte, waren in der Zeit der Wachstumsverlangsamung seit Mitte der 1970-er Jahre doch Strukturprobleme aufgetreten. Die Besorgnisse der zuständigen Stellen über diese Entwicklung kamen in der Tatsache zum Ausdruck, dass sie einen Bericht über den Strukturwandel in Auftrag gegeben hatten. Angesichts der hohen und wachsenden Auslandsabhängigkeit Österreichs war es von besonderem Interesse, strukturelle Anpassungen vorzunehmen. Österreichs Schwerpunkt der Industrieproduktion nach dem Zweiten Weltkrieg lag vorwiegend in den arbeitsintensiven Konsumgüterbranchen und Grundstoffindustrien. Der anlaufende Strukturwandel war zu bewältigen.

„Die Wertschöpfung des industriellen und gewerblichen Sektors in % des BIP (1983 fast 30%) ist nach internationalen Maßstäben hoch. In den 1960-er Jahren wurde dieser Satz nur von Deutschland übertroffen." (Bundeskanzleramt 1985: 49f)

Im europäischen Gesamtvergleich konnte Österreich überproportional zulegen. Unterscheiden muss man hier aber zwischen dem Produktionswachstum und dem Produktivitätswachstum unterscheiden, welches im erzeugenden Sektor über dem OECD-Durschnitt lag. Im Zeitraum bis Mitte der 1980-er Jahre verringerte sich dieser Wachstumsvorteil wieder auf den OECD-Schnitt. Der Rückgang im landwirtschaftlichen Sektor verlangsamte sich zwar, doch auch der Dienstleistungssektor bot immer weniger Beschäftigungsmöglichkeiten. Die Beschäftigungsmöglichkeiten der Industrie lagen im Anteil an der Gesamtbeschäftigung immer noch beträchtlich höher als im OECD-Raum insgesamt. Die Ära der

11 Datenvergleich im Statistikteil (Daten in Klammer) und vgl. Engelbrecht 1998: 365

Vollbeschäftigung ging 1981 in Österreich zu Ende. Nach dem zweiten Ölpreisschock kam es 1979 in den westlichen Volkswirtschaften nur zu einer sehr mäßigen Erholung der Volkswirtschaften.

Die wirtschaftspolitischen Maßnahmen in Österreich konnten aufgrund des Budgetdefizits nicht mehr mittels Nachfragepolitik, sondern mittels einer Angebotspolitik gesteuert werden. Im Jahr 1981 wurde der Wendepunkt überschritten. Die Tendenz zum Aufschwung blieb schwach, die Arbeitslosenraten stiegen. Das Stichwort Wendepunkt brachte auch das Volkszählungsergebnis, das für die Gemeinde Radenthein erstmals einen Rückgang auf 7.074 Einwohner seit Bestehen des Unternehmens mit sich brachte. Im Jahr 1980 war es noch einmal gelungen, bedingt durch ein sehr gutes erstes Halbjahr, die Absatzmengen in der ÖAMAG im Verhältnis zu 1979 leicht zu steigern. Bereits ab 1981 kam es in der ÖAMAG zu einem Verlust, der durch die Ergebnisabführung von der TIMAG und ÖHERAG ausgeglichen werden konnte. Für Österreich insgesamt kam es ab den 1980-er Jahren zu Problemen, die sich aus einer strukturell stark auf die Grundstoffindustrie aufgebauten Wirtschaft ergaben, da Österreich eine kleine, von der Weiterentwicklung des Weltmarktes abhängige, Volkswirtschaft war.

Die bereits seit den 1970-er Jahren geführte Diskussion wurde stärker in den Mittelpunkt gestellt: Was war mehr wert? – Facharbeit im Beruf oder in der Produktion?

Der Wirtschaftseinbruch am Beginn der 1980-er Jahre erforderte teilweise Antworten auf diese Frage. In der ÖAMAG gab es eine Kündigungswelle. Es sollte nach Qualifikationskriterien gekündigt werden. „Diese bange Frage, die jeden einzelnen Mitarbeiter bewegt, kann erst in 30 Tagen beantwortet werden. Wir werden nach Qualifikation und nach den sozialen Umständen auswählen“, nur so viel sagte Generaldirektor Leitner, „Härtefälle wird man nach Möglichkeit zu vermeiden suchen.“ (Kleine Zeitung, 15. Oktober 1981)

In ähnlicher Art und Weise auch die Berichterstattung in der Zeitung „Kurier“ am 17. November 1981: „Wir gehen bei den Kündigungen nach Leistung und Qualifikation vor“, stellt der Chef des Werkes Direktor Karl Leitner, fest, freilich sollten auch soziale Härten vermieden werden.“ (Kurier, 17. November 1981)

Es gab eine schwere Krise in der europäischen Eisen- und Stahlindustrie, neue Verfahren mit weniger Verbrauch von Magnesitprodukten bzw.

längere Haltbarkeit der Produkte, somit ging der Absatz zurück. Der Geschäftsverlauf 1981 war schlecht, so wurden auch im Betriebsratsgremium die schlechte Beschäftigungssituation und unbefriedigende Ertragslage besprochen. Es gab besonders in den Vorbetrieben größere Probleme, wo es Maßnahmen bedurfte. Im Bergbau musste mit 1. September der Abbau auf die Absatzlage des Unternehmens zurückgefahren werden, die „Kumpel" die keine Beschäftigung mehr im Bergbau hatten, wurden entweder in die Hütte nach Radenthein überstellt oder nach Möglichkeit pensioniert. Weitergehend wurden auch vom Vorstand tiefgreifende, strukturelle Maßnahmen auf dem Personalsektor getroffen.

> „Herr Leitner berichtet über den derzeitigen Stand der im Gange befindlichen Personalreduzierung. Bei den Arbeitern sind entsprechend den Kündigungsterminen und durch einvernehmliche Lösungen des Dienstverhältnisses im November d.J. 89 Personen ausgeschieden, im Dezember d. J. werden durch Kündigungen und Sonderunterstützungen weitere 40 folgen. Im ersten Quartal 1982 ist mit 46 Abgängen zu rechnen, wobei von den erwarteten ca. 30 Übertritten in die Invalidenpension nach ärztlicher Untersuchung von 43 Anwärtern 22 in die Invalidenpension übernommen werden. (...) Es verbleiben somit 14 Kandidaten für Überstellungen als Ersatz für ausscheidende Mitarbeiter bei Timag und Öherag sowie 30 Mann, von denen voraussichtlich mindestens 20 die Öherag im Laufe des Monats März 1982 übernehmen wird." (Vorstandssitzung vom 15. Dezember 1981)

Die schlechte Weltwirtschaftslage im Jahr 1981 spürte auch das Magnesitwerk, das gezwungen war, 100 Arbeiter in Pension zu schicken und 105 Beschäftigte zu entlassen, so die Außendarstellung in der Radentheiner Chronik. Die Zahl der Mitarbeiter verringerte sich von 1.767 per Ende 1981 auf 1.642 per Ende 1982. Die Weltwirtschaftslage wie auch die Lage der österreichischen Wirtschaft war schlecht.

> „Die neuerliche Schwächung der heimischen Konjunktur seit Jahresmitte 1982 hat sich auch im Herbst fortgesetzt. Konnte man in den ungünstigen Wirtschaftsdekaden der Sommermonate noch eine stärker als üblich ausgeprägte Saisonkomponente sehen, so verstärkte sich nun der Eindruck einer länger anhaltenden Abwärtsbewegung von Nachfrage, Produktion und Beschäftigung (...) Die Arbeitsmarktlage hat sich weiter verschlechtert. Die Arbeitslosenrate 1982 3,7% und wird 1983 voraussichtlich 4,6% im Jahresdurchschnitt betragen." (Wifo 12/82: 162)

Den Wirtschaftseinbruch im Jahr 1982 verspürte auch das Magnesitwerk mit einem im zweiten Halbjahr vermeldeten Auftragsrückgang von 25 bis 30 Prozent. „Um weitere Entlassungen zu vermeiden, wurden in den letzten Monaten des Jahres 1982 „Stillstandstage“ eingeführt.“ (vgl. Schmölzer 1996: 529) Im Jahr 1983 wurden im Magnesitwerk in Radenthein gezielt Investitionen getätigt. „Die internationale Wettbewerbssituation konnte verbessert, der Jahresumsatz leicht erhöht, die Krise dennoch nicht vollkommen überwunden werden.“ (Schmölzer 1996: 534) Der Bericht des Vorstandes über das Geschäftsjahr 1983 zeigte noch ein schwieriges Marktumfeld. Es mussten in diesem Jahr bei der wichtigsten Produktgruppe, den feuerfesten Steinen, nochmals Mengeneinbußen hingenommen werden. Diese Einbußen leiten sich aus dem weiteren Rückgang der Stahlproduktion ab. Vor allem im wichtigen Markt Westeuropa gab es schwere Probleme.

Im Jahr 1983 löste Dipl.-Vw. Helmut Pichl den Generaldirektor Dipl.-Ing. Karl Leitner in Radenthein ab. Die Zahl der Mitarbeiter hatte sich von 1.642 per Ende 1982 auf 1.533 per Ende 1983 verringert. Auch im Berichtsjahr waren wieder Maßnahmen notwendig, die eine große Flexibilität der Mitarbeiter verlangt haben, wurde im Geschäftsbericht für 1983 im Frühjahr 1984 vom Vorstand verlautbart. Es konnte im Jahr 1983 unter freundlicheren Vorzeichen das 75-jährige Bestehen gefeiert werden. Die wirtschaftliche Erholung zeigte sich auch in den Absatzzahlen.

> „Herr Dir. DDI. Ernst führt aus, dass der Steinversand in den ersten fünf Monaten dieses Jahres zwischen 8.000 und 10.000 to/Monat lag und insgesamt rund 45.000 to erreichte. Eine starke Streuung war im Auftragseingang feststellbar, der zwischen 7.748 to und 10.869 to/Monat schwankte. Eine sehr hohe Auslastung hat die E-Schmelze zu verzeichnen, ebenso der Sektor der gebrannten Steine. Der Lagerbestand ist noch immer außerordentlich hoch.

Was die Personalseite betrifft, wurden im letzten Halbjahr einschließlich der ausgelernten Lehrlinge etwa 50 Dienstnehmer mit einem befristeten Dienstverhältnis aufgenommen. Über die Sommermonate ist der Einsatz von 20 – 25 Praktikanten in der Produktion vorgesehen. Vom heutigen Standpunkt aus gesehen kann gesagt werden, dass der Arbeiterstand in den nächsten Monaten etwa gleich bleiben dürfte.“ (BR-Protokoll Nr. 173 vom 3. Juli 1984)

Die Besserung der Auftragslage, vor allem bedingt durch die steigende Stahlproduktion, setzte sich bis 1984 fort. Im Geschäftsbericht für 1984 wurde von einem nahezu unveränderten Personalstand gesprochen. Es wurden lediglich 24 Angestellte reduziert und 23 Arbeiter und Lehrlinge aufgenommen. „Weil die ÖAMAG durch betriebsinterne Strukturverbesserungen und Erschließung neuer qualitativ hochstehender Produkte eine leichte Ausweitung erfuhr, konnte sie nach der Überwindung der sich Anfang der Achtzigerjahre abgezeichneten Krise wieder Saisonarbeiter aufnehmen und freigesprochene Lehrlinge in das Unternehmen integrieren.“ (Schmölzer 1996: 542) Im Jahr 1984 erzielte die ÖAMAG Erzeugungs- und Absatzsteigerungen und ein positives Ergebnis von fast ATS 50 Mio Es wurden knapp ATS 100 Mio für Investitionen freigegeben.

Die Produktion von Steinen änderte sich laufend. In den Konvertern und Elektroöfen wurden noch gebrannte, kohlenstoffimprägnierte Steine verwendet. Diese Steine mussten bei hohen Temperaturen gebrannt werden. Im Jahr 1973 wurde daher ein dritter Tunnelofen gebaut, in dem Brenntemperaturen bis zu 1.800° C erreicht wurden. 1984 wurde der älteste Tunnelofen abgerissen und durch den zur damaligen Zeit modernsten Tunnelofen Europas ersetzt. Dieser Ofen wurde bereits mit Erdgas befeuert. Das Magnesitwerk war an das Erdgasnetz angeschlossen, das ermöglichte die Umstellung hinweg vom Energieträger Erdöl schwer zu Erdgas. Das umweltfreundlichere Erdgas wurde erstmals 1976 für die Energiezufuhr der Rotieröfen herangezogen und ersetzte Schritt für Schritt auch die Schwerölfeuerung in den anderen Anlagen des Werkes, so dass die Schwefeldioxidemission stark reduziert werden konnte. Es war das Jahr des ersten Versuches eines Management Buy outs von DI Hellmut Longin und Dr. Walter Ressler. Im Jahr 1985 wurde Dipl.-Vw. Helmut Pichl zum Vorstandsvorsitzenden ernannt.

Mitte der 1980-er Jahre erholte sich die Wirtschaft weiter, so dass sich die Österreichisch Amerikanische Magnesit AG im Jahr 1985 erstarkt zeigen konnte, „den Umsatz und die Gewinne (ge)steigert, so dass neue moderne und umweltfreundlichere Investitionen getätigt werden konnten. Durch den Bau einer Anlage zur Reduktion der Schwefelemissionen wurde dem Umweltschutz Rechnung getragen, durch die Inbetriebnahme eines neuen Tunnelofens wurde die Produktionskapazität erhöht.“ (Schmölzer 1996: 547) Der Mitarbeiterstand stieg mit 31.12.1985 auf 1.113 Arbeiter, 366 Angestellte und 79 Lehrlinge, betrug somit insgesamt 1.588 Arbeitnehmer/innen.

Eine neue Ära beginnt – das Management Buy out!

Im Jahr 1986 schwächte sich die Konjunktur ab, die Stahl- und Zementproduktion in den wichtigsten Absatzmärkten war zurückgegangen. Diverse Währungsschwankungen (Abwertung des Dollar bzw. britisches Pfund) verursachten Kosten. Die ÖAMAG wurde mit 14. Juli 1986 in „Radex Austria für feuerfeste Erzeugnisse", die GRE wurde ebenfalls 1986 in RHI umbenannt. Im zweiten Versuch 1987 kam es zum ersten Management Buy out in Österreich. Diese nach langen Verhandlungen getätigte Übernahme war auch der Ursprung für die nachfolgenden Zukäufe und die internationale Ausrichtung des Konzerns RHI.

Angeführt wurde dieser Kauf vom damaligen Generaldirektor DI Hellmut Longin und Dr. Walter Ressler mit österreichischen Banken und Vorstandsmitgliedern inklusive Mitarbeitern des Unternehmens. Das Aktienpaket der Grefco (Nominalwert ATS 380 Mio) wurde am 24. April 1987 um ATS 800 Mio. von der amerikanischen Holding General Refractories Company in Philadelphia gekauft und an der Wiener Börse eingeführt. Die Anteile der RHI nach Börsegang verteilen sich wie folgt:

DI. Hellmut Longin und Dr. Walter Ressler jeweils ca. 10%; Mitarbeiter ca. 7%; VMAG 5%; Interunfall 10%; Kanadische Gruppe 10%; Cement Roadstone/Ireland 10%; Pancontinental/Australien ca. 15%.

Der Abbau von Magnesit geschah im Stammwerk in Radenthein (Millstätter Alpe), in Hochfilzen (Tirol) und in Griechenland (Thessaloniki). Die Produktion in den Werken Radenthein, Hochfilzen und Urmitz war durch den verstärkten Auftragseingang im 4. Quartal 1987 positiv. Radex – Heraklith forcierte vor allem die Produktion von Hochwerterzeugnissen (Hochwertproduktion für die Sekundärmetallurgie und Spülerkeramik) mit Priorität für die Stahlindustrie. Abgesetzt wurden die Produkte zu 43,8% des Umsatzes im EG-Raum, zu 27,45 in weiteren europäischen Staaten und bereits zu 28,8% in Übersee.

Das Jahr 1987 war in der Geschichte des Unternehmens ein Meilenstein der Entwicklung. Die Anpassung der Kapazitäten und die Rationalisierungsinvestitionen begrenzten weitgehend die Personalkosten (Reduzierung des Personalstands im Konzern seit den 1970-er Jahren um ca. 1/3). Es wurde Schritt für Schritt weiter investiert und „modernisiert".

> „Eine Hohlkörperpresse ermöglicht eine Erweiterung der Produktpalette und auf einer neuen Schleifstraße können vierseitig geschliffene, maß-

genaue Steine hergestellt werden.“ (100 Jahre Magnesit in Radenthein 2008: 72)

Der wirtschaftliche Kreislauf zum Reformieren und Rationalisieren lag einerseits in der stagnierenden Stahlindustrie und dem Auftreten neuer lokaler Feuerfesterzeuger. Weiters gab es technologische Verbesserungen in den Produktionsverfahren der Abnehmerindustrien, daher wurden weniger feuerfeste Erzeugnisse benötigt. Durch die technologische Entwicklung wurden die Unterschiede zwischen Arbeitern und Angestellten immer geringer, die Rechtsansprüche nicht. Beschäftigt wurden mit 31. Dezember 1987 1020 Arbeiter, 381 Angestellte, 81 Lehrlinge, insgesamt 1482 Arbeitnehmer/innen. 1987 löste Dipl. Ing. Dr. Wolfgang Pöhl den bisherigen Vorstandsvorsitzenden Dipl.-Vw. Helmut Pichl ab.

Investitionen mit Weitblick nahmen zu, seit 1985 investierte die Radex Austria ATS 392 Mio. in Umweltschultauflagen. Sie kann aber die Frist für Emissionsbegrenzung von Staub, Schwefel- und Stickoxyden mit 1. Mai 1988 aufgrund technischer Schwierigkeiten nicht einhalten, wie auch in der Radentheiner Chronik berichtet wurde. Es gab eine Umstellung von Öl auf Erdgasfeuerung, damit konnte in den zwei Radentheiner Immissionsstellen die vorgeschriebenen Werte eingehalten werden. Im Jahr 1988 wurde die 80-Jahr-Feier im Magnesitwerk Radenthein veranstaltet.

Die Umweltinvestitionen zeigten Wirkung:

> 25. September. Ein Ort ändert sein Image zum Positiven. Bericht in der KTZ.
>
> Ein Ort ändert sein Image zum Positiven. Radenthein, noch vor Jahren als Industriestandort mit gewaltigen Belastungen für Mensch und Umwelt abgestempelt, hat in Sachen Lebensqualität so manche Großstadt in unserem Bundesland überholt. S 215 Mill. hat die Radex Austria AG seit 1984 investiert. 95% des gesamten Energiebedarfs der Radex werden durch Erdgas gedeckt. Das beweist eindrucksvoll, dass Umweltschutz und industrielle Produktion in einer Gemeinde mit aufstrebendem Tourismus nicht unbedingt Gegensätze sein müssen. Durch die gewaltigen Investitionen konnten die Schwefeldioxydemissionen im Vergleich zum Jahr 1981 um 83 % und der Staubausstoß um 62% reduziert werden. Für 1990 sind 330 Mill. als Umwelt- Investitionen vorgesehen, eine weitere Entlastung brachte die Umstellung der Befeuerung von „Heizöl – Schwer“ auf Schwefel freies Erdgas.

Auch 1989 war die Konjunktur gut, die Stahlerzeuger steigerten nochmals die Produktionsmenge. Die Veitscher Magnesitwerke (Montana Gruppe) verschärfte den Konkurrenzkampf, die Preisspirale wurde nach unten gedreht. Bei Spezialprodukten und Spezialmassen gelang Radex Austria eine Absatzsteigerung beim Hautumsatzträger der geformten Produkte musste ein Rückgang hingenommen werden.

Den Blick wies in die Zukunft die Human Ressourcen waren ein wichtiges Thema „weil verschiedene Aktivitäten, wie Auslandsbeteiligungen unserer Gruppe und Nachwuchspflege, auch Akademikermangel es notwendig machen, sich rechtzeitig mit geeigneten Kräften zu verstärken". (Vorstandssitzung Radex 7. November 1989)

Mit 31. Dezember 1989 wurden 1051 Arbeiter, 414 Angestellte, 79 Lehrlinge, somit insgesamt 1545 Arbeitnehmer/innen beschäftigt.

1990 gab es einige Firmenumstrukturierungen. Für die RHI als Mutter gab es von der TIMAG, der RCE und der Radex Austria AG ATS 93 Mio. im Zuge der Organschaftsabrechnung. RHI zahlte den Aktionären davon ATS 52,6 Mio. als Dividende aus.

Die Radex Austria AG beschäftigte in Radenthein mit 31. Dezember 1990 995 Arbeiter, 419 Angestellte, 82 Lehrlinge, insgesamt 1.500 Arbeitnehmer/innen.

Zukäufe und Fusionen in Europa

Der Kauf der Veitscher Magnesitwerke AG durch die RHI AG und in weiterer Folge der Didier AG, fusst auf Initiative der RHI-Führung. Die ersten Gespräche zur Fusion der beiden österreichischen Magnesithersteller scheiterten wegen unterschiedlicher Interessen, wobei die Aufteilung von 60 % Veitscher Magnesit und 40 % Radex Austria schon weitgehend besprochen war. RHI führte danach Gespräche mit der deutschen VIAG, dem Eigentümer der Didier-Werke. Die Gespräche waren positiv, die Unterfertigung der Verträge wurde durch die überraschende Möglichkeit, von Montana 51 % der Veitscher Magnesit Werke zu kaufen, verhindert. Mit 15. April 1991 übernahm die RHI-AG die Mehrheit von der Veitscher Magnesit Werke AG und gründete am 19. April die Österreichische Magnesit AG. Sie brachte in diese 51 % der Veitscher Magnesit AG und 100 % der Radex Austria AG ein.

Die Struktur, dass beide Gesellschaften selbständig, via Zwischenholding geführt werden sollten, führte zu Reibungsverlusten.

Das erste Synergieprogramm wurde nicht mehr realisiert. Im Dezember 1991 wurde ein Restrukturierungsprogramm mit einer Personalreduktion von 800 Arbeitnehmern in Österreich und Deutschland beschlossen.

Die ersten Auswirkungen der Fusion zwischen Radex und Veitscher Magnesitwerke lagen in der Zusammenlegung der Forschung in Leoben. Die Frage ob damit „Wissen" vernichtet wurde, kam nicht auf. Von insgesamt 166 Beschäftigten beider Firmen blieben im neuen Zentrum nur noch 115 Arbeitnehmer/innen übrig.

> „Eine der ersten Auswirkungen der Umstrukturierung des Unternehmens ist eine Konzentrierung der Forschungstätigkeit. Oberstes Ziel ist es, die Grundlagenforschung zu verstärken, um unser Produkt auch in der Zukunft wirkungsvoll, der Technologie entsprechend, einsetzen zu können. (Radex 73 Beschäftigte; Veitsch 93 Beschäftigte; Neu – Gesamt 115 Beschäftigte) Die oben angeführten Zahlen sind Budgetzahlen und sind durch Pensionierungen bzw. Überstellungen bereits reduziert worden. Als zentrale Forschungsstätte ist das Forschungsinstitut Leoben vorgesehen." (der Standpunkt, September 1991)

Die Hauptverwaltung von RHI wurde nach Wien verlagert. Das Werk in Radenthein beschäftigte mit 31.12. 1991 950 Arbeiter, 390 Angestellte, 85 Lehrlinge, insgesamt 1425 Arbeitnehmer/innen. Die Gemeinde Radenthein hatte am 15 Mai 1991 6.853 Einwohner.

Problematisch waren auch die wirtschaftlichen Einbrüche. Hellmut Longin schreibt im Vorwort zum Geschäftsbericht für 1992, dass es entgegen den Prognosen der Wirtschaftsforscher ein noch tieferes Niveau gab. Die USA schienen ihre Rezession allmählich überwunden zu haben, doch die anderen Industrieländer waren noch im Konjunkturtief. „Die Entwicklung im Jahr 1992 zeigt sich als Fortsetzung des Vorjahres, verstärkt durch eine weitere massive Verschlechterung in der zweiten Jahreshälfte. In Westeuropa schwächte die Konjunktur ab, nachdem die von der Vereinigung der beiden deutschen Staaten ausgehenden Nachfrageimpulse nachgelassen hatten."

Der schwache Wirtschaftsverlauf sowie die Fusionierung der beiden österreichischen Magnesitkonzerne erforderten schmerzhafte Synergien im personellen Bereich. Der Radex-Heraklith-Konzern beschäftige per 31.12.1992 5182 Arbeitnehmer (3289 Arbeiter/1681 Angestellte), ein Jahr davor waren noch 5919 Arbeitnehmer beschäftigt.

Die Differenz ergab sich grossteils aus dem Restrukturierungskonzept des Feuerfestbereichs. Ein schön formuliertes Schreiben, wie man Synergien, sprich Personalabbau formulieren kann, bietet das folgende Dokument:

> „Dieses Ziel stellt uns erst dann zufrieden, wenn es nicht nur ausschließlich am Wachstum und an der Profitabilität der Gruppe gemessen wird, sondern ebenso an der Qualität unserer Produkte und an den Leistungen unserer Mitarbeiter. Qualität und motivierte Mitarbeiter auf zufriedenstellenden Arbeitsplätzen betrachten wir als offenes Geheimnis zum Erfolg und zum Nutzen unserer Kunden und Aktionäre. Im Jahre 1992, aber auch 1993 wurden unsere Mitarbeiter im In- und Ausland weit über vorstellbare Belastungsgrenzen hinaus gefordert. Daß trotzdem die durchgeführten Maßnahmen praktisch ohne Konflikte durchgeführt werden konnten, zeugt von höchster Motivation, Teamgeist, persönlichem Engagement und menschlicher Reife, für die ich mich bei allen Mitarbeiterinnen und Mitarbeitern bedanken möchte und die ich gleichzeitig bitte, diese Einstellung auch im Jahr 1993 zu zeigen.“ (Geschäftsbericht 1992: 8)

Die Werksauslastungen waren trotz des ersten Restrukturierungsprogramms (Ziel der Werksauslastungen waren ca. 85 %) im Jahr 1992 bei ca. 60 %. Die Fortsetzung der Rezession 1992 führte zur Entscheidung, beide Feuerfestunternehmen Radex Austria und Veitscher Magnesit zu einer einheitlichen Firma zu vereinen. Das Grundkapital der VMAG wurde durch die Einbringung von ATS 650 Mio. auf ATS 900 Mio. erhöht. Die 70 % der Anteile der Radex Austria wurden als Sacheinlage eingebracht. 30 % der Anteile von Radex Austria wurden durch die Veitscher Magnesitwerke um ATS 453 Mio. gekauft. Beschlossen wurde die Bestellung von zwei Vorstandsmitgliedern der Radex Austria zu Vorstandsmitgliedern der VM. Die einheitliche Führung des Unternehmens wurde rückwirkend mit 30. September 1992 durchgeführt. Die organisatorischen Themen, die Steuerung der Betriebsstätten mit den notwendigen Personalmaßnahmen oblag der neuen Führung.

Die Tiroler Magnesit AG wurde mit September 1992 wieder eine Betriebsstätte der Radex Austria und in das Unternehmen eingegliedert. Mit 23. Oktober werden die Veitscher Magnesitwerke AG und die Radex Austria AG zu einem Unternehmen der Veitsch Radex AG mit einheitlicher Führung und Sitz in Wien verschmolzen.

Das neue Betriebsstättenkonzept, das auf den Stärken der sechs Fertigungswerke beruhte, ermöglichte eine starke Verlagerung und Straffung der Produktionsprogramme. Die Anzahl der Produktionsqualitäten jedes Standortes wurden um 20 – 50 Prozent reduziert. Die Synergiemassnahmen ergaben einen Abbau von 600 Arbeitnehmern sowie bis Ende 1993 nochmals von 450 Arbeitnehmern.

Ob kulturell und firmenpolitisch jeweils die beste Lösung oder sich eine beeinflusste Möglichkeit für eine Änderung durchgesetzt hat, bleibt offen. Zu denken gibt jedenfalls die Formulierung für das Jahr 1993: „Die Bergbaue in Radenthein (Anm. Abbau 2018 ca. 80.000 t Magnesit) und Trieben wurden geschlossen."

Der Betriebsratsvorsitzende berichtete in der Sitzung am 5. Mai 1992 von derzeit 5.735 Beschäftigten in der Firma. „Da durch die Zusammenlegung der Radex und der VMAG eine erhebliche Anzahl von Mitarbeitern abgebaut werden musste, ist es doch erfreulich, daß speziell bei uns keine Kündigungen notwendig waren. Hierbei bestätigte sich die besonders gute Zusammenarbeit zwischen Betriebsrat, Firmenleitung, Landesarbeitsamt und Sozialministerium."

Das Investitionsvolumen für 1992 betrug ca. ATS 100 Mio., die ebenfalls gleich große Summe wurde für die Forschung ausgegeben. Die Personalsituation, Vorhaben von Änderungen und einer möglichen Reduzierung wurden noch tiefgestapelt: „Was die Personalsituation betrifft, wird es aus heutiger Sicht im operativen Bereich kaum zu Veränderungen kommen, doch muß damit gerechnet werden, dass im Verwaltungs- und Vertriebsbereich Kostensenkungen, verbunden mit Personalreduktion notwendig sein werden." (Protokoll Nr. 191 vom 23 Juni 1992, gemeinsame BR-Sitzung)

Im Jahresbericht 1993 spricht GD Nemec (auch ehem. GD der VMAG) von einer dramatischen Verschärfung der Krise in der Stahlindustrie (Schwerpunkt Europa) sowie Dumpingangebote, die auch im Feuerfestbereich für Absatzrückgänge sorgt.

Das modifizierte Rationalisierungskonzept sah nun für das Werk Radenthein die Beendigung der Sinterproduktion vor. Wenn man bedenkt, dass man 1990 noch in ein Projekt „Neue Sintertechnologie"/Feinstmahlung investiert hatte, war das ein drastischer Schritt, den Drehrohrofen (RO III) abzutragen und Teile davon in die Türkei zu überstellen. Interessant war die eine oder andere Vorgangsweise der Produktänderungen, z.B. kam es nach der Stilllegung des Ofens wieder zu Anfragen zur Produktion von Material. Der Bergbau lieferte von nun an nur noch Rohmagnesit für den Kausterbrand im RO I, E-Schmelze und für den Schachtofen. „Die Kausterlinie mit ca. 20 Arbeitnehmern konnte gehalten werden.“ (BR-Protokoll Nr. 91) In der Betriebsratssitzung vom 27. Mai 1993 musste der BRV leider berichten, dass die Investitionspolitik der Radex nicht optimal orientiert war. Es gab sowohl technische als auch organisatorische Schwierigkeiten. Die Investitionszielgröße betrug ca. € 30 Mio., um den Standort nach damaliger Maßgröße zur Spezialitätenfabrik zu designen, mit der Zielvorgabe von rund 400 Beschäftigten. Das Strukturprojekt Radenthein sollte eine der modernsten Steinfabriken schaffen.

Der Gesamtkonzern hatte am 1. Dezember 1993 ca. 4.880, der Standort Radenthein per 1. Jänner 1994 773 Arbeitnehmer/innen.

Die Kostensenkungs- und Marktbearbeitungsmaßnahmen seit 1992 zeigten Ergebnisse. Bei fallenden Umsatzerlösen 1991/1992 zu 1992/1993 verbesserte sich das EGT.

Im Geschäftsjahr 1994 gab es eine deutliche Erholung der Weltkonjunktur. Veitsch/Radex konnte den Umsatz um 27 % auf ATS 7.096 Mio. steigern. Zu beachten bei dieser Steigerung ist die Konsolidierung von Dolomite Franchi S.p.A., Brescia; Cimprogetti S.p.a. Bergamo und DET Dräger-Energie-Technik GmbH.

1990 wurde das revolutionäre CCP-Konzept (Cost Per Performance), das anstatt auf Umsätzen auf der Performance des Kunden beruht, eingeführt. Der Fokus verschob sich hin zur Produktqualität und einem Angebot integrierter Feuerfestlösungen zur Verbesserung der Produktionsprozesse bei den Kunden. Einstieg in das Zementgeschäft. (Magnesita)

1992 wurden die Werke in Valentiennes und Flaumont von der Lhoist Group gekauft, damit entstand die Lhoist Refrectories (Magnesita).

Im Geschäftsbericht für das Jahr 1995 wurde die Umsatzsteigerung von ATS 4 Mrd. auf ATS 21 Mrd. als wesentliche Stärkung von RHI beschrieben, eine nachhaltige Umsatzrendite von 5 % in den nächsten fünf Jahren als Ziel ausgegeben.Formularende

Die Didier-Werke steigerten (vor allem) durch Akquisitionen den Konzernumsatz. Der Umsatz der Didier-Werke AG fiel aber im Jahrzehnt bis 1994 von DM 800 Mio. auf DM 526 Mio. Die Mitarbeiterzahlen wurden von 4.000 Beschäftigten auf unter 2.000 Beschäftigte gesenkt.

Durch die negative Geschäftsentwicklung von Didier in den 1990-er Jahren wurden die bereits beendeten Gespräche über einen (Ver-)Kauf von Didier an RHI von der VIAG wieder aufgenommen und mit 5. Dezember

1994 abgeschlossen. Die Genehmigung der Kartellbehörde erfolgte im Mai 1995. Die Verträge zur Übernahme von 51 % von Didier durch RHI wurden durch 25,5 % im Aktientausch und weiteren 25,5 % fixiert und mit Ende 1995 übernommen. Im Herbst 1997 erreichte die RHI 75,2% der Anteile, im Jahr 2010 wurde die Firma ganz übernommen. Vorgesehen war die Didier Werke im Konzern als Tochter der Veitsch Radex zu platzieren. Der Umsatz von Veitsch Radex stieg von ATS 7,1 Mrd. 1994 mit Didier im Jahr 1995 um 145 % auf ATS 17,4 Mrd. Der gesamte Weltmarktanteil betrug durch den Kauf von Didier ca. 10 % bis 12 %.

Im Jahr 1995 wurde im Produktionsbereich deutlich über Budget produziert. Die geplanten Umstellungen und Investitionen sollten sich laut Information von WD Dipl.-Ing. Baumgartner noch bis Mitte 1996 hinziehen. Es wurde die Presse 27 erst 1996 montiert sowie die Presse 19 erst später überstellt. Das Investitionsvolumen für 1996 wurde von € 130 auf € 80 Mio. reduziert. Im vierten Quartal 1995 verschlechterte sich die Konjunkturlage der Weltstahlindustrie, die sich bis Ende 1996 fortsetzte. Die Folge für das Werk in Radenthein war, dass sich der Auftragseingang verschlechterte. Der Vierschichtbetrieb wurde in Frage gestellt, im Einvernehmen zwischen Firma und Betriebsrat wurde die Arbeitszeit verkürzt, um Kündigungen zu vermeiden.

„Die Pressen 18 und 19 laufen bereits, die Inbetriebnahme der Presse 27 ist für Juni 1996 geplant. In den nächsten Monaten sollte die Massenproduktion aus Radenthein abgezogen werden. Vom Konzept 110.000 to Steine wurde abgegangen, eher weniger Tonnen, aber mehr Sonderfomate.“ (BR-Protokoll Nr. 116) Im Zielfokus blieb aber immer die Steigerung der Produktivität.

Im Jahr 1995 hatte das Werk Radenthein 666 Arbeitnehmer/innen, davon 524 Arbeiter und 36 Lehrlinge, 106 Angestellte. Ein Jahr später sank der Stand (ohne Zentralfunktionen) auf 582 Arbeitnehmer/innen, davon 461 Arbeiter, 25 Lehrlinge und 96 Angestellte.

Der Investitionsplan des Werkes Radenthein für 1997 sah Investitionen in Umlaufpaletten, Formwechselwagen, Handformen, Stein-Finishlinie u.a. mit einer ähnlich hohen Investitionssumme wie im Jahr 1996 vor. Im Jahr 1997 endete auch die Ära der Wasserkraft-Energieerzeugung. Durch einen Managementfehler wurden die Wasserkraftwerke verkauft. Der ursprüngliche, sinnvolle Plan eines Betriebes mit drei Tunnelöfen wurde mit dem Abriss des Tunnelofens 2 vorerst entschieden. Die Frage

Die größten Feuerfesterzeuger der Welt

	1992			1998		
		Konzern/Land	Umsatz (Mio.USD)		Konzern/Land	Umsatz (Mio.USD)
1.	Didier	VIAG/ D	713	Veitsch-Radex-Didier	RHI/ A	1.283
2.	Veitsch-Radex	RHI/ A	560	Vesuvis/Premier	Cookson/ GB, USA	1.089
3.	Schinagawa	= / JAP	483	Sepr	St. Gobain/ F	726
4.	Foseco	= / GB	450	Thermal Ceramics	Morgan/ GB	525
5.	Sepr	Saint Goban/ F	416	Harbison-Walker	GIT/ USA	454
6.	Thermal Ceramis	Morgan/ GB	310	Shinagawa	= / JAP	395
7.	Carborundum	BP/ GB, USA	300	Magnesita	= / BRAS	347
8.	Magnesita	= /BRAS	285	Krosaki	= / JAP	315
9.	Vesuvius	= /Belg	260	Lhoist/Wülfrath	Lhoist/ Belgien, D	234
10.	ASAHI	ASAHI Glass/ JAP	248			
11.	Harbison-Walker	Indresco/ USA	209			
12.	Hepworth	= /GB	209			
13.	Baker	= / USA	165			
14.	Tyk	= / JAP	157			
15.	Premier	= / USA	140			
16.	A.P. Green	= / USA	136			
17.	National	= / USA	125			
18.	Toshiba	= / JAP	118			
19.	General Refractories	= / USA	105			

(Hödl 2011: 196)

Umrechnung: Devisenmittelkurs 1992, 1 USD = 10,99 ATS
Devisenmittelkurs 1998, 1 USD = 12,33 ATS

nach einer Sanierung war damit außerhalb der „Gedankengänge“. Im Frühjahr 1997 waren im Werk 445 Arbeiter, 96 Angestellte und 21 Lehrlinge beschäftigt.

Im Jahr 1998 wurden für Investitionen ATS 40 Mio. (Palletierung und Auslagerung-Süd) bereitgestellt. Die Entwicklung der Stückkosten zeigte eine fallende Tendenz.

Im Jahr 1995 gab es die Eröffnung des Hafens in Aratu (Bahia), wo Magnesita seither über eine Exportkonzession verfügt.

1996/97 wurde das Werk in Bayuquan (China) mit einer Kapazität von 33.000 to magnesitischen Steinen und Massen für China und dem ostasiatischen Raum eröffnet.

1997 wurde das Joint Venture zwischen Baker und Kaohsiung durchgeführt(Taiwan) (Magnesita).

1997/98 änderte sich bei RHI die Rechtsform, von Holding zu Aktiengesellschaft.

1999: Lhoist erwirbt die Dolomitwerke Wülfrath und entwickelt daraus eine Betreibergesellschaft unter dem Namen Wülfrath Refractories. (Magnesita)

2000: Service: Ausweitung des Betriebs in die Segmente Feuerfesttechnik und elektromechanische Wartung hinein sowie Restrukturierung des Dienstleistungssegments mit einem neuen Fokus im Geschäftsmodell. (Magnesita)

Die Konzentrationsprozesse in der Feuerfestindustrie vollzogen sich in schnellen Schritten. Im Jahr 1998 konnte das Ziel einer Umsatzrendite von 5 % nicht erreicht werden.

Wir kaufen Amerika!

Im Jahr 1998 begannen die Gespräche mit der Führung von GIT (Harbison-Walker) über einen möglichen Kauf. Vom 20. Mai bis 4. Juni 1999 gab es exklusive Verhandlungen zwischen dem GIT Vorstand und der Führung von RHI. Der Größenvergleich der Firmen im Vergleich betrug USD 1.283 Umsatz von RHI und USD 454 von Harbison/Walker. Die Marktanteile einer gemeinsamen Firma (USA, Kanada und Mexiko) würden sich in den NAFTA Gebieten um 30% erhöhen. Einem Erwerb sollte eine intensive finanzielle und juristische Prüfung vorangehen.

Mit dem Zugang „Wir kaufen Amerika“ wurde die Firma schlussendlich (Gegenstimmen der Betriebsräte) gekauft. Die Rohstahlproduktion stieg im Jahr 2000 um 7 % auf ein neues Rekordhoch. Die Geschäftsentwicklung im Feuerfest Geschäft verlief positiv. Eine nachfolgende Wirtschaftsabschwächung in der Stahlkonjunktur der USA führte auch im Wirtschaftsraum NAFTA zu Absatzeinbrüchen und Umsatzverlusten. In den vorwiegend zugekauften Werken kam es mehrmals zu Restrukturierungsprojekten mit dem Ziel die Kosten senken zu können. Im Jahr 2001 wiesen die nordamerikanischen Werke heftige Verluste aus. Im Vorfeld beim Kauf übersehen wurden mangelnde Investitionen in den US-Werken, eine vernünftige finanzielle Gebahrung mit zukunftsorientierten Entwicklungsmöglichkeiten sowie die anlaufende Asbestproblematik. Die bereits erwähnte „finanzielle und juristische“ Prüfung des Zukaufs in Amerika führte die RHI zur Fragestellung „Leben oder Sterben!“

Mit 4. Jänner und 14. Februar 2002 beantragten die North American Refractories Co und die

Harbison Walker Refractories Co. sowie A.P. Green, Gläubigerschutz und Reorgination nach Chapter 11 des US-Insolvenzrechts. Rückwirkend mit 31.12.2001 wurden alle RHI-Firmen in den Vereinigten Staaten entkonsolidiert. Damit gingen RHI alle Betriebsstätten in den Vereinigten Staaten verloren, es verblieben € 1 Mrd. Schulden. Vom „blue Chip zum dark Chip“, ein mögliches Szenario des Untergangs von RHI war Realität.

Durch die Situation in den USA konnte das Ziel der bis 31.12.2000 aushaftenden Brutto- Bankverbindlichkeiten von € 877 Mio. zurückzuführen, nicht erreicht werden. Die vertraglich vereinbarten Kredittilgungen zum 30. 09. 2001 mussten ausgesetzt werden. Mit dem Wechsel im Vorstand (14. 02. 2002, GD Dr. Draxler) sowie durch die ertragsstarken Kernwerke in Österreich (Europa) konnten die RHI in Verhandlungen mit den Banken gerettet werden. Nach den Problemen in den USA im Geschäftsjahr 2001 gab es in Europa, Asien und Lateinamerika eine operativ erfreuliche Entwicklung. Der Jahresfehlbetrag zum 31.12.2001 wurde mit € -856,4 Mio. ausgewiesen, das Eigenkapital war mit € 548,6 Mio. negativ. Es gab Kapitalrestrukturierungsmaßnahmen von € 200 Mio., eine Wandlung von € 400 Mio. in nachrangiges Mezzaninkapital (bis 2. Jänner 2007), eine Zinssenkung der Verbindlichkeiten bis 31.12. 2006 sowie zwei Wandelschuldverschreibungen mit Hilfe der involvierten Banken. Weitere Maßnahmen waren eine Restrukturierung der operativen

Feuerfest-Kerngesellschaft Veitsch Radex GmbH mit Umgründung und Neubewertung sowie gravierende Leistungsverschlechterungen für die Mitarbeiter, um RHI letztendlich wieder auf Zukunftskurs zu bringen.

Im Zuge eines Verfahrens nach Chapter 11 (RHI) kauft im Jahr 2001 die Firma Lhoist die Baker Group, wodurch in der Folge dieselbe Gesellschaft Eigentümerin von Wülfrath Refractories und der Baker Group wurde. Nach dieser Akquisition ändert sich die Bezeichnung der Lhoist-Aktien (Wülfrath & Baker Group) zu LWB (Lhoist, Wülfrath and Baker). (Magnesita)

Die Gemeinde Radenthein hatte mit 31. Mai 2001 6620 Einwohner. Der Personalstand des Werkes in Radenthein betrug mit 31. Dezember des Jahres 2000 429 Arbeitnehmer/innen.

Zurück im Leben ...!

Trotz der Krisensituation für den Gesamtkonzern blieben die wirtschaftlichen Aussichten für das Jahr 2000 in Radenthein positiv. Die wirtschaftlichen Voraussetzungen waren wie bereits genannt gut, man war bestrebt die Auslastung der Werke in Europa auf einem vernünftigen Stand zu halten. Der Rohstoffmarkt wurde aufgrund der chinesischen Konkurrenten zunehmend ein Problem. Für das Jahr 2003 wurde im Konzern über ein erfolgreiches Ergebnis berichtet. Der Konzerngewinn wurde trotz (bereinigten) Umsatzrückgang, gesteigert. Als Highlight für 2003 wurde der Ausbau der Technologieführerschaft, die Grundsteinlegung für den Bau des zweiten Werks in China (Dalian), die Kapazitätserweiterung auf 100.000 to Steine und Massen pro Jahr in den Werken Bayuyuan (China) – 1995 gegründet und 1997 in Betrieb genommen – als RHI Refractories Lianoing Co. Ltd. und Santiago (Chile) sowie die übertroffenen Ziele für die Kapitalrestrukturierung genannt. Der Erwerb von zusätzlichen Magnesit-Lagerstätten in der Türkei war ein zusätzlicher Schritt nach vorne. Die weiteren Schritte war die Eröffnung der ersten Ausbaustufe des Werkes Dalian mit einer Produktionskapazität von 40.000 to und 300 Mitarbeitern. Das Ziel war der Verkauf der Produkte vorwiegend auf den chinesischen Markt. Im Nachhinein betrachtet wurden diese Produkte vorwiegend aus China exportiert. Die EBIT-Marge war erstmals zweitstellig (10,5 %), das führte zu einem positiven Verlauf der im Jahr 2002 vereinbarten Restrukturierungsziele.

Die weltweite Rohstahlproduktion stieg im Jahr 2004 erneut um 9 % und überschritt (ausgehend von China) erstmals die 1-Mrd.-to-Grenze.

Im Werk Radenthein wurde teilweise auf 4/3 (vollkontinuierlicher) Betrieb umgestellt. Eine Sandstrahlanlage inklusive Palettierung wurde errichtet. Als weiteres Standort- und Zukunftssicherungsprojekt des Werkes wurde das Tunnelofenprojekt gesehen. Dabei wurden der Bereich Setzen und Absetzen sowie der Wagentransport um ca. € 7 Mio. im Zeitraum 2005/2006 automatisiert. Im Jahr 2005 wurden ca. 81.000 to Steine produziert. Die Produktion lag damit über dem Budget. Das Werk Radenthein beschäftigte 355 Arbeiter, 58 Angestellte und 16 Angestellte in Zentralfunktionen (insg. 429 Arbeitnehmer/innen).

Die neu investierte Sandstrahlanlage befand sich in der Anlaufphase. Im Jahr 2006 waren die globalen Rahmenbedingungen für die Feuerfestindustrie gut. Die Stahlproduktion stieg weltweit um 8,6 %. Mehr als ein Drittel der Produktion wurde bereits in China produziert, wo diese wiederum um 18 % gesteigert werden konnte. In den Jahren 2006 bis 2008 wurden für den Bergbau Millstätter Alpe ca. 2,5 Mio. Euro vorwiegend für den Wetterschacht investiert. Im Werk wurden weitere 15 Mio. Euro für Umweltaktivitäten und Automatisierungsmaßnahmen (automatisches Setzen, Absetzen und Wagentransport) eingesetzt. Wesentlich war die Investition in die thermische Nachverbrennung für die Tunnelöfen 1 und 3 sowie die nachgeschaltenen Filter.

Die Investitionsstrategie für die eurpäischen Standorte wurden mit der Zielrichtung Rationalisierung und Spezialisierung, außereuropäisch auf Expansion angelegt.

Es wurde die Marvo Feuerungs- und Industriebau GbmH mit Sitz in Kerpen (bereits 1/3 Beteiligung) vollständig übernommen. (Didier Werke). Das Werk San Vito al Tagliamento wurde für die Produktion der Glasindustrie mit einem Schmelzbereich für die Herstellung von Alumina- und High Zirconia Höchstwertprodukten neu ausgerichtet. Das Werk in Trieben bekam das Kompetenzzentrum für Isostatik. In China wurde eine Gesellschaft, die „Shandong RHI, New Materials Co. Ltd. (2006) gemeinsam (50 % Beteiligung) mit der Zibo GT einem führenden chinesischen Feuerfestproduzenten, Produktion für die Glasindustrie abgeschlossen. Im Jahr 2006 wurde mit dem Partner der „Liaoning Jinding Magnesia Group Co." ein Joint Venture mit einem 80% Anteil von RHI vereinbart. Das Ziel war die Produktion (in Dashiqiau) von Rohstoffen in höchster Qualität (130.000 to/J) um die RHI Werke in Europa und Nordamerika zu beliefern (Investitionskosten von € 40 Mio). Im selben Jahr wurde eine Schmelanlage (Ziel 30.000 to/jährl.) in Isithebe (Südafrika) mit einem Investitionsvolumen von € 9 Mio errichtet. Mit den geplanten Voraussetzungen von den verfügbaren Rohstoffen und einer günstigen Stromversorgung sollte Schmelzprodukte hergestellt werden. Dieses Investment konnte aber seine gesteckten Ziele nie erreichen und wurde schlussendlich verkauft. Im Jahr 2006 wurde das chinesische Werk in Dalian (China) mit € 9,7 Mio für kunstharzgebundene Steine und einer neuen Fabrik für isostatisch gepressen Erzeugnisse erweitert. Im selben Jahr kam es zu einem Joint Venture mit einem Anteil von 51% für eine Produktionsanlage für nichtbasische Steine und Massen in Indien. Die Inbetriebnahme erfolgte im Jahr 2007.

Der Standort Veitsch (Stmk./Ö) feierte im Jahr 2006 sein 125-Jahr-Jubiläum.

Unter dem Titel Opex (Operation Excellence) wurde ein Projekt gestartet, dass die Prozessgeschwindigkeit erhöhen, die Wertschöpfungskette optimieren und die Produktionskosten senken sollte. Für die Werke wurde eine weitere Entscheidungsebene mit den Werksgruppen installiert. Es sollte eine einfachere Werksstruktur (mit autonomen! Werkslinien) und Kompetenz-Serviceabteilungen strukturiert werden. Das Ziel war eine kundenorientierte Arbeitsweise mit Teamarbeit und eine flachere Hierarchie. Die Arbeitsinhalte wurden angereichert, die Eigenverantwortung (nicht Kompetenz) wurde verstärkt. Es war vom Gedanken ein durchaus positives Projekt das im Produktionsbereich teilweise positiv umgesetzt wurde die Schnittstelle zur Verwaltung fehlte aber.

Die Stahlproduktion stieg weltweit um 8,4% auf 1,24 Mio Tonnen, davon entfielen bereits mehr als 1/3 der Produktion auf China, dass die Produktion um 18% steigerte. Ein historisch durchaus schmerzhafter Moment war der Verkauf der Heraklith Gruppe am 13. Juni 2006.

Am 14.12.2006 wurde mittels eines Asset Deals der Erwerb sämtlicher relevanter Vermögenswerte der US-Feuerfestgesellschaft Monofrax Inc. vorbereitet und mit 31. Jänner 2007 abgeschlossen.

Monofrax war der einzige Produzent in den USA für schmelzgegossene Feuerfestprodukte.

Mit 31. Juli 2007 wurden die restlichen 40 % von Dolomite Franchi S.p.A, Bescia/Italien erworben. Im Jahr 2007 wurden in Dalian (China) der 2. Tunnelofen zur Kapazitätserhöhung errichtet sowie weitere Investitionen bei Clasil (Indien).

Mit Ende 2006 wurde das „Mezzaninkapital“ von € 400 Mio zu einem Bankkredit mit einer Tilgungsdauer bis Ende 2013 gewandelt. Mit 1. Juni 2007 hatte RHI mit MSP (Martin Schlaff Privatstiftung) mit ca. 25% Anteil, wieder einen österreichischen Kernaktianär. Weitere Aktionäre Dr. Wilhelm Winterstein > 5 %, AvW Invest > 5 % und Free Float von ≤ 65 %.

Bei Magnesita übernimmt die GB Investment die Kontrollmehrheit.

Mit 1. Jänner 2008 erwarb RHI zwei Isostatikwerke in Schottland (Bonnybridge) und den USA Saybrook). RHI Isoproduktion umfasste damit 5 Werke (z.d.g. noch Clydbank, Dalian und Trieben).

Mit 16. Jänner 2008 übernimmt RHI 51% der Aktien von Quintermina, einem Handelsunternehmen von Feuerfestprodukten, mit Sitz in Chur (Schweiz).

Im selben Jahr explodierten wegen der Rohstoffverknappung (auch wegen weniger Lizenzen, Exportrestriktionen und höherer Exportsteuer aus China) die Preise (Bauxit, Schmelzmagnesit) womit das Ziel des Joint Ventures in China ab 2006 nicht mehr erreicht wurde. Am 29. August 2008 verkaufete RHI den 50%-Anteil an Shandong RHI New Materials Co. Ltd. den sie seit 2005 gehalten hatte, wieder. Mit Juni wurde die Schmelzmagnesiaproduktion in Dashiquiao in Betrieb genommen, mit Oktober 2008 kam es zum Start des zweiten Tunnelofens in Indien.

Ende des Jahres 2008 gab es folgende veränderte Anteilsstruktur:

Dr. Wilhelm Winterstein > 10 %; MSP > 25 %; RZB > 5 %; Free Float ≤ 60 %.

Die Investitionen in Radenthein betrafen eine neue EDV-Infrastruktur, einen Transformator für die E-Schmelze sowie den Umweltschutz. Hierbei wurden neue Filteranlagen mit einer thermischen Nachverbrennung gebaut. Eine einzigartige Investition mit einer Summe von € 5,6 Mio. war die ORC-Anlage. In dieser Anlage wird die Wärmeenergie der Tunnelofenabgase genutzt. Es können damit bis zu 7.000.000 kwh oder 12 % der benötigten Energie des Werkes erzeugt werden.

Das Jubiläum zur 100-Jahr-Feier, Ende September 2008 war noch in allen Ohren, da kam es zu einem ungeplanten Stillstand von einem Tunnelofen. Die bis dahin anhaltende positive Auslastung des Werks brach stark ein (eines von zwei Hauptaggregaten – TO – fiel damit aus). Ein weiteres Crash-Szenario war anschließend die Realwirtschaftskrise, die durch die Immobilien- und Finanzkrise 2008 auch das Werk Radenthein (mit der gesamten RHI) erreichte. Durch die drastisch einbrechenden Auftragseingänge musste der Mitarbeiterstand, teilweise bis auf die Hälfte reduziert werden.

Zur Veranschaulichung der Dramatik dieser Situation anbei der Rückgang der Stahlproduktion, besonders ab dem letztem Quartal 2008, von 116 To/mtl. auf 84 To/mtl.

In Diskussionen zwischen Betriebsrat und Firmenleitung kam es zu notwendigen Vereinbarungen und Maßnahmen, um die Beschäftigung auch mittelfristig zu sichern. In den weiteren Tagen und Wochen gab es dann verschiedene Lösungen um die schwerste Wirtschaftskrise mit vielen Maßnahmen (Stiftung, Urlaub, Zeitabbau, Bildungsmaßnahmen, Maßnahmen mit dem AMS u.a.) überstehen zu können. Das Werk beschäftigte insgesamt 364 Mitarbeiter, 295 Arbeiter, 47 Angestellte, 22 Angestellte in Zentralfunktionen.

In den Krisenmonaten wurden nur mehr die absolut notwendigen Investitionen und begonnene Projekte wie die Produktionslinie für Hochwertsinter in Dashiqiau und den Bau des 3. Schachtofens für 25.000 to Sinterproduktion in Tutluca (Türkei) fertiggestellt, im Jahr 2010 wurden damit 183.000 to Magnesitsinter produziert. Die weiteren Planungen für das Jahr 2012 waren ein Drehrohrofen zur Kapazitätssteigerung von 80.000 to.

Mit 29. August wurde das *Sqeeze out*-Verfahren für den restlichen Anteil von 2,46% an der Didier in die Wege geleitet und mit dem 3. Quartal 2010 abgeschlossen.

Das wirtschaftliche Augenmerk von RHI waren die BRIC Staaten. Anfang April 2010 beteiligt sich RHI als Minderheitseigentümer mit 10% (spätere Aufstockung auf 23,5%) an einem bekannten russischen Feuerfesthersteller für die Glasindustrie, ZAO Podolsk Ogneupa. Die Übernahme erfolgte 2011 vollständig - RHI Podolsk Refractories.

In Dalian (China) wurde mit einem Investment von € 13 Mio. der Dritte Tunnelofen in Betrieb genommen. Die Produktionskapazität stieg damit um weitere 20% auf 270.000 To. In Basilien wurden 980.000 m² Grundfläche im Bundesstaat Rio de Janeiro (Brasilien) als Basis zur Errichtung einer Produktionsstätte angekauft (Ziel Produktionsstart 2012). Im zweiten Quartal 2010 kam es zu einem Erdbeben in Chile, dass die Werke in Santiago und auch Becancour (Kanada) für immer außer Betrieb setze.

Im Jahr 2010 setzte eine wirtschaftliche Aufwärtsbewegung ein, RHI steigerte den Umsatz um 23,1 % auf € 1.522,9 Mrd (nach € 1.236,9). Das Ergebnis konnte trotz steigender Rohstoffpreise (höher als im Rekordjahr 2008) und Restrukturierungs- und Wertminderungskosten von € 13,7 Mio. (Schließung der Werke Santiago und Becancour) auf ein EBIT von 8,3 % (nach 4,5%) gesteigert werden. Das Eigenkapital stieg auf € 320,9 Mio. Beschäftigt wurden 7266 Arbeitnehmer, davon 54% in Westeuropa (1725 in Österreich, 411 in Radenthein), 23% in Asien/ Pazifik, 13% in Nordamerika, 5% in Afrika, 3% im Nahen Osten und 2% in Süd- Osteuropa.

Die größten Feuerfesterzeuger der Welt 2009

€ Mio; Umsatz (teilw. geschätzt und gerundet)

1. Vesuvisus	1.500
2. RHI	1.500
3. Magnesita (mit LWB)	700
4. Yingkou Quingttua	650
5. Shinayawa	600
6. Krosaki Hanima	580
7. Saint Gobain	480
8. Calderys (inl. IKF)	480
9, Morgan Crucible	450
10. Dalmond (Magnezit)	450

Im Jahr 2011 übernimmt RHI die Normag – Premier Periclase Ltd.

Die Magnesita arbeitet an einem neuen Strategiekonzept: bester Anbieter von Feuerfest- und Minerallösungen, Nutzung und Entwicklung der eigenen mineralischen Ressourcen zu sein.

Die wirtschaftlichen Gegebenheiten blieben herausfordernd. Die Ergebnisse waren teilweise besser als die von den Kundenindustrien. Der Umsatzanteil (2011) in der Region Westeuropa betrug 29%; im Vergleich zu den Emerging Markets von 56 %. Für Europa wurden geringere

Wachstumsraten erwartet, die Anpassungsprozesse der Produktionsstätten Schritt weiter voran. Mit Beginn des Jahres 2012 wurde die Schweizer Firma Stopinc AG sowie mit Anfang 2013 die indische Orient Refractories Ltd. (Anteil 69,6%) gekauft, damit wurde die Wirtschaftsposition im Flow Control gefestigt. Der Umsatz in diesem Bereich stieg von 2011 hinweg bis 2014 um € 240 Mio.

Der Stahlverbrauch im Vergleich pro/Kopf: Indien – eine mittlere zweistllige Zahl, Europa und USA über 300 kg.

Magnesita kauft im Jahr 2013 die Reframec Manuten~aò e Montayens de Refractories Ltd., einen bei Installationen und Reparaturen von Feuerfesteinrichtungen in der Zementindustrie führenden Unternehmen. Akquisition der Dalian Mayerton Refractories Cl Ltd. einem Produktionswerk für Feuerfestmaterialien auf Basis von Magnesiumkohlenstoff (Magnesita)

Im Jahr 2013 wurde das Abenteuer: „Wir kaufen Amerika, das Chapter 11“ beendet (siehe das Beginndatum: 31.12.2001) Die Stahlproduktion (2007 210 Mio to/2013 166 Mio to) in Europa war rückläufig. Durch die Schließung des Produktionswerkes Duisburg erhöhten sich die Produktionsauslastungen in den anderen Werken.

Für den Rohstoffstandort Porsgrunn (Norwegen) mussten aufgrund fehlender Ergebnisse (Investionsplan …) um € 7 Mio wertgemindert werden.

Im Jahr 2015 erweitert RHI die Produktionsapazitäten an den indischen Standorten Bhiwadi und Venkatapuran. Der Fertigung am Standort Kretz (Deutschland) wurde eingestellt.

Durch die reduzierte Stahlproduktion musste auch im Jahr 2015 der Nachdenkprozess für die Auslastung der Werke verstärkt werden. Der Dollar verstärkte sich um 10 %, lokale Hersteller büssten an Umsatz ein, für RHI bedeutete das in den USA auch weniger Absatz und höhere Lagerkosten.

Das Wirtschaftswachstum in den Emerging Markets schwächte ab, in China wurden gewaltige Überkapazitäten in der Stahlindustrie produziert und nach Europa exportiert. Diese Situation bereitete auch den Kunden von RHI massive Kostenprobleme. Nachdem der größte Teil des Absatzes von RHI die Stahlindustrie betrifft, wurde der Kostendruck auch an RHI weitergegeben. Die Gesamtproduktion von RHI im Jahr 2013 war 1.584 kto bei einer Kapazität von 2.324 kto, dies entspricht einer Auslastung der Werke von 68%.

Der nächste Schritt – RHI Magnesita

RHI beschäftigte 2016 ca. 7.500 Arbeitnehmer in 30 Produktionsstandorten und mehr als 70 Vertriebsstandorten und ist Partner von mehr als 10.000 Kunden in mehr als 180 Länder aus der Stahl-, Zement-, Nichteisen-, Glas-, Energie- und Chemieindustrie. Die gelieferte Menge begrägt dabei 1,5 Mio Tonnen Feuerfestprodukte. RHI investierte in den Jahre 2011 bis 2017 im Schnitt € 85 Mio.

Der Spezialitätenstandort Radenthein produziert ca. 48.000 to MGG/NGG Produkte, MGU ca. 18.000 to und 13.000 to Funktionalprodukte (55% Stahlindustrie, 38% NE-Metalle, 6% Zement/Kalk, 1 % Sonstige). Es werden in etwa 80.000 to Rohmagnesit (100 % Eigen) pro Jahr abgebaut, ca. 40.000 to Kauster gebrannt (ca. 33 % für Dämmstoffe, 61% für Futtermittel, 6% für Brandschutztüren). Der Schachtofen produziert ca. 18.000 to Spinell (50 % Eigen/Fremdverbrauch), in der E-Schmelze werden ca. 18.000 produziert (100 % Eigenverbrauch). Produziert werden Waren mit einem Umsatz von ca. 10% des Umsatzes (ein Vielfaches davon als Deckungsbeitrag) von RHI.

In einem wechselnden Wirtschaftsumfeld wurde die Erneuerung der Vakuum-Imprägnier-Anlage (VI – vorher VTI) mit einem Investitionsvolumen von € 7,5 Mio. beschlossen und umgesetzt. Weiter wurde die Presse 26 gereralüberholt sowie die Steintransportanlage neu gebaut (€ 1,75 Mio.). Generelle Investitionen wie in SAP Mii, die Umweltverbesserungen zur Vermeidung von diffusen Stäuben, eine neue Steuerung bei der Fräße 1, Sandstrahlanlage oder die Erhöhung der Mischersicherheit sind noch einige Beispiele der Weiterentwicklung.

In der E-Schmelze wurden € 12 Mio. (Ablaufverbesserung, Umweltschutz, Arbeitnehmerschutz u.a.) und in die Sicherung und Rekultivierung des Steinplatzlagers € 3,5 Mio. investiert.

Beschäftigt werden im Spezialitätenwerk insgesamt 393 Mitarbeiter, davon ca. 300 Arbeiter (inkl. Zeitarbeiter und Lehrlinge), Angestellte und Angestellte in Zentralfunktionen.

Für das Werk zugerechnet und beschäftigt werden ca. 350 Mitarbeiter.

Die Stadtgemeinde Radenthein verzeichnete mit 1. Jänner 2017 5879 Einwohner

Die Refractories World of RHI Magnesita

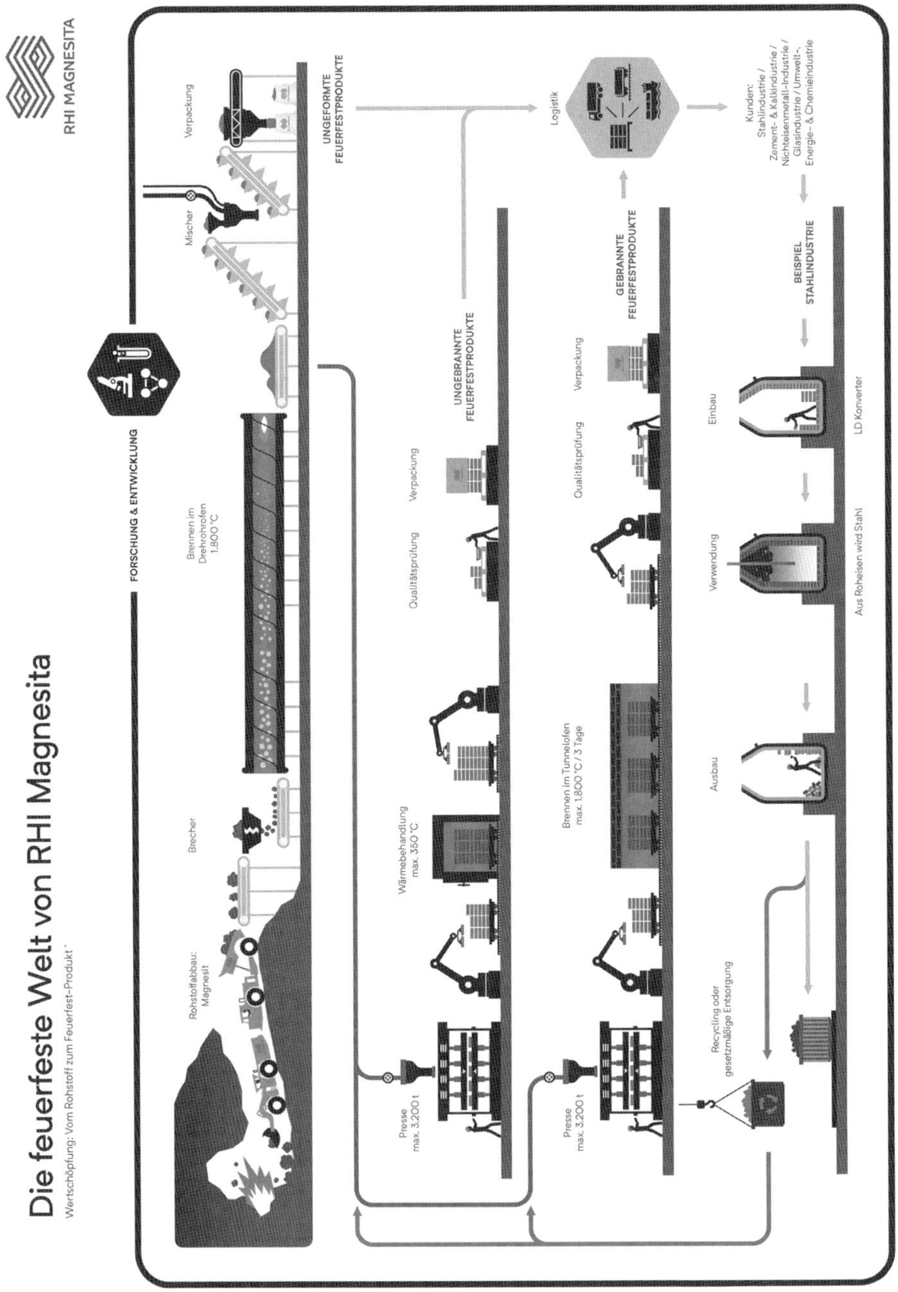

2016 erfolgte der Beschluss, dass die US-Tochtergesellschaft Monofrax RHI Hodling verkauft wird und diese Produktionslinien aufgegeben werden. (RHI)

Verkauf der Holding May International (UK). (Magnesita)

Das Jahr 2017 wurde mit einem Wirtschaftswachstum von 3,5% prognostiziert. Das Wachstum der Kapazitäten von Chinas Stahlindustrie erhöhte sich nur mehr geringfügig. In der Trendumkehr gab es ein Wachstum in der Stahlindustrie, außerhalb Chinas von 4%.

Die Rückwärtsintegration von RHI ist auch aus der Kostenbetrachtung nachvollziehbar, die Rohstoffkosten betragen in etwa 60% der Produktionskosten. Die größten Rohstoffvorkommen (70% der derzeit bekannten) sind in China, Nordkorea und Russland bekannt.

Ein Meilenstein, um den Magnesitmarkt weiter zu konsolidieren, geschah in beginnenden Gesprächen der Eigentümer von RHI und Magnesita. Anfang Oktober 2016 gaben RHI AG und die kontrollierenden Aktionäre von Magnesita Refratários S.A. bekannt, eine Vereinbarung zum Zusammenschluss beider Unternehmen getroffen zu haben, um den führenden Anbieter von Feuerfestprodukten zu bilden, der den Namen RHI Magnesita tragen wird. Beide Unternehmen ergänzen sich sowohl bei den Produkten als auch den Märkten (Produktionsstandorten). Dieser Zusammenschluss sollte auch eine weitere Absicherung der Unternehmen gegenüber der chinesischen Konkurrenz bringen, die starke Konsolidierungstendenzen aufweist. Ein wichtiges Ziel beider Unternehmen ist der Ausbau der Technologieführerschaft und der Erforschung und Entwicklung neuer Produkte. Mit Ende Juni 2017 wurde der Zusammenschluss von RHI und Magnesita von der EU-Komission unter Auflagen genehmigt. In der außerordentlichen Hauptversammlung von 4. August 2017 wurde die Fusion von den Aktionären mit 99,7% genehmigt.

Nach einem komplexen, über 12-monatigen Transaktions- und Wettbewerbsverfahren in mehreren Jurisdiktionen notierte RHI Magnesita erstmals am 27. Oktober 2017 im Main Market der London Stock Exchange und besiegelte damit den Zusammenschluss. Seit Dezember 2017 notiert RHI Magnesita im renommierten FTSE 250 als eines der größten Industrieunternehmen des Index. Der Sitz der Holding von RHI Magnesita N.V. ist in Amsterdam. Der Place of Effective Management und damit die Hauptverwaltung ist Wien. RHI Magnesita ist der global führende Anbieter von hochwertigen Feuerfestprodukten und -systemen sowie

Serviceleistungen, die für industrielle Hochtemperaturprozesse unverzichtbar sind. Eingesetzt werden die Produkte u.a. in der Stahl-, Zement-, Nichteisenmetall- und der Glasindustrie (auch UEC). Produziert werden mehr als 12.000 Einzelprodukte mit mehr als 20.000 verschiedenen Rezepturen. RHI Magnesita produziert in 35 Hauptproduktions- und 10 Hauptrohstoffwerken und hat über 70 Vertriebsstandorte. Der Pro-Forma-Umsatz im Jahr 2017 betrug 2,7 Mrd. EUR.

Es werden dabei mehr als 14.000 Arbeitnehmer weltweit und unter Berücksichtigung der kulturellen Unterschiede (70 unterschiedliche Nationalitäten) beschäftigt. RHI Magnesita arbeitet mit mehr als 10.000 Kunden in mehr als 180 Ländern zusammen.

III. Verantwortung, Gesellschaft, Soziales

Die regionale Entwicklung, die gesellschaftlichen Veränderungen wurden oftmals durch die Tätigkeit des Magnesitwerkes spür- und sichtbar. Bereits zu Beginn des 20. Jahrhunderts gab es elektrisches Licht in der dörflichen Struktur dieser Region. Es gab durch den starken Zuzug von Arbeitnehmern ein rasantes Bevölkerungswachstum, das Magnesitwerk versuchte eine gewisse soziale Ausgewogenheit zu erhalten. Wieder errichtet wurde ein Kaufhaus mit den wichtigsten Lebensmitteln für die Werksmitarbeiter, eine firmeneigene Küche sowie eine Kantine. Die Thematik der Jausenräume und Sanitärräumlichkeiten waren jahrzehntelange Diskussionsthemen zwischen Betriebsrat und Firma. Forciert wurde die Schaffung von billigem Wohnraum, um den Zuzug von Arbeitnehmern/innen in die Gemeinde koordinieren zu können. Ab 1951 gab es dazu eine „Siedleraktion“, d. h. eine Unterstützung seitens des Magnesitwerkes bei Bauvorhaben. Organisiert wurden auch werkseigene Buslinien von/zu den betroffenen Pendlergemeinden. Diese Lösung war kostengünstiger als der Bau von Wohnraum im Zentrum des Betriebsgeschehens.

Gebaut und unterstützt wurden Kindergärten und Sportanlagen. Zur gesellschaftlichen Entwicklung auch für den Gesundheits- und den Bildungsfortschritt wurde eine Werkssportgemeinschaft gegründet, der damals österreichweit größte Sportverein, sowie die Werkskulturgemeinschaft, die ein vielfältiges Kulturangebot der breiten Masse zugänglich machen sollte. In den Zeiten der Personalrestrukturierung versuchte man andere Beschäftigungsmöglichkeiten für die Arbeitnehmer/innen zu finden, um temporäre Konjunkturschwankungen zu überbrücken. Andere Möglichkeiten für die Arbeitnehmer/innen waren Umschulungen sowie Qualifizierungsmaßnahmen. Die Sozialleistungs- und Gesundheitsmaßnahmen veränderten sich im Wandel der Zeit. Angefangen von der Brennstoff-Kohle-Aktion für Mitarbeiter bis zur Wohnungs- oder Kinderzulage und Gesundheitsprogrammen waren diese immer wieder Veränderungen unterworfen. Der erste Auf- bzw. Umbruch innerhalb dieser regionalen Gesellschaft wird im Gedicht „Die neue Industrie“ eindrucksvoll beschrieben. Die Themen des sozialen Umbruchs, der Preisanstieg der Waren, der Zuzug von Arbeitnehmern, die Urbanisierung, die Schaffung von Wohnraum etc. mussten in der Gesellschaft und im Unternehmen behandelt werden. Um diese Veränderungen für die Bevölkerung verträglich darzustellen, mussten sie auch mit einigen Hilfsmaßnahmen begleitet werden. Eine wesentliche Stütze und Sinnbild für den Rückhalt in der Bevölkerung waren nicht nur die großen Aktionen, sondern auch die kleinen Hilfestellungen, die für die Familien einen stabilen Anker bedeuteten. Die sozialpartnerschaftlich bewährte Grundhaltung der Firmenleitung, die selbst auch nur aus Angestellten bestand, trug dazu bei, dass Streikaktionen nahezu unbekannt geblieben sind. In der Interpretation von Gräbner kommt dieser ebenfalls zu der Erkenntnis, dass die Unterstützungen in Summe keine großen Beträge waren, „jedenfalls nicht nach den Dimensionen eines Betriebes mit einer derartigen Position auf den Weltmärkten, die aber dem einzelnen Arbeiter das Gefühl der Sicherheit und des Vertrauens gegeben haben.“

Betriebliche Sozialpolitik

Die Lebensmittelversorgung war in den letzten Kriegsmonaten sehr schlecht. Mit Juni 1945 drohte eine Hungerkatastrophe. Von der britischen Militärregierung wurden aus den Beständen der Armee Lebensmittel zur Verfügung gestellt. Die Zuteilung aus den Armeedepots wurde organisatorisch sehr profund verteilt. Im Gegensatz zu anderen Gebieten gab es in Kärnten keine Streiks oder Revolten. Die normale Versorgung der Bevölkerung konnte aber erst im Jahr 1949 hergestellt werden.

Die Sicherung der sozialen Grundversorgung in Kärnten war eines der wesentlichen Ziele der Landespolitik.

> „…das wichtigste und das, was jeden, ob Mann ob Frau am meisten Sorge macht, ist die Frage der Ernährung. In den Betrieben herrscht Unruhe und Aufregung, die Hausfrauen wissen nicht wie sie die hungrigen Münder stopfen sollen und die Einteilung der zugewiesenen Lebensmittelmengen macht viel Kopfzerbrechen und ist nahezu unmöglich…“ (vgl. LH Hans Piesch, Radiorede 25.10.1946)

Mit Verantwortung und Tatkraft wurde von der Landesregierung und dem Betrieb versucht, die notwendigsten Versorgungsmittel zu sichern, dazu gehörte die Lösung der sozialen Probleme. Wesentlich für die Belegschaftsvertretung im Magnesitwerk waren neben der Sicherung der Essensversorgung auch „die Schaffung von sozialen Einrichtungen wie Bädern und Aborten im Werk inklusive Warmwasser sowie die Küchenverpflegung in der werkseigenen Kantine.“ (Vertrauensratssitzung 11. und 18. Juli 1945)

Die Belegschaftsvertretung ersuchte die noch ungenügenden sanitären Einrichtungen für alle Arbeitnehmer nicht außer Betracht zu lassen.

> „Der Betriebsrat berichtet, dass die Badeangelegenheiten im Werk ungenügend sind. Es würde sich empfehlen, etwa 5 Badewannen aus Holz herzustellen zulassen, die in den Baderäumen aufzustellen wären. Dies soll eine provisorische Regelung der geplanten Badeanstalt sein. Die Angelegenheit wird dem Technischen Büro zur Stellungnahme übermittelt. Im Hinblick auf die vorgeschrittenen Jahreszeit wäre eine baldige Erledigung der Frage erwünscht." (BR-Protokoll Nr. 17)

Die Sanitärräumlichkeiten, deren Errichtung und Verbesserung waren auch die nächsten Jahrzehnte durchgängig ein Thema der Belegschaftsvertretung. So wurde am Steinplatz ein Waschraum neu erbaut. Der Betriebsrat intervenierte, weil die Heizung nicht ausreichte. 1956 war ein größerer Umbau im Sägebetrieb vorgesehen. In diesem Zusammenhang war die Errichtung eines Waschraumes, einer Trockenkammer sowie eines Jausenraumes geplant. Hervorgehoben seitens der Firmenleitung wurde der Baubeginn der Waschanlage für die Frauen in der Steinfabrik, der Waschraum in der Elektrowerkstätte und der Lehrwerkstätte.

Der Betriebsrat beantragte einen Zentralwaschraum. Dieser wurde in der Besprechung am 2. März 1962 aufgrund der hohen Kosten seitens der Firmenleitung negativ beurteilt. Als Teillösung sollte jedoch der Waschraum in der Aufbereitung organisiert werden. 1978 wurde eine Neuerrichtung des Jausenraumes im Verladebetrieb der Steinfabrik gefordert. Die Diskussion über ordnungsgemäße Sozialräumlichkeiten waren ein laufendes Thema, bis hin zur Neuerrichtung des Sozialgebäudes (Zentralwaschraum) im Jahr 2005, wo alle Umkleidekabinen, Duschanlagen u. a. auf dem neuesten Stand der Technik zentral zusammengefasst wurden.

Es ist nachvollziehbar, dass der Betriebsrat bei Investitionen von Sozialräumlichkeiten und sonstigen Umbauten, vor allem bei Jausen-, Waschräumen und WC-Anlagen und Beleuchtung, Beheizung und Belüftung in ausreichendem Masse intervenierte, um auch oft kostspieligere Um- und Zubauten später zu vermeiden.

Der Betriebsrat beantragte laut BR-Protokoll Nr. 88 vom 13. Februar 1962 eine kostenlose Beistellung einer Arbeitsmontur für alle Arbeiter. Der Vorstand begründete die Ablehnung dieses Antrages mit den hohen Kosten (ca. S 390.000,--) für die Arbeiter aller Betriebe des Unternehmens. Das zweite Argument war, dass für einzelne Arbeitsgruppen, die besonders schmutzige Arbeiten verrichten müssen, von der Firma ohnehin die Arbeitsbekleidung beigestellt wird (...).

Am 2. März 1962 gab es noch ein Gespräch zwischen Betriebsrat und Vorstand, wo die Argumente nochmals ausgetauscht wurden. Die kostenlose Abgabe einer Arbeitsmontur an alle Dienstnehmer wurde vom Vorstand abgelehnt. In Teilschritten gelangen doch Fortschritte, so bekamen lt. Antrag vom 25. April 1964 die Arbeiter der Steinfabrik und des Labors noch zusätzlich eine Arbeitsmontur pro Jahr zur Verfügung gestellt. Im Zuge der Zeit bekamen alle Arbeiter eine Montur.

Am 12. März 2007 wurde eine Betriebsvereinbarung für eine einheitliche Arbeitsbekleidung abgeschlossen. In diesem System werden persönliche Arbeitsmonturen (3 Garnituren) gegen einen monatlichen Zuzahlungsbetrag dem Arbeitnehmer zur Verfügung gestellt und wöchentlich ausgetauscht, bei Bedarf genäht oder ausgetauscht sowie gereinigt.

Im Jahr 1966 konnte für die in der Küche und Kantine beschäftigten Frauen die kostenlose Abgabe von Gesundheitsschuhen sowie für die Mitarbeiter der Elektroschmelze und der drei Autogenschneider im Formenbau jeweils ½ Liter Milch pro Tag errungen werden.

In der Sitzung am 13. Februar 1962 beantragte der Betriebsrat jeweils notwendige Holz- und Kohlenmengen für die Mitarbeiter. Der Vorschlag wurde überprüft und vom Vorstand genehmigt. Die Kohlenverteilung wurde vom Rohstoffbüro überprüft.

Andere soziale Fürsorgepflichten wie die Pflege der Familienangehörigen sorgten für Probleme im finanziellen Bereich. Die ÖAMAG fand bereits bald nach dem Krieg einen Weg, um dies abzumildern.

> Oft kommt es vor, dass Werksangehörige bei Krankheitsfällen in der Familie von der Arbeit fern bleiben. Kann der Betreffende für die Dringlichkeit der Krankenpflege eine ärztliche Bescheinigung beibringen, steht es ihm frei, sich wegen teilweisen Ersatzes seines Lohnausfalles im Wege seines Abteilungsleiters an Herrn Hofmann zu wenden. H. Hofmann wird den Fall genau prüfen und verfügen, ob und in welcher Höhe ein Entgelt zu bezahlen ist. (BR-Protokoll vom 20.6. 1947)

Im Jahr 1945 war die Ernährungssituation der Belegschaft noch ein elementares Thema, deshalb wurde im Betriebsrat ein eigener Ausschuss für Küche und Kantine eingerichtet. „Dieser Küchenausschuss sollte die Wünsche und Beschwerden zwischen Küchenleitung und Gefolgschaft vermitteln. Auch sollte eine Kontrolle der Geschäftsgebarung der Küchenführung ausgeübt werden.“ (Protokoll BR-Sitzung 18.9. 1945)

Im Bericht der Wirtschaftsabteilung für April 1946 der Militärregierung für das Land Kärnten wurde aufgrund der Senkung der Brotzuteilung über eine allgemeine Verminderung in den Arbeitsleistungen der Arbeiter berichtet. Besonders im Forstwesen und im Bergbau gab es Anzeichen von Leistungsabfällen von 1/3 pro Mann und Tag.

„Die Ernährungslage im Berichtsabschnitt hat sich infolge des Überganges der finanziellen Verantwortung an die UNRRA und der noch nicht vollzogenen Zusammenfassung aller österreichischen Hilfsquellen schwierig gestaltet. Für den Zeitabschnitt 1. – 14. April musste bis zur Herausgabe der österreichischen Einheitszuteilung, die am 15. 4. endlich bestätigt und veröffentlicht wurde, eine Notzuteilung vorgesehen werden.“ (Bericht der Wirtschaftsabteilung/Ernährung 16. 4. 1946: 14) Die Kalorienwerte der Zuteilung betrugen zu dieser Zeit für Normalverbraucher ca. 1196 kcal, Arbeiter 1900 kcal und für Schwerarbeiter 2700 kcal. Auch für die Mitglieder der Landesregierung war die Ernährungsproblematik vorrangig. Der Landeshauptmann erläuterte in einer Radiorede das Wissen der schweren Belastung der Bevölkerung von jedem der Regierungsmitglieder, egal welcher Parteirichtung. „Das Wichtigste und das, was jeden, ob Mann ob Frau am meisten Sorge macht, ist die Frage der Ernährung. In den Betrieben herrscht Unruhe und Aufregung, die Hausfrauchen wissen nicht, wie sie die hungrigen Münder stopfen sollen und die Einteilung der zugewiesenen Lebensmittelmengen macht viel Kopfzerbrechen und ist oft nahezu unmöglich.“ Die Lösung der Ernährungsprobleme, der Bekleidung und der Lohnprobleme standen an erster Stelle der Fragen, die es zu lösen galt.

„Auf Grund der Eingabe des Magnesitwerkes Radenthein sowie des Erlasses des Bundesministeriums für Volksernährung (…) wird die Betriebsleitung (des) genannten Werkes verhalten, ihrer Belegschaft im Bruch nach folgenden Punkten die zusätzlich genehmigten Lebensmittel auszufolgen.

1. Die Lebensmittel sind als eine Art Bergmannsjause (ähnlich der Kohlenbergjause vor oder nach der Verfahrensschicht auszufolgen, sodass diese nur dem betreffenden Arbeiter und nicht seiner Familie zugute kommt.

2. Die Jause wird gegen entsprechendes Entgelt (Abkommen zwischen Betriebsleitung und Betriebsrate) ausgefolgt.
3. Bei gesetzlichen oder Sonderurlauben entfällt dieser Anspruch.
4. Ebenfalls bei unentschuldigten Fernbleiben von der Arbeit (Blaumachen).
5. Bei Wetterschichten ist die Mahlzeit auszufolgen.
6. Die Jause wird nur den Arbeitern im Magnesitbruch insbesondere wegen seiner Höhenlage (1.700 – 1.800 m Höhe) sowie verschiedenen anderen Schwierigkeiten zugebilligt.
7. Bei Seilbahnreparaturen, die in der Regel mehrere Tage in Anspruch nehmen können, wird diese einmalig ausgefolgt.
8. Voraussetzung für die Zuteilung dieser Lebensmittel ist jedoch die Wiederaufnahme der 48-Stunden-Woche soweit abhängig vom Verfahren der einzelnen Schichten.
9. Für zusätzliche Mehrarbeit (Sonn- und Feiertage) wird sie ebenfalls verabreicht (Höhe der Zuteilung wie an einem Wochentage)." (Landesarchiv Nr. 31 Wiederaufbau privater Wirtschaftsbetriebe, Radenthein Magnesitwerk; Klagenfurt, am 10. September 1947.)

Die Verpflegung war ein so elementares Thema, dass sie in der Arbeitsordnung vereinbart wurde. „Die Ernährung ist für die Gesundheit und damit für die Leistungsfähigkeit des schaffenden Menschen von weitgehender Bedeutung. In den werkseigenen Küchen ist jedem Dienstnehmer Gelegenheit geboten, warmes Essen einzunehmen und damit eine Wiederherstellung und Erhaltung seiner Leistungsfähigkeit zu erreichen."

Im Unterschied zur Formulierung der Arbeitsordnung war in der Jubiläumsschrift eine sichtliche Entspannung der Situation spürbar. Auch in Krisenzeiten wurden Lösungen für die Arbeitnehmer gefunden. „Die Männer, die hier wie dort am Werke sind, bilden die Gewähr dafür, dass auch weiterhin auf dem Gebiete der sozialen Betreuung Vorbildliches geleistet wird. Die gewählten Vertreter unserer Arbeiter und Angestellten trachten in den Sitzungen des Zentralbetriebsrates alle Fragen der Sozial- und Lohnpolitik einvernehmlich mit der Werksleitung zu lösen."

Für die Beschäftigten und Angehörigen hatte das Magnesitwerk bereits seit den 1920-er Jahren auch für den privaten Konsum Vorsorge getroffen. Im eigenen Werkskaufhaus konnte man alles, was für die Führung eines Haushaltes notwendig ist, erwerben. Trotz aller Bemühungen waren die

Nachkriegszeiten von heftigen Diskussionen über die Schwankungen im Wirtschaftsleben, die Löhne und Preise immer wieder gekennzeichnet. Kaum war ein Problem gelöst, so kam ein neues hinzu. Durch die starken Preissteigerungen reagierte der Zentralbetriebsrat mit einer Resolution an die Interessensvertretungen. Es wurde die Gewerkschaft der Metall- und Bergarbeiter für Kärnten sowie die Kammer für Arbeiter und Angestellte für Kärnten benachrichtigt. Der Betriebsrat forderte, mit allen Kampfmitteln gegen weitere Verschlechterung, Wucherpreise, die hohen Handelsspannen sowie die Kartellbildungen vorzugehen.

> Der Zentralbetriebsrat der Österreichisch-Amerikanischen Magnesit Aktiengesellschaft, Radenthein, sieht sich in Anbetracht der ständig zunehmenden untragbaren Preissteigerungen veranlasst, die zuständigen Behörden auf den Ernst der Lage aufmerksam zu machen. Wird der Aufwärtsentwicklung der ständig steigenden Preise für unsere notwendigsten Gebrauchsgüter und Lebensmittel nicht Einhalt geboten, so müssen wir jede Verantwortung für alle Ereignisse in unseren Betrieben ablehnen. (Resolution Zentralbetriebsrat 27. 10. 1949)

Bis Anfang der 1950-er Jahre hatte die Landwirtschaft den Ertrag wieder auf den Stand der Vorkriegserträgnisse hingeführt, die Ernährung war wieder weitgehend gesichert. Die Arbeitssituation im Werk war relativ günstig, der Lebensstandard stieg. Trotz der Verbesserungen kam es zu politischen Auseinandersetzungen, da auch die Preise für die Waren durch die Liberalisierung stark im Ansteigen begriffen waren.

Im Werk wurde darüber diskutiert, das Kaufhaus zu erweitern. Zu diesem Zwecke gab es im Jahr 1951 eine Kostenschätzung von ATS 250.000,--. Die Vorhaben im Sozialbereich waren immer stark abhängig von der wirtschaftlichen Situation. Während Anfang 1956 noch der Neubau eines Speisesaales, der Kaufhausumbau u. a. behandelt wurden, entstand kaum ein Jahr später der Vorschlag, alle sozialen Betriebe einer „kommerziellen Nutzung" zuzuführen. Diese Entwicklung führte auch im werkseigenen Kaufhaus wie in anderen Bereichen bereits 1957 zu den ersten Einsparungsmaßnahmen. Der Werkszuschuss für das Werkskaufhaus betrug ca. 9% der Lohnsumme und veränderte sich mit der Belegschaftszahl. Im Jahr 1952 betrug der Zuschuss z.B. ATS 790.000, 1957 budgetierte man ATS 1,400.000. Dieser Sachverhalt wurde im August 1957 von der Einkaufsabteilung ausgearbeitet und auch der Vorschlag unterbreitet, dass man das Kaufhaus wie bisher weiterführt, aber den Werkszuschuss auf einer bestimmten Höhe hält, z.B. auf ATS 1,000.000,- jährlich begrenze.

Abb. 10, 11: Das Werkskaufhaus (oben, ca. 1933) hatte in der Nachkriegszeit große Bedeutung für die Versorgung der Betriebsangehörigen besonders mit dem täglichen Haushaltsbedarf, Textilien u.a. Die Preise waren unter jenen, die im ortsüblichen Durchschnitt verlangt wurden. Mit dem Aufkommen von Handelsketten, auch mit der Versorgungssicherheit hatte diese Einrichtung im Laufe der 1970-er Jahre als soziale Einrichtung ausgedient. Die Bedeutung des Kaufhauses war geschwunden, die Einrichtung mit dem Sonderbestellwesen und qualitativen Lebensmitteln war geblieben. – Geblieben ist die Bedeutung des Schulstandortes in Radenthein (unten, ca. 1933), ein Bildungs-Campus, dessen Gründung auf eine wohl überlegte regional-gesellschaftliche und sozial begründete Konzeption zwischen Werk und Gemeinde hinweist.

Der Vorstand griff die Einsparungsvorschläge der Einkaufsabteilung betreffend Kaufhaus/ kostendeckende Preise sowie auch andere Kürzungen im sozialen Bereich auf. Diese wurden in der Vorstandssitzung am 3. September 1957 besprochen und beschlossen.

> „Diese entsprechen und sollen in der gleichen Art in Hinkunft neben den sonstigen Berichten monatlich ausgearbeitet werden. Die Sparmaßnahmen zur Senkung der Verwaltungs- und Vertriebsspesen sowie zur Begrenzung des Sozial - Aufwandes in Übereinstimmung mit den Budget-Kürzungen durch den Aufsichtsrat führen zu folgenden Beschlüssen:
>
> Der Werkszuschuss zu den Kaufhäusern aller Betriebe ÖAMAG, mit Ausnahme Hochfilzen, wird zunächst mit 1 Million Schilling p.a. limitiert, d.h. die Verluste von den Kaufhaus-Betrieben dürfen diesen Betrag nicht überschreiten. Dementsprechend sind die Verkaufspreise zu revidieren, wobei die Sonderanschaffungen (z. B. Kühlschränke u.dgl.) am wenigsten betroffen sein sollen, um den Standard der Haushalte zu heben. Für Hochfilzen wird die Einrichtung eines Kaufhauses in beschränktem Ausmaß in Aussicht genommen.
>
> Zuschüsse für die Kantinen können in der jetzigen Höhe nicht aufrechterhalten werden. Als erste Maßnahme soll der Essenpreis auf mindestens S 8,-- erhöht werden. Die Preise für die alkoholischen Getränke sollen drastisch erhöht werden. Die Aufwendungen für ‚Feiern (Barbara-Feier), Weihnachts-Feiern und sonstige Feiern) sowie für Betriebsausflüge werden analog dem Investitionsprogramm um 40% gekürzt. Unberührt von den Kürzungen bleiben die Unterstützungen, Krankenbeihilfen und dergleichen.“ (Protokoll über die Vorstandssitzung 3.9.1957)

Gegen Ende des Jahres 1959 gab es vom Betriebsrat wieder einen Vorschlag eine Einrichtung zu schaffen um den Werkangehörigen den Kauf von qualitativ guten Fleisch- und Wurstwaren zu ermöglichen, ohne einen neuen Zuschussbetrieb entstehen zu lassen.

> Wir möchten in diesem Zusammenhang auch darauf verweisen, daß aufgrund der überaus hohen Fleischpreise, die alljährlich immer wieder mehr in die Höhe getrieben werden, es unmöglich machten in unserer Werksküche Kalbfleisch beim Mittagessen zu verabreichen. Durch Eigenversorgung mit billigen Fleisch könnte auch hier ein Wandel geschaffen werden. Irgendwelche Rücksichtnahme auf die Fleischhauer unseres Ortsbereiches ist unserer Meinung nach nicht erforderlich, da dieselben trotz wiederholter Vorsprachen sich nicht geneigt zeigt, den Werksangehörigen hinsichtlich Erstellung ihrer Fleischpreise irgendwie entgegenzukommen. (...) So erfreulich der Fremdenverkehr während der Sommermo-

nate in unseren Gebiet ist, so unerfreulich sind die Auswirkungen für die hier Ansässigen bei der Entwicklung der Preise. (Ang. BR 26.11.1959)

Nachdem seit 1956 bereits über zahlreiche Vorhaben verhandelt wurde, war es am 12. September 1961 soweit. Dir. Lanser und Dir. Riegger genehmigten den Umbau des Angestelltenkasinos (ATS 150.000,--) sowie dessen Ausbau. Es sollte der alte Speisesaal umgebaut und an der Nordseite eine Küche hinzugebaut werden. Ein Jahr später kam die Leitlinie, „die Verpflegung bezahlt der Essensteilnehmer, die Regien übernimmt das Werk“. (Pers. Abt./M.A. Küchen 14.9.1962) Mitte der 1960-er war auch der Abendbetrieb ein Thema im Werk. In Rückmeldungen seitens des Betriebsrates an die Firma im Jahr 1964 gab es das Feedback, dass die neuerrichtete Abendküche sehr stark in Anspruch genommen werde und dieses Provisorium aufzulassen sei. Eine zeitgemäße Abendküche mit der Übersiedelung in die Hauptküche sollte ermöglicht werden.

Im Jahr 1982 gab es wieder langwierige Verhandlungen wegen der Anpassungen der Preise an die Kosten für verschiedene Einrichtungen, wie Küche, Kantine, Angestelltenkasino, Jausenholer und Alkohol im Betrieb. „Es ist in all diesen Dingen noch zu keiner Einigung gekommen. Die Vorstellungen liegen noch relativ weit auseinander. Die Verhandlungen werden fortgesetzt.“ (AV Vorstand 29.1.1982)

Der Werksküchenbetrieb hatte mit seinem angeschlossenen Kaffeehaus den Arbeitnehmern einen, „gut gedeckten Tisch, bei Preisen die weit unter den üblichen Tagespreisen liegen. Allein für diesen Teil der Betreuung leistet das Unternehmen einen ansehnlichen Zuschuss“. (Hütter 1948: 46) Die sozialen Einrichtungen des Werkes wie z. B. die Werksküche gaben täglich ca. 150 Personen ein Frühstück und ca. 500[12] Personen ein Mittagessen zu niedrigen Preisen aus. Das Werk leistete auch immer wieder notwendige finanzielle Unterstützungen. Es gab zu diesen Zeiten noch eine Werkskantine für Arbeiter und ein Werkskasino für die Angestellten. Im Jahr 1983 gab es immerhin noch ca. 300 Mittagessen, die von den Arbeitnehmern konsumiert wurden, im Jahr 2010 waren es ca. 60 Essen (Insgesamt ca. 120 Essen). In einer gemeinsamen Sitzung am 3.2. 1974 mit dem Arbeiterbetriebsrat und Dir. Mößler über die Weiterführung der sozialen Einrichtungen wurden firmenseitig folgende Problempunkte erwähnt, die es zu lösen galt.

12 Daten: Gräbner 1971: 99f

Das Kaufhaus und die Kantine sollten kostendeckend geführt werden. Die Einführung von Selbstbedienung sollte geprüft werden. Andere Überlegungen gingen in Richtung Ausweitung des Bestellwesens im Kaufhaus. Weiteres gab es die Überlegung, die Küche auf Tiefkühlkost mit Selbstbedienung umzustellen.

Das Werkskaufhaus hatte besonders in der Nachkriegszeit große Bedeutung für die Versorgung der Betriebsangehörigen besonders mit dem täglichen Haushaltsbedarf, Textilien u.a. Die Preise waren unter jenen, die im restlichen ortsüblichen Durchschnitt verlangt wurden. Mit dem Aufkommen von Handelsketten, auch mit der Versorgungssicherheit hatte diese Einrichtung im Laufe der 1970-er Jahre als soziale Einrichtung ausgedient. Die Bedeutung des Kaufhauses war geschwunden, die Einrichtung mit dem Sonderbestellwesen und qualitativen Lebensmitteln war geblieben.

Mit Ende Jänner 1976 beschloss der Vorstand, „die ehemalige Generaldirektorsvilla um ATS 350.000 als Angestelltenkasino zu adaptieren“. Der Vorstand beschloss weiter, „in der Werksküche Radenthein Selbstbedienung einzuführen, die Kantine in das Kaufhaus zu verlegen, das Kaufhaus im unbedingt notwendigen Ausmaß auf Selbstbedienung umzustellen sowie die vom Arbeiter-BR gewünschte, in bescheidenen Grenzen zu haltende Adaptierung des derzeitigen Arbeiter-Kasinos durchzuführen“.

Bei der Neuadaptierung und den Investitionen gegen Ende der 1980-er Jahre gab es wiederum langwierige und schwere Verhandlungen. Von Mitte April bis Ende Mai 1990 wurde schließlich das Kaffeehaus (Kantine) umgebaut. Die früher getrennte Abendküche, Werkskantine und für die Angestellten das Werkskasino wurden im Zuge der Fusionszeiten der 1990-er Jahre, nach 80 Jahren der Trennung, zusammengelegt.

Diese Investition sollte sich langfristig positiv auswirken und „endlich in diesem Bereich die Unterschiede zwischen Arbeitern und Angestellten ausräumen.“ Die Gesamtinvestition betrug ATS 4,6 Mio. Am 12. Juni wurde das gut umgebaute Werksrestaurant neu eröffnet. Mitte der 1990-er Jahre wurde das Werksrestaurant inklusive der Mittagsküche an einen Mitarbeiter des Werkes ausgelagert und verpachtet. Im Zuge der Einsparungsmaßnahmen „Amerika-Krise“ wurde im Oktober 2001 auch über Änderungen des Pachtvertrages bezüglich des Werksrestaurants diskutiert, da der gültige Vertrag nur noch bis zum Jahr 2004 gültig war. „BRV Kowatsch regt an (...) über eine längere Laufzeit, anfallende Renovierungsarbeiten und eine Beteiligung bei den Betriebskosten zu verhandeln." (BR Protokoll Nr. 2 23.10 2001) Letztendlich kam es zu einem neuen Vertrag zwischen Firma und Betriebsrat und Betriebsrat und Pächter, der eine langjährige Versorgung der Mittagsküche sicherstellte, dieses Gebäude in kleinen Schritten modernisierte und langfristig diese Sozialleistung sicherte.

Im Juni 2016 gab L. Falschberger (Pächter, Werksrestaurant) seine Pensionierung bekannt. Die Fortführung des Betriebes war für einen neuen Pächter aufgrund von notwendigen Investitionen und der behördlichen Auflagen so nicht mehr möglich. Es gab daraufhin lange und schwierige Verhandlungen zwischen dem Vorstand, der Werksleitung (WL Wagner) und dem Betriebsrat (BRV Kowatsch, BRV Strukely) für die Freigabe der Investitionsmittel. Seitens der Werksleitung wurde die Verpflegung mit Tiefkühlkost andiskutiert und forciert. Die Verhandlungen wurden mit noch weiteren Verhandlungen für Änderungen und Kürzungen von Sozialleistungen seitens des Vorstandes verknüpft. Nach mehr als 18 Monaten Verhandlungsdauer konnte mit Dezember 2016 ein positives Ergebnis präsentiert werden. Die Adaptierung des Küchenbetriebes (Dachsanierung, Küchenneubau vom Rohuntergrund, Behinderten-WC usw.) konnte mit ca. Euro 500.000,-- sichergestellt werden.

Neu vorgesehen wurden zwei Menüs mit Suppe und Salat. Auf Anregung von BRV Kowatsch wurde mit WL Wagner der Ansatz einer erweiterten Vergünstigung (Pensionisten, Angehörige) für das Essen aufgenommen und vereinbart. Zusätzlich gibt es eine „kleine Speisekarte" wo zu aktuellen Preisen noch eine erweiterte Bestellung möglich ist. Das Magnesitwerk setzte damit wiederum ein sichtbares soziales Zeichen.

Das Werkskaufhaus wurde in der Gründerzeit errichtet, damals gab es im Ort noch keine entsprechenden Geschäfte, um einzukaufen. Schritt für Schritt wurde umgestaltet, im Zuge der Zeit auf Selbstbedienung umgestellt. Vorher konnten nur Werksangehörige mit ihren Familienmitgliedern Waren und Sondergüter erwerben, jetzt kann jeder Kunde einkaufen, das Kaufhaus ist öffentlich zugänglich. Bis Anfang der 1990-er Jahre gehörte das Kaufhaus zum Werk, wurde danach verpachtet, später verkauft. Die Jausenversorgung im Betrieb wurde in den 1990-er Jahren mit einem Geldzuschuss seitens des Werks dem Kaufhaus übergeben. Dieser Vertrag wurde im Jahr 2012 verändert, für drei Jahre neu verhandelt, danach verlängert. Festgelegt wurden darin die organisatorischen Belange, die Preise für Jausenpakete, Kaffee und die Grundbedürfnisse.

Wohnraum / Mobilität

Um den Zuzug von Menschen zu ordnen, den Mitarbeitern menschenwürdige Wohnungen anbieten zu können, wurden auch finanzielle und materielle Mittel von Seiten der ÖAMAG bereitgestellt. Die gewaltigen Änderungen innerhalb der Region, der Umbruch der Gesellschaft, die laufende Urbanisierung, die durch die Industrialisierung rasch voranschritt, mussten immer im „Auge" behalten werden. Das ehemalige Dorf Radenthein entwickelte sich zur größeren Ortschaft. Ein Sinnbild dafür waren die rasant wachsenden Wohnbauten, wie z.B. auf dem „Schinderbühel", der Erdmannsiedlung. Hier baute im Jahre 1938 das Magnesitwerk zu den schon 1937 entstandenen Siedlungshäusern noch zehn Einfamilienhäuser hinzu. Erbaut wurden auch Häuser und Wohnungen für die Arbeitnehmer in Untertweng, die Siedlungen mit den Namen „Mexiko", „Sibirien" sowie das genannte Entwicklungsgebiet am „Schinderbühel", das nach dem ehemaligen Generaldirektor Konrad Erdmann „Erdmannsiedlung" genannt wurde.

Diese Entwicklungs- und Wohngebiete sind derzeit (2018) noch wesentliche Wohngebiete der Gemeinde. Das nachkommende Zitat wird heute verändert und „weiter ausgelegt", der „Sinn" bleibt gleich; „(sie legen) heute noch beredtes Zeugnis ab von dem Willen ihrer Erbauer, menschenwürdige Wohnstätten für jene Werksangehörigen zu schaffen, die als Stammarbeiter treu und rastlos für ihr Werk seit vielen Jahren beschäftigt sind". (Hütter 1948: 41) Dieser Terminus Stammarbeiter veränderte sich im Laufe der Zeit. Beginnend im Werk als Zeitarbeiter kommt es im weiteren Verlauf von ca. einem Jahr zur Übernahme als Stammarbeiter. Nicht vergessen sollte man im Jahr 2018, auf die Entwicklung des gesellschaftlichen Wandels der (jungen) Arbeitnehmer/innen hinzuweisen. Hierbei kommt es zu einem Denken von „Zeit im Verhältnis vor Geld" (Einkommen), entgegen des zuvor entgegengesetzten Trends.

In weiteren Passagen der Jubiläumsschrift von 1948 formuliert sinngemäß Hütter noch in lieblicher Art und Weise, dass die schöne alte Dorfkirche am Berghang auf das emsige Getriebe und das Wachsen und Werden der letzten Jahrzehnten hernieder blickt. Der Glockenschlag tönt zu jeder Tages- und Nachtzeit, damit fleißige Menschen auf dem Wege zum Werk finden. Nahezu alle Bewohner des Bergtales gehen zum gemeinsamen Schaffen. Wesentlich umschrieben wird, dass jeder von jedem in vielen Dingen der Arbeit und des Lebens abhängig ist, deshalb die Arbeitsgemeinschaften noch enger als andere zusammen sind. Insbesondere führt er aus, dass es vielleicht an der Tatsache lag, dass wir in dieser Einschicht leben, die uns zu einer großen Familie, alle im Tal, zusammenwachsen ließ. Ein „Radentheiner" zu sein erfüllt uns mit einem Stolz, der mit Überheblichkeit nichts zu tun hat, so die Ausführungen von Hütter (39 ff).

Die Schaffung von Wohnraum war in ganz Kärnten eine gewaltige Herausforderung. Für ein starkes Signal in die Zukunft, um den Herausforderung gewachsen zu sein, beschloss der Kärntner Landtag ein Gesetz zur Unterstützung beim Wohnbau:

> § 1.Das Land Kärnten errichtet zur Förderung des Baues von Wohnungen und Kleinsiedlungen einen Wohn- und Siedlungsfonds für das Land Kärnten. Der Fond leistet Gemeinden und Gemeinnützigen Wohnungsvereinigungen für diese Zwecke finanzielle Hilfe. Diese Hilfe wird nur dann gewährt, wenn der Darlehenswerber nachweist, dass ihm eine finanzielle Hilfe aus den Mitteln des Bundes- Wohn- und Siedlungsfond gewährt wird und dass die Gemeinden, in deren Bereich die zu verbauende Grundfläche liegt, insbesonders durch Beistelllung von Grundstücken, Übernahme von Aufschließungskosten usw. das Bauvorhaben fördern. Der vom Amt der Kärntner Landesregierung zu verwaltende Fonds führt den Namen „Wohn- und Siedlungsfonds für das Land Kärnten". (Landesgesetz Nr. 26 Wohn- und Siedlungsfond, 25. Mai 1948)

Im Jahr 1948 war bereits ein „Ledigenheim" fertiggestellt. Diese Unterkunft bot den Ledigen Werksangehörigen einfache Zimmer nach damaligen Standard an. Es standen ihnen auch Wasch- und Baderäume zur Verfügung. Die Wäsche konnte in der betriebseigenen Wäscherei abgegeben werden. Hier wurde sie mit der Betriebswäsche gewaschen und gebügelt. Nach dem ersten Jahrzehnt war es an der Zeit, ein Mädchenheim zu errichten. Die Bewohnerinnen ersuchten im Zuge der Planung um Mitsprache. Eine Mindestgröße pro Zimmer von 9,5 m² wurde gefordert, das als Schlaf-, Wohn- und Küchenraum benützbar sein sollte.

Im Laufe der Zeit änderten sich die Gewohnheiten der Mitarbeiter, die zunehmend täglich nach Hause fuhren bzw. war in der Zeit von 1966 bis 1969 die Aufnahme von Arbeitnehmern restriktiv gehandelt worden, was auch ein Absinken der Besetzung in den Ledigenunterkünften bewirkte. Durch eine Überprüfung der Burschenhausbewohner und eine Zusammenlegung war es möglich, 1969 ca. 30 Betten einzusparen. „Diese Tatsache würde die Möglichkeit schaffen, z.B. im Burschenhaus III (...) etwa zwei Drittel der Ledigen-Unterkünfte aufzulassen und ohne wesentliche Adaptierungskosten in Büroräume umzuwandeln. Eine solche Überlegung würde dazu beitragen die Bürofrage für die nächsten Jahre einer befriedigenden Lösung zuzuführen.“ (Pers. Abt M/A; 30.09.1969)

Payer (1983: 44) schreibt, dass im Burschenhaus und im Mädchenheim, das sind die Häuser für die ledigen und die Arbeitnehmerinnen, die von auswärts nach Radenthein kamen, für die eine tägliche Heimfahrt unzumutbar war, noch im Jahr 1982 40 Werksangehörige untergebracht waren. Ihre Anzahl sank bis Ende der 1980-er Jahre auf unter 10 Personen, danach waren nur mehr Einzelfälle zu verzeichnen. Das Mädchenheim bestand Anfang der 1980-er Jahre nur noch dem Namen nach, das Burschenhaus wurde zu den Fusionszeiten Veitsch/Radex in den 1990-er Jahren verkauft.

In den Jahren des starken Zuzugs von Personen gab es immer wieder Probleme bei der Suche nach billigem Wohnraum. Trotz aller Bemühungen der Firmenleitung gab es eine rege Nachfrage nach billigen Wohnungen. Der Betriebsrat versuchte die Not zu lindern und ausgleichend zu wirken. „Auf Grund der Ansuchen Wohnungssuchender wurde bereits eine genaue Aufstellung ausgearbeitet. Vor Ort werden die dringendsten Fälle ermittelt.“ (BR-Protokoll 20. 10. 1949) Zusätzlich half man den Beschäftigten mit günstigen Krediten, verbilligten Baustoffen, sonstigen Hilfsmaßnahmen, rechtlichen Auskünften, technischer Unterstützung, Planungsarbeiten sowie der Bereitstellung von verbilligter Tischlerware von Seiten der Firmenleitung. Diese Siedleraktion, die seit 1951 bestand, leistete einen wesentlichen Beitrag zur Beseitigung der Wohnungsnot in Radenthein. „Jährlich machen von diesen Einrichtungen etwa 50 bis 60 Beschäftigte Gebrauch. Rückwirkungen auf das Siedlungsbild des Ortes ergeben sich dabei namentlich deshalb, weil die Arbeiter nicht selten nach einem einheitlichen oder doch ähnlichen Plan bauen.“ (Gräbner 1971: 98)

Andererseits wurden auch vom Magnesitwerk selbst Wohnungen errichtet und vermietet. Auch unter Zuhilfenahme eines Landesgesetzes wurden kreative Lösungen gefunden.

> Die Neue Heimat beabsichtigt, in Radenthein auf ihrem Gelände einen weiteren Wohnblock zu errichten (...) Kosten 1,5 Millionen. Wohn- Siedlungsfond 50-60% und die Neue Heimat 10%, wenn wir uns mit 30 – 40% = 400.000,- bis 600.000,- S beteiligen, würden wir für diese Wohnungen das Verfügungsrecht auf die Dauer von 69 Jahren bei einer Monatsmiete von ca. ATS 150,- pro Wohnung erhalten. Diese Wohnungen kämen uns

> halb so teuer zu stehen als eigene Neubauten, die im Verlaufe von 69 Jahren ebenfalls den erwähnten Baukostenzuschuss erfordern würden. Eine weitere Möglichkeit ist, von der Neuen Heimat gegen Zahlung eines Beitrages von S 90.000,-- das Verfügungsrecht über 50 Wohnungen zu den gleichen Bedingungen, wie sie schon für 27 Wohnungen festgelegt wurden, zu erhalten. Diese Abmachung ist unbefristet. (...) Mit Rücksicht auf die große Wohnungsnot in Radenthein erklärt sich der Vorstand mit der Durchführung dieser Aktion einverstanden. (Vorstandsprotokoll vom 8. 12. 1951)

Die Planung, die Sportanlagen zu vergrößern, stieß innerhalb der Belegschaft auch auf gegensätzliche Diskussionen. Einerseits war die Arbeiterschaft der Meinung, für die heranwachsende Jugend etwas zu tun, andererseits herrschte der Gedanke vor, das Geld in den Wohnbau zu investieren. In diesen Diskussionen erläuterte Dir. Samitz u.a., dass „das Werk ohnehin die Absicht hat, bis zum Herbst 1952 etwa 19 Wohnungen neu zu errichten, darüber hinaus werden durch die Siedleraktion ca. 10 Wohnungen frei werden. Durch die Vergebung von 30 Wohnungen im Herbst 1952 wird sicher eine sehr fühlbare Entlastung auf dem Wohnungssektor in Radenthein eintreten.“ (Pers.Abt./M/P. : Ra., 20. 01. 52)

Unterstützung kam bei der Wohnraumschaffung auch vom Land Kärnten:

> (1) Zur Förderung des Baues von Wohnungen in Kleinsiedlungshäusern wird vom Lande Kärnten ein Fondes unter dem Namen „Kleinsiedlungshäuserfonds für das Land Kärnten“ mit dem Sitze in Klagenfurt errichtet. Dem fonds kommt Rechtspersönlichkeit zu. Er wird vom Amte der Kärntner Landesregierung verwaltet und nach außen durch den Vorsitzenden des Beirates (dessen Stellvertreter) vertreten (§6 Abs. 2). Die rechtsgültige Zeichnung für den Fonds erfolgt durch die Unterfertigung des Vorsitzenden des Beirates (dessen Stellvertreter) unter der Bezeichnung „Kleinsiedlungshäuserfondes für das Land Kärnten. (Landesgesetz Nr. 8, Errichtung eines Kleinsiedlerfonds, 18. Dezember 1952)

Im Jahr 1954 baute das Werk über den Sommer 38 Einfamilienhäuser. Gebaut wurde in einer zur damaligen Zeit modernen Infrastruktur, mit Kanal und Beleuchtung. So entstand die sogenannte „Ostsiedlung“. Ein Vorteil für die Bewohner war der soziale Miet-Kaufpreis. Durch das Bezahlen einer Miete von ca. ATS 400,-[13] ging das Haus nach zwanzig Jahren in das Eigentum über.

---

13 Daten: Schmölzer 1996: 383; Miete von rund ATS 400,-- ist ca. Wochenlohn eines qualifizierten Arbeiters an das Werk, dann gehen die Häuser nach 20 Jahren in das Eigentum der Mieter über.

Die Siedleraktion, die in den Erzählungen als Wohltat der Firmenleitung galt, musste jedoch immer wieder vom Betriebsrat beantragt werden. Bereits 1954 musste für jene Siedler, die für 1954 um Gewährung eines Bau-Kredites angesucht hatten, auch mit Beistellung von verbilligter Tischlerware rechnen können, um Mitteilung ersucht werden. „Herr Dir. Samitz und Herr. Dir. Riegger stellen eine positive Erledigung dieser Frage in Aussicht." (BR-Protokoll Nr. 59) Seit der Erfassung der Siedleraktion im Jahre 1951 bis 11. Dezember 1959 wurden im Rahmen der Siedleraktion 394 Wohnungen bzw. Häuser für Werksangehörige gebaut. Die Siedleraktion wurde immer wieder den Notwendigkeiten angepasst.

> In die Siedleraktion werden auch Bauwerber, die sehr baufällige Keuschen etc. kaufen oder erben, zur Verbesserung ihrer Wohnverhältnisse aufgenommen.Die Vorteile oder Siedleraktion bestehen im wesentlichen in der Abgabe von verbilligten Bauholz, das in Längen abgepaßt zur Verfügung gestellt wird, und in der Abgabe von Tischlerware; Preis je Loch Fenster oder Tür S 150,-- (Tischlerpreis ca. S 600,--). Die Siedler beziehen auch die Heraklithplatten zum Siedlerpreis; dieser liegt um ca. 10% unter dem üblichen Werksangehörigen-Preis. Ein weiterer Vorteil, den nur die Siedler in Anspruch nehmen können, ist der Einkauf von sanitären Einrichtungen und Elektroinstallationsmaterialien. So abgegebene Waren werden auch nicht mit der Warenumsatzsteuer belegt. Diese Materialien werden außerdem kostenlos bis zur Baustelle geführt. (Pers. Abt./M/A, Siedleraktion, 6.2.1961)

Betriebsratsobmann Filipot intervenierte in einer Besprechung am 2. März 1962 wegen dem Baubeginn der 32 Wohnungen auf dem Schusserboden. Es selbst habe beim Handelsministerium interveniert und im Gespräch mit Dr. Fellner die Auskunft bekommen, dass für die Bauansuchen bisher keine Interventionen stattgefunden haben. Die Zuteilung des Bundes-Wohn- und Siedlungsfonds für 1962 war bereits abgeschlossen. Im Ministerium wurde damals vorgeschlagen, die Verwendung der Eigenmittel der ÖAMAG für den Bau von 32 Wohnungen sofort zu genehmigen. Fehlend zur Genehmigung war noch die Prüfung des Sozialministers, die innerhalb von 14 Tagen erfolgen sollte.

> Vom Bundes- Wohn- und Siedlungsfond ist der Kredit für zwei Arbeiter-Wohnhäuser (12 Wohnungen) bewilligt worden Unser Beitrag beträgt rund S 400.000,00 (vorgesehen ist im I-Programm 1962) (,..) Für die Wohnbauvorhaben in Radenthein, d.s. 32 Wohnungen, die mit Hilfe der Industrie – Siedlungsgenossenschaft errichtet werden sollen gibt es folgende Möglichkeiten: Auf Grund der Intervention bei Herrn Minis-

> terialrat Dr. Huger könnte das Bauvorhaben aus KRV-Mittel finanziert werden, sobald sich die Parteien über die Vergebung der Mittel geeinigt haben. Ein weiterer Antrag den Herr Nationalrat Dr. Weihsmann betreibt bezieht sich auf die Genehmigung der Verwendung der von uns beizustellenden Eigenmittel, d.s. 1,5 Millionen. Es (...) Herr Sozialminister Proksch gewendet, der eine Prüfung des Antrages und eine positive Erledigung in Aussicht gestellt hat. (Vorstandssitzung Juni 1962)

In einer Betriebsratssitzung (BR-Protokoll Nr. 111) am 4. Juli 1967 fragte der Betriebsrat nach dem Stand des Bauvorhabens auf dem Schusserboden. Es teilte Direktor Samitz mit, dass dieses Wohnbauprojekt beim Bundes-Wohn- und -Siedlungsfonds seinerzeit eingereicht wurde, aber noch keine Zuteilung erfolgte. Auch in der sogenannten wirtschaftlichen Boomphase sah man anhand dieser Entwicklung Rückschläge. In der Folge gab es aber immer wieder Neubauten bzw. Modernisierungen, wobei ein Wohnblock mit 16 Wohnungen mit 1. Dezember 1963 (Pers. Abt./A 23.11.1963) fertiggestellt wurde, im Gegenzug die letzte Wohnbaracke sowie diverse alte Häuser abgerissen werden sollten. Der Betriebsrat beantragte wie immer die Fortführung der Siedleraktion, der Vorstand sah diese Vorhaben auch im Jahr 1967 positiv. Die Anmeldungen konnten ab sofort vorgenommen werden.

Im Jahr 1974 gab es entscheidende Änderungen bei der Siedleraktion. Der Betriebsrat erklärte sich bereit, für die Tischlerware von der Eigenherstellung zum Fremdbezug überzugehen. Die Firma ersparte sich dadurch den Werkszuschuss, als Gegenleistung wurde eine Anhebung des Limits des Siedlerkredites von ATS 60.000,-- auf ATS 90.000,-- und eine Verlängerung der Rückzahlungszeit von vier auf fünf Jahre gefordert. „Der Vorstand stimmt einer Anhebung von ATS 60.000,-- auf ATS 80.000,-- zu; die Rückzahlungszeit soll 4 Jahre betragen." (Vorstandssitzung 4./5. Juli 1974) Diese Darlehen wurden für den Ankauf von Eigenheimen und von Wohnungen für die Mitarbeiter gewährt und hatten einen vom Aufsichtsrat genehmigten Rahmen von ATS 7,000.000,--. Die innerbetrieblichen Darlehen wurden 1990 auf Antrag von „BRV Prettner von ATS 7 auf ATS 9 Mio. angehoben." (BR Protokoll Nr. 63) Im Jahr 1998 wurde das letzte innerbetriebliche Darlehen vergeben.

Diese (auch für heute noch sinnvolle) Aktion wurde nach mehr als 5 Jahrzehnten ein Teil der Restrukturierungs- und Einsparungsmaßnahmen aus dem Desaster von „Wir kaufen Amerika". Aus Kostengründen wurden die Firmenwohnungen den Mitarbeiter/innen zum Kauf angeboten, so dass zum Zeitpunkt 1982 noch 176[14] Wohnungen im Besitz der ÖAMAG standen. Werkswohnungen gibt es seit dem Jahr 2003 nicht mehr. Ein Haus im Bergbau, auf der Millstätter Alpe, ist noch im Besitz des Magnesitwerkes.

In den 1960-er Jahren wurde verstärkt auf die Rekrutierungsgebiete Augenmerk gelegt, die via Pkw bzw. Omnibusshuttle erreicht werden konnten. Es wurde ein Bustransfer für jene Arbeitnehmer eingeführt, die nicht in der Nähe des Werkes ihren Wohnsitz hatten. Individuell gab es noch Fahrtgeldunterstützungen für jene AN wo ein Bustransfer nicht möglich war. Diese Maßnahmen wurden aus sozialpolitischen Gründen zwischen Betriebsrat und Firmenleitung verhandelt und eingeführt, um einen zu starken Zustrom nach Radenthein zu vermeiden. Auf Grund der sinkenden Arbeitnehmerzahlen wurden nach und nach die Busse eingestellt, bis sich zuletzt kurz nach der Jahrtausendwende die Firma ganz zurückzog. Der Betriebsrat organisierte noch die Aufrechterhaltung von zwei Linien, wobei die Aufrechterhaltung der letzen Linie wegen abnehmender Fahrgäste im Jahr 2010 nicht mehr möglich war. Individuelle Unterstützungen wurden bis in das Jahr 2016 gewährt.

Kinderbetreuung

Viele Entwicklungsmöglichkeiten wurden erst mit Hilfe des Werkes oder deren „Betreiber" möglich. „Zum Andenken an seine verstorbene Gattin Mary Elisabeth Winter, stiftete Herr Emil Winter im Jahre 1930 zwei Kindergärten, in Radenthein (ATS 90.000,00[15]) und Ferndorf, in welchen nicht nur die Kinder der Arbeiter sondern aller Gemeindeangehörigen Aufnahme fanden." (vgl. 25 Jahr Jubiläumsschrift 1908 – 1933)

Winter unterstützte auch den Bau des Schwimmbades im Jahr 1932 zum Wohl der Radentheiner Jugend. Im Jahr 1936 war das Magnesitwerk mit der Leitung des Kindergartens nicht mehr einverstanden und zufrieden, „weil die Leiterin die ihr obliegenden Aufgaben, wie Vorkehrungen zur Schonung der Anpflanzungen und die Feststellung und die Meldung über die Schadhaftigkeit von Zaun und Türen vernachlässigt hatte". (Schmölzer 1996: 301) Andere Details und Hintergründe über die „Unzufrieden-

14 Daten: Payer 1983: 43f

15 Anm: Währungsreform 1924/25!

Abb. 12, 13: Der Kindergarten – eine legendäre Enrichtung an den Standorten Radenthein und Ferndorf. Oben: Kindergartengebäude Ferndorf. Unten: Kindergartengruppe Radenthein (ca. 1933).

heit“ der Leitung des Magnesitwerks mit der Leitung des Kindergartens konnten nicht eruiert werden.

In einer schrecklichen Zeit wurde der Kindergarten 1938 an die NS-Volkswohlfahrt verpachtet. Den Mitarbeitern und deren Kindern verpflichtet, wollte das Magnesitwerk unter Generaldirektor Dr. Wolfgang Wick im Jahr 1951 den vom Werk der Öffentlichkeit geschenkten Kindergarten zurückkaufen. „Der Kauf ist aber aus gesetzlichen Gründen nicht möglich.“ So lautete die veröffentlichte Darstellung in der Radentheiner Chronik. In einer Mitschrift wird vermerkt, dass die Gemeinde einen merkwürdigen Standpunkt einnimmt, sich mit der Landesregierung in Verbindung gesetzt und den Vorschlag des Werkes abgelehnt habe. Es ist ganz klar, so ist im Schreiben zu lesen, dass das Werk den Kindergarten viel besser betreuen könne als die Gemeinde und für sie nur eine finanzielle Belastung brächte. „Es besteht der Zweifel, dass hier nicht sachliche, sondern andere Gründe für diese Haltung maßgebend sind. (...) Wir lassen deshalb dieses Projekt, den Kindergarten, fallen und werden uns gegebenenfalls einmal selbst einen Kindergarten für unsere Werksangehörigen einrichten, der ohne Einflussnahme von außen geführt werden kann.“ (Kindergarten Radenthein, September 1951)

Die Verhandlungen und Anstrengungen über den Rückkauf des Kindergartens zogen sich einige Jahre in die Länge. Die Firma verhandelte mit der Gemeinde auch über einen neuen Sportplatz. In diesem Zug ersuchte der Betriebsrat die Firmenleitung, auf der Erdmannsiedlung einen Kindergarten zu errichten. Der zuständige Direktor verwies auf das neue Kindergartengesetz, dass in Vorbereitung sei. Es sollten die Gemeinden verpflichtet werden, Kindergärten zu bauen. Weiter erläuterte Dir. Samitz, dass die „rechtliche Lage betreffend den Kindergarten in Radenthein auch noch nicht geklärt wäre. Es wurden von der Firma Anstrengungen unternommen, diesen Kindergarten zurückzubekommen, doch ist der Fall noch nicht erledigt. Vorläufig kann über einen neuen Kindergarten nicht gesprochen werden.“ (BR-Protokoll 7. 10. 1953) Auch der Kindergarten in Radenthein wurde durch einen Zubau erweitert, platzmäßig verdoppelt. Dadurch konnten nun 120 Kinder untergebracht werden. Auch in den Jahren danach griff das Magnesitwerk immer wieder Hilfegebend ein. Im Gemeindegebiet wurde in der Erdmannsiedlung 1957 ein weiterer Kindergarten errichtet. Im Jahr 1958 wurde der Kindergarten fertiggestellt. Der Grund und Boden wurde vom Werk zum Preis von ATS 5,--

erworben und zur Verfügung gestellt. In der weiteren Folge wurden die beiden Kindergärten als Gemeindekindergärten geführt und im Zuge der Zeit angepasst, modernisiert und erneuert.

Werkssportgemeinschaft Radenthein (WSG)

Ab dem Jahr 1936 verschlechterte sich besonders bei der bäuerlichen Bevölkerung die wirtschaftliche Lage. Im Magnesitwerk herrschte noch Hochkonjunktur, die Arbeiter und Angestellten kauften viele erhältliche Konsumgüter ein, die Gewerbetreibenden machten darum auch noch bessere Umsätze und hatten einen guten wirtschaftlichen Verlauf, jener von 1937 verlief ähnlich. In diesem Zeitraum wurde auf einer 10.500 m^2 großen Fläche ein Sportplatz errichtet. Laut Aufstellung des Magnesitwerks wurde die Errichtung für das Jahr 1938 datiert, die Kosten für den Grundkauf beliefen sich auf ATS 11.000,--, anschließende Baukosten ATS 5.000,--. Der Sportplatz wurde dann unter der Bedingung dem Werk übergeben, dass bestehende und in Zukunft entstehende Sportvereine sowie die Schulen den Platz benützen dürfen.

Ein Meilenstein der Sportgeschichte zu dieser Zeit in Kärnten war der Zusammenschluss sämtlicher Sportsektionen unter dem „Dach" des Magnesitwerkes. Im Jahr 1951 wurde die Werkssportgemeinschaft (WSG Radenthein) gegründet.

In den ersten Jahren nach dem Zweiten Weltkrieg wurde wieder verstärkt auf die Freizeitgestaltung Wert gelegt. Die eben erst genannten Sportaktivitäten blühten auf. Im Welfare-Bericht für 1951 ist festgehalten, dass für den Ausbau der Schwimm- und Sportanlage zunächst ein Betrag von ATS 300.000,-- vorgesehen war. Vorbereitet wurde auch der Kauf von einem Autobus.

Die Planung, die Sportanlagen zu vergrößern, wurde aber auch gegensätzlich diskutiert. Mit dem Verweis, dem Wohnbau mehr Mittel zuzuführen anstelle das Geld in den Sportstättenbau zu investieren, bildeten sich Interessenslager. Aber im April 1952 wurde tatsächlich mit dem Bau des Radentheiner Sportstadions begonnen. Es wurde ein zu dieser Zeit modernes Fußball- und Sportstadion gebaut. Zusätzlich wurden Skisprungschanzen errichtet. So gab es im Februar 1952 erstmals ein internationales Skispringen auf der Hausschanze der WSG in Radenthein.

Das Dr.-Hauschka-Gedächtnisspringen war viele Jahre hindurch eine der attraktivsten Sprungkonkurrenzen Kärntens. Professor Baldur Preiml, mehrfacher österreichischer Meister und Bronzemedaillengewinner in Grenoble, war Radentheiner Springer.

Im Skisprungsport gelang Siegfried Kostner als ersten Kärntner ein 100-Meter-Sprung, Baldur Preiml war Dritter der Vierschanzentournee, Olympiadritter auf der Normalschanze, Sieger in Bischofshofen u. a.

Die Schisprungschanzen sind Geschichte, die Sektion Tennis bestach durch eine langjährige Teilnahme an der Staatsmeisterschaft. Die Kampfmannschaft der Sektion Tennis wurde mit 1. Oktober 1970 aufgelöst. Einer der letzten Turnierspieler war Hans Kary.

Mit 29. Juli 1965 wurde die Sektion Segelflug der WSG Radenthein aufgelöst und das Segelfugzeug MG 23 sowie das restliche Inventar verkauft.

Die Sektion Badminton stellte zwischen 1958 und 1967 vier österreichische Mannschaftsmeister.

Die WSG war 1954 mit 20 Sektionen (Leichtathletik, Basketball, Handball, Fußball, Fechten, Turnen, Gymnastik, Schwimmen, Tennis, Tischtennis, Motorsport, Bergsteigen, Skisport, Flugsport, Badminton, Eistockschießen, Kajak, Schach, Schisport, Schießen, Eislaufen, Radfahren, Gewichtheben, Karate, Motorsport u.a.) und mit 750 Sportlern der größte Sportverein Österreichs.

Es wurden zahlreiche Spitzenplatzierungen erreicht. Die Sektion Fußball wurde mehrmals Meister in der Tauernliga sowie der Regionalliga und schaffte dreimal den Aufstieg in die damals höchste Fußballklasse in Österreich. Mit dem Gewinn des Titels in der Regionalliga 1972/73 was den dritten Aufstieg in das österreichische Oberhaus bedeutete wurde das Ende des Profibetriebs eingeleitet. Der Verein wurde in das vermeintlich publikumsträchtigere Villach umgeleitet. Die Mannschaft wurde als Spielgemeinschaft Radenthein/VSV bis 1975 geführt, Radenthein spielte als Zweitmannschaft – Radenthein/VSV, stellte mit 7. November 1975 den Spielbetrieb offiziell ein, die Lizenz verblieb in Villach. Radenthein begann 1976 in der untersten Liga von Kärnten neu. Die Fußballmannschaft spielt derzeit im vordersten Viertel der Unterliga West. Es gibt insgesamt 10 Mannschaften (Unter 7 A und B / Unter 9 / Unter 10 / Unter 12 / Unter 13 / Unter 15 / Unter 17 / Kampfmannschaft und Kampfmannschaft 1b).

Abb. 14, 15: Der Festsaal als Gemeinschaftsraum für zahlreiche Anlässe, die in Radenthein die Gemeinschaft förderten (oben). Modell der neuen Sportanlage, die nach dem Zweiten Weltkrieg zum Zentrum des Breiten- und Spitzensportes wurde (unten).

Die Basketballer waren von 1958 bis 1972 in der A-Liga. In diesen Jahren gelang ihnen zweimal die Teilnahme am Europacup der Cupsieger. Für die Basketballmannschaft wurde ein hauptamtlicher Trainer engagiert. Für diese Planstelle gab es auch noch in den 60er Jahren eine Nachbesetzung.

> Sehr geehrter Herr Sis!
>
> Unter Bezugnahmen auf die bisher geführten Verhandlungen bieten wir Ihnen ab dem Datum 1. Oktober 1968 bis auf weiteres, jedoch mindestens bis 30. September 1969, neuerlich die Stelle eines hauptamtlichen Basketballtrainers in unserer Werkssportgemeinschaft in Radenthein an, wobei wir uns das Recht vorbehalten, Ihnen einen Ihren Fähigkeiten auch anderen entsprechenden Tätigkeitsbereich zuzuweisen. (Dr. W/Be 11.10.1968)

Hervorzuheben ist auch in der Sektion Basketball die Bundesligateilnahme über mehrere Jahre bis in das Jahr 2017.

Es gab nicht nur bekannte, populäre Sektionen in der Werkssportgemeinschaft. Auch auf die allgemeinen sportlichen Belange wurde mit professionellen Trainern geachtet. Zu diesem Zweck wurde ein Turnprofessor zur Betreuung der Werksportschule ab 1. September 1968 engagiert und später noch verlängert.

Im Schwimmsport war die Sektion lange Jahre an der Spitze in Kärnten zu finden. Teilnahmen von Schwimmer/innen an den österreichischen Meisterschaften mit Spitzenplatzierungen waren Usus, bis hin zu österreichischen Meistertitel bzw. auch mit Greti Wiederschwinger als Rekordhalterin über 100 m Freistil.

Im Fechtsport gab es österreichische Spitzenplätze. Mit Bruno Krainz gab es 1967 bis 1969 jeweils zweite Plätze bei den österreichischen Meisterschaften (1967 im Säbelfechten, 1968 und 1969 in der Mannschaft). Im Motorsport holten sich die Sportler jeweils nationale und internationale Erfolge, sowie auch im Schach Spitzenplätze im Nachwuchs.

Im Ziel- und Stockschießen gab es zweite und dritte Plätze bei den Europameisterschaften sowie Staatsliga-A- Teilnahme. (Heinrich Hinterlassnig als Zweiter bei den Europameisterschaften in den Jahren 1969 und 1961, Walter Oberlerchner österreichischer Meister 1971 und Dritter 1971 bei der Europameisterschaft). Bis in die Jetztzeit – der Sommersaison 2016 – gibt es regelmäßig Spitzenplatzierungen der Sektion Eis- und Stocksport. Nach einer Vielzahl von Turniersiegen war der Sieg in der

Landesliga und dem Aufstieg in die zweithöchste österreichische Liga ein toller Erfolg.

Im Schießsport gab es vielfache österreichische Meistertitel zwischen den Jahren 1986 und 1996 sowie den Europameisterschaftstitel durch Stefan Olsacher jun., Brigitte Olsacher wird 1996 österreichische Meisterin mit der Armbrust.

Die Sektion Karate/Kickboxen etablierte sich ab dem Jahr 1985 als international erfolgreiche und Breitensport wirksame Sektion. Trainiert wird mit ca. 60 sportbegeisterten Menschen, mehrmals die Woche. Die Angebotspalette reicht von der Kinder- und Jugendförderung (ca. 20 Kinder im Alter von 5 bis 12 Jahren), Trainings für Einsteiger und Fitnessbegeisterte und einer Wettkampfgruppe Kickboxen. Das Training mit den Kindern verläuft zwischen Disziplin und Spiel. Die Ziele sind: Disziplin, dynamische und lernfreudige Karatekinder, Gelenkigkeit – ein gutes Grundniveau zu erreichen und ständig zu verbessern. Die Sektion ist Mitglied beim ÖBFK/Österreichischer Bundesfachverband für Kickboxen. Im Jahr 1993 holte Julia Flath den dritten Platz bei der Europameisterschaft. Jürgen Thamerl wird im Jahr 2000 österreichischer Meister und holte einen ersten und zweiten Platz bei der WAKO-WM (Semikontakt). Es gibt mit Christoph Gferer und Oliver Hofer Athleten mit österreichischen Spitzenplatzierungen bei den Wettkämpfen. Der Trainer Andreas Pertl ist oftmaliger Kärntner Meister, mehrmaliger Staatsmeister, Vizeeuropameister 2012, Ditter bei der EM 2014 und Fünfter bei der Weltmeisterschaft 2013.

Der Verein WSG ist für die sportliche Breitenwirkung immer wieder mit sportlichen Leistungen auf höchster Ebene präsent. Wesentlich für das Bestehen und der unverzichtbarer Arbeit im Nachwuchsbereich, der Arbeit mit Kindern und der Jugend sind die unzähligen Helfer, Funktionäre, Mitarbeiter und Trainer mit ihrer stundenlangen ehrenamtlichen Arbeit.

Die Förderung der Werkssportgemeinschaft vor allem für die Jugend, ist auch heute als gesellschaftspolitisches und soziales Anliegen ein wichtiger Bestandteil in der Region. Es gibt unzählige unterstützende Sponsoren.

Auch nach Jahrzehnten wird die nicht selbstverständliche Unterstützung vom Magnesitwerk (der RHI Magnesita) an den Werksportverein geleistet. Im Jahr 2017 gibt es fünf Sektionen: Fußball, Basketball,

Schwimmen, Karate, Stocksport (in Diskussion eine sechste). Mit einer Vielzahl von ehrenamtlichen Trainern wird vor allem die Nachwuchs- und Bildungsarbeit in mehrere Trainingseinheiten pro Woche durchgeführt. Es werden zur Zeit in den gesamten Sektionen über 150 Kinder und Jugendliche trainiert und betreut. Die WSG nimmt auch einen nicht übersehbaren Stellenwert im gesellschaftlichen Leben in Radenthein ein.

Werkskulturgemeinschaft Radenthein (WKG)

Zusätzlich gab es auch zahlreiche gesellschaftliche und kulturelle Angebote. Im Jahr 1953 entstand durch Unterstützung des Magnesitwerkes und auf Initiative durch Dir. Riegger der Bau der evangelischen Kirche. Dieses Kirchenhaus sollte die Kirchengemeinde auch kulturell bereichern. Als 1960 starker Schneefall das Kirchendach zerstörte, behob das Magnesitwerk den Schaden. Die Werkskulturgemeinschaft Radenthein (WKG) wurde im Jahr 1954 gegründet. Es waren zahlreichen Gruppen und Aktivitäten wie Sänger, Blasmusiker, Laienspieler, Brauchtumspfleger, Fotoamateure und weitere, die es zu koordinieren galt. Wesentlich war, ein kulturell vielfältiges Angebot zu erheben und einer breiten Masse zugänglich zu machen. Die Werksmusik wurde 1924 als Arbeiter-Musikverein gegründet, später wurde sie die „Werksfeuerwehrkapelle“ und nach 1945 die „Werkskapelle der ÖAMAG. Jahrelang spielte die Werksmusik auf höchstem musikalischem Niveau. Dieses Werksblasorchester, heute Knappenmusik Radenthein, tritt nach wie vor im Bergkittel auf. Die WKG-Veranstaltungen waren sehenswert und füllten zumeist die Veranstaltungsorte. Seit das Angebot der Medien (Kino/TV u.a.) stark angestiegen und für jeden zugänglich geworden war, wurde es schwieriger, ein breiteres Publikum zu den Veranstaltungen zu bringen. Die Werkskulturgemeinschaft organisiert aber nach wie vor Veranstaltungen mit einem Programm von namhaften Künstlern, unternimmt Theaterfahrten sowie Fahrten zu Festspielen etc.

Personalmaßnahmen

Arbeitskräfte am Arbeitsmarkt in Kärnten 1946 rekrutieren zu können war in einigen Bereichen ein schwieriges Unterfangen:

> „Der Mangel an Landarbeitern ist sehr ernst, gegenwärtig fehlen 17.000 Arbeitskräfte, ihre Zahl wird sich in der Hauptsaison auf 24.000 erhöhen.

> Verhandlungen über die Heranziehung ital. Arbeitskräfte sind in Aussicht genommen. Beschäftigungsnachweise für den Bezug von Lebensmittelkarten wurden durch die Labour Branch in Zusammenarbeit mit dem Arbeitsamt eingeführt. Den versetzten Personen wird jedwede Unterstützung zuteil um sich der Landarbeit zuzwenden. Eine Kommission bestehend aus je einem Vertreter der D.P. Section, der Labour Section und der Agriculture Branch besucht nun Bauernhöfe um für den Einsatz der D.P.s auf solchen Bauerhöfen Vorkehrungen zu treffen, die anständige Arbeitsbedingungen gewährleisten.“ (Bericht der Wirtschaftsabteilung; Militärregierung April 1946, vertraulich)

Auch in der ÖAMAG wurden nach dem Zweiten Weltkrieg Arbeitnehmer benötigt. Im Wellental der Wirtschaftszyklen kam es nach der Aufnahme von Arbeitnehmern wieder zum Abbau von Personal. Nach dem ersten Jahrzehnt der Boomphase waren die Personalabbaumaßnahmen aber tiefgreifender als die Aufnahmen. Nach dem Personalhöchststand im Jahre 1962 versuchte man den stetigen Personalabbaumaßnahmen in sozial verträglicher Art und Weise zu begegnen. So wurden zum Beispiel bis Ende 1971 in Radenthein 62 Mitarbeiter für einen Abbau errechnet.

> „Um die Produktionsbetriebe zu entlasten und um Kündigungen vorerst zu vermeiden, wird ein -Betrieb 195- eingerichtet werden. In diesen Betrieb werden nach und nach ca. 43 Mitarbeiter überstellt werden.“ (ZBR – Protokoll Nr. 77)

Am 19. November 1976 wurde über Veranlassung des Zentralbetriebsrates im Zuge der Ausgliederung des Werks von Hochfilzen zugesagt, dass alle zum Zeitpunkt der Gründung im Werk Hochfilzen tätigen Mitarbeiter unter Anrechnung aller Vordienstzeiten, in der ÖAMAG erworbenen Rechte und mit allen zum Zeitpunkt der Ausgliederung bestehenden sozialen Einrichtungen übernommen werden. Weiter wurde aufgrund der Konjunkturlage eine Überbeschäftigung von 150 Arbeitnehmern im Werk Radenthein und 50 Arbeitnehmern im Bergbau Millstätter Alpe für das erste Quartal 1977 errechnet. Der Bergbau hatte noch die Kapazitäten für ein halbes Jahr um Lageraufbau zu betreiben, um Kündigungen zu vermeiden. Andere Möglichkeiten, wie zum Beispiel Arbeitnehmer bei der Baustelle „Tauernautobahn“ zu beschäftigen, wurden durch die negative Presse der KP-Fraktion im Betriebsrat stark reduziert. Es waren Verhandlungen mit dem Landesarbeitsamt in Klagenfurt angedacht. Das Landesarbeitsamt

> „hat andeutungsweise weitere Hilfestellung, wie im Sommer dieses Jahres durch Umschulungsaktion, in Aussicht gestellt. Für die ÖAMAG

> bedeutet die Vermeidung von Kündigungen nicht nur den erhöhten Personalaufwand, sondern auch eine Beeinträchtigung der Arbeitsmoral dadurch, daß eine größere Zahl Arbeitskräfte nicht voll eingesetzt werden kann und daher zwangsläufig die Leistung gedrückt wird. (...) Verhandlungen mit dem Betriebsrat nach Weihnachten." (AV Vorstand 23.11. 1976)

Eine Maßnahme war die Ausnützung der natürlichen Abgänge und die Sonderunterstützungsmöglichkeiten. Dadurch, dass der Tiefstand der Stahlproduktion des Jahres 1975 in den Jahren 1976/1977 nur teilweise aufgeholt werden konnte, zeigten sich personelle Probleme. Gelöst wurden sie mit Umschulungsaktivitäten, die „voraussichtlich Ende September auslaufen werden, weitere gemeinsame Anstrengungen notwendig sein, um den Personalstand mit dem derzeitigen niedrigen Produktionsvolumen in Einklang zu bringen." (BR-Protokoll Nr. 151)

Der Betriebsratsobmann bot Hilfestellung für weitere Umschulungen an, er „betont auch, dass sich in der Besprechung mit Herrn Vizekanzler Häuser gezeigt habe, dass unserer Art der Umschulung gegenüber den in anderen Bundesländern geübten Auffangschulungen der Vorzug zu geben sei." Bis hin zu den Krisenszenarien des Jahres 1981, wo am 25. Juni Generaldirektor Leitner die wirtschaftliche Lage den Betriebsräten zur Kenntnis gebracht hatte. Laut BR-Protokoll Nr. 167 sollte der Bergbau ab 1. September 1981 um 36 Arbeitnehmer reduziert werden, vorwiegend durch Überstellungen ins Werk oder in die Invalidenpension. Im Werk Radenthein sollte es im 2. Quartal 1981 ca. 40 Abgänge geben, im 4. Quartal sowie im 1. Quartal 1982 je 20 Abgänge.

Im Zeitraum der Fusion von Radex Austria und der Veitscher Magnesit AG wurde der Belegschaftsstand in Radenthein von 1992 bis 1999 um ca. 840 Arbeitnehmer/innen reduziert. Es wurde durch den Abschluss einer Betriebsvereinbarung zwischen Betriebsrat und Konzernleitung zur Sonderunterstützung ab 1. Juni 1994 eine humane Möglichkeit der Personalreduzierung zur Vermeidung von Massenarbeitslosigkeit jeglicher Altersschichten abgeschlossen. Durch ein Paket von Restrukturierungsinvestitionen wurden zusätzliche Sozialplanvereinbarungen zwischen Betriebsrat und Firma vereinbart. Komplettiert wurde diese Phase noch mit Angeboten zur Aus-, Fort- und Weiterbildung, vor allem im Rahmen werkseigener Stiftungsmaßnahmen.

Eine besondere Leistung zur Arbeitsplatzsicherung war in den Zeiten des Problems mit einem der Tunnelöfen sowie der nachfolgend stattfindenden Weltwirtschaftskrise zu bewältigen. Die Anzahl der notwendigen Arbeitnehmer fiel durch den Auftragsrückgang auf unter 50 % des Personalstandes zurück. Mit einer Vielzahl von Maßnahmen (Unterbrechungsvereinbarungen mit Wiedereinstellungsgarantie, mit der Nutzung von Bildungsangeboten, der Nutzung der RHI-Stiftung u.a.), einem Personalplan zwischen der Konzernleitung, den Standortverantwortlichen und den jeweiligen Betriebsratsgremien, wurde dieser massive Wirtschaftseinbruch umsichtig und weitblickend sozialpartnerschaftlich gelöst.

Sozialleistungen / Gesundheit

Es gab auch nicht gleich lautende Diskurse, die sich z.B. im Schriftverkehr vom 16. September und 18. September 1952 des Betriebsrates an die Personalabteilung wie folgt darstellten: Personalchef Mößler ist der Meinung, dass eine Krankheit, auch wenn sie länger ist als 4 Tage dauert, den Urlaub nicht unterbricht. Der Betriebsrat stellte die Entscheidung des Obersten Gerichtshofes dar. Dass trotz Obersten-Gerichtshofs-Entscheides die Sichtweise des Betriebsrats einzuhalten sei, wurde im Schreiben vom 18. September 1952 anerkannt.

Ein wichtiger Punkt war auch die Bereitstellung von Brennstoff. Im Jahr 1955 gab es eine Neuorientierung der Abgabe von Brennholz und Kohle. Es wurde auch die Verteilung sowie die Haushaltslisten neu festgelegt. Im Jahr 1964 wurde in der laufenden Übung ein Zuschuss von ATS 705.000,-- für die Kohleaktion genehmigt. (Pers. Abt./M/A 5.2.1964)

Die Sozialleistungsliste zu erneuern und verbessern, war laufendes Thema und eine andauernde Intention der Betriebsräte.

„ZBO Filipot ersucht um Stellungnahme zu den Anträgen:

1. Dir. Samitz erklärt den Lohnverhandlungen durch Firmenregelungen nicht vorgreifen zu wollen. (...)
2. Kinderzulage. Eine Erhöhung der nach dem sozialen Merkblatt zur Auszahlung gelangenden Kinderzulage in der Höhe von S 24,– pro Kinde und Monat kann derzeit nicht in Erwägung gezogen werden.
3. Wochenbettspende. Die Wochenbettspende wird einheitlich mit S 300.– festgesetzt. Die Staffelung 1., 2., 3. Kind usw. entfällt.
4. Heiratszuschuß. Der Heiratszuschuß für Werksangehörige wird mit S 600,-- festgesetzt.

5. Sterbegeld. Die in Punkt 6 und 7 der Arbeitsordnung festgelegten Zuschüsse zu den Begräbniskosten werden einheitlich mit S 600,-- festgesetzt Demnach werden bei Todesfall eines Dienstnehmers, seiner Ehefrau oder eines Kindes eines Dienstnehmers die gleichen Zuschüsse gewährt. Neu einzubeziehen in diese Regelung sind Werksrentner und deren Ehefrauen.
6. Treueprämie. Dem Vorschlag für eine Erhöhung der Treuprämie wird nicht zugestimmt.
7. Wohnungszulage. Der Erhöhung der werksseitig bezahlten Wohnungszulage kann nicht zugestimmt werden.
8. Überstunden/Herbeiholung. Dienstnehmer, die zur Leistung von Überstunden von Überstunden nach Verlassen des Betriebs zurückgerufen werden, erhalten für die geleisteten Überstunden eine Zuschlag von 100%.
9. Die in den Punkten 3,4,5, und 8 genehmigten Regelungen gelten ab 1.1.1957." (Pers. Abt./M/Ma 31.1.1957)

Seit Anfang 1955 wurde seitens des Betriebsrates mehrmals versucht, die werksseitige Wohnungs- und Kinderzulage zu erhöhen. Der Betriebsrat forderte deshalb, eine Valorisierung der seinerzeit gewährten Zulagen vorzunehmen. Dir. Samitz teilte nach einer eingehenden Aussprache mit, dass er den Antrag des Betriebsrates in der nächsten Vorstandssitzung behandeln werde. Durch den Hochbetrieb und der Vollauslastung im Jahr 1961 im Werk gab es eine Sozialzuwendung von ATS „18,3 Millionen (…), die für die über 5.000 Beschäftigte Erhöhungen beim Weihnachtsgeld, bei den Renten und bei den Studienbeihilfen brachte. Für die Werksangehörigen übernahm der Betrieb die Vorfinanzierung und half mit der Siedleraktion kräftig mit". (Schmölzer 1996: 413)

Die Nachfolgeunterstützungen erfolgten der Höhe nach, unter Beachtung des konjunkturellen Verlaufs. So wurden auch weitere finanzielle Mittel für soziale Belange zur Verfügung gestellt. Die freiwilligen sozialen Leistungen für Kantinen, Krankenunterstützungen, Ausflüge, Sport, Hausbaudarlehen u. a.

> „beliefen sich auf S 12.815.669,--, d.s. 6,16% der Lohn- und Gehaltssumme von S 208,070.386 (1969 S 11,407.450,00 = 6,58% der Lohn- und Gehaltssumme von S 173, 364.015)." (Welfare Samitz 12. 9. 1961) Im Jahr 1963 gab es aufgrund des guten Jahres 1962 eine Prämie für den „guten Geschäftsgang und als Anerkennung der Leistungen unserer Mitarbeiter allen Dienstnehmern unserer Gesellschaft einen halben

> Monatsverdienst als einmalige Prämie zu bezahlen". (Pers.Abt./M/A 29. 8. 1963)

Das Soziale Merkblatt vom 11. 3. 1965 beinhaltete folgende Zuschüsse: Wohnungszulage für Verheiratete bzw. Ledige; Geburtenbeihilfe; Heiratsbeihilfe; Sterbebeihilfe; Kinderzulage; Treuezulage; Betriebsausflugsgeld; Einmalige Prämie sowie einen Zuschuss für Betriebsausflüge für Dienstnehmer und Rentner.Nach einigen Diskussionen und Anträgen des Betriebsrates gab es im Herbst 1969 weitere Fortschritte.

> „Kinderzulage, Wohnungszulage, 3 Tage Karenzfrist
>
> Wir teilen Ihnen mit, dass der Vorstand (....) ihren Anträgen befaßt hat und, wie nachstehend (...) erledigt ist:
>
> Kinderzulage: Erhöhung von S 24 auf 35 je Kind und Monat ab 1.10.1960
>
> Wohnungszulage: Der Erhöhung de Werksseitigen Wohnungszulage wird ab 1.10.1960 zugestimmt. Verheiratete AN erhalten S 20,-- (bisher S 15,--) ledige AN erhalten S 14,-- p. M. (bisher S 10,--)
>
> 3- Tage – Karenzfrist
>
> Der probeweisen Einführung der Bezahlung der ersten 3 Krankheitstage in unseren Werken ab 1.1.1961 wurde prinzipiell zugestimmt. Die Regelung wird vorerst mit einem Jahr befristet (Probejahr). Die Personalabteilung wurde beauftragt für die Einführung dieser Regelung eine Betriebsvereinbarung vorzubereiten. (...) Folgende Regelungen, Karenzzeit maximal 6 Arbeitstage pro Kalenderjahr, die Höhe des Entgelts nach den Bestimmungen unserer Arbeitsordnung – Ledige 75%, verheiratete 85% von der Sozialversicherungsbemessungsgrundlage." (Schreiben an den Arbeiter Betriebsrat 14. Oktober 1969)

Im Jahr 1998 wurde ein Gesundheitsprogramm (Rücken-, Gelenksberatung) in Kooperation mit der Bergarbeiterversicherung ins Leben gerufen, in welcher die Arbeitnehmer eine Woche in der Kuranstalt in den genannten Problembereichen geschult und therapiert wurden. Dafür gab es 3 Tage von der Firma frei, 2 Tage musste der Arbeitnehmer Urlaub nehmen. Seit dem Jahr 2001 wurden die freiwillig gewährten Tage aufgrund der angespannten wirtschaftlichen Situation nicht mehr gewährt. Laufend finden auch heute noch Kursprogramme im Rahmen von z. B. „Gsund & fit", Trainings für den Bewegungsapparat, Nordic walking-Gruppen statt. Dabei anfallende Kosten werden dabei großteils von der Firmenleitung bezahlt. Die Organisation wird je nach Veranstaltung auch von Kollegen in Absprache oder seitens der Firmenleitung getätigt.

Die firmenfreiwilligen Jubiläumsgelder, die Treuebezüge, die freiwillige Weihnachtsremuneration, Familien- und Kinderzulagen wurden teilweise für ab 1. Jänner 2002 neu eintretende Mitarbeiter nicht mehr bzw. in anderer Form gewährt.

Es wurden u. a. auch sämtliche Ausbildungsbeihilfen nur noch eingeschränkt gewährt. Die Bereiche Feuerwehr, WSG und Werksmusik mussten Kürzungen hinnehmen.

Weithin sehen lassen können sich jedoch die Serviceleistungen seitens des Betriebsrats (Angebot für die Organisation der AK&ÖGB-Aktionen, diverse Unterstützungsleistungen, vergünstigte Eintrittskarten – Bad, Ski, Messen –, Brennstoffbestellungen, Hilfe bei der ÖGB-Solidaritätsversicherung, einen Sparverein, Urlaubsaktionen, Verpflegungsaktionen und vieles mehr).

Die Unterstützungen unterliegen aber auch immer wieder einem Wandel der Zeit. Es ändern sich mit den unterschiedlichen Bedürfnissen der Generationen das Ausmaß der Unterstützung von Freizeitaktivitäten und das Angebot von freiwilligen Sozialleistungen. Sachbezüge, Krankenbetreuung, Weiterbildung, Stipendienbeihilfen, Sonderzahlungen verändern sich ebenso wie sich der Firmenname und die Beschäftigtenanzahl in der 100-jährigen Geschichte verändert haben. Ein Zitat von Payer (1983: 48) wird vom jetzigen Autor adaptiert neu formuliert:

> „Im Hinblick auf die freiwilligen, von den Betriebsräten eingehandelten Sozialleistungen dürfte die RHI AG in Österreich eine positive Stellung einnehmen, wobei den Zeiten entsprechend nach der Krise 2000/2001 und 2009 der Weg wieder nach oben weisen darf!"

Die typische direkte Pensionsunterstützung wurde abgelöst, es kam nachfolgend zu einer Einigung vom Betriebsrat und Firma mittels einer Vereinbarung, dass alle Mitarbeiter aus einer externen Pensionskassa Leistungen erhalten.

In groben Schritten zusammengefasst werden kann die betriebliche Sozialpolitik in die Bereiche Lebensbedingungen, Wohnraum, Mobilität, Kinderbetreuung, Werkssport – Kultur, Sozial- und Gesundheitsleistungen. Auch wenn der soziale Standard im Vergleich zu anderen Branchen gut abschneidet, zeigen die Veränderungen und Anpassungen vor allem durch „Krisen", dass man durch sie soziale Leistungen verliert.

Die Gewährung von Sozialleistungen werden schwerer verhandelbar. Die Diskussion entzweit sich zwischen dem Arbeitnehmer als Mensch und der Ware, das „Humankapital".

Führt diese Änderung auch zur Veränderung der „Qualifikation"? – Wesentliche Schritte des Kapitels sind folgend zusammengefasst.

Ein bildungspolitischer Grundsatz findet sich bereits im Kindesalter. In der vorliegenden Arbeit wird festgestellt, dass Emil Winter im Gedenken an seine Frau Mary Elisabeth Winter bereits 1930 den Bau von zwei Kindergärten (Radenthein, Ferndorf) stiftete. Die Führung (ab 1957 auch die Unterstützung des Kindergartens Erdmannsiedlung) muss als Bildungsansatz gewertet werden, da bereits im Kindesalter wesentliche bildungsmäßige Fortschritte erreicht werden können. Zur sinnvollen Freizeitgestaltung wurde 1938 ein Sportplatz errichtet sowie 1951 die größte Sportgemeinschaft zur damaligen Zeit, WSG Radenthein, gegründet. Nicht nur durch die bekannten Spitzensportaktivitäten, sondern auch durch das angebotene Breitensportangebot konnten „Arbeiterkinder" sich in den Sportsektionen weiterbilden. Zusätzlich gab es die Werkskulturgemeinschaft. Diese förderte durch ihr Engagement viele Talente und eröffnete der Bevölkerung den Zugang zu Kulturveranstaltungen, die für sie ansonsten kaum zugänglich waren.

Im Zeitraum der 1960-er Jahre konnten aus der Region St. Jakob im Rosental qualifizierte Arbeitnehmer/innen angeworben werden. Kreativ war man bei der Lösungsfindung. Da Wohnraum schon teuer geworden war, wurde ein Busverkehr/-transfer eingerichtet. In Zeiten des Personalüberhangs konnten meist gemeinsam Lösungen erzielt werden. Die durchgeführten Umschulungsaktionen zielten auf andere, höhere Qualifikationen ab, um die Chancen der Arbeitnehmer/innen am Arbeitsmarkt zu erhöhen.

Letztendlich gab es auch im Bereich der sozialen Unterstützungen Sicherheit und Hilfe. Das Kindergeld für Arbeitnehmer/innen oder die Studienunterstützung pro Kind waren wesentliche Teile der Unterstützung, um den Arbeitnehmern das „Auskommen" im Leben zu erleichtern, den Kindern eine adäquate Ausbildung zukommen zu lassen und sich selbst auf die Arbeit zu konzentrieren.

Wie wirken die sozialen Veränderungen auf die Qualifikation der Arbeiter im mikroregionalen Raum?

In der vorliegenden Arbeit ist nachzulesen, dass es durch die Senkung der Brotzuteilung, besonders im Bergbau, eine Verminderung der Arbeitsleistung von 1/3 pro Mann und Tag gegeben hatte. Dieser Umstand, nämlich der Leistungsabfall, war nach dem Zweiten Weltkrieg einer der wesentlichsten, um die Ernährung sicherzustellen. Im Magnesitwerk wurde in werkseigenen Küchen die Gelegenheit geboten, das Essen einzunehmen. Jeder Arbeitnehmer hatte (Arbeitsordnung 1948) auf die Wiederherstellung seiner Leistungsfähigkeit zu achten. Diese Prämisse galt für die ersten Jahre nach dem Zweiten Weltkrieg: Leistungsfähigkeit versus Qualifikation, kein Widerspruch? Zusätzlich gab es für den privaten Konsum werkseigene Kaufhäuser, die vergünstigt Waren abgaben. Im Rahmen der wirtschaftlichen Veränderung wurden die monetären Zuschüsse seitens des Magnesitwerkes bereits ab 1957 eingeschränkt.

Um die Sorge, wie man den nächsten Winter leichter übersteht, gab es eigene Brennstoff/Kohle-Aktionen sowie Hilfestellungen des Werks und des Betriebsrates mit der Siedleraktion oder bei der Wohnungssuche. Diese Hilfestellungen wurden von Hütter 1948 wie folgt sinngemäß beschrieben, „damit fleißige Menschen, auf den Wege zum Werk finden. (...) Nahezu alle Bewohner gehen gemeinsam zum schaffen." Hütter spricht von einer „großen Familie".

Der oft verwendete Familienbegriff findet doch Bedeutung, wenn ein Mitglied in der Familie krank wurde und ein Arbeitnehmer zu Hause bleiben musste. So gab es bereits 1947 die Regelung eines teilweisen Lohnersatzes was in dieser Zeit ein sozialpolitischer Meilenstein war.

Die Sozialen, Bildungs- und kulturellen Maßnahmen gab der Gesellschaft nach dem Zweiten Weltkrieg auch mit weiterfolgenden Veränderungen der Sozialleistungen, eine Sicherheit und wirkten offensichtlich stabilisierend auf Einsatz, Moral und Motivation der Arbeitnehmer/innen.

Bildung

Im Jahr 1924 übernahm Emil Winter zwei Drittel der Kosten für den Bau der Volksschule in Radenthein. Damit konnte eine Initiative für einen bildungsmäßigen Aufschwung auch in dieser dörflichen Region erfolgen. Bereits drei Jahre später wurde die Hauptschule gegründet. Emil Winter stiftete zum Andenken an seine Frau Mary Elisabeth im Jahr 1930 zwei Kindergärten (Radenthein und Ferndorf). Es war damit ein Lückenschluss für die Betreuung und Bildung vom Kleinkind bis zum Jugendlichen gegeben.

Der bildungsmäßige Aufschwung wurde mit einer neuen Leitung für die Radentheiner Schulen ab 1937/38 unterbrochen. Es musste der „deutsche

Gruß“ verwendet werden. Bis zum Ende des Zweiten Weltkriegs kam der Unterricht fast völlig zum erliegen.

Das praktische Erleben der sozialen Veränderungen im mikroregionalen Raum, kann durch die Erlebnisse der ersten beiden Interviewgruppen deutlich gemacht werden. Es wurde von einer einjährigen Zwischenlösung der Arbeitsleistung bei einem Bauern vor Beginn der Lehre gesprochen. Wegen finanzieller Not in der Familie musste ein Interviewpartner neben der Lehre in der Landwirtschaft arbeiten. Die charakterliche Erziehung, Sauberkeit und Ordnung wurde positiv erwähnt. Auch verschiedene Philosophien von Krankheitsbildern wurden vom „Schularzt festgestellt, nervöse Störungen und katarrhalischen Erscheinungen leiden, wurden auf die Industrie zurückgeführt.“ (vgl. Schmölzer 1996: 384)

Im Magnesitwerk benötigte man gleich nach dem Krieg Arbeiter und Hilfsarbeiter. Bereits in den Jahren 1948/49 wurde die Aus- und Fortbildung der Arbeitnehmer/innen wieder forciert. So wurde im Jahr 1949 ein Bildungsreferat eingerichtet, um die Facharbeiter aus- und weiterbilden zu können. Es wurde auch eine Werksbibliothek eröffnet. Im Jahr 1961 wurde der Neubau der Volksschule in Radenthein und Kaning fertiggestellt. Ein österreichweiter schulischer Meilenstein erfolgte im Zuge der Reformbewegung Ende der 1960-er Jahre durch die koedukative Erziehung und Demokratisierung des Schulwesens.

Für die folgenden Bildungskapitel wurden eine Befragung aus dem Jahr 2012 (Rückmeldung von 2/3 der Belegschaft) sowie Interviews beginnend mit (ehem.) Arbeitnehmern mit einem Eintritt in die Firma kurz nach dem 2. Weltkrieg sowie in weiteren 5 Etappen, im Zeitraffer von 10 bis 15 Jahren unterscheidend bis zu den Jahren 2016/17 berücksichtigt.

Im Jahr 1958 stellte der Betriebsratsobmann des Werkes die Forderung auf, dass der Mensch „im Zeitalter der Technik, Rationalisierung und Automatisierung und Automation in Zukunft in den Vordergrund zu stellen ist“. Gegen Ende der 1960-er Jahre hatte sich Österreich als entwickelte Industriegesellschaft herausgebildet. In den 1970-er Jahren vollzog sich ein Wandel innerhalb des Magnesitwerkes. Die Umstrukturierungen fanden auch im personellen Bereich ihre Auswirkungen. Der Personalabbau wurde vielfach durch Maßnahmen des Staates, wie Frühpensionierungen, aber auch Umschulungen aus der Arbeitsmarktförderung abgemildert.

Die Technik entwickelte sich jedoch weiter. So kam Anton Benya am 23. September 1979 zur Schlussfolgerung, „die Technik darf auf keinen

Fall der Kontrolle durch den Menschen entgleiten. Eine Vernichtung von Arbeitsplätzen durch eine fehlgeleitete oder nur profitorientierte Automation darf nicht das Maß aller Dinge sein. Allerdings kann eine verantwortungsbewusst eingesetzte Technologie auch eine wichtige Rolle in der Frage der Humanisierung des Arbeitsplatzes spielen und im Bereich der Schwer- und Schwerstarbeit sehr positive Auswirkungen erbringen". (vgl. Dinklage 1982: 285)

Das inzwischen integrierte betriebliche Verbesserungswesen im Magnesitwerk brachte bis 1983 ca. 600 Vorschläge. Im Jahr 1986 gab es ein Projekt zur Optimierung aller Kommunikations- und Produktionsabläufe. Erste Auswirkungen der Fusion zwischen Radex und Veitscher Magnesitwerke zeigten sich in der Zusammenlegung der Forschung mit dem Standort in Leoben. Ob man damit „altes Wissen" vernichtete, wurde nicht erforscht. Mit der Schließung der Forschung der Didier AG in Wiesbaden im Jahr 1998 und der Konzentration in Leoben setzte sich die Entwicklung fort. Auch der Pool der Servicetechniker im RHI-Konzern wurde reduziert. Die Diskussion zur Angleichung Arbeiter an die Angestellten wurde wieder aufgeworfen, steigende Qualifikationsanforderungen gingen nicht mit Angleichungen einher. Die Änderungen im Arbeitsablauf und die Annäherung der Tätigkeiten zwischen Arbeiter und Angestellten fanden auch arbeitsrechtlich in Österreich keinen Lückenschluss. Die wesentlichste Änderung für die Arbeitnehmer gab es mit dem Projekt „Opex", Operations Excellence im Jahr 2006. Kundenorientierte Arbeitsweise, die Teamarbeit, flachere Hierarchien sowie die Abgabe von Verantwortung von „Oben nach unten" waren wesentliche Zielrichtungen dieser Umstrukturierung.

Auch der Einsatz der Arbeitnehmer, rund um die Uhr arbeitend (im 3- und 4-Schicht-Betrieb am Wochenende), um eine optimale Auftragsabwicklung sicherzustellen, wirft die Frage auf: „Wie flexibel ist der Mensch? – muss er sein?"

Wesentlich für das Werk in Radenthein ist die Ausbildung von eigenen Fachleuten. Die Firmenleitung reduzierte in den 1990-er Jahren die Zahl der Lehrlingsaufnahmen auf einen Bedarf von vier Lehrlingsaufnahmen pro Jahr. Aufgrund der Restrukturierung am Standort wurde aber auch diese Anzahl schwer erreicht. Der Betriebsrat erkannte in dieser Zeit die Notwendigkeit zur verstärkten Facharbeiterausbildung. Es gab regionale Bemühungen eine Bezirkslehrwerksstätte zu installieren. Die Bemühungen (Mit Hilfe WL Winkler, Bgm. Buchacher) zeigten sich erfolgreich, als Projektkoordinator wurde BRV. Kowatsch beauftragt, das Konzept fertigzustellen. Es gab intensive Gespräche mit dem Bildungsreferenten der Arbeiterkammer Kärnten, Heinz Pichler, der wertvolle Unterstützung in der Planungsphase leistete.

Das Konzept wurde unter dem Namen „Bezirkslehrwerkstätte" am 12. Juni 2001 im Kollegium der Kärntner Landesregierung beschlossen. Dieses Ausbildungskonzept fand positive Resonanz durch eine qualitativ gute Ausbildung. Für die zehn zu vergebenden Ausbildungsplätze stiegen die Anfragen rasant in die Höhe. Damit begann eine neue Zeitrechnung für die Lehrausbildung in unserer Region. Das Zukunftsprojekt lief weiter und wurde mit Adaptierungen österreichweit (2018) bei RHI Magnesita Ausbildungsstandard.

Rückblickend kann festgestellt werden, dass die Vision und Zielrichtung für die Ausbildung, die im Jahr 2000/2001 eingeschlagen wurde, richtig war. Sie sollte immer wieder hinterfragt, verbessert und erneuert werden. Damit diskutieren wir über Zufriedenheit, Arbeit, Ausbildung und soziale Sicherheit.

Regionale Bildungspolitik

Die schulische Ausbildung nach dem ersten Weltkrieg war noch in den „Kinderschuhen", der Präsident des Magnesitwerks Emil Winter übernahm im Jahr 1924, zwei Drittel der Kosten für die Errichtung einer neuen Volksschule. 1927 wurde die Hauptschule Radenthein gegründet. Mit dem Bau der Kindergärten (Radenthein und Ferndorf) war der Lückenschluss der Bildungsvorhaben vom Kleinkind bis zum Jugendlichen gegeben. Das Schuljahr 1937/38 brachte für die Volks- und Hauptschule in Radenthein entscheidende Änderungen. Die Lehrer warben für das „Jungvolk" und die „Hitlerjugend". Es musste auch verstärkt Turnunterricht, Gesundheitslehre, Kontrolle der Reinlichkeit und Rassenkunde gelehrt werden.

Der Schulbesuch in der Kriegszeit war geprägt von Störungen, Unterbrechungen und Wechsel der unterrichtenden Personen. Als Sinnbild für diese Zeit gilt das folgende Zitat:

„Ein geordneter Schulbesuch war auch nur von kurzer Dauer den die Radentheiner Hauptschule klagt im Jahr 1939 über ständige Lehrerwechsel, die Kirchheimer Schule hat 3 Klassen mit 167 Schüler und nur 2 Lehrer." (vgl. Schmölzer 1996: 317)

Das Kriegsende beeinträchtigte wesentlich auch den schulischen Lernerfolg. Zum Schulsprengel im Jahr 1944 der Hauptschule Radenthein gehörten auch noch die umliegenden Ortschaften Kirchheim, Kaning, Afritz, Feld am See, Döbriach und Mooswald. Laut der Radentheiner Chronik (Schmölzer 1996: 334) besuchten 190 Schülerinnen die Hauptschule. Der Lehrstoff für die vierte Klasse musste gekürzt und für einen eventuellen vorzeitigen Schulschluss angepasst werden musste. Der Unterrichtserfolg in den Radentheiner Schulen war wegen des pausenlosen Kriegsalarms gering.Für die Arbeitnehmer der ersten beiden interviewten Gruppen waren die Ausbildungswege in den Nachkriegsjahren von einem Ablauf von vier Jahren Volksschule und vier Jahre Hauptschule (wenn überhaupt) geprägt. Die Ausbildungs- bzw. Schulungswege der „Meister" Vorbetriebe sind artverwandt diesen Interviewgruppen gleichzusetzten. Es galt auch gesellschaftliche, oft familiäre Probleme zu lösen, vor allem durch die schlechte Ernährungslage nach dem zweiten Weltkrieg „wurde der Aufwand für das Schulwesen niedrig gehalten. Als Österreich Mitte der fünfziger Jahre den Übergang vom Agrar- zum Industriestaat schaffte und der Aufschwung der gesamten Weltkonjunktur spürbar war, wurde auch für das Bildungswesen mehr Geldmittel zur Verfügung gestellt. Es blieb in dieser Phase jedoch vor allem bei baulichen Maßnahmen (Schulbauten usw.)" (vgl. Engelbrecht 1998: 359) Der Weg zur Normalität wurde bereits ab der dritten Interviewgruppe sichtbar. Als wesentlichen Unterschied kann man den Werdegang mit vier Jahren VS, vier Jahre HS und den Besuch der 9. Schulstufe ansehen. Dieser schulische Ausbildungsweg veränderte sich bis zur letzen Interviewgruppe im Jahr 2017 nicht mehr. Die technischen Anforderungen waren nach dem Zweiten Weltkrieg noch etwas einfacher zu gestalten. Die Arbeitnehmer mit Berufsabschluss konnten in den folgenden technischen Entwicklungsphasen leichter „Schritt" halten. Die fortlaufende Qualifizierung ist heute aber eine Grundbedingung, um am Arbeitsmarkt eine Chance zu erhalten. Die Qualifizierungsmaßnahmen im Werk hatten laut Interviews und Strukturerhebung klar den Fokus auf die Arbeit gerichtet. Damit ist die wirtschaftliche Zielrichtung und Produktivitätssteigung in den Blickpunkt des Unternehmens gesetzt worden.

Nach Aussagen aus der Praxis und der Theorie war für die Zeit nach Beendigung des Zweiten Weltkriegs zunächst die Ernährung der Menschen sicherzustellen. Dem Bildungs- und Qualifizierungsbedarf wurde sowohl aus politischer als auch von wirtschaftlicher Sichtweise wenig Bedeutung zugestanden. Der Aufwand für das Bildungswesen wurde niedrig gehalten. In der vernachlässigten Erwachsenenbildung überwog in diesen Jahren auch die politische Bildung mit der obersten Prämisse, die Spuren der Nazi-Ideologie auszumerzen.

Die politische Bildungsdiskussion der Gemeinde war geprägt von einem Hinwenden des Angebots in Richtung Döbriach und dem aufkommenden Tourismus. In Radenthein war zwar eine Dorfbücherei geplant, sie kam jedoch „auf Drängen des Gemeinderates und Landtagsabgeordneten Gaugelhofer nach Döbriach, weil die Bevölkerung von Radenthein jederzeit Gelegenheit zum Kinobesuch (im Turnsaal bei der Volks- und Hauptschule), zu Vorträgen und auch eine Buchhandlung hat um dem Bildungsbedarf Genüge zu tun." (vgl. Schmölzer 1996: 361) Der Hintergrund war, dass für das Zentrum in kultureller Hinsicht schon ein Angebot entstanden war. Im ländlichen Teil und für die Urlaubsgäste sollte es vor allem an Regentagen ein sinnvolles Bücherangebot geben.

In Radenthein gab es eine Werksbücherei (600 Bücher), in Kaning entstand im Jahr 1974 eine weitere Bücherei. Die Radentheiner Bücherei St. Nikolaus (im Anbau des Pfarrhauses) wechselte im Jahr 1987 (mit über 4000 Büchern) in die Hauptstraße und im Jahr 2011 weiter in die Volksschule wo inzwischen Räumlichkeiten zur Verfügung gestellt wurde.

Die Bildungs- bzw. Schuldiskussion der Gemeinde Radenthein in der Nachkriegszeit, war geprägt von der Ernährungssituation.

Der fehlende Schulraum ein großes Problem (Ausbau von Kellerräumen). Diese Thematik sollte auch noch die nächsten Jahre andauern. Die Hauptschule hatte bereits elf Klassen mit 354 Schülern. In der weiteren Entwicklung schreibt Schmölzer (1996: 375) für das Jahr 1952, dass sich die Volksschulen in Döbriach und Kaning auf acht Klassen und 109 Schuler (Döbriach) sowie vier Klassen und 119 Schuler entwickeln. Die Hauptschule Radenthein hatte im Jahr 1952 357 Schüler/innen, die wie folgt aufgeteilt waren, 187 Buben und 170 Mädchen, davon stammten 65% aus Radenthein und 35% aus der Umgebung.

Nachdem die sogenannten minderbelasteten Nationalsozialisten wieder in den Schuldienst eingestellt worden waren, wurden diese Themen nicht überall im gleichen Ausmaß unterrichtet. Die Themen erschöpften sich z. B. in „Erziehung zur Demokratie" (1952), „Völkerverständigung" (1952), „Neutralität" (1955), „Europagedanke" (1959). Für den Schulstandort Radenthein ergaben sich nach einer zehnjährigen Diskussion im Jahr 1959 neue Perspektiven. Ein Jahrzehnt dauerte schon die Schulraumdiskussion. „Jetzt standen die „neue Hauptschule und die Kaninger Volksschule im Rohbau.“ (vgl. Schmölzer 1996: 403)

Der Aufwärtstrend der Schüler/innen zeigte sich auch noch 1959 in der Radentheiner Hauptschule. „Die Schule hatte nun 15 Klassen mit 469 Schülern. Die Volksschulen wurden von 379 und zwei Sonderklassen von 29 Schülern besucht. Die vierklassige Volksschule Döbriach hat 131 Schüler, Kleinkirchheim in fünf Klassen 178 Schüler.“ Eine kleine Änderung auf gesetzlicher Basis brachte einen großen Schritt in der Gesellschaft: Die Mädchen und Buben konnten ab dem Schuljahr 1961 gemeinsam unterrichtet werden. Fast zeitgleich wurde mit Oktober 1961 die Volkschulen Radenthein und Kaning fertiggestellt und für den Unterricht übergeben. In der Radentheiner Volksschule VS 1 wurden nun 238 in der VS 2 180 Schüler/innen unterrichtet.

Bis Ende der 1960-er Jahre übertrug sich die moderne Wertigkeit des Bildungswesens auf die gesamte Republik. Die Reformbewegung Mitte der 1970-er Jahre, die durch die Ziele der beiden Großparteien unterschiedlich voranschritt, war auf die Erschließung aller Begabungen und die Verwirklichung gleicher Bildungschancen für beide Geschlechter „durch koedukative Erziehung und auf die Demokratisierung des Schulwesens ausgerichtet, sie erhielt ihre Dynamik von beiden Großparteien, wenn auch die SPÖ die weitaus größere Schubkraft einsetzte“. (Engelbrecht 1998: 368)

Mit 1975 hatten die beiden Volksschulen 13 Klassen mit 368 Schülern. „Aufgrund der sinkenden Schülerzahlen genehmigt die Landesregierung den Bau einer achtklassigen Schule und überlegt die Auflösung der Volksschulen Döbriach und Kaning.“ Der Gemeinderat protestierte vehement gegen diese Einsparungs- und Schließungspläne der Volksschulen und bestand auf den Bau von mindestens zehn Volksschul- und vier Sonderschulklassen. Durch die vorangeschrittene Reformbewegung der Schulpolitik erhielten die Mädchen und Knaben Hauptschule 1976 neue Namen, nämlich Hauptschule 1 und Hauptschule 2 mit insgesamt 31 Klassen. Im Jahr 1977 feierten die Hauptschulen auf dem Sportgelände ihren fünfzigjährigen Bestand. In der kommunalen Bildungsentwicklung hatte die Hauptschule Radenthein im Jahr 1977 31 Klassen, die sich binnen eines Jahrzehnts auf 20 reduzierten. So verzeichnete die

Radentheiner Hauptschule (HS 1, HS 2) im Jahr 1987 insgesamt folgende Stände, „11 Klassen (9 Klassen HS und 2 Klassen PL) mit 272 Schüler, und 27 Lehrer in der HS 1 sowie 9 Klassen mit 224 Schüler sowie 25 Lehrer aufwiesen". (Schmölzer 1996: 572)

Bildung im Magnesitwerk

In den ersten Jahren nach dem Krieg waren sich regionale Bildung und die Bildung im Magnesitwerk ähnlich. Die Schulungsmaßnahmen waren im Hintergrund. Der Staat forcierte die Ausbildung und Aufnahme von u.a. Beamten, Akademikern, ärztliches Personal. Bei Bedarf gab es auch Nachfrage nach Facharbeitern. In erster Linie wurden aber Arbeiter für die Produktion benötigt um diese wieder in Gang zu bringen. Das Magnesitwerk das vorallem exportorientiert war, musste wieder jene Produkte produzieren und verkaufen die nachgefragt waren. Dafür benötigte man genügend Arbeiter bzw. Hilfskräfte. Wichtig zu dieser Zeit war die genaue Kontrolle der Tätigkeiten, welche von der Arbeitszeit bis zu disziplinären Handlungen reichten, wie die Arbeitsordnung der Firma vom Jahr 1947 zeigt.

> (...) Maßgebend für den Beginn und die Dauer der Arbeitszeit ist die Betriebsuhr. Beginn und Ende der täglichen Arbeitszeiten werden durch Fabriksignal bekanntgegeben. Verspätete Aufnahme der Arbeit und vorzeitiges Rüsten zum Verlassen des Arbeitsplatzes sind unzulässig. Trifft bei Wechselschicht die Ablösung nicht rechtzeitig ein, so hat der Arbeiter seinem Vorgesetzten davon Mitteilung zu machen und weitere Anweisungen abzuwarten, ehe er den Arbeitsplatz verlassen darf. Reservearbeiter sind auf allen Schichten zu halten. Alle Arbeiter haben die Arbeiter Kontrolleinrichtungen eigenhändig zu benutzen. Es ist strengstens untersagt, sie für einen Arbeiter zu gebrauchen und sonstigen Missbrauch damit zu betreiben (...). (Arbeitsordnung ÖAMAG 1948: 6)

Die in den ersten Jahren nach dem Zweiten Weltkrieg vernachlässigte Ausbildung und der fehlende sozialen Umgang mit den Lehrlingen, die fehlenden Facharbeiter wurden bald sichtbar. Die ÖAMAG legte bald wieder verstärktes Augenmerk auf die Ausbildung der eigenen Facharbeiter. Es sollten zu den fachlichen Grundkenntnissen auch die grundlegendsten Regeln des menschlichen Zusammenlebens vermittelt werden. Wenn auch in vielen Bereichen die Qualifizierung der Arbeitnehmer zu dieser Zeit noch kein vorrangiges Ziel war, so sollte dieser Aspekt im Zuge der Modernisierung und Mechanisierung bald deutlich wichtigere

Züge annehmen. Sich einer sinnvollen Freizeitbestätigung widmen, etwas lesen oder die Lehrlingsausbildung, die an anderer Stelle noch genauer beschrieben wird, wurde bald wieder forciert.

Auf die fehlenden Ausbildungsinhalte von älteren Arbeitnehmern wurde im Magnesitwerk reagiert und die Qualifizierung bereits im Jahr 1949 in Angriff genommen. „Es wird von der Firma beabsichtigt und vom Betriebsrat willkommen geheißen, ein Bildungsreferat ins Leben zu rufen. Zu den vorgeschlagenen Themen wird noch ersucht, die Facharbeiterbildung für alle Berufe wie Schlosser, Maurer, Tischler, Maler, Zimmerer usw. mit aufzunehmen. Dies ist Herrn Dr. Ostermann noch mitzuteilen, er wird in seinem Bestreben vom Betriebsrat voll und ganz unterstützt." (BR-Protokoll 20. 10. 1949) Parallel zu den Bemühungen der zielgerichteten Qualifizierungsmaßnahmen mittels Bildungsreferat und Berufsausbildung gab es ein flächendeckendes Angebot für die gesamte Belegschaft. Es wurde eine offenstehende Werksbibliothek eingerichtet, die laut Hütter imstande war, alle Wünsche der damaligen Zeit zu erfüllen. Um nicht nur individuell Bildung zu betreiben, sondern auch kollektive Informationen und Inhalte an die Mitarbeiter zu bringen, wurde eine Werkszeitung, die zweimal im Monat erschien, gedruckt. „Sie bringt aufklärende Aufsätze über unsere Produktion, über die wirtschaftlichen Probleme der Zeit, über Sozialpolitik und Gesetzgebung und lässt auch breiten Spielraum für Nachrichten, die aus unseren mannigfachen Werkvereinen kommen." (Hütter 1948: 46)

Die 50er Jahre wurden genützt, um zu rationalisieren und den Maschinenpark zu erneuern. Der Betriebsratsobmann verwies als Hauptaufgabe des Betriebsrates im Jahr 1958 darauf, dass der Mensch „im Zeitalter der Technik, Rationalisierung und Automation in Zukunft in den Vordergrund zu stellen ist". (BR Protokoll Nr. 78) Auch im Bundesland Kärnten wurden die Änderungen durch die Investitionen und die steigende Mechanisierung sichtbar. Es stiegen auch die Anforderungen bis hin zu einer höheren Qualifikation vor allem in der Industrie. Am 22. Juli 1963 hielt anlässlich der Eröffnung des Kulturhauses in Weißenstein Arbeiterkammerpräsident Hans Scheiber die Festrede, in der er die fundamentalen Veränderungen der Gesellschaft durch den Kulturwillen der einstigen Industrieproletarier hervorhob. „Der Siegeszug der Technik muß die Wohlfahrt für alle Menschen schaffen, doch darf der technische Fortschritt nicht zum Fluch der Menschheit werden."

Es wurden bildungsmäßige Änderungen verstärkt durch ungünstige wirtschaftliche Prognosen diskutiert. Dies war auch in Kärnten ein Signal, wie in Restösterreich, dass Österreich ohne Gegensteuern auf ein wirtschaftliches Desaster zusteuerte. Die Arbeitsplätze für die Massenbeschäftigung nahmen aufgrund der Mechanisierung ab, trotzdem gab es kontroversielle Diskussionen. Man erkannte, dass die notwendigen Spezialisten von hoher volkswirtschaftlicher Bedeutung waren und dass in erster Linie der Staat dafür die Verantwortung übernehmen musste.

> „Diese hochqualifizierten Facharbeiter – oder Techniker, wie wir sie oben genannt haben – werden in der Entwicklung der automatisierten Industrie eine entscheidende Rolle spielen, sie stellen potentiell einen gefährlichen Engpaß dar. Sie sollen in Fachschulen ausgebildet werden." (vgl. Bundesministerium für Unterricht 1963: 306)

Es wurde eine wirtschaftliche und bildungspolitische Phase der Umstellung sichtbar. Die Entwicklung „sollte" in Richtung Aus- Fort- Weiterbildung geplant werden, anders ausgedrückt, „nicht nur immer die Erweckung neuer Bedürfnisse bedeuten Glück. Die Entwicklung sollte in Richtung Bildung gehen. Der ÖGB (...) musste auch die Bildungseinrichtungen stärken. Im Jahr 1961 machte die Hochkonjunktur in verschiedenen Berufen eine Hereinnahmen von ausländischen Arbeitskräften notwendig. „Die Unternehmer wollten zwar ziellos ausländische Arbeitskräfte hereinnehmen; das konnten aber die Gewerkschaften verhindern."

Nach schwankender wirtschaftlicher Situation der Jahre 1961 und 1962, die noch als sehr gut zu bezeichnen waren, kam es 1963 zu einem wirtschaftlich schwächeren Jahr und schließlich danach wieder zu einem Ansteigen der Produktion. Im ÖGB-Wirtschaftsbericht 1964 wird von einer wirtschaftlich, günstigen Lage, Vollbeschäftigung und einer weiteren Steigerung des Fremdenverkehrs um 6% berichtet. Diese Konjunktursituation war auch im Wirtschaftsbericht des ÖGB Kärnten aus dem Jahre 1965 vermerkt, der über eine Hochkonjunktur und Vollbeschäftigung berichtete.

„Das Berichtsjahr 1965 brachte für Kärnten wieder Hochkonjunktur, Vollbeschäftigung und Facharbeitermangel – es mussten Gastarbeiter ins Land geholt werden." (Dinklage 1982: 234) Ebenso verhielt es sich in der ÖAMAG, wo die Auftragseingänge schwankten. Die Firmenleitung „nutzte" diese Situation, um sich von einigen Arbeitnehmern zu trennen. Sie wählte diese für die Kündigungsliste bewusst, neben den sozialen Kriterien auch nach der Qualifikation aus. Diese Kündigungsliste wurde im Betriebsrat diskutiert. Der Betriebsratsobmann nahm zu den Darstellungen von Direktor Samitz Stellung und teilte ihm mit,

> „dass der Betriebsrat den beabsichtigten Kündigungen nicht zustimmen werde. Er begründete dies mit dem, dass die Firmenleitung Ende 1962 die Möglichkeit gehabt hätte, eine größere Anzahl von Saisonarbeitern ohne Schwierigkeiten aus dem Betrieb zu nehmen. Von den Betrieben werde nunmehr aber versucht, ältere und länger dienende Arbeiter zu kündigen bzw. jüngeren ledigen Saisonarbeiter dafür im Betrieb zu behalten." (BR-Protokoll Nr. 93)

Eine Thematik die sich durchzieht, bei schlechter Auftragslage wurden Planstellen „mehr oder weniger" nach Leistung und Qualifikation abgebaut. Der Aufbau von Führungspersonen in der Produktion war auch immer wieder ein wesentlicher Bestandteil der Firmenpolitik. So wurden zum Beispiel Absolventen der Werkmeisterschule, die mit Unterstützung der Firma diese besucht haben, in Führungspositionen, als „a) Schichtassistenten; b) HW – Ersatz; c) in die Stf. – Pressenschlosserei." (Pers. Abt/M/A; 8. 7. 1963) integriert. Die Absolvierung der (Werk-) meisterschule für Positionen als Meister (Bereichsleiter) oder Vorarbeiter (Gruppenleiter) in der Produktion bzw. in den Fachwerkstätten, wo die Meisterschule inzwischen auch bei den Facharbeitern als selbstverständlich angesehen wird, ist ein Vorteil aber nicht mehr notwendig. Die bereits genannte Hochkonjunktur im Land Kärnten bereitete auch der Betriebsleitung im Bergbau Sorgen. Die traditionellen Rekrutierungsgebiete waren erschöpft. Die Möglichkeit, „z. B. aus dem Raume um St Jakob im Rosental etwa 40 Arbeitskräfte zu erhalten, wurde positiv beurteilt. Unsere Entscheidungen müssen jedoch sofort getroffen werden, weil die jetzt einsetzende Arbeitslosigkeit den günstigsten Zeitpunkt für die Erlangung von Arbeitskräften darstellt. Mit Beginn des neuen Jahres liegen dann jeweils bereits die Anforderungen der örtlichen Baustellen und sonstige Zuweisungswünsche vor." (Pers. Abt./M/A, 23.11.1964) Ein weiteres Element qualifiziertes Personal zu rekrutieren, war auch in den 1960-er Jahren, schon die Beistellung bzw. das Angebot von Wohnraum. Für das Radex-TB (Technisches Büro) sollte ein Reiseingenieur aufgenommen werden.

Die Firma hatte keine Wohnung mehr frei, die Gemeinde baute gerade ein 16-Familien-Wohnhaus. In Gesprächen zwischen Firma und Gemeinde sagte Bgm. Filipot der Firma zu, dass (...) mit der Zuweisung einer Wohnung im Neubau gerechnet werden kann. „Diese Vorgangsweise ist ungewöhnlich, sie hat auch sicher nur einmal Erfolg. Filipot hat dem Gemeinderats- und Gemeindevorstandsbeschluss vorgegriffen, wozu er nicht berechtigt ist. Die Wohnungsvergabe stellt in der Gemeinde ein besonders heikles Problem dar.“ (Pers. Abt./M/A, 23.11.1964/streng vertraulich)

In den 1960-er Jahren herrschte eine starke Fluktuation in den Produktionsbetrieben der ÖAMAG. Der Betriebsrat beantragte, die Mindestprämie von ATS 1,13 auf 2,00 zu erhöhen, um den starken Personalwechsel einzudämmen. Dem wurde folgend begegnet, „(...) Ich erlaube mir vorzuschlagen, dem Antrag des Betriebsrates etwa in der Weise zu entsprechen, dass wir unsere Mindestprämien auf 1,50 bis 1,60 anheben und den auf S 420.000,-- fehlenden Betrag für eine notwendige Korrektur der sonstigen leistungsanspornenden Prämien verwenden. – Wurde so genehmigt.“ (Pers. Abt./M/FL/A, 25.1.1966)

Anfang der 1970-er Jahre musste die ÖAMAG bei den Gehältern Verbesserungen vornehmen. Die Fachkräfte erhielten erheblich bessere Angebote anderer Firmen. Auch die Einstellbezüge für junge Akademiker waren nicht mehr ausreichend. Mit dem Vorstand wurde dieser Sachverhalt besprochen. „Die Überlegungen sind in beiliegenden Listen festgehalten. Kosten: S 24.720 p.m. = 370.800 p.a. = 0,47% der Gehaltssumme. Die vorgeschlagenen Gehaltskorrekturen dürften auf unser Gehaltsschema keine Auswirkung haben, wenn nach außen hin nicht von einer Entzerrungsaktion, sondern von einer individuellen Regelung gesprochen wird.“ (Pers. Abt./M/A, 4.5. 1970)

Gegen Ende der 1960-er Jahre hat sich Österreich als entwickelte Industriegesellschaft herausgebildet. Das Verhältnis der Beschäftigten betrug 1968, geteilt in die drei Sektoren, ca. 20:40:40 %. Der Anteil der Selbständigen an den Beschäftigen fiel in den 1970-er Jahren sehr stark im Gegensatz zu den Beschäftigten, welche als Angestellte oder als Beamte arbeiteten und damit in Summe mehr Arbeitnehmer beschäftigten als der Bereich der Arbeiter. Ab Mitte der 1960-er Jahre entwickelte der technisch-organisatorische Wandel als Folge der nun nachgeholten Rationalisierungsinvestitionen in Österreich ein Tempo, das zu Veränderungen, die weit über Verschiebungen in der Beschäftigten- und Qualifikationsstruktur hinausreichten, führte. Zu der ansteigenden Anzahl an mechanischen Anlagen musste man „angelernt“ werden. Die Anzahl der Arbeitsplätze, die keine Lehre, sondern nur eine Anlernzeit erforderten, stieg an, obwohl die Bedienung der Anlagen für Arbeitnehmer mit einer abgeschlossenen Berufsausbildung wesentlich leichter und einfacher war. Ein Angleichungsprozess zwischen Facharbeitern und angelernten Arbeitern vollzog sich. Auf Grund der wachsenden Automatisierung waren Kenntnisse in der Maschinenbedienung und Fließbandarbeit sowie Steuerungs-, Kontroll- und Überwachungstätigkeiten gefragt. Dieser Trend war auch in der ÖAMAG sichtbar. Laufend wurde verändert, es kamen neue Systeme in die Produktionsanlagen, die Arbeitnehmer mussten sich umstellen, immer wieder neu lernen. Eine logische Konsequenz war die Änderung der Arbeitsplätze. Im Labor der ÖAMAG wurden auch vielfach „nicht fachbezogene" Arbeitnehmer eingesetzt, die dort angelernt wurden.

> „Die im Labor eingesetzten Arbeiter haben derzeit einen Durchschnitts-Grundstundenlohn von S 17,25. Der BR beantragt, die Grundstundenlöhne auf durchschnittlich S 18,-- anzuheben. Die Tätigkeit der Laborarbeiter sei außerordentlich vielseitig. Neben manuellen Einsatz werden auch Schreibarbeiten und Arbeiten mit Rechenschiebern u.a. verlangt. Bei einzelnen Mitarbeitern im Labor könne etwa 30% Leistungssteigerung nachgewiesen werden. Dieser Antrag wird an Direktor Leitner weitergeleitet." (4. Anhebung der Stundenlöhne für Arbeiter im Labor und in der VA, Protokoll Nr. 121, BR-Sitzung 15. Juli 1970)

Freiwillige Fortbildungen wurden immer wichtiger um in einem betrieblichen Umfeld die Position halten zu können. „Den drei Kollegen wurde für den Umschulungskurs bei der WIFI in Klagenfurt ein Kostenbeitrag von je S 500,-- gewährt. Dem Kollegen (…) Erich, Stfb. welcher die Mechanik-Meisterbprüfung abgelegt hat wird ebenfalls ein Betrag von eine Unterstützung gewährt. (Einstimmiger Beschluß)" (vgl. BR-Sitzung 23.3.1972)

Die steigenden Anforderungen waren von jüngeren Arbeitnehmern leichter zu bewältigen. Sie waren williger, dynamischer und oftmals besser ausgebildet. Dies führte auch in der ÖAMAG zu Veränderungen und Diskussionen innerhalb der Belegschaft.

Der Weg zur Höherqualifizierung war nun doch ein nicht mehr zu übersehender Trend. Die Notwendigkeit, für alle Arbeitnehmer eine möglichst hohe Qualifikation anzustreben, war auch für den ÖGB Kärnten 1972 ein großes Zielvorhaben. Da der Kärntner Arbeitsmarkt in quantitativer Hinsicht ausgeschöpft war, galt besonders, eine höhere berufliche Qualifikation großer Arbeitnehmergruppen anzustreben. Die schon vorher erwähnte Änderung in den Wirtschaftssektoren wurde auch für das Bundesland Kärnten sichtbar. „Die Zahl der nichtselbständigen Beschäftigten Kärntens stieg vom Jahre 1960 bis 1972 auf 21.062 und damit um 14,4%.“ (Dinklage 1982: 253) Für die einzelnen Wirtschaftszweige gab es völlig unterschiedliche Entwicklungen. „Während die Industrie in dieser Zeitspanne (1962–1972) die geringste Zunahme verzeichnete, lediglich 5 Prozent, hatten andere Wirtschaftsgruppen einen außerordentlich hohen Zuwachs an Arbeitskräften zu bieten. Das Gewerbe hatte einen Zuwachs 9,5 Prozent, der Verkehr 39,6%, der Handel 49,6%, sowie das Geld, Kredit- und Versicherungswesen 132,6 % mehr an Beschäftigen.“

Menschen mussten sich fortbilden, umschulen. Durch die Veränderungen nahm auch die Wichtigkeit der Erwachsenenbildung zu. Das Berufsförderungsinstitut erweiterte das Kursangebot aufgrund der „wirtschaftlichen und gesellschaftlichen Veränderungen (die) eine immerwährende Anpassung erforderten. Dazu kommt, dass Kärnten eine neue Industrialisierungswelle erlebt.“ (Dinklage 1982: 252f) Im Jahr 1971 und 1972 zeichnete sich ein Mangel an Arbeitskräften in Kärnten ab. Dies war jedoch nicht auf die Expansion der Industriebeschäftigten zurückzuführen, denn durch „die Ansiedelung der neuen Industriebetriebe wurde der Arbeitsmarkt insoweit entlastet, als die vom einzelnenKohlenbergbau freigesetzten Arbeitskräfte wieder der Wirtschaft zugeführt wurden.“

Die Tätigkeiten der angelernten Arbeiter näherten sich mit den notwendigen Qualifikationen jenen der Facharbeiter, die ihrerseits durch Schulungen den Kenntnisstand erhöhten, sich spezialisierten, an. Diese Tätigkeiten, die durch Investitionen entstanden, z. B. als Maschinenbediener, in Steuerungs- oder Kontrollfunktionen, waren Tätigkeiten mit gewissen Qualifikationen, in denen „angelernt“ wurde. Die jungen Menschen erhielten durch eine höhere Qualifikation die Möglichkeit, ein besseres Einkommen als ihre Eltern zu erreichen. Dadurch wuchs auch die Unabhängigkeit, sich noch stärker der Fortbildung zu widmen. Aber auch in Beschäftigung befindliche Arbeitnehmer mussten sich verstärkt um- und fortbilden. Der bereits erwähnte technisch-organisatorische Wandel als Folge der nun nachgeholten Rationalisierungsinvestitionen in Österreich, der zu Veränderungen, die weit über Verschiebungen in der Beschäftigten- und Qualifikationsstruktur hinausreichte, vollzog sich weiter. In den 1970-er Jahren sah man die Erstphase des sozialen Überlebens als geregelt an. Der Blick konnte auf die Schule, die Ausbildung, den Beruf gerichtet werden. Die Schulungskosten in der Firma wurden laut den befragten Personen bis 2017 differenziert je nach Maßnahme, ob betrieblich oder privat (auch in der Definitionsbreite des Betriebsleiter) von der Firma gezahlt.

In der ÖAMAG waren viele Arbeitnehmer mit gelernten Berufen, die im Produktionsbereich aber nur als angelernte Hilfsarbeiter, Maschinenbediener laut Kollektivvertrag eingestuft waren. Für die Firma hatte die höhere Qualifikation den Vorteil des größeren Einsatzgebietes mit niedrigeren Einstufungen. Diese Einstufungen laut Kollektivvertrag waren jedoch „Ist-Lohn“ wirksam, d.h. überzahlt, Facharbeiter in der Produktion, vor allem Facharbeiter mit Meisterprüfung und entsprechender Ausbildung, konnten in entsprechende Führungsfunktionen aufsteigen (Vorarbeiter, Bereichsleiter). Lohnerhöhungen außerhalb des Lohnschemas waren auch wenn die Qualifikation vorhanden war, kaum möglich. Die Bezahlung erfolgte tätigkeitsbezogen, auch wenn eine höhere Qualifikation bei der Ausübung der Arbeit von Vorteil war.

> „BR Prettner verweist auf den seinerzeitigen Antrag des BR zu diesem Punkt und ersucht um Stellungnahme: Herr Dir. Mößler wiederholt die damals abgegebene Erklärung, in der festgestellt wurde, dass die Entlohnung unserer Facharbeiter nach einem mit dem BR vereinbarten Schema erfolgt. Unter der vom BR angeführten Gruppe befinden sich Dienstnehmer, die noch der Gruppe der Facharbeiter angehören und solche die bereits Vorarbeiter sind. Die Entlohnung könne in diesem Falle nur nach der tatsächlich ausgeführten Tätigkeit erfolgen. Selbstverständlich besitzen Dienstnehmer mit einer entsprechenden Ausbildung bei der Besetzung von Meisterposten größere Chancen als ungelernte Kräfte. Die Ausbildung wird ja auch von der Firma entsprechend unterstützt und gefördert.“ (Protokoll Nr. 135)

Die Umstrukturierungen fanden in einem Bereich der Grundstoffindustrie wie der ÖAMAG personellen Niederschlag. Die Personalreduzierungen in den 1970-er Jahren wurden zumeist mittels Frühpensionierungen oder mit Umschulungen aus der Arbeitsmarktförderung des Staates durchgeführt. Es gab auch „Vermietungen“ von Arbeitnehmern an andere Firmen.

> „Es ist anzunehmen, dass der Einsatz von umgeschulten Facharbeitern unseren Rationalisierungsbestrebungen von Nutzen sein wird, z.B. Verwendung von früheren Facharbeitern an den vollautomatischen Pressen, als Maschinisten etc. Durch die Umstellung der Abbau-Methode im Bergbau Millstätteralpe werden etwa 70 Arbeitskräfte (Arbeiter) bis Ende 1976 frei. Die Anpassung des Aufsichtspersonal an den reduzierten Beschäftigtenstand wird durch Überstellung in andere Betriebe schritt-

> weise erfolgen (z.B. Umschulung).Unter Ausnutzung des Arbeitsmarktförderungsgesetzes wird ab März 1976 ein Umschulungsprogramm für ca. 200 Mitarbeiter anlaufen.“ (Aktennotiz; Besuch Dr. Dobernig, 1975 08 05)

Die Firmenleitung reagierte in dieser wirtschaftlich schlechten Situation mit Maßnahmen, die auch ein Anpassen der Anzahl der Facharbeiter zur Folge hatte. Statt der Weiterbeschäftigung von gut ausgebildeten Facharbeitern wurden teilweise „billigere“ Fachkräfte zugekauft.

> „Herr Dir. Mößler stellt fest, dass vor drei Jahren ein großes Angebot an guten Lehrlingen vorhanden war und andererseits durch die Abgänge auf der Facharbeiterseite die Aufnahme einer relativ großen Anzahl von Lehrlingen geboten erschien. Derzeit sind wir jedoch auf der Facharbeiterseite überbesetzt. Es wurde der Beschluss gefasst, die 14 Schlosser- und 11 Elektrikerlehrlinge, welche am 1975 01 17 ihre Lehrzeit beendet haben, nach Ablauf der Behaltefrist nicht mehr zu beschäftigen (1975 04 18). Bzw. Maßgabe der gesetzlichen Bestimmungen.“ (Protokoll Nr. 146 1975 02 18, gemeinsame Besprechung mit dem Arbeiterbetriebsrat)

Ab Mitte März 1976 wurden unter Mithilfe des Landesarbeitsamtes Umschulungen für ca. 190 Arbeitnehmer gestartet. Der Betriebsrat forderte für die Umschulungen eine Aufzahlung auf 90 % des Nettolohnes. Weiter sollte als Berechnungsbasis der Verdienst eines noch nicht von dem Produktions- und damit vom Verdienstrückgang betroffenen Monats berechnet werden. Weiter sollte diese Basis um die am 1. Februar 1976 in Kraft tretenden Kollektivvertragserhöhungen von 7,5% aufgewertet werden.

Für die Umschulungen wurde nun ein Gerippe für die zu treffenden gemeinsamen Maßnahmen erstellt. Einer Aufzahlung auf 90 % des Nettoverdienstes für die betroffenen Arbeitnehmer wurde von der Firmenleitung wie auch die Verlängerung der Befristung für die Lehrlinge bis 30. Juni 1976 zugestimmt.

Es wurden parallel dazu im Jahr 1976 die Schulungen der einzelnen Mitarbeiter, an denen sie in den letzten zehn Jahren teilgenommen hatten, erhoben. Trotz der Krisenzeit wurden die Schulungspläne weiter bearbeitet. Dies erfolgte mit der Bitte, Vorschläge für die Weiterentwicklung einzelner Mitarbeiter oder Gruppen ausarbeiten zu lassen. Wobei man außer den fach- und sachbezogenen Schulungen auch noch allgemeine Themen „(z.B. kaufmännische, finanztechnische oder Verwaltungsangelegenheiten für technische Mitarbeiter oder umgekehrt) überlegen sollte". (vgl. Lei/P; 1976 01 07)

Im März 1976 waren tatsächlich 89 Arbeitnehmer in den Umschulungen und Wiedereingliederungen. Diese Aktionen wurden zwischen Firmenleitung und Betriebsrat akkordiert. Die Umschulungen waren sowohl für die Arbeitnehmer ein Vorteil, da sie abgesichert waren, wie auch für die Firma, da die Arbeitnehmer schon nach relativ kurzer Einschulungszeit voll am neuen Arbeitsplatz einsetzbar war. „Die Entlohnung erfolgt allerdings auf Basis von 90% des Nettolohnes (70% Arbeitsmarktverwaltung, 20% Firma)." (Pers. Abt./M/A; 1976 03 29) Betriebsratsobmann Winkler bot für den Fall der Notwendigkeit von weiteren Umschulungen die Hilfe des Betriebsrates an. „Er betont auch, dass sich in der Besprechung mit Herrn Vizekanzler Häuser gezeigt habe, dass unserer Art der Umschulung gegenüber den in anderen Bundesländern geübten Auffangschulungen der Vorzug zu geben sei. (Protokoll Nr. 151)

> „Da unser Umschulungsantrag bis Ende September nunmehr vom Ministerium genehmigt wurde, ist zu erwarten, dass die beim Gespräch mit Minister Häuser gegebene Zusage, weitere 3 Monate keine Kündigungen vorzunehmen, als Bedingung im offiziellen Bescheid festgehalten sein wird; eine Bedingung, die wir auch dem Betriebsrat gegenüber angenommen haben.(...) In der genannten Zahl von 100 bis 130 Personen sind 52 Mann vom Bergbau , die im Jänner 1977 nach Radenthein überstellt werden können, nicht enthalten; aber auch nicht ca. 15 natürliche Abgänge." (Auszug aus AV über Vorstandssitzung v. 23. u. 24. Sept. 1976)

Ende der 70er Jahre entstanden Überlegungen, für dieberufliche Vielseitigkeit höhere Löhne zu zahlen. BO Winkler stellt weiter fest „(...)ersucht der Betriebsrat zu überprüfen, ob nicht für qualifizierte Springerdienste ein höherer Lohn bezahlt werden kann und stellt den Antrag zu überprüfen, ob nicht die Akkordarbeiterausgleichsprämie – vielfach handelt es sich bei diesen Springern um Akkordarbeiter – in den Stundenlohn eingebaut werden kann. Nach Ansicht des Betriebsrates würde ein derartiger erhöhter Stundenlohn die vielseitige Einsetzbarkeit dieser Dienstnehmer besonders hervorheben". (Protokoll Nr. 159) Dynamisch, flexibel und vielseitig zu sein war eine Prämisse, im Lohn abgebildet waren diese Kenntnisse nicht. Es gab in der Zwischenzeit einige Veränderungen, so gibt es nach langen Verhandlungen zwischen WL Wagner und BRV Kowatsch eine werksübergreifende Basisprämie für alle Arbeitnehmer.

Die Forderung einer gesonderten Prämie für alle „Springer" ist noch aufrecht. Bis heute ist diese Forderung noch immer aufrecht.

Das Arbeitsumfeld veränderte sich also grundlegend. So kam es zur Forderung des Betriebsrats der ÖAMAG nach Lohnkorrekturen für Facharbeiter. Die Akkordarbeiter verdienten im Endlohn weit mehr. Die Facharbeiter waren laut Kollektivvertrag in der Beschäftigungsgruppe (damals Lohngruppe) 2 als „qualifizierte Facharbeiter" eingestuft, wobei es firmenintern noch eine weitere Aufgliederung in vier Gruppen nach oben gab. Es gab zum Beispiel im Jahr 1979 eine Kollektivvertragserhöhung im Schnitt von 7,2% und eine Ist-Lohn Erhöhung, die alle Facharbeiter betraf, von 4,5%. Deshalb forderte der Betriebsrat, alle in die Einstufung der Lohngruppe 2 „Spitzenfacharbeiter" vorzunehmen. Dem Antrag des Betriebsrates, die Spitzenfacharbeiter jeweils um einen bestimmten Prozentsatz über dem Kollektivvertragssatz zu überzahlen, konnte nicht zugestimmt werden, da für eine einzelneGruppe eine ungerechtfertigte, weit über der Ist-Lohnerhöhung liegende Automatik entstehen würde. (Protokoll Nr. 161)

Ein weiteres Problem waren die Mitarbeiter in der ÖAMAG, die in Fachwerkstätten arbeiteten, aber keine Facharbeiter waren. Der Betriebsrat war der Meinung, diesen Leuten die Möglichkeit geben zu müssen, diese Qualifikation nachholen zu können. „BO Winkler stellt fest, dass in unseren Werkstätten eine Reihe von angelernten Facharbeitern mit sehr guter fachlicher Qualifikation tätig ist. Auf Grund unseres Lohnschemas ist aber ein Aufstieg in die Facharbeitergruppen nicht möglich. Es wird daher ersucht, diesen Mitarbeitern die Möglichkeit der Ablegung der Facharbeiterprüfung einzuräumen." (Protokoll Nr. 159)

Die besorgniserregende Situation infolge der strukturellen Änderungen der Weltwirtschaft veranlassten auch den ÖGB, die Bildungsbemühungen zu verstärken. Im Jahr 1979 wurde das Ausbildungszentrum des Berufsförderungsinstituts in Villach eröffnet. Es gab in der technischen Entwicklung radikale Änderungen und somit große Diskussionsprozesse im Verhältnis Technik versus Mensch. Die Notwendigkeit, hier vorausschauend, aber doch vorsichtig zu agieren, brachte ÖGB-Präsident Anton Benya in einer Sitzung des ÖGB Kärnten am 23. September 1979 auf einen Punkt.

> „Die Technik darf auf keinen Fall der Kontrolle durch den Menschen entgleiten. Eine Vernichtung von Arbeitsplätzen durch eine fehlgeleitete

> oder nur profitorientierte Automation darf nicht das Maß aller Dinge sein. Anderseits kann eine verantwortungsbewusst eingesetzte Technologie auch eine wichtige Rolle in der Frage der Humanisierung des Arbeitsplatzes spielen und im Bereich der Schwer- und Schwerstarbeit sehr positive Auswirkungen erbringen." (vgl. Dinklage 1982: 285)

Ein Schwerpunktprogramm, welches vor allem eine verstärkte Förderung von Einrichtungen zur Berufsausbildung Jugendlicher in Betrieben vorsah, aber auch eine Weiterentwicklung von Praxiskursen für vorübergehend nicht vermittelbare Abgänger allgemeinbildender bzw. berufsbildender Schulen, wurde gutgeheißen. Im Magnesitwerk in Radenthein setzte sich auch die Diskussion Qualifikation/Ausbildung versus Hilfsarbeit fort. Ein wesentlicher Aspekt, warum viele Arbeitnehmer auf Arbeitsplätzen in den Akkord drängten, war die höhere Entlohnung. So gab es doch noch große Unterschiede in der Bezahlung. „Ein Arbeiter im Akkord bekam S 101,78/h (ca. 17.638,-/Monat), ein Maschinenwärter und qualifiziert angelernte Arbeitskräfte S 109,74/h (ca. 19.018,-/ Monat), im Bergbau in der Grube verdiente man ebensoviel (109,74). Zum Vergleich bekam ein Facharbeiter S 67,92/h (ca. 11.771,-/Monat).

Dieses Lohnschema war ein Sinnbild des Jahres 1981, wo von der Basis „Facharbeiter" ein qualifiziert angelernter Arbeitnehmer um ca. 61% mehr bzw. ein ungelernter Arbeitnehmer um ca. 54% mehr verdiente als ein Arbeitnehmer in den Fachwerkstätten. Auch wenn es sich hier nur um Durchschnittswerte bzw. Augenblicksaufzeichnungen handelt, so ist der Unterschied im Großen und Ganzen richtig und spiegelt die Situation wider.

Der Wirtschaftseinbruch am Beginn der 1980-er Jahre löste in der ÖAMAG eine Kündigungswelle aus. Es sollte nach Qualifikationskriterien gekündigt werden, wie Zeitungen berichteten.„Wir werden nach Qualifikation und nach den sozialen Umständen auswählen", nur so viel sagte Generaldirektor Leitner, „Härtefälle wird man nach Möglichkeit zu vermeiden suchen". (Kleine Zeitung 15. Oktober 1981) „Wir gehen bei den Kündigungen nach Leistung und Qualifikation vor", stellt der Chef des Werkes Direktor Karl Leitner fest, freilich sollten auch soziale Härten vermieden werden." (Kurier 17. November 1981)

Der Trend in Richtung Wissen und Können der Mitarbeiter verstärkte sich. Dabei waren alle Bereiche der Firma inkludiert. Man musste die Kreativität heben und die Potentiale wecken. Mit Kreativität wurde eine neue „Größe“ für die Arbeitnehmer definiert. „Gerade die weiteren Rationalisierungsmaßnahmen in sämtlichen Betrieben werden es immer mehr erforderlich machen, dass technisch versierte Personen Anlagen betreiben. Man kann diesen Leuten auch bei Bewährung die Möglichkeit zeigen, bis zur Meisterebene aufzurücken“.“ (PD/Dr.PÖ/Bi 7. Aug. 1980)

Es galt im Human Ressources-Bereich, alle Möglichkeiten in der betrieblichen Aus- und Weiterbildung auszuschöpfen und diese auch anzukündigen. „Es ist ein Gebot der Stunde, nach immer neuen Wegen zu suchen, um die vorhandene Kapazität an Ideen und Fähigkeiten auszuschöpfen und in praktische Ergebnisse umzusetzen“ (Wir, Happernegg 1976/2), so lauteten die Gedankengänge einst wie jetzt. Damit wurde in der Vorstandssitzung am 18. November 1974 das betriebliche Vorschlagswesen mit Starttermin 1. Jänner 1975 beschlossen.

> „Vielen, die im Urlaub einmal in Venedig weilten, oder sich bei einem Kurzbesuch an den Sehenswürdigkeiten dieser einmaligen Stadt erfreuten, dürfte es dennoch entgangen sein, dass es dort – neben den unzähligen Hinweisen auf eine große Vergangenheit, die auf einer demokratisch gut fundierten Verwaltungsorganisation fußend, eine wirtschaftliche Blütezeit und kulturelle Glanzzeit hervorbrachte – auch einen „Verbesserungsvorschlag“ – Einwurfkasten aus dieser Zeit zu sehen gibt. Dieser Briefkasten ist in einer Mauer des Dogenpalastes eingebaut und diente dazu, den Bürgern die Möglichkeit zu geben, sich mittels Vorschlägen an der Verwaltung der Staatsführung zu beteiligen. Umgemünzt auf den Betrieb (auf ein Unternehmen), verfolgt das „Betriebliche Vorschlagswesen“ (BVW) heute analoge Ziele, nämlich: es soll als Rationalisierungsmittel dienen, soll zum Mitdenken und zur bewussten Mitarbeit motivieren und soll als psychologisches Führungskriterium zum Ideen-Management hinführen. Die Unternehmensleitung hat nun gemeinsam mit dem Zentral-Betriebsrat eine betriebliche Vereinbarung getroffen und hat mit Beginn 1975 das „Betriebliche Vorschlagswesen“ bei der ÖAMAG eingeführt. Die organisatorische Grundlage und den arbeitsrechtlichen Unterbau für das BVW bilden die veröffentlichten und allgemein zugänglichen „Richtlinien“. (Wir, Happernegg 1976/2:10)

Bis 1983 waren in der ÖAMAG 600 Vorschläge eingebracht worden, 55% dieser Vorschläge wurden angenommen. Im Jahr 1980 gab es 46 prämierte Vorschläge, wovon ATS 63.000,-- an Prämien ausbezahlt wurden. Der Vorstand erhöhte die Prämien für die Verbesserungsvorschläge von 10% auf 15% der Nettoersparnis. Im Jahr darauf gab es 71 Vorschläge von 40 Personen, von denen 32 angenommen wurden. „Die Prämien variierten von Anerkennungen in Form von Reklameartikeln bis zur höchsten Einzelprämie von S 16.500,--. Es wurden ATS 69.800,00 aufgewendet. Dem ein Nutzen von ca. ATS 370.000,-- gegenüber." (vgl. Vorstandssitzung am 31. März 1982)Fast ein Jahrzehnt und nach turbulenten Jahren kam es wieder zu einem Relaunch. Die Arbeitnehmer sollten in das betriebliche Aus- und Verbesserungswesen direkter eingebunden werde. Das Verbesserungswesen sollte erneuert werden.

„Auf mich kommt es an!", war der neue Leitspruch der Firmenleitung. Das war als Zeichen des Aufbruchs für die Mitarbeiter gedacht. Das Leitmotiv für das Jahr 1984 war Qualitätssicherung. Qualität wurde als existenzsichernd für das Unternehmen angesehen. „Das Ziel „Qualitätsbewusstsein" ist nur dann zu erreichen, wenn jedem Mitarbeiter bewußt ist: Jede Kette ist nur so stark, wie ihr schwächstes Glied! Dazu ist erforderlich, daß jeder Mitarbeiter erkennt: Auf mich kommt es an!" (Der Vorstand 2. Jänner, 1984) Die Verbesserung der Qualitätssicherung, vor allem eine Steigerung des Qualitätsbewusstseins, sollte im Laufe des Jahres 1984 erreicht aber auch fortlaufend und nachhaltig bewahrt und weiterentwickelt werden. Diese Zielsetzung führte den Vorstand zur Frage, wie das am besten möglich sei? Die Schlussfolgerung lautete: Durch Qualifikation und Verbesserung der Fachkenntnisse und Fähigkeiten der Mitarbeiter.

> „Fachkenntnisse/Fähigkeiten sind eine Sache, die bestmögliche Anwendung dieser Kenntnisse und Fähigkeiten im Sinne der Unternehmensziele ist eine andere Sache. Um das zu erreichen, muß koordiniert und entsprechend geführt werden.Die Koordinationsaufgabe, das Führungsverhalten, muß ebenfalls auf allen Ebenen des Unternehmens weiter verbessert werden! So ergibt sich als Leitmotiv für 1985 Ausbildung/Weiterbildung und Führung. Mit der dadurch zu erwartenden Verbesserung der Qualifikation unserer Mitarbeiter und des Führungsverhaltens der Vorgesetzten soll ein weiterer Beitrag zur Qualitätssicherung geleistet werden. Für den Vorstand." (Vorstandsinformation 1985 01 02; P/pot)

Das Motiv für 1985 war „Ausbildung/Weiterbildung und Führung". Die Firmenleitung forderte dies bereits 1983 von sich selbst, vor allem der Ausbildungsgrad der Arbeitnehmer sollte sich auf dem „letzten" Stand befinden.

Mit Februar 1985 wurde eine neue Aktion zu Aus- und Weiterbildungsprogrammen eingeleitet mit dem Ziel, die Erfolgspotentiale der Mitarbeiter zu heben. In diesen Jahren wurde auch die Modernisierung der auftragsbezogenen Dokumentation ein Thema. Bisher waren die meisten Informationen auf der Basis „Stille Post" aufgebaut. Bei der Rückverfolgung der Aufträge und bei weiteren Rationalisierungen bestanden wesentliche Probleme. „Die Kostensteigerungen waren höher als die fertigungstechnischen Verbesserungen. Durch den hohen Kostenaufwand der Produktivitätssteigerungen durch Investitionen stellte man Überlegungen der Optimierung aller Kommunikations- und Produktionsabläufe in den Mittelpunkt." (Spanring 1986: 163)

Die mündliche Kommunikation versus schriftliche Aufzeichnungen stand also im Spannungsfeld, das es galt aufzuarbeiten. Nach dieser Aufgabenstellung (Optimierung aller Kommunikations- und Produktionsabläufe) gab es für 1988 weitere langfristige Zielsetzungen. Das Werk, inzwischen Radex Austria AG, setzte auf eine höhere Akademikerquote. „In sehr anschaulichen Darstellungen zeigt Mörtl den Vorstandsbereich Radex Austria, Forschung und Qualitätskontrolle auf. Zielsetzung ist, von der Quantität zur Qualität zu kommen, was sich bereits in der Entwicklung der letzten Jahre zeigt. Der Anteil der Akademiker soll in Zukunft 33% betragen." (Vorstandsprotokoll 7/88, 22 08. 1988)

Die 80er Jahre waren in der Firmengeschichte zweifellos wechselhaft und mündeten in einem Management buy out. Als Aufbruch für die neue Bildungsoffensive sollten weitere Investitionen beginnend ab 1988 getätigt werden. Als Schulungszentrum sollte das ehemalige „Angestellten-Kasino" adaptiert werden. Dieses Gebäude war die vormalige Villa des Generaldirektors, die in späteren Zeiten für die Angestellten als Restaurant für verbilligtes Abendessen diente. Für die Arbeiter gab es zu diesem Zeitpunkt die Kantine.

> „Pacher ist beauftragt, ein Aus- und Weiterbildungskonzept zunächst als Unterlage zu strukturieren und in der weiteren Folge mit den verantwortlichen Herren zu erarbeiten. Das Projekt „Kasino als Aus- und Weiterbildungszentrum" ist darzustellen (Pacher)." (Protokoll Vorstand 22./23. 8. 1988) Auch in der Personalabteilung gab es Gedanken und Konzepte, wie man weitere Potentiale von den Mitarbeitern für die Firma nutzen könnte. Dafür wurde das Mitarbeitergespräch erwogen. Der Vorschlag an den Vorstand lautete, dass die Vorgesetzten mit den Mitarbeitern dieses Gespräch führen sollten, mit der Zielsetzung einer „Stärken-Schwächen-Analyse, eines Weiterbildungsplans, Weiterbildungskonzept, Nachwuchsförderung-, -pflege, Einstufungen". (vgl. PA-G/P/GG 1989-09-04)

Des Weiteren machte man sich Gedanken, die Mitarbeiter besonders zu schulen, ihre Ressourcen zu nutzen. Das Jahr 1989 war im konzeptiven Schulungsbereich ein Jahr, in dem tatsächlich auf Qualität gesetzt wurde. Als wirksam wurde die innerbetriebliche Ausbildung im fachlichen Bereich mit Trainern aus den betrieblichen Bereichen festgehalten. „In diesem Zusammenhang wurde auch die Möglichkeit diskutiert, daß die Vorträge der innerbetrieblichen Trainer auf Video aufgenommen werden, um sie jederzeit den Mitarbeitern zur Verfügung zu stellen. Pertl wurde beauftragt, eine Trainerwunschliste an den Vorstand zu richten." (PA-G/P/GG, 1989-09-04)

In der Vorstandssitzung Timag sowie Radex Austria AG im Dezember 1989 wurde diskutiert, inwieweit sich die Firma über verstärkte Nachwuchspflege und den Akademikermangel wegen der geplanten Auslandsbeteiligungen vorbereiten müsste bzw. das Budget für Mitarbeiter aufzustocken sei. Bereits im Vorfeld gab es Unterstützung für Nachwuchskräfte (ehemalige Lehrlinge) in Form von Stipendien für weitere Schulbildungen. „Der Vorstand hat sich einstimmig für die Vergabe eines HTL-Stipendiums für Hüttentechnik in Leoben ausgesprochen." (Vorstand Zirkularprotokoll VV/XXI/36, 1989-09-04)

Im Zuge der steigenden Mechanisierung und der damit verbundenen notwendigen Qualifizierung gab es immer wieder Diskussionen über die zwei verschiedenen Arbeitnehmergruppen im Betrieb. Vor allem Arbeiter- und Zentralbetriebsrat prolongierten die Ungleichheiten und thematisierten das im Gespräch mit dem Vorstand, sodass sich der damalige Generaldirektor für einen einheitlichen Arbeitnehmerbegriff und eine Absichtserklärung aussprach. „GD DI Longin führt aus, daß es schwer verständlich sei, daß es zwei Kategorien von Mitarbeitern mit zum Teil erheblichen Unterschieden in den Ansprüchen gibt und das Ziel auf lange Sicht gesehen daher ein einheitlicher Mitarbeiterbegriff sei." (Protokoll Vorstandsgespräch 23. August 1989)

Die Verbesserungen, die der Betriebsrat erreichen konnte, waren teilweise arbeitsrechtlicher und gesellschaftsrechtlicher Natur, beinhalteten aber auch die Wirkung, dass die Arbeitnehmer/innen, die sich privat weiterbildeten (Kurse, Schulungen, Meisterprüfung usw.), Unterstützungen seitens der Firmenleitung lukrieren konnten.„Die freiwilligen Weiterbildungen stehen bei uns besonders im Mittelpunkt. Einige davon sind nicht nur mit Zeitaufwand, sondern auch mit hohen Kosten verbunden.

Insbesondere trifft das auf Meisterprüfungen zu. Der Betriebsrat konnte das Unternehmen nun dafür gewinnen, solche Aktivitäten zu unterstützen." (Der Standpunkt Jänner 1990)

Die Fachwerkstätten wurden durch qualifizierten Nachwuchs aus den eigenen Lehrwerkstätten aufgefüllt. Es wurde auch verstärkt Augenmerk auf die Weiterbildung gelegt. „Bestens qualifizierte Mitarbeiter sind ein Garant dafür, daß die Herausforderungen der Zukunft gemeistert werden. „Total quality", auch unserer Mitarbeiter, ist eine Voraussetzung, um unserer Devise „Der Kunde steht im Mittelpunkt" gerecht zu werden." (PA-G; 1990-03-15) Im Jahr 1990 gab es noch weitergehende Programme. Durch größere Werbekampagnen wurde versucht, neue Mitarbeiter für das Unternehmen zu suchen bzw. diese an das Unternehmen zu binden. Die neuen Mitarbeiter sollten nach vielfältigen Eignungen und Bedürfnissen des Konzerns zum Einsatz kommen. „Es ist daher die Bildung einer sogenannten Trainee-Gruppe vorgesehen, die gezielt ausgebildet wird und auch teilweise an Projekten mitarbeitet." (Vorstandssitzung 30. Mai 1990)

Im Jahr 1991 wurde die erste offizielle Trendwende eingeleitet. Unter dem Titel „Integration/ Facharbeiter in der Produktion", befasste sich sogar der Aufsichtsrat mit dem notwendigen Facharbeiterbedarf in der Produktion. Die Frage „Wer ist noch Hilfsarbeiter?" musste ebenfalls neu gestellt werden. War und ist es der angelernte Akkordarbeiter mit Maschinenkenntnissen, der Maschinenarbeiter oder beide zusammen, die solche artverwandten Tätigkeiten ausüben, die eine Facharbeiterprüfung oder auch keine abgelegt haben. „Im Personalbereich ist der vorgesehene Stand von 1575 Mitarbeitern um 45 Mitarbeiter unterschritten worden. Die Personalpolitik verfolgt das Ziel, die im Unternehmen ausgebildeten Arbeitskräfte, insbesondere aus dem Bereich der Lehrlinge, in den Betrieb zu integrieren. Es sind derzeit 21 Lehrlinge in Ausbildung." (Niederschrift Aufsichtsrat der Radex Austria 9.4. 1991: 5)

Gerade diese Linienführung, ausgebildete Facharbeiter in den Produktionsprozess zu integrieren, wurde schon Jahre vorher eingeleitet. Der Grund dafür waren die steigenden Rationalisierungs- und Mechanisierungsmaßnahmen, die immer mehr Know how benötigten.„Gerade die weiteren Rationalisierungsmaßnahmen in sämtlichen Betrieben werden es immer mehr erforderlich machen, daß technisch versierte Personen Anlagen betreiben. Man kann diesen Leuten auch bei Bewährung die

Möglichkeit zeigen, bis zur Meisterebne aufzurücken. Der Mann kann sich hiermit voll auf seine neue Aufgabe konzentrieren. Für den Betrieb löst sich das Problem, daß gute Facharbeiter einen wertvollen Arbeitsplatz verlassen.“ (Pö, BI 7. Aug. 1989)

Mit der Zunahme der abstrakteren Kenntnisse, die Anforderung an kognitiven Fähigkeiten und abstrakten Wissen, insbesondere bei Bedien-, Beobachtungs- und Überwachungstätigkeiten, nahmen die sensumotorischen Fertigkeiten („Materialfeeling“) ab.

Auch wenn jene Arbeitsplätze wie z.B. „die alten Setzer hatten vieles im Gefühl und Routine“, nicht mehr vorhanden sind, muss man die sensumotorischen Fertigkeiten über weite Strecken als fehlend bezeichnen.

Die Qualifikationsmaßnahmen wurden vielfach vom Vorgesetzten bestimmt, wobei in der Eigeneinschätzung des Arbeitnehmers das Eigen- und das Fremdbild oftmals differenzierte. In der Strukturerhebung verlief der Trend in Richtung des Einsatzgebietes nach Qualifikation. Die Investitionen wurden allgemein mit Innovation, Umwelt, Verbesserung Rationalisierung und Erweiterungsinvestitionen genannt. Abbau von Personal durch Investitionen wurde eher in den Interviews zum Thema gemacht, wobei bei den Aussagen klar hervorging, dass man „damals wegen Investitionen keine Angst haben musste, dass Leute abgebaut werden, später schon.“ Die Einstufung der Arbeiter der Produktion in die Gruppe der Facharbeiter ging ein Meilenstein der kollektivvertraglichen Entwicklung vorher. In späterenBefragungen nach der Umsetzung war schon eine teilweise Gewöhnung sichtbar.

Dieser Weg wurde trotz eingeschränkter Lehrlingsausbildung in den nächsten Jahren weiterverfolgt. Aber ab jetzt galt es, andere Themen zu behandeln. Aus Radex wurde Veitsch, aus Veitsch wurde Radex, die Veitsch-Radex wurde geboren; welche Änderungen wurden schlagend?

Die ersten Auswirkungen der Fusion zwischen Radex und Veitscher Magnesitwerke war die Zusammenlegung der Forschung mit dem Standort in Leoben. Der Frage, ob nicht „altes Wissen“ vernichtet wurde, musste man sich stellen, da bei Zusammenlegungen nicht 1 plus 1 immer 2 ergibt. Von insgesamt 166 Beschäftigten bei der Firma blieben im neuen Zentrum nur noch 115 Arbeitnehmer übrig. Im kommunikativen Bereich wurden Synergien wie folgt angepriesen: „Eine der ersten Auswirkungen der Umstrukturierung des Unternehmens ist eine Konzentrierung der Forschungstätigkeit. Oberstes Ziel ist es, die Grundlagenforschung zu verstärken, um unser Produkt auch in der Zukunft wirkungsvoll, der Technologie entsprechend einsetzen zu können.“ (Der Standpunkt, September 1991) Im Jahr 1998 wurde auch die Forschung der Didier AG in Wiesbaden geschlossen und in Leoben konzentriert. Auch der Pool der Servicetechniker im RHI-Konzern wurde reduziert. Die jahrzehntelang offene Frage nach der Angleichung der Facharbeiter, Facharbeiter als Maschinenbediener, wurde immer wieder aufgeworfen.

> „Im Hinblick auf die Einstufung eines Großteils der Maschinenwärter und der Akkordarbeiter mit S 110,23/h ersucht der Betriebsrat um Anhebung dieser Lohngruppe auf S 111,38/h und Auflassung der untersten Facharbeiterlohngruppe.Es wird darauf hingewiesen, dass die Lohngruppe der Maschinenwärter und Akkordarbeiter durch den Einbau von Prämien und Akkordanteilen entstanden ist und die Unterschiede im Stundenverdienst schon immer bestanden haben. Dem Antrag des Betriebsrates wird jedoch Verständnis entgegengebracht. Eine sofortige Realisierung ist aber schon im Hinblick auf die Anzahl von nahezu 50 betroffenen Dienstnehmern nicht möglich.“ (Protokoll Nr. 191)

Die steigenden Qualifikationsanforderungen gingen nicht immer mit der notwendigen Lohneinstufung einher. Trotz Änderungen im Arbeitsablauf und Annäherungen der Tätigkeiten zwischen Arbeiter und Angestellten wurde die arbeitsrechtliche Lücke in Österreich nicht geschlossen.

Auch der Einsatz der Arbeitnehmer zwischen 3- und 4-Schicht-Betrieb je nach Auftragseingang passt zur Frage: „Wie flexibel ist der Mensch?“ – muss er sein?

„Zu diesem bereits mehrmals vom Betriebsrat angezogenen Punkt entwickelt sich eine rege Debatte, wobei insbesonders auf die Problematik des Wechsels zwischen 3-Schichtbetrieb und kontinuierlichem Betrieb (Wochenend- Nachtarbeit) hingewiesen wird. Eine Übereinstimmung der Standpunkte, die zu einer Lösung führen könnte, kann jedoch nicht erreicht werden.“ (BR-Protokoll Nr. 191) Flexibel wurde inzwischen die Arbeitszeit, d.h. dass die Überstundenzuschläge bezahlt wurden, die gearbeitete Zeit im Rahmen der Betriebsvereinbarung in Zeit konsumiert wurde. Diese Änderung war einschneidend für die Arbeitnehmer im Verdienst einerseits, andererseits setzte sie aber positive Beschäftigungssignale. Die Wochenarbeitszeit wurde auf Antrag von BRV Kowatsch von 38 h/Woche wieder auf 37,5 h/Wochen reduziert damit war der Quartalssamstag Geschichte.

Beginnend mit Ende des Jahres 2001, fortführend mit dem Jahr 2002 wurden PC-Kurse beinahe für alle Mitarbeiter im Werk Radenthein angeboten. Der AK-Bildungsgutschein war ein wesentlicher Grundstein dieser Schulung. Es wurden auch die notwendigen Schulungen bzw. Unterweisungen aller Arbeitnehmer für die Zertifizierung für die IMS-Schulung 14001 vorbereitet und durchgeführt. Die wesentlichste Änderung für die Arbeitnehmer gab es mit dem Projekt „Opex". „BRV Kowatsch berichtet über die Opex-Sitzung vom 7. 7. 2006 in Leoben. Daraus ist hervorgegangen, dass Produktivitätsverbesserungen und gleichzeitige Kostenreduktionen erwartet werden. Schlankere Organisationsstrukturen sollten dazu beitragen." (BR Protokoll Nr. 33) Das Reorganisationsprojekt „Operations Excellence" (Opex) sollte die Wertschöpfungskette optimieren, die Produktivität erhöhen und die Kosten reduzieren. Wesentlich waren die Einführung von Fertigungslinien (Werk im Werk) sowie zusammengefasste Kompetenz- und Serviceabteilungen. Ein zentraler Punkt war die kundenorientierte Arbeitsweise, die Teamarbeit, flachere Hierarchien sowie die Abgabe von Verantwortung von „Oben nach unten". Zusammen mit dieser neuen Struktur wurde ein neues Prämiensystem mit Zielvereinbarungsprämien eingeführt sowie die verantwortlichen Gruppenleiter und Bereichsleiter auf Seminare und Schulungen entsandt.

Die Implementierung dieses neuen Systems, das eine neue „Kultur" bedeutete war im Produktionsbereich teilweise positiv umzusetzen, durch die nicht fertig durchgeführten Schulungen und die stark angereicherten Arbeitsinhalte, gelang die Gesamtumsetzung dieses Projekts jedoch nicht. Ein Kernstück war die Verantwortungsabgabe von „Oben nach Unten", wobei die Reorganisation im Verwaltungsbereich diskutiert aber nicht projektiert wurde. Dadurch wurde die Verantwortung „nach unten gegeben", die Durch- und Ausführungskompetenzen blieben aber in alten Strukturen.

Im Jahr 2012 kam es zu einem Wiederaufleben des Ideenmanagement, zur Förderung die kreativen Potentiale der Arbeitnehmer nutzen zu können, eine Betriebsvereinbarung mit Dotierungen abgeschlossen. Die Behandlung der eigebrachten Ideen teilt sich in zwei Teile:

a) die eigen entwickelte und projektierte Idee;

b) Idee, die angeregt und von einer Begleitperson begleitet wird (z. B. Ideen im Zuge der Schulungen für Lean und SQP)

Der Unterschied liegt sowohl in der Einbringung als auch in der Dotierung der Verbesserungen (a: mit Berechnungsformel und Geldleistung; b: mit einer Anerkennung – Sachpreis)

Ein gravierendes Ziel ist: „Gesund von Zuhause in die Arbeit und gesund wieder nach Hause."

Das Ziel „null Arbeitsunfälle" wird mit einem sehr hohen Stellenwert behandelt. Die Wichtigkeit der Arbeitssicherheit wird vom Vorstand der RHI Magnesita kommuniziert.

Die Investitionen für die PSA (Persönliche Schutzausrüstung), die technischen Verbesserungen und die Schulungen wurden gravierend erhöht. Dazu werden auch immer wiederkehrende Schulungs- und Informationsveranstaltungen durchgeführt.

Berufsausbildung

Die Berufsausbildung von Betriebsschlossern wurde ab dem Beginn der 1920-er Jahre im Rahmen eines Fabrikvertrages (3 Jahre) durchgeführt. Diese Ausbildung konnte mit einer Facharbeiterprüfung abgeschlossen werden. Ausgebildet wurde in einer Lehrecke in der Hauptwerkstätte. Aufgrund der Einstellungszahl von ca. 10 bis 15 Lehrlingen pro Jahr war der Lehrlingsstand auf 25 bis 36 angewachsen. Die Errichtung einer Lehrwerksstätte war die weitere Folge. Der theoretische Unterricht erfolgte in der Berufsschule, der Zusatzunterricht wurde in der Freizeit durchgeführt.

> „Vor einem Jahrzehnt gab es noch keine geregelte und zweckmäßige Lehrlingsausbildung. Es gab damals keinen Unterricht und keinen vierwöchigen Urlaub. Nach Bedarf wurde ein Lehrling aufgenommen. Und als billige Hilfskraft und Laufbursch kam er von einem Schlosser zum anderen, wie es eben die Arbeitstage erforderten." (Werkszeitung, 20. Oktober 1947: 70f) In dieser Zeit war niemand für die Ausbildung verantwortlich. Zu den Gesellenprüfungen wurden damals die freigewordenen Lehrlinge nicht zugelassen und konnten nur Hilfsschlosser sein. „Die Ablegung der Facharbeiterprüfung ist erst seit 1938 möglich." (Werkszeitung, 20. Oktober 1947: 71)

Die Lehrlinge wurden in einer der Hauptwerkstätte angegliederten Werkzeugausgabe ausgebildet, danach kamen sie zu ihren Arbeitspartien. Die theoretische Ausbildung wurde in der allgemeinen Fortbildungsschule in Radenthein (Pflichtbesuch) erworben.

Nach dem Krieg kehrten die jungen Menschen zurück, um in der Lehrwerkstätte die Lehre fortzusetzen und zu beenden. „Daraus ersehen wir, dass die Lehrzeit in den letzten Kriegsjahren nicht mehr ein geschlossenes Ganzes, sondern unterbrochen werden mußte, was sich natürlich auf den Lehrling wie auch auf den Lehrbetrieb auswirkte." (Werkszeitung, „20. Oktober 1947: 69) Ein Problem dabei war, dass die Lehrlinge dem allgemeinen Lehrlingsalter schon entwachsen waren und sie sich mit den Einschränkungen und Lehrlingspflichten schwer taten.

Es wurde ein Lehrlingsbeirat ernannt. Dieser hatte die Aufgabe, als Bindeglied zwischen Firma und Lehrling zu fungieren. Die Aufnahme der Lehrlinge geschah mittels Aufnahmeprüfungen, wobei „die Kinder von besonders verdienstvollen und langdienenden Werksangehörigen bevorzugt werden". (Werkszeitung, 20. Oktober 1947: 70)

Diese Jahre waren geprägt von den „Kompetenzen", Pünktlichkeit und Disziplin. Im schulischen Bereich waren die fehlenden Investitionen, die große Raumnot, die beengten Raumverhältnisse, unter denen der Unterricht gehalten werden musste, die wesentlichsten Probleme, die sich auch auf die Primärbildung auswirkten.

Im Werk versuchte man zu Beginn der Ausbildungszeit vor allem auf die Bereiche Pünktlichkeit und Disziplin Wert zu legen. In Schulungen und Vorträgen sollten die Lehrlinge auf diese Richtlinien hingewiesen werden. „Ing. Hoja soll ihnen einen Vortrag über Benehmen im Werk und auch außerhalb desselben halten. Einzelne in Zukunft anfallende krasse Fälle bzw. bzgl. Benehmen und Verstößen gegen die Werksordnung sind Herrn Ensle bekannt zugeben und der jeweilige Junge ins Personalbüro zu schicken." (Vertrauensratssitzung 11. Juni 1945)

Die Berufsausbildung wurde ab dem Jahr 1946 neu strukturiert und neu organisiert. Für die Aufnahme der Auszubildenden wurde eine Aufnahmeprüfung eingeführt. Der Grundlehrgang zu Beginn der Ausbildungszeit wurde erweitert. Die Betriebslehrgänge wurden auf- und ausgebaut. Es wurden Zwischenprüfungen eingeführt. Für die Lehrabschlussprüfung gab es eine praktische und theoretische Prüfungsvorbereitung. Die Auszubildenden sollten Exkursionen in Kärntner und österreichische Großbetriebe erhalten. Ein Eltern-Lehrling-Beirat und Deutsch als Pflichtkurs wurden eingeführt. Die Berufsschule Spittal/Drau wurde ab 1948 als Außenstelle im Werk eingerichtet. Den Abschluss der Lehrabschlussprüfung bildete eine werksinterne Freisprechfeier.

Auch die Bezahlung der Lehrlinge nach der Lehrabschlussprüfung/Freisprechfeier wurde vom Betriebsrat thematisiert. Folgende Vorschläge kamen im BR-Protokoll vom 18.6.1946 zur Sprache, später folgte die Umsetzung. Es wurde vorgeschlagen, dass der Unterschied zwischen dem jetzigen und dem erhöhten Lohn rückwirkend, wenn die Lehrbriefe übergeben waren, zu bezahlen sind. Dies wurde mit dem Verwalter auch so vereinbart. Noch länger dauerte der Vorschlag des Betriebsrates[16], dass jugendliche Arbeitnehmer unter 16 Jahren den Hilfsarbeiterlohn abzüglich 20%, die anderen jugendlichen Arbeiter den vollen Hilfsarbeiterlohn erhalten sollten.

Es war in diesem Zeitraum ein Lehrlingsstand von ca. 50 Lehrlingen geplant, das heißt, es erfolgten 12 bis 15 Lehrlingsaufnahmen pro Jahr. Unterrichtet wurde im Lehrsaal, in dem auch der Werksunterricht stattfand. Eine Werksbibliothek und die zweimal pro Monat erscheinende Werkszeitung mit Artikeln über Sozialpolitik, Gesetze, sonstige Nachrichten, aber auch über die Werksvereine ergänzten das Ausbildungsprogramm.

Das Werk bildete seinen Facharbeiternachwuchs inzwischen konsequent in Lehrwerkstätten aus. Im Jahr 1948 wurden etwa die Berufe Schlosser, Elektriker, Tischler, Zimmerer und Maurer ausgebildet.Die Lehrzeit begann mit einem Grundlehrgang. Danach kamen die Schlosser in der Reihenfolge zum Schmiede-, Schweißer-, Dreher-, Hobler-, und Zeichenlehrgang. Die Lehrlinge kamen noch in die Garage, Elektrowerkstätte und die Werkzeugausgabe. Dazugehörend gab es auch immer theoretischen Fachunterricht, Englisch und den Unterricht in der Berufsschule. In der Lehrwerkstätte bestand die Möglichkeit, sich in der dazugehörigen Bibliothek in der Freizeit selbst weiterzubilden.

Die Belegschaftsvertretung war schon ausgeprägt, die Lehrlinge hatten einen Lehrlingsbeirat, der gewählte Lehrlingsvertreter durfte mit Sitz und Mitspracherecht im Betriebsratsgremium mitwirken. Die Ausbildungszeit wurde nicht nur in der Lehrwerkstätte verbracht, sondern wechselnd in den verschiedenen Betriebsabteilungen. Zusätzlich konnten sich die Lehrlinge in der Werksbibliothek bilden. „Die Werksbibliothek steht jedermann offen und ist imstande, alle Wünsche zu erfüllen.“ (Hütter 1948: 46)

16 Hinweis: Verwalter zu diesem Zeitpunkt war Dr. Hauschka, späterer Generaldirektor der ÖAMAG, Änderungsvorschlag vom Betriebsrat Werk Ferndorf

Es waren nicht nur Pflicht und Disziplin, die vorherrschten, auch das Wohl der Lehrlinge war ein wesentliches Anliegen, deshalb nahm man gesetzliche Vorhaben schon vor Beschlussfassung im Parlament auf Antrag des Betriebsrates in der ÖAMAG teilweise vorweg. Der Entwurf des Jugendschutzgesetzes, das sich in parlamentarischer Bearbeitung befand, sah vor, dass sich die Jugendlichen, das sind Personen bis 18 Jahre, mindestens 4 Wochen im Jahre Urlaub erhalten sollten.

> „Der Betriebsrat beantragt diese Bestimmung schon jetzt durchzuführen. Die Werksleitung ist damit einverstanden, dass die Jugendlichen schon jetzt einen Urlaub in Dauer von 4 Wochen bekommen. Die Urlaube sind demnach gemäß den Bestimmungen des zu erwartenden Gesetzes zu erteilen. Die Werksleitung ist ferner damit einverstanden, dass bis zum Erscheinen der gesetzlichen Bestimmungen schon jetzt ein Vertreter der Jugendlichen als Gast an den Betriebsratssitzungen teilnimmt." (BR-Protokoll Nr. 17)

Nachdem der Berufsschulbesuch auch wieder im Regelwerk integriert war, besuchten die Lehrlinge der ÖAMAG die Berufsschule in Spittal an der Drau, Expositur Radenthein. Im Betrieb selbst sollte ihnen jedoch auch die grundlegendsten Regeln des menschlichen Zusammenlebens gezeigt werden. Im weiteren Verlauf der Lehrlingsausbildung wurde in Sprechtagen über Lehrmethoden und Probleme informiert. Dabei erfolgte Aufklärung über die allgemeinen Grundsätze der Lehrmethoden, die Fortschritte und die Eignung der Neueingestellten. Es gab 50 Bewerber, 25 wurden aufgenommen. Der Vortragende Hapernig betonte, dass „in unserer Lehrwerkstätte besonderer Wert auf eine praktische und theoretische Ausbildung gelegt wird und dass unsere Lehrwerkstätte bis jetzt bei den Gesellenprüfungen immer sehr gute Erfolge hatte". Die Ausbildung in der eigenen Lehrwerkstätte sowie eine aktive Freizeitgestaltung wurden besonders gefördert. Berufliche Fortbildungskurse, die letztlich auch dem Magnesitwerk zugute kamen, wurden finanziell unterstützt wie „diversere Kurse und Lehrveranstaltungen ebenso wie für die übrigens im Einzelfall sehr großzügige Förderung des Studiums junger Menschen aus Radenthein". (Gräbner 1971: 99)

Die Zahl der Aufnahmen blieb von Beginn an bis in die 1960-er Jahre in etwa gleich. Die Bewerbungen übertrafen die freien Stellen. „Es haben sich 30 Lehrlinge für die Aufnahme beworben. Im Interesse der Nachwuchsförderung schlage ich vor, ca. 15 Lehrlinge aufzunehmen." (Pers. Abt./M/ma. 15.7.1963) Nach wirtschaftlich stabilen Jahren gab es noch die Möglichkeit, die Lehrplätze auszuweiten. Im Jahr 1975 war die Knappheit an Lehrplätzen wieder ein staatliches Thema. Mittels Fördermittel wollte der Staat Ressourcen an Lehrplätzen auffüllen. „Das Landesarbeitsamt Kärnten überprüft derzeit die Möglichkeit, ob aus Mitteln der Arbeitsmarktförderung Lehrstellen subventioniert werden könnten. Sollten Mittel aus der Arbeitsmarktförderung freizumachen sein, würden die Industriebetriebe angesprochen werden, ihre Lehrlingskapazitäten mit dieser Unterstützung voll aufzufüllen." (Aktennotiz Landesarbeitsamt 1975 08 05)

Die Bereitstellung von Lehrplätzen unter Bedingung einer Förderung dauerte einige Jahre. Die Höhe der Wirtschaftssubvention wurde im Vorstand diskutiert. Es wurde in allen Institutionen und Organisationen für eine Erhöhung der Lehrplätze plädiert. Auch für das Magnesitwerk wurde das ein Thema, weil die Aufnahme für das kommende Lehrjahr bevorstand.

> „Es wurde über dieses Thema ebenfalls ein Gespräch zwischen Dir. Mössler und Dr. Dobernig geführt, der die Möglichkeit sieht, wenn wir uns für das kommende Lehrjahr bereit erklären, mehr als 10 Lehrlinge aufzunehmen, für die Dauer der gesamten Lehrzeit die Lehrlingsentschädigung in der Höhe, wie sie für das erste Lehrjahr anfällt vergütet zu bekommen. Der Vorstand stimmt im Prinzip einer solchen Lösung zu die endgültige Entscheidung, wie viele Lehrlinge eingestellt werden, soll nach Vorliegen der Anmeldungen getroffen werden." (Vorstandssitzung 18.2.1977; Lehrlinge)

Die notwendigen neuen Qualifikationserfordernisse machten auch zusätzlichen Unterricht notwendig. „Der Zusatzunterricht in der Werksschule für Schlosser der Lehrgänge I, II, III u. IV, mit einem Aufwand von 6 Wochenstunden, erfolgt durch Herrn Ing. Moser. Der Zusatzunterricht in der Werkschule für Elektriker – Aufwand 6 Wochenstunden." (Besprechungsprotokoll Lfd. Nr. 25/76 1976 – 08 – 25) Leider verblieben diese Ansätze meist in einer fachlichen Fortbildung. Es wurde jedoch in der Lehrlingsausbildung der ÖAMAG auf neue Methoden Rücksicht genommen. Nicht zu vergessen ist dabei, dass die Ausbilder selbst nach „alten Prinzipien" ausgebildet worden waren. Die Inhalte der Ausbildung für nebenberufliche Ausbilder wurden auf neue Inhalte überprüft und folgend gegliedert.

Zielbestimmung; Beschreibung des Lehrlings; körperliche und seelische Entwicklungsphasen inkl. Elternhaus; Ausbilder: Autorität/Erzieher/

Fachmann/Lehrer? Diese Neuorientierung[17] im Jahr 1978, getragen von Hauptausbildungsleiter Moser, war zu diesem Zeitpunkt ein Meilenstein der Ausbildungsentwicklung. Erste Differenzierungen wurden sichtbar, Lehrlinge mit Auszeichnung kamen in die Fachwerkstätte (wenn die Planposten frei waren), die anderen Facharbeiter in die Produktion, eine Neuerung der Qualifikationsbeurteilung wurde festgelegt. „Über Antrag wird einvernehmlich festgelegt, dass jene Lehrlinge, die die Facharbeiterprüfung mit Auszeichnung bestehen, im Rahmen der WET als Facharbeiter eingesetzt werden. Alle übrigen erhalten die Möglichkeit, im Rahmen eines bis 1980 09 30 befristeten Dienstverhältnisses in der Produktion Beschäftigung zu finden.“ (Protokoll Nr. 162)

In einer gemeinsamen Sitzung mit dem Betriebsrat im Juli 1984 kam es nach Anfragen seitens des Betriebsrates zur Absichtserklärung der Firmenleitung, dass die Lehrwerkstätte vergrößert werden sollte. Ebenso wurde über die Neugestaltung des Schulungsraumes wie über die Ausstattung nachgedacht.

Ähnlich wie beim Start im Jahre 1946 gab es eine Aufnahmeprüfung und eine psychologische Eignungsuntersuchung gemeinsam mit dem Landesarbeitsamt Kärnten. Der Grundlehrgang dauerte 3 bis 4 Monate und erfolgte in der Lehrwerkstätte. Danach folgten je nach beruflicher Ausbildung die Lehrgänge: 1 Monat Schmiedelehrgang, ein Monat Installationslehrgang, Lehrgänge in der Hoblerei, Spenglerei, Dreherei, Schweißen, Werkzeugausgabe, KFZ-Garage, Technisch-Zeichnen, Fräslehrgang, Elektrowerkstätte und Motorwerkstätte. Die Lehrgänge wurden nach ca. zwei Jahren beendet und danach der Lehrling in die Verantwortung der betriebsspezifischen Werkstätte übergeben.

Der jeweilige Meister war für die weitere Ausbildung zuständig und verantwortlich. Die Koordination blieb in den Händen des Ausbildungsleiters, der immer mit den Meistern und Lehrlingen dieser Werkstätten in Kontakt stand. Mit den Lehrlingen wurden entsprechend der Lehrjahre Exkursionen durchgeführt (Betriebsbesuche, Bergbau Millstätteralpe, Heraklith Ferndorf, Hochfilzen etc.). Inkludiert im Ausbildungsplan waren in den 1980-er Jahren die theoretischen Ausbildungseinheiten der Berufsschule, verstärkt vor allem durch die interne Werksschule. Das Management „Buy out“ machte auch Änderungen in die Öffentlichkeit sichtbar.

---

17 Hinweis aus: Lehrgang für Nebenberufliche Ausbilder aus O.L., 1978 von Ing. Moser

„25. September. Ein Ort ändert sein Image zum Positiven. Bericht in der KTZ:

In der Lehrwerkstätte der Radex werden Fachleute für die Instandhaltungs- und Wartungsbetriebe, in den Labors Spezialisten für die Bereiche Forschung, Entwicklung und Qualitätskontrolle ausgebildet. Zu Beginn der Zwanzigerjahre begann man mit der Ausbildung von Betriebsschlossern, die nach Abschluß der Lehre im Betrieb Arbeit fanden. Bisher haben an die 840 Lehrlinge ihre Lehre im Werk absolviert und erfolgreich abgeschlossen. Derzeit sind 51 Betriebsschlosser, 19 Betriebselektriker, 8 Chemielaboranten, 1 Textilkaumann, 2 Einzelhandelskaumann und 3 Köche in Ausbildung, davon 13 Mädchen. Fleißigen Lehrlingen mit sehr gutem Lehrabschluß ermöglicht der Betrieb durch ein Stipendien den Besuch der Berg- und Hüttenschule in Leoben.“ (Schmölzer 1996: 593)

Im Jahr 1989 kam es wieder zu staatlichen Förderungen, die letztendlich auch in Anspruch genommen wurden. „BO. Prettner teilt mit, dass in Zukunft für Betriebe, die Lehrlinge ausbilden, eine Förderung aus Landesmitteln vorgesehen ist. Unter diesem Titel müsste auch eine Verbesserung der Ausstattung unserer Lehrwerkstätte möglich sein.“ (Protokoll Nr. 187, Ansuchen um Förderung)Der schwache Wirtschaftsverlauf sowie die Fusionierung der beiden österreichischen Magnesitkonzerne erforderten schmerzhafte Synergien im personellen Bereich.

„Generell wird im gesamten Radex-Heraklith Konzern der qualifizierten Aus- und Weiterbildung aller Mitarbeiter verstärktes Augenmerk geschenkt und ein entsprechendes Angebot an Schulungsmöglichkeiten geboten. Darüber hinaus ist die gewissenhafte Lehrlingsausbildung in allen Konzernbetrieben von großer Bedeutung und sie stellt die Basis für die zukünftige Umsetzung des hochqualifizierten Know-how dar. 1992 standen insgesamt 212 Lehrlinge im Radex-Heraklith-Konzern in Ausbildung.“ (Geschäftsbericht 1992: 22)

In den 1990-er Jahren verstärkte sich jedoch der Focus in Richtung Synergien. Die Ausbildung wurde gemäß der neuen Standortgrößen und internen Kostenkalkulationen reduziert. Eine mittelfristige Planung war nicht möglich. Ausbildung „über Bedarf“ war immer zu teuer. Ein wesentlicher Punkt der Sitzung vom 6. Mai 1997 war die Lehrlingsaufnahme 1997. Aufgrund der problematischen Entwicklung der Lehrstellen stellte Koll. Prettner an Dir. Baumgartner die Anfrage wegen einer zusätzlichen Aufnahme eines Lehrlings. Der Direktor sah seinen Auftrag in Sachen Lehrlingsaufnahme für erfüllt, weil im Konzept Radenthein 16 Lehrlinge vorgesehen sind (4/Jahr) und 1997 schon 6 Lehrlinge für die Aufnahme vorgesehen waren. Nach einer längeren Diskussion und mehrmaligen Versuchen von Koll. Prettner und Kowatsch, positive Argumente für eine weitere verstärkte Lehrlingsaufnahme vorzubringen, gab der Direktor seine Zusage für die Aufnahme des siebenten Lehrlings. Es wurde bei dieser Sitzung auch vereinbart, die innerbetriebliche Kostenrechnung bzw. Kalkulation gemeinsam durchzusehen und zu diskutieren. „Zur Lehrwerkstätte berichtete Dir. Baumgartner, dass aufgrund der geringen Anmeldungen und kurzfristigen Absagen nur zwei Lehrlinge aufgenommen wurden. Aus diesem Grund sind Änderungen im Ausbildungsbereich vorgesehen." (Protokoll Nr. 109)

Der Ausbildungsbereich sollte die Zukunft für unseren Standort gewährleisten, Diskussionen über eine Bezirkslehrwerkstätte gab es schon länger, es fehlte sowohl der notwendige Zugang seitens der Firmenleitung als auch jener des Landes Kärnten. Mit dem Nachdruck der Interessenvertretungen, der Gemeinde, mit Zutun der Firma, vor allem aber mit der Forderung des Betriebsrates gelang der Ansatz, das Land Kärnten zu einem Projekt im Jahr 2001 zu bewegen. „Koll. Kowatsch vermeldet, dass er kurz vor der Fertigstellung eines Ausbildungskonzeptes für eine Bezirkslehrwerkstätte, welche in unserem Betrieb eingerichtet werden wird, ist. Da bereits seit einigen Jahren mit der Werksleitung diesbezüglich gesprochen wurde, ist die jetzige positive Haltung der WL dem Projekt sehr förderlich. Dieses Projekt soll für den Betrieb und die Region positive Impulse setzen." (BR-Protokoll Nr. 156) Das Ausbildungskonzept wurde in Zusammenarbeit mit mehreren Institutionen, vor allem von der AK Kärnten (Heinz Pichler) und dem Projektkoordinator (Martin Kowatsch) erarbeitet. Wesentliche Grundsätze waren die Aufnahme von zumindest zwei Jugendlichen mit Behinderung, die auch von externen Stellen mit betreut wurden. Die internen Grundsätze fokussierten die Berufsreifeprüfung. Sie sollte verpflichtend im Zeitraum der Lehre eingeführt werden. Der Ausbildungsplan ist eine typische duale Ausbildung, um den Jugendlichen sowohl eine theoretische (inkludiert mit einer zusätzlichen Werksschule) als auch einer praktischen Ausbildung zu garantieren. Die Ausbildung erfolgt sowohl in der Lehrwerkstätte als auch in den verschiedenen Abteilungen des technologisch modernen Werkes. Der Grundlehrgang erfolgt in der Lehrwerkstätte und umfasst alle dazugehörenden Tätigkeiten. Die Lehrgänge sind je nach Lehrberuf verschiedenen. Lehrgänge erfolgen in der Kfz-Werkstätte, Installation, Dreherei, Seilbahn, Formenbauwerkstätte, Sonderprodukte und Nachbearbeitung. Im Ausbildungsplan gibt es Trainings zur Persönlichkeitsentwicklung, Rhetorik, Vorbereitung auf Vorstellungsgespräche, PC-Kurse, ECDL – Europäischen Computerführerschein, Outdoor- und Persönlichkeitstrainings, Teamtrainings, Grundlagen der Kommunikation und Rhetorik, Erste-Hilfe-Kurs, Qualitätssicherungskurs, Seminar der Interessensvertretungen, diverse interne Schulungen sowie eine jährliche Evaluierung des Ausbildungsprojektes.

Es ist gelungen mit September 2001 das Ausbildungsprojekt „Radenthein / Region Nockberge" zu beginnen. Mit den zahlreichen Zusatzausbildungen konnte eine neue Ära der Qualität der Ausbildung begonnen werden. „Über das Ausbildungskonzept Lehrwerkstätte kann Koll. Kowatsch berichten, dass das Projekt erfolgreich angelaufen ist. Er berichtet, dass in nächster Zeit eine Evaluierung erfolgen soll, um die Koordination der einzelnen Ausbildungsschritte zu dokumentieren und nachvollziehbar gestalten zu können." (Protokoll Nr. 2, 23. 10. 2001)

Für das Werk Radenthein, das als „Spezialitätenwerk" im Blickpunkt des Konzerns steht, ist die Ausbildung eigener Fachleute nach wie vor besonders wichtig. Die Aus- und Weiterbildung der Arbeitnehmer/innen steht daher immer wieder am Prüfstand. Von Vorteil bei den Schulungen ist ein werkseigenes Schulungszentrum mit modernen Computerarbeitsplätzen.

Ein Kriterium des Pilotprojekts war die Aufnahme von 1/3 benachteiligter Jugendlicher, d.h. zwei von sechs Lehrlingen waren Lehrlinge, die es im Leben schwerer haben, also eine Beeinträchtigung aufwiesen. Es wurde sichtbar, Jugendliche mit Behinderung zur Berufsabschlussprüfung zu bringen. Das Konzept, das hier nur ansatzweise wiedergegeben ist, wurde unter dem Namen Bezirkslehrwerkstätte am 12. Juni 2001 im Kollegium der Kärntner Landesregierung beschlossen. Damit begann eine neue Zeitrechnung für die Lehrausbildung in der Region Radenthein. Die Pilotförderung für die Jugendlichen mit Behinderung fiel weg, diese Jugendlichen fanden leider keine Aufnahme mehr.Das Zukunftsprojekt lief weiter und wurde österreichweit zum RHI-Ausbildungsstandard.

Die Leitung der Lehrausbildung übernahm mit 1. September 2005 der Fertigungslinienleiter für Technik Reinhard Zammernig. Zum bereits laufenden Ausbildungsplan wurden immer wieder neue, wechselnde Ausbildungsmöglichkeiten für die Lehrlinge angeboten. Die Firma nahm am Gils Day teil, es gibt im Ausbildungsplan Schnuppertage in der Lehrwerkstätte, ein Einsteigermeeting für die neuen Lehrlinge, eine

Elterninformation einige Wochen nach Beginn der Lehrzeit, Retoriktrainings mit einem fortlaufenden Referatsprogramm, Kurse und Seminare wie ein Besuch der Arbeiterkammer, dem Konzentrationslager im Mauthausen u.a. Ein wesentlicher Programmpunkt ist „Gesund von zu Hause, nach Hause“, ein Angebot eines jährlichen Sicherheitstages, sowie immer wieder angebotene Erste Hilfe Kurse. Für die Auszubildenden gibt es die Möglichkeit zur Steigerung der körperlichen Fitness im Fitnesscenter in Radenthein. Schulungen wie ein Outdoor-Training, ein Teamtraining zur Persönlichkeitsentwicklung, den Staplerführerschein zu den bereits genannten Ausbildungsinhalten werden immer wieder durchgeführt. Für alle Berufsgruppen (Betriebselektriker/Prozessleittechniker, Metallbearbeitungstechniker und Chemielabortechniker/in) gibt es individuelle Ausbildungs- und Schulungsjahrgänge, wie z.B. im GPS-Ausbildungszentrum Villach für jene Inhalte, die im Werk nur sehr schwer möglich wären. RHI Magnesita fördert gemeinsam mit der Belegschaftsvertretung die Leistungen in der Berufsschule und beim Lehrabschluss mit Anerkennungsgeschenken, Gutscheinen und Prämien. Es wird eine hohe Erfolgsquote, mit einer Vielzahl von Spitzenabschlüssen bei den Lehrhabschlussprüfungen erzielt.

In folgenden Berufen wurden seit 1939:

728 Betriebsschlosser / Metalltechnik -
202 Betriebselektriker / Betriebselektriker – Prozessleittechniker / Elektrobetriebstechnik - BEPRO
31 Chemielaboranten
23 Bergwerksschlosser/Maschinenhäuer
17 Einzelshandelskaufmann/frau
15 Maurer
10 Betriebselektrik – Maschinenschlosser
9 Bau-, Gerätetischler
8 Zimmerer
7 Koch
7 Tischler
5 Technischer Zeichner
4 Bürokaufmann/frau
3 Schlosser
1 Spediteur
1 Gärtner

– bis einschließlich 2018 (inkl. BEPRO/ Lehrabschlussprüfung 09/18), 1071 Lehrlinge ausgebildet.

Abb. 16,17: „Besonders am Herzen liegt uns unser Facharbeiternachwuchs. Wir haben heute Lehrlinge, die längst dem üblichen Lehrlingsalten entwachsen sind und denen es verständlicherweise schwer fällt, sich noch den Einschränkungen und Lehrlingspflichten unterzuordnen. In unseren Lehrwerkstätten aber stehen diese schon erwachsenen Lehrlinge neben dem ganz jungen Nachwuchs und sie alle zusammen fühlen sich bei richtiger Führung recht wohl. Unsere Lehrlinge erhalten in ihrer Dienstzeit kostenlos neben dem Fachunterricht auch Unterricht in der englischen Sprache. Sie haben einen Lehrlingsbeirat und ihr gewählter Vertreter hat Sitz und Mitspracherecht im Betriebsrat. (...) Neben ihrer Ausbildungszeit genießen sie praktischen Unterricht durch abwechselnde Praxis in den verschiedensten Betriebsabteilungen." (Jubiläumsschrift ÖAMAG, September 1948)

Kernpunkte der Bildungsentwicklung

Regional- und firmenpolitische Entwicklungen standen jahrzehntelang im Einklang. Die Errichtung der Volksschule 1927 (2/3 der Kosten), die Gründung der Hauptschule 1927 und der Kindergärten waren Grundelemente der Entwicklung. Im Jahr 1939 wurden Ausbildungsecken im Werk eingerichtet. Die Kriegsjahre zeigten ihre negative Wirkung. Die Verantwortlichen der ÖAMAG legten ein verstärktes Augenmerk auf eine Verbesserung der eigenen Ausbildung der Jugendlichen. Man sah die Mängel in der Bildungspolitik. Es wurden für den Wiederaufbau Arbeiter und Hilfsarbeiter benötigt. Im Jahr 1949 wurde ein eigenes Bildungsreferat installiert. Die Errichtung einer Werksbibliothek sowie eine periodisch erscheinende Werkszeitung waren weitere Schritte. Im Jahr 1958 wurde auf die steigende Automatisation und die Anforderungen an die Arbeiter verwiesen. „Im Zeitalter der Technik, Rationalisierung und Automatisation ist der Mensch in Zukunft in den Vordergrund zu stellen." (vgl. BRO, BR – Protokoll Nr. 78) In ähnlicher Art und Weise sprach AK-Präsident Scheiber am 22. Juli 1963, „Der Siegeszug der Technik muss die Wohlfahrt für alle Menschen schaffen, doch darf der technische Fortschritt nicht zum Fluch der Menschheit werden." (AK-Präsident Scheiber, 22. Juli 1963) Es wurde ein Mangel an hochqualifizierte Arbeitnehmer für die Industrie sichtbar, „diese werden in der Entwicklung der automatisierten Industrie eine entscheidende Rolle spielen, sie stellen potentiell einen gefährlichen Engpass dar." (Bundesministerium für Unterricht 1963: 306) Epochale Änderungen bei den Qualifikationserfordernissen im Zuge der Investitionen wurden mit Aussagen wie den Bau vom Rotierofen 3, die Umstellung von den Tisch- und Halbautomatischen Pressen sowie die Automatisierung durch den ganzen Betrieb bis zum Restruktprojekt Mitte der 1990-er Jahre genannt. Es kam zu einem

> „Wandel der Produktionstechnologie stellt sich als Übergang von arbeitsintensiven zu kapitalintensiven Herstellungsweisen dar. Für die Entwicklung der Beschäftigung menschlicher Arbeit in der Produktion bedeutete dies eine zunehmende Verdrängung durch maschinelle Fertigung bei nur mehr peripherer Hilfestellung durch den Faktor Arbeit." (vgl. Mikl-Horke 1991: 224)

Die Unterschiede zwischen Arbeitern und Angestellten wurden weniger, so sprach sich auch der damalige Generaldirektor sprach sich für einen einheitlichen Arbeitnehmerbegriff aus. „GD DI Longin führt aus, dass es schwer verständlich sei, dass es zwei Kategorien von Mitarbeitern mit zum Teil erheblichen Unterschieden in den Ansprüchen gibt und das Ziel auf lange Sicht gesehen daher ein einheitlicher Mitarbeiterbegriff sei."(Protokoll Vorstandsgespräch 23. August 1989) Im Jahr 1991 wurde eine offizielle Trendwende verstärkt eingeleitet. Ausgebildete Facharbeiter in den Produktionsprozess zu integrieren wurde schon Jahre vorher eingeleitet, und stetig wichtiger. Der Grund dafür war die steigenden Rationalisierungs- und Mechanisierungsmaßnahmen wo immer mehr Ausbildung und Know how benötigt wurden. Unter dem Titel Integration Facharbeiter in der Produktion, befasste sich sogar der Aufsichtsrat mit dem notwendigen Facharbeiterbedarf in der Produktion, der ab diesem Zeitpunkt als „normal" aufgefasst wurde.

Die Lehrausbildung, die in den 1990-er Jahren stark zurückgenommen wurde, kam auf Initiative des Betriebsrates mit Unterstützung der Interessensvertretungen und des Werksleiters wieder auf einen positiven Weg zu einer regionalen Ausbildungsstätte. Es gelang damit das Anknüpfen an die Ausbildungstradition des Magnesitwerkes. Das Ausbildungsprojekt „Lehrwerkstätte Region Nockberge" wurde eingeführt. Wesentliche Inhalte neben der fachlichen Ausbildung waren der Ausbildungsplan. Die Inhalte lauteten, Berufsreifeprüfung, der ECDL – der europäische Computer- Führerschein, das duale Konzept – d. h. die Ausbildung passiert sowohl in der Lehrwerkstätte als auch vor Ort an verschiedenen Stellen des Betriebes. (Schulungen zur Persönlichkeitsentwicklung, Rhetorik, Vorstellungsgesprächen, Erste-Hilfe-Kurs, Teamtraining, Fitnesscenter, Outdoor-Training, PC-Kurse sowie auch Qualitäts- und fachspezifische Schulungen u.a.). Ein Schulungszyklus mit PC-Kursen, wo der AK-Bildungsgutschein verwendet werden konnte, wurde in den Jahren 2001 und 2002 für fast alle Mitarbeiter im Werk Radenthein angeboten.

Im Zuge des Reorganisationsprojektes „Operations Excellence" (Opex) im Jahr 2006 wurde die Verantwortung von „Oben nach unten" delegiert. Die Implementierung dieses neuen Systems, das eine neue „Kultur" bedeuten sollte, wurde in der Produktion durchgeführt, die Arbeitsinhalte wurden dabei verdichtet, der Vollzug durch alle Ebenen wurde nicht abgeschlossen. Im Jahr 2012 kam es zu einem Wiederaufleben des Ideenmanagements, um die kreativen Potentiale der Arbeitnehmer nutzen zu können. Eine Betriebsvereinbarung darüber wurde abgeschlossen.

Für das Ziel „Gesund von Zuhause in die Arbeit und gesund wieder nach Hause“ wurden (laufend) hohe Investitionsmittel zur Verfügung gestellt. Durch betriebswirtschaftliche Änderungen kommt es auch zu volkswirtschaftlichen Problemen der einzelnen Staaten. Die veränderten Anforderungen und sozialen Änderungen für die Arbeiter, kommt es teilweise zu aufkeimenden gesellschaftlichen Spannungen.Die „einseitig auf den Arbeitenden übertragende Flexibilität, die Gefahr nach Abwälzung der Arbeitsprobleme zu individuellen Problemen,“ ist 2017 Realität. Bildung und Beruf wurden von Beruf und Beschäftigung entkoppelt. Der Focus der Schulungen veränderte sich im Laufe der Zeit auf „produktivitätserhöhende“ Inhalte ohne die sozialen Inhalte (Führungskompetenzen) für einen mittelfristigen Erfolg im Auge zu halten. Erkenntnisse sind mit dem Zitat von Oscar Negt vergleichbar.

> „Dass man früher für ein ganzes Leben mit ausreichend Bildung ausgestattet worden sei – jetzt - aber alle fünf Jahre umlernen müsse, wird schon in Goethes – Wahlverwandtschaften - beklagt. Ein gesellschaftlicher Zustand, in dem durch Totalisierung der Marktgesetze die letzten Sicherheitsreservate abgeräumt werden, mag Ausdruck von Befreiung sein, wenn die Menschen ohne gesonderte Aufenthaltsgenehmigungen Ort, Wohnung und Arbeitsplätze wechseln können. Es ist aber eine soziologisch einigermaßen gesicherte Erkenntnis, dass dabei die Maßverhältnisse darüber entscheiden, ob dadurch ein Freiheitsgewinn entsteht oder neue Abhängigkeiten. Zerstörte Bindungen führen dazu, dass sich die Gewaltpotentiale in der Gesellschaft vergrößern.“ (Negt 2012: 29)

Die stärkere Orientierung an den wirtschaftlichen Erfordernissen verbunden mit einer rasanten Automatisierung und Mechanisierung rückte auch den persönlichen Focus auf die Sicherung des Arbeitsplatzes. Ein Großteil der Bildungsmaßnahmen, Anlernen, Einschulung an Anlagen, Maschinen, Unterweisung in neue Produktions- und Arbeitsverfahren wurden „vor Ort“ durchgeführt. „Diese Art von Weiterbildungsmaßnahmen haben ausschließlich berufsspezifisch-fachlichen Charakter und lassen sich nicht in einen umfassenden Begriff der ‚Weiterbildung‘ einordnen, der neben fachlich-beruflichen Zusatzqualifikationen auch die Vermittlung von persönlichkeitsbildenden Bildungsmaßnahmen beinhaltet.“ (ÖIBF 1983: 174) Im Zuge der Automatisierung wurden individuelle Kenntnisse eingeengt, „das *learning by doing* u. a. nahm durch eine verkürzte Einschulungszeit zu. Der Wandel des Ausbildungssystems und die Flexibilisierung der Qualifikationen lassen den Betrieb als Lernort und die stärkere Orientierung der außerbetrieblichen Ausbildungsinstitutionen an den Bedürfnissen der Wirtschaft hervortreten." (Mikl-Horke: 1991: 206ff) Im Jahr 2017 war die „Modernisierung" schon „Normalität". Die typischen traditionellen Wertvorstellungen, dass man mittels körperlicher Beanspruchung, mittels Muskelkraft und Fleiß die Arbeit, erledigen musste, änderten sich in Richtung psychischer Belastung als primäres Attribut, um die notwendigen Anforderungen bewältigen zu können. Mit theoretischen und praktischen Erkenntnissen (Aussagen aus den Interviews und Fragebogen) definieren sich die Bildungs- und Qualifizierungsvoraussetzungen der letzten Jahrzehnte wie folgt:

Nachkriegszeit
„So wie der pünktliche Beginn und das genaue Beenden der Arbeitszeit, das durch Fabriksignal bekanntgegeben wird, ist die Ernährung für die Gesundheit und damit für die Leistungsfähigkeit des Menschen von weitgehender Bedeutung. In werkseigener Küche ist jedem Dienstnehmer Gelegenheit geboten, warmes Essen einzunehmen um damit eine Wiederherstellung seiner Leistungsfähigkeit zu erreichen. Es sind genügend Reservearbeiter auf allen Schichten zu halten."

(vgl. Arbeitsordnung ÖAMAG)

Wiederaufbau 1950 – 1970
„Qualifikation ist auch die geistige Einstellung des Mannes, der gewissenhafter sein muss und zum Teil ist das höher zu bewerten als die berufliche Qualifikation, die Leute müssen auf sich selbst schauen und interessiert sein. Wer stehen bleibt, geht unter."

(MK 2012)

Bildungsrevolution 1970 – 1990
„Für Qualifikation ist die Voraussetzung ein gewaltiger Grundstock an Wissen, dieses ist richtig einzusetzen. Bei Problemen sind geeignete Maßnahmen zu treffen und die Verantwortung zu übernehmen. Durch fehlendes Personal sind Reparaturen und Wartungsarbeiten in Eigenverantwortung und höchstmöglicher Flexibilität vom Bedienungsmann durchzuführen."

(MK 2012)

Umbruch 1990 bis 2010

„Qualifikation heißt schnelleres, besseres, leichteres Arbeiten. Dafür benötigt man eine stetige fachliche Weiterbildung, um sich den neuen Aufgaben stellen zu können. Qualifikation ergibt steigende Anforderungen, selbständiges Arbeiten, eine erhöhte Stressbelastung, die Menschlichkeit bleibt auf der ‚Strecke', es wäre gut jünger zu sein!" (MK 2012)

Gegenwart/Widerspruch 2010 bis ….

„In immer kürzer werdenden Abständen der technischen Erneuerung wird das Eigeninteresse zu einem persönlichen Asset. Als wichtiger Bildungsfaktor kommt der Umgang mit der Arbeitsbelastung hinzu. Vorausdenken der Arbeitnehmer über den Vorlauf bis zum Abschluss des Produkts mit dem Einbringen von Verbesserungen wird zum wesentlichen wirtschaftlichen Vorteil. Eigenverantwortung und Vorausdenken konkurriert mit der Hierachie." (MK 2018)

Betriebsrat und Mitwirkung der Arbeitnehmer/innen

Im Sommer 1945 gab es in Kärnten eine angespannte Situation am Arbeitsmarkt. Etwa 26.000 vormalige Zwangsarbeiter standen dem Arbeitsmarkt nicht mehr zur Verfügung.

> „Im Laufe der Zeit kamen die 13.000 Kriegsgefangenen Kärntner zu ihren Familien und an ihre Arbeitsplätze zurück. Nach den Demobilisierungsaktionen im Herbst 1945 trat eine Verbesserung ein, da viele ehemalige Soldaten in den Produktionsprozess integriert werden konnten." (Valentin 2005, Seite 271)

Unmittelbar nach dem Ende des Zweiten Weltkriegs herrschte ein Mangel an Arbeitskräften. Bereits kurze Zeit später kam es zur Diskussion über eine gerechte Verteilung der Arbeitsplätze, da man auch für die Kriegsheimkehrer Arbeit benötigte. Es gab im Jahr 1946 Lohnerhöhungen mit 25%, die Lebensmittel verteuerten sich massiv, so stiegen die Fleischpreise über 50%. Im Jahr 1947 wurde zur Steigerung des Lebensstandards bzw. zur Abgeltung der in der Aufbauphase angefallenen Sonntag- und Überstunden ein Antrag vom Betriebsrat eingebracht, die Sonntagsarbeit von 50% auf 100% und die Werksüberstundenzuschläge von 25% auf 50% zu erhöhen. Im Jahr 1950 kam es bereits zu Kündigungen durch Modernisierungen und technische Neuerungen. Vor allem die Produktivität in der Rohmangnesitgewinnung im Bruch wurde angehoben. Wegen Absatzschwierigkeiten der Stahlindustrie kam es gegen Ende dieses Jahrzehnts zu einem Rückgang der Auftragseingänge im Magnesitwerk. Um Kündigungen zu vermeiden, wurden Über- und Sonntagsstunden eingespart. Diese Situation für die Arbeitnehmer war finanziell negativ. Es gab weniger Lohn, die Lebenshaltungskosten stiegen weiter an.

Die Geschäfte verlieben auch im Jahr 1958 sehr mäßig. Es gab erhebliche Qualitätsreklamationen, durch starke Kostensteigerung gab es intern Kostenanalysen. Besonders betroffen waren die Regiebetriebe. Mit 31.12.1966 wurden 40 Saisonarbeiter nicht mehr weiterbeschäftigt und 55 Arbeitnehmer pensioniert sowie 20 Arbeitnehmer freigestellt, damit wurden 115 Arbeitnehmer abgebaut.

In den 70er Jahren gab es einen starken Strukturwandel. Eingeleitet wurde er bereits Ende der 60er Jahre. Durch die verschärfte Vorgangsweise der Firmenleitung bei den Rationalisierungen und die neu errechneten Werte für die Akkordarbeitsplätze gab es auch heftige Diskussionen im Betriebsrat und bei den Arbeitnehmern. Bei den Betriebsratswahlen im Jahre 1972 verlor die Fraktion Sozialistischer Gewerkschafter (FSG) die absolute Mehrheit. Die Kommunistische Partei (KP) und die ÖVP (ÖAAB) bildeten eine Koalition. Der Kommunist Rupert Kößler wurde in einem amerikanischen Betrieb Betriebsratsvorsitzender. Ab dem Jahre 1975 kam es wieder zur den Mehrheitsverhältnissen mit absoluter Mehrheit der Sozialistischen Gewerkschafter. Im Jahr 1973 gab es im Bergbau Millstätter Alpe einen Gruben- und Werkstättenstreik mit 280 beteiligten Arbeitnehmern, der fast 14 Tage dauerte. In den 70er Jahren waren Personalanpassungen im Zuge von Modernisierungen und Verbesserungen des organisatorischen Ablaufs und der Technik ein laufender Prozess. Die Auftragskrise im Jahr 1981 führte zu einer schlechten Ertragslage und Beschäftigungssituation. Beginnend ab September im Bergbau reduzierte man um ca. 36 Arbeitnehmer, es folgte ein massiver Personalabbau in Radenthein.

Im Jahr 1985 kam es zur massiven Thematisierung der Angleichung der Rechte der Arbeiter an jene der Angestellten. Der Unterschied zwischen den Arbeitnehmergruppen wurde bei gleichbeibenden Differenzen der Rechtsansprüche im Arbeitsleben geringer. Der Betriebsrat stellte fest, dass durch die rasante technische Entwicklung der Unterschied zwischen beiden Arbeitnehmergruppen immer mehr verwische. VV Dr. Pöhl konnte sich, bei Kostenneutralität, die Angleichung auch vorstellen. Auch der Generaldirektor sprach sich dafür aus. „GD DI Longin führt aus, dass es schwer verständlich sei, dass es zwei Kategorien von Mitarbeitern mit zum Teil erheblichen Unterschieden in den Ansprüchen gibt und das Ziel auf lange Sicht gesehen daher ein einheitlicher Mitarbeiterbegriff sei.“ (Protokoll Vorstandsgespräch 23. August 1989)

Im Jahr 1993 beginnt Radentheins Weg zur Spezialitätenfabrik innerhalb der RHI.

Im Jahr 1996 wurde die Arbeitszeit verkürzt, um die Beschäftigung zu sichern. Es gab eine Arbeitszeitverkürzung im Schichtbetrieb auf 35,6 bzw. 36,8 Wochenstunden bei teilweisen Lohnausgleich. In der Folge gab es eine wirtschaftlich schwankende bis stetig ansteigende Entwicklung bis zum Jahr 2008/09. Abgesehen von der hausgemachten Krise „Wir kaufen Amerika“ wurden die Schwierigkeiten bzw. Krisenzeiten sozialpartnerschaftlich gelöst. Die Finanzkrise gegen Ende des ersten Jahrzehnts des neuen Jahrtausends erforderte gewaltige Anstrengungen, um die Situation zu lösen. Ausgelöst von der Finanzwirtschaft kam es nachlaufend von der Finanzkrise zu einer Krise in der Sachwirtschaft.

Die Auftragseingänge fielen zeitweise auf unter 50% des normalen Verkaufs zurück. Mit Überbrückungsverträgen wowie der Nutzung unserer innerbetrieblichen Stifung konnte in Zusammenarbeit zwischen Firmenleitung und Betriebsrat ein Großteil der Arbeitnehmer abgesichert, bei Notwendigkeit eines wirtschaftlichen Ansteigens wieder rekrutiert sowie die Mitarbeiter finanziell abgesichert werden. Für einige Mitarbeiter musste der vereinbarte Sozialplan angewandt werden, dieser linderte zwar die finanziellen Einbußen, konnte aber den Arbeitsplatz nicht sichern. Nach der Zeit der Krise kamen aber viele Mitarbeiter, die im Sozialplan waren, auch wieder in die Firma zurück.

Mitbestimmung in Aufbau- und Boomzeiten

Nach dem Zweiten Weltkrieg wurde mit der Aufnahme von Arbeitskräften im Magnesitwerk begonnen. Der Mangel an Fachkräften erschwerte die Situation. Im Laufe des Jahres 1945 bis Anfang 1946 wurden zeitweise 1260[18] Arbeitnehmer beschäftigt. Gleich zu Beginn gab es in einer der

18 Vgl. Wir - Ein Nachrichtenmagazin der General Refractories Company European Group; 75 Jahre ÖAMAG 1908-1983, Das Personalwesen; K. Ernst, Seite 23.

ersten Vertrauensratssitzungen (18. 7. 1945) das Ansuchen die Regielöhne in der Höhe von 63-70 Groschen zu regeln. Diese Sitzung wurde am 18. 9. 1945 fortgeführt, wo neue Mindestlöhne gefordert wurden, da die jetzige Höhe nicht mehr tragbar sei und die neuen Löhne unter Berücksichtigung der Werkszugehörigkeit und der Arbeitsleistung revidiert und festgesetzt werden sollte. Aufgrund der tristen finanziellen Situation der Arbeiterschaft wurde auch die vorschussweise Lohnauszahlung wieder gefordert, dass am 23. jedes Monats ein Vorschuss ausbezahlt werden sollte. Um zu einer gerechteren Verteilung der Arbeitsplätze auch für die Kriegsheimkehrer zu gelangen wurden auch weitere Maßnahmen diskutiert. „Die Gewerkschaft steht auf dem Standpunkt, dass die verheirateten weiblichen Angestellten entlassen werden müssen, um für die Heimkehrer Platz zu schaffen, dies gilt besonders für Ehepaare, wo Mann und Frau im Werk tätig sind." (BR-Protokoll 18.09.1945) Die Frauen nach Hause, um für den „Ernährer" einen Arbeitsplatz zu schaffen. Es war eine gewagte Position, die trotz Lippenbekenntnissen auch heute in vielen „Köpfen" noch vorhanden ist. Die Sachlage und das Thema „Nationalsozialismus" war ein zweites Thema, es wurde auch über Ausnahmeregelungen, falls es gesetzlich möglich ist, diskutiert. Für bestimmte Tätigkeiten gab es einen eklatanten Mangel an Fachpersonal, so war es auch „notwendig", auf Sachverständige mit nationalsozialistischer Vergangenheit zurückzugreifen. In diesem Fall war die Diskussionsführung keinesfalls leicht wie auch die gesamte Aufarbeitung mit diesem Thema. Es gab im Zuge des Aufbaus immer wieder Diskussionen, man musste einen Weg finden zwischen Lohnerhöhung nach Leistung und Anwesenheit, es stellte sich dazu die Frage, von welchem Ausgangspunkt diese Angelegenheiten behandelt werden mussten.

> „Herr Leber führt aus, die jetzt gültigen Löhne sind nicht die der Tarifordnung vom Jahr 1940. Dieselben sind vielmehr überholt durch eine Entscheidung des Reichstreuhänders vom Juli 1945. Damals wurden die meisten Löhne mit Rücksicht auf die Dauer der Werkszugehörigkeit und die Leistung der Einzelnen erhöht. Es wird beantragt, dass die bevorstehende 25%ige Lohnerhöhung nicht von den Sätzen der Tarifordnung 1940, sondern von den derzeit tatsächlich bezahlten Löhnen erfolgt. Am 5. Juli 1946 findet in Wien eine Sitzung der Zentrallohnkommission statt, an der Dr. Hauschka und Betriebsrat Leber teilnehmen werden." (BR-Protokoll 26.06.1946)

Die Anträge auf Lohnerhöhung für Schlosser aus der HW, der Professionalsten der Bauabteilung, sollten behandelt werden. Die Angestelltengehälter sind lt. Verwalter, bis zu ATS 200,-- (…) um 25% zu erhöhen sind. Gehälter zwischen S 201,-- und S 300,-- sind wegen der Teuerung um ATS 50,-- zu erhöhen. Es sollte eine allgemeine Gehaltsregelung erfolgen, wobei die Gehälter nicht nur vom Gesichtspunkte der Teuerung, sondern auch nach der Leistung des Einzelnen und dessen Zugehörigkeitsdauer zum Werk, überprüft werden sollen, so lt. BR-Protokoll vom 26.06.1946. Zu den Löhnen der Lehrlingen aus dem Protokoll vom 18.6. 46 berichtete Herr Zebinger und schlägt vor, „dass der Unterschied zwischen dem jetzigen und dem erhöhten Lohn wohl rückwirkend zu bezahlen ist, jedoch erst dann, wenn die Lehrbriefe übergeben werden. Der Verwalter ist damit einverstanden." (BR-Protokoll 26.06.1946)

Der Vorschlag der Betriebsräte (Jugendliche Arbeitnehmer in Ferndorf) lautete, dass „Jugendliche mit einem Alter von unter 16 Jahren einen Abschlag von 20% wogegen Jugendliche ab einem Alten mit 16 Jahren bereits den vollen Hilfsarbeiterlohn zu erhalten hätten. Die Betriebsräte von Radenthein stimmen dem Vorschlag der Ferndorfer Betriebsräte zu. Die Verwaltung will diese Angelegenheit in der nächsten Woche in Wien zur Sprache bringen." (BR-Protokoll 26.06.1946) Obwohl die Lohn- und Gehaltserhöhungen den Zahlen nach hoch klingen, sollte man das äußere Umfeld nicht außer Acht lassen. Im Werk war das Einkommen im Verhältnis zu anderen Betrieben durch die Lohnerhöhungen in vielen Belangen besser als in anderen Unternehmen, „die Lebensmittelpreise z. B. Fleisch sind dagegen um mehr als 50 % gestiegen. Jetzt soll ein Härteausgleich durchgeführt werden, jedoch nur mit Zustimmung der Preiskontrollkommission." Die Lohnregelung im Werk war zu dieser Zeit noch von Leistungslöhnen dominiert, der Betriebsrat beantragte deshalb nach dem 17. 12. 1946, auch in der Sitzung am 11. 3. 1947, die Stundenlöhne bei einer Mindestdienstzeit von 15 J. um 3 g, 20 J. um 5 g und 25 J. um 10 g zu erhöhen. Die Werksleitung antwortete noch in dieser Sitzung, dass sie nach Rücksprache mit den Abteilungsleitern bei der nächsten Sitzung die Entscheidung treffen wird. Da diese Erhöhung vom Betriebsrat den Leuten schon versprochen wurde, war um die Durchführung bis 31. 3. 1947 ersucht worden.

Die Steigerung des Lebensstandards bzw. die Abgeltung durch die im Zuge der Aufbauphase angefallen Über- und Sonntagsstunden mit dementsprechenden Zuschlägen wurden vom Betriebsrat beantragt.

„Mit Bezug auf Protokoll Nr. 12 vom 25.2.1947 wird nochmals beantragt, a) die Sonntagszuschläge von 50% auf 100% zu erhöhen, b) die Werktagsüberstundenzuschläge von 25% auf 50% zu erhöhen und c) die Lohnverhältnisse der Kraftfahrer und Automechaniker zu klären. In Anbetracht dessen, dass die monatliche Mehrbelastung durch die unter a) und b) genannten Lohnerhöhungen nur annähernd S 500,-- im Monat beträgt erklärt sich die Werksleitung grundsätzlich mit der Erhöhung der Zuschläge einverstanden. Es muß jedoch noch eine Form gefunden werden, um diese Zuschläge zu begründen." (BR-Protokoll Nr. 13)

Um von der Auslastung des Betriebes und der guten Konjunktur zu profitieren, vor allem den Lebensstandard zu erhöhen, mussten auch die Löhne erhöht werden. Diese Erhöhungen mussten auch von der Zentrallohnkommission genehmigt werden. In der Betriebsratssitzung vom 30. Juni 1947 berichtete Direktor Dr. Hauschka, dass die Kammer der gewerblichen Wirtschaft und die Gewerkschaft eine Lohnerhöhung für alle Bergarbeiter von 45 Groschen pro geleistete Arbeitsstunde per 1. Juli 1947 vereinbart haben. Für die anderen Betriebsteile, die noch nicht von der Zentrallohnkommission genehmigt worden ist, sollten 40 Groschen festgelegt werden.

„Der Betriebsrat beantragt, dass diese Zulage bereits bei der Lohnzahlung am 8.7. flüssig gemacht wird. Bei der fernmündlichen Rücksprache mit der Kammer für gewerblichen Wirtschaft in Klagenfurt am 1.7. 1947 wurde festgesetzt, dass diese Zulage von 40g für alle übrigen Betriebe der ÖAMAG sofort gewährt werden kann." (BR-Protokoll 30. Juni 1947) Vorrangiges Ziel war es, die Wirtschaft wieder in Gang zu bringen. Dazu brauchte man für die Aufbauarbeit auch genügend Arbeiter bzw. Hilfskräfte. Wichtig zu dieser Zeit war die genaue Kontrolle der Tätigkeiten, welche von der Arbeitszeit bis zu disziplinären Handlungen reichten. Bereits Anfang der 1950-er Jahre kam es in der ÖAMAG zu Kündigungen, wobei es zu Differenzierungen zwischen Stamm- und Saisonarbeitern kam, wie dies aus folgender Mitschrift aus einem BR-Protokoll hervorgeht. „Nun wurden die Kündigungen der Saisonarbeiter beim Bau und Stammarbeiter bei der Hauptwerkstatt und Elektrowerkstätte besprochen, wobei der Arbeiterbetriebsrat den Standpunkt einnimmt, dass die Stammarbeiter in den anderen Produktionsbetrieben untergebracht werden sollen und wenn es unbedingt notwendig ist dort eben die Saisonarbeiter gekündigt werden sollen." Die Personaldiskussion wurde fortgeführt und einer Lösungsvariante zugeführt. In einer weiteren

Sitzung wurden interessante Maßnahmen besprochen. „Nun kamen die Kündigungen der Lehrlinge und der übrigen Saisonarbeiter zur Sprache, wobei wir im Betriebsrat den Standpunkt vertreten, dass ausgelernte Lehrlinge entlassen werden sollen um wieder neuen Lehrlingen in der Lehrwerkstatt Platz zu machen. Weiters übernimmt die Steinfabrik 5 Stammarbeiter von der Zimmerei und Tischlerei."

Ein interessanter Aspekt war, die Lehrlinge zu entlassen, um neuen Lehrlingen eine Grundausbildung zu ermöglichen. Erste Widersprüche und schwerwiegende Entscheidungen standen an um diese Probleme zu lösen. Erste Kündigungen durch Modernisierung? In der Werkszeitung der ÖAMAG wurde Mitte 1950 ein Artikel zur Rechtfertigung und Erklärung der Technisierung gedruckt. Es wurde erwähnt, dass es schon seine Berechtigung hat, wenn man vom Maschinenzeitalter spricht, mit dem Beigeschmack, dass die Arbeiter arbeitslos werden und die Maschine angeblich die Arbeit entseelt, die Persönlichkeit tötet. Das Maschinenzeitalter diente zur Standardisierung. Diese Themen waren bereits Anfang der 1950-er Jahre diskussionswürdig und kein Problem des 21. Jahrhunderts. Die Modernisierung der Anlagen ist auch laut Generaldirektor Bargezi, nachlesbar im BR-Protokoll Nr. 26, „unerlässlich um den Anforderungen der Weltmärkte zu entsprechen zu können(...). Gleichzeitig mit der Modernisierung der Anlagen muss aber auch die Produktivität in allen unseren Betrieben angehoben werden, wobei besonders an eine Rationalisierung der Rohmagnesitgewinnung im Bruch – auch von der personellen Seite her – gedacht ist." Im gleichen Druckpunkt war auch die Werksleitung, die „als ihre Hauptaufgabe, die Leistungsfähigkeit des Werkes und die Konkurrenzfähigkeit ihrer Erzeugnisse zu sichern ansah." (BR-Sitzung am 7.10. 1953) Im Jahr 1954 gab es den gleichen Lohn für die gleiche Leistung mit demselben Rechten auch für Saisonarbeiter. Im Laufe des Jahres 1953 hatte sich die Konjunktur etwas abgeschwächt und es musste mit geänderten Beschäftigungsverhältnissen gerechnet werden. Der Plan war, „dass sämtliche Investitionen, Instandsetzungen und sonstige Aufwendungen aus den eigenen Einnahmen gedeckt werden." Sozialpartnerschaftlich wurden die Probleme meist auf dem Verhandlungswege, bevor es zu Streikmaßnahmen kam gelöst. Generelle Lohnerhöhungen versus individuelle Erhöhungen waren bereits ein Gesprächsthema. Dir. Samitz teilte mit, dass die Werksleitung grundsätzlich dagegen sei, die Löhne linear zu erhöhen, aber er sich bereit erklärt einen Vorschlag des BR, der eine individuelle Erhöhung der Löhne vorsieht, beim Vorstand vorzubringen, zu unterstützen. Am 18. 5. 1954 teilte Dir. Samitz BO Filipot mit, dass sich der Vorstand mit obigen Lohnantrag befasst hat. Der Vorstand hat zugestimmt, dass eine individuelle Erhöhung der Löhne bei einer strengen, leistungsmäßigen Beurteilung stattfinden kann und zwar soll unter Beibehaltung des bei uns üblichen Lohnschemas erhalten. Vorarbeiter bis zu 1 Schilling; Facharbeiter durchschnittlich 50 Groschen; qualif. Hilfsarb. 20 Groschen; Hilfsarbeiter 5 Groschen; Frauen im Betrieb (Männerarbeit) 5 Groschen; sonstige Frauen 5 Groschen.

Aufgrund von konjunkturellen Problemen, genauer Absatzschwierigkeiten in der Stahlindustrie, kam es zur Ankündigung des Vorstandes der ÖAMAG im Jahr 1959, personelle Maßnahmen setzen zu müssen.

> „BO Filipot eröffnet die BR-Sitzung und teilt mit, dass der Arbeiterbetriebsrat vor einigen Tagen von der Personalabteilung davon in Kenntnis gesetzt wurde, dass Kündigungen von Arbeitern mit Jahresbeginn durchgeführt werden sollen. Eine Liste mit Namen von 70 Arbeitern sei dem BR übergeben worden. Der BR ersucht, um zu den beabsichtigten Kündigungen endgültig Stellung nehmen zu können, um Aufklärung über die wirtschaftliche Lage des Unternehmens." (BR-Protokoll 30.12.1958)

Die vier Vorstandsmitglieder inklusive Direktor Wick erklärten die Notwendigkeit der Maßnahmen, auch dass die gesamte Stahlindustrie mit großen Absatzschwierigkeiten zu kämpfen habe. Die Auftragseingänge im Magnesitwerk sind seit Jahresbeginn 1958 ganz erheblich zurückgegangen. In den letzten Monaten hat man auf verschiedenen Märkten größere Preisermäßigungen machen müssen. „Der Vorstand hat außer der Maßnahmen der Kündigung aller Saison-Arbeiter die Rückführung des derzeitigen Arbeiterstandes auf den Beschäftigtenstand des Jahres 1956 beschlossen. Es gibt die Anordnung, dass bei den beabsichtigten Kündigungen besondere Härten vermieden werden sollen und das Kündigungen die letzte Maßnahme sind." (vgl. BR-Sitzung 30.12.1958) Um Kündigungen zu vermeiden, kam es durch die Produktionsrückgänge auch zu Rückgängen an Über- und Sonntagsstunden, was sich im finanziellen Bereich negativ für die Arbeitnehmer niederschlug. Es entstand eine doppelte Problematik, weniger Aufträge mit weniger Stundenaufwand heißt weniger Lohn für die Beschäftigten. Die Lebenshaltungskosten stiegen trotzdem weiter. Diese steigenden Lebenshaltungskosten sind hauptsächlich auf Steigerungen für Lebensmittel, wie Fleisch und Gemüse, Haushaltsgegenstände, den Strompreis, die Eisenpreise, die Preise für Schuhe usw. zurückzuführen. Durch die verringerte Produktion sind auch die Prämien gesunken. Der Verlust bei den einzelnen Arbeitern lag laut Aufzeichnungen bei ATS 1.000,-- und mehr pro Monat. „Im Jahr 1958 seien auch unter Hinweis der bevorstehenden Arbeitszeitverkürzung praktisch keine Verbesserung bei den Stundenlöhnen durchgeführt worden. Wegen der Tatsache des Verdienstrückganges bei vielen Arbeitern in unserem Betrieb und der Verteuerung bei verschiedenen Bedarfsgütern haben in den letzten Tagen wiederholt Abordnungen, die ihrer Unzufriedenheit mit den derzeitigen Verhältnissen Ausdruck gaben, beim Betriebsrat vorgesprochen und um Abhilfe gebeten."

Die im Jahr 1962 begonnen Absatzschwierigkeiten für die Produkte des Magnesitwerkes und die Auswirkungen der Mechanisierung der Produktion bereiteten Probleme und schafften Gegensätze zwischen Werksdirektion und Betriebsrat. Der Konjunkturrückgang in der Stahlindustrie hat zu einem erheblichen Rückgang der Auftragseingänge geführt. Die Ausweitung und eine im Feuerfestbereich immer stärker werdende Konkurrenz, die Anwendung von Seewasser-Magnesit und auch die Einführung des LD-Verfahrens haben zur rückläufigen Geschäftsbewegung geführt. Für das Jahr 1963 lässt sich noch keine Prognose stellen. Die Qualität der Erzeugnisse wird eine immer wichtigere Rolle spielen. Im Gegensatz zur Beschreibung für das Jahr 1962 zeigten die Einbrüche und die Investitionen im Artikel für das Jahr 1963 zum Beschäftigtenstand deutliche Auswirkungen.

> „Obwohl Löhne und Preise stiegen, hielt die Hochkonjunktur zwar an, doch wirkten sich der Metall- und Bergarbeiterstreik und die Verschärfung auf dem Welt- Stahlmarkt, besonders in den Monaten Mai bis August, auch auf den Absatz von Magnesitprodukten nachteilig aus. Rohmagesitförderung und Steineförderung wurden eingeschränkt, was sich auch auf die Löhne der Arbeiter niederschlug. In Werk und Bruch waren 4.770 Arbeiter und Angestellte beschäftigt, gut 200 weniger als im Vorjahr." (Schmölzer 1996:424)

Der Auftragseingang und der monatliche Versand lagen erheblich unter den Vorjahresziffern. Die Gründe für den empfindlichen Rückgang im Absatz der ff-Produkte sind in erster Linie auf die schlechte Beschäftigungslage der Stahlindustrie zurückzuführen. Als problematisch waren noch die Qualitätsreklamationen in diesem Jahr. Die steigenden Anforderungen waren von jüngeren Arbeitnehmern leichter zu bewältigen. Sie waren williger, dynamischer und oftmals besser ausgebildet. Dies führte in der ÖAMAG zu Spannungen. Es standen Lösungen von Dienstverhältnissen im Raum. „Betriebsratsobmann Filipot nimmt zu den Ausführungen von Herrn Direktor Samitz Stellung und teilt mit, dass der Betriebsrat den beabsichtigten Kündigungen nicht zustimmen wird. Die Firmenleitung hätte Ende 1962 die Möglichkeit gehabt, eine größere Anzahl von Saisonarbeitern ohne Schwierigkeiten aus dem Betrieb zu nehmen. Von den Betrieben werde nunmehr aber versucht, ältere länger dienende Arbeiter zu kündigen bzw. die jüngeren ledigen Saisonarbeiter dafür im Betrieb zu behalten." Sichtbar wurde ein stetiges Auf und Ab im Wirtschaftsleben bereits wieder im Jahr 1963, so dass eine Prämie für das Jahr 1962 bezahlt wurde.

> „Der Vorstand hat in seiner Sitzung am 26.8.1963 im Einvernehmen mit dem Aufsichtsrat beschlossen, im Hinblick auf den im Jahre 1962 noch verhältnismäßig guten Geschäftsgang und als Anerkennung der Leistungen unserer Mitarbeiter allen Dienstnehmern unserer Gesellschaft einen halben Monatsverdienst als einmalige Prämie zu bezahlen." (Pers. Abt./M/A, 29.8.1963)

Das Ziel des Betriebsrates war, die Lohnerhöhungen per 1. Juni 1964 wirksam werden zu lassen, auch deshalb, weil einige schon seit April/ Mail beantragt sind. „Der Betriebsrat ersucht, die von ihm eingebrachten Vorschläge positiv zu beurteilen und schlägt vor, die beantragten Lohnerhöhungen bereits mit 1.6.1964 wirksam werden zu lassen." Nach der Lohnkorrektur gab es weiterlaufend auch zwei Jahre später eine starke Fluktuation in den Produktionsbetrieben. Der Betriebsrat war der Meinung, dass der starke Wechsel in den Produktionsbetrieben auf den geringen Verdienst zurückzuführen ist und beantragte die Erhöhung und Korrektur von verschiedenen Löhne und Lohngruppen im Werk Radenthein. Die meisten Arbeitsgruppen argumentierten 1964, dass sie wegen der jetzt verlangten größeren Sorgfalt bei der Arbeit wesentlich mehr als früher zu leisten hätten. Direktor Samitz erläuterte laut den Unterlagen, dass die vom Betriebsrat beschriebenen Maßnahmen, die Sorgfalt betreffend, für die Erhaltung der Arbeitsplätze ausschlaggebend seien, weil nur durch die Erzeugung bester Produkte die Firma sich auf dem Weltmarkt halten könne. Es gäbe zurzeit außer den Erschwernissen durch den schlechten Geschäftsgang auch noch erhebliche Qualitätsreklamationen, die große finanzielle Schäden verursachten.

Die Änderungen im technologischen Bereich erforderten auch eine höhere Qualifikation und stärkeres Engagement der Arbeitnehmer die daraufhin auch mehr Lohn forderten.

Diese steigenden Kosten blieben nicht verborgen. Es wurde wegen der ständig steigenden Kosten auf Veranlassung von D. Morris eine Kostenanalyse der Regiebetriebe verlangt. Die vollständige Kostenanalyse war durch die erhöhten Kosten, die erhöhten Löhne und Sozialversicherungsbeiträge verursacht worden, was eine Folge des erhöhten Personalstandes war. Diese Personalerhöhungen hatten fast überall stattgefunden, aber besonders markant in den Erhaltungswerkstätten der Betriebe. Es war aber ein sogenanntes Spiel mit Gegenspiel, denn besser qualifizierte, junge Arbeitnehmer wurden in mehreren Betrieben benötigt, deshalb kam es auch zu Lohnforderungen versus Kostenanalyse. Bereits zwei Monate später kam es wiederum zum Antrag der Lohnkorrektur, da es z.B. in der Steinfabrik bei den Staplerfahrern, Mischern, Kranfahrern usw. zu Schwierigkeiten an den Arbeitsplätzen gekommen sei, weil die dort eingesetzten Arbeiter mit der Entlohnung nicht zufrieden waren. Begründet wurden die Lohnkorrekturen mit größerer Sorgfalt und höheren Leistungen. „Der Betriebsrat weist auch darauf hin, dass es in den Betrieben zu starken Abwanderungen von jungen, gesunden Arbeitskräften komme, weil diese mit dem Verdienst unzufrieden sind.“ (BR-Protokoll Nr. 99) Der Betriebsrat verwies auch darauf, dass seit Ende 1962 kaum Lohnkorrekturen, die die individuelle Leistung berücksichtigen durchgeführt wurden.

Die vom Betriebsrat beschriebenen Maßnahmen, die Sorgfalt in der Produktion sind ausschlaggebend, nur beste Produkte auf dem Weltmarkt können die Position des Werks sichern, so lautete der Standpunkt des Direktors, der auch in der Betriebsratssitzung vom 16.12. 1965 die Erhöhung der Mindestprämie in den Produktionsbetrieben von S 1,13 auf S 2,00/h, eine Forderung des Betriebsrates mit Kosten S 420.000,-- p.a. aufnahm. Dem Antrag des Betriebsrates wurde so entsprochen, „dass wir unsere Mindestprämien auf 1,50 bis 1,60 anheben und den auf S 420.000,-- fehlenden Betrag für eine notwendige Korrektur der sonstigen leistungsanspornenden Prämien verwenden. – Wurde so genehmigt.“ (Pers. Abt./M/FL/A, 25.1.1966) Es gab in der Entwicklung wieder wirtschaftliche Schwankungen, in der Zeit des Booms beschäftigte der Konzern ÖAMAG mit 10. November 1966 4.425 Arbeitnehmer. In

Jahren schwacher Konjunktur kam es zu starken Produktionseinbußen, dauerhafte oder technologische Änderungen musste man strukturell lösen. So nahm auch der Auftragseingang stark ab. Die Situation war unübersichtlich. Es gab eine Konjunkturabschwächung in sehr vielen Ländern das sich auf den Absatzes der feuerfesten Produkte auswirkte. Der Vorstand schränkte die Über- und Sonntagsstunden ein. Es wurde beschlossen, dass die natürlichen Abgänge genützt werden. Im Werk sollten bei ca. 45 – 50 Saisonarbeitern das Dienstverhältnis über den 31. 12. 1966 hinaus nicht verlängert werden.

„Sollten sich weitere Reduzierungsmaßnahmen als notwendig verweisen, so wird mit dem Betriebsrat sofort Kontakt aufgenommen werden, zu einer Panikstimmung sei jedoch kein Anlass. Es seien auch verschiedene Aufträge abgeschlossen worden und man hoffe, dass sich die Lage nach einiger Zeit doch wieder bessern werde.“ (BR-Protokoll Nr. 109) Die Auftragslage verdunkelte sich jedoch weiter. Die Vorausschau verlief auch für das Jahr 1967 negativ; so beschloss der Vorstand einen generellen Aufnahmestopp für Arbeiter und Angestellte sowie die natürlichen Abgänge nicht zu ersetzen. Wenn man unbedingt notwendigen Ersatz (Spezialisten) benötigte, so war eine schriftliche Begründung der zuständigen Betriebsleitung einzuholen. Die Über- bzw. Sonntagsstunden sind auf das unbedingte notwendige Maß zu minimieren.

„Lohnerhöhungen (Lohnkorrekturen) sind in den nächsten Monaten lediglich bei Veränderungen des Arbeitsbereiches durchzuführen. Veränderungen der Grundlöhne, Prämien, Akkorde oder Gedinge sollen unterbleiben. Wir erwarten, dass Sie in Ihrem Betrieb für eine strikte Einhaltung des Vorstandsbeschlusses Sorge tragen. Obige Regelung gilt bis auf weiteres.“ (Pers.Abt. /M/A Streng vertraulich, 23. November 1966)

In einem Schreiben von Gen. Dir. Dr. W. Wick vom 23. November 1966 wird in Anbetracht der schwierigen Absatz- und Produktionssituation der Vorstandsbeschluss mitgeteilt und gebeten dies selbständig durchzuführen. Bis Ende 1966 schieden 55 Arbeiter durch Inanspruchnahme der Frühpension aus. Weitere 40 Saisonarbeiter wurden im Einklang mit den betrieblichen Erfordernissen mit 31.12.1966 freigestellt. 20 wurden mit 31.3.1967 abgegeben. Insgesamt bedeutete dies einen Personalabbau von 115. Der natürliche Abgang an Arbeitskräften im Jahre 1967 mit einem Durchschnitt von 10 Arbeitern pro Monat, wird im Jahre 1968 voll ausgenützt. Dies bedeutet einen Abgang von 120 Arbeitern. Aus den Angestelltenbereich scheiden durch Pensionierung bzw. anderen Gründen mit 31.12. 1966 12 Angestellte mit 31.3.1967 7 Angestellte mit 30.6.19672 Angestellte aus. Das bedeutet einen Abgang von insgesamt 21 Angestellten. Im laufenden Jahr 1967 kam es immer wieder zu Gerüchten wegen der Personalreduktionen wonach in Radenthein 300 – 500 Arbeiter abgebaut werden sollen. Der Direktor erläuterte dem Betriebsrat, dass vom Vorstand keinerlei Absicht gibt. Falls es aber als „notwendig und unvermeidlich erweisen sollten, werden auf alle Fälle mit dem Betriebsrat zeitgerecht besprochen und abgestimmt werden." (BR-Protokoll Nr. 111) Der Abbau von Saisonarbeitern und die Ausnützung der natürlichen Abgänge zeigten ihre Wirkung auf den Personalstand. Das Magnesitwerk in Radenthein beschäftigte im Jahr 1967 2.189 Arbeiter und 490 Angestellte, somit insgesamt 2.679 Arbeitnehmer. Die Außendarstellung dieser Zeit vermeldete einen erheblichen Auftragsrückgang ab März, der sich ab November/Dezember wieder normalisierte. „Zu Jahresende beschäftigte die ÖAMAG im Werk 1.713 Arbeiter und 455 Angestellte, im Magnesitbergbau 476 Arbeiter und 35 Angestellte. Der Personalabbau brachte über 200 Arbeiter weniger als im Vorjahr. Er war auf Rationalisierungsmaßnahmen und die Modernisierung einzelner Werksanlagen zurückzuführen." (vgl. Schmölzer 1996: 446) Wie sah es im Innenverhältnis aus, es kam zu weiteren „natürlichen" Personalreduktionen. Im Jahr 1969 stiegen die Auftragseingänge wieder an, die Anforderungen im Bereich Qualität und der Preisdruck sorgten aber weiterhin für Probleme im personellen Bereich. Die Diskussion um die Arten zur Arbeitsplatzsicherung führte zwischen den Fraktionen innerhalb der Belegschaftsvertretung zu mehreren Meinungen, weil auch die zweite Seite, die Kostenrechnung der Firmenleitung, beachtet werden musste. Die Personalabteilung rechnete für den Generaldirektor die zu erwartenden Kosten der Arbeitszeitverkürzung (1969) von 45 auf 40 Wochenstunden bei vollem Lohnausgleich (in Etappen). Dabei wurden die Kosten für die Verkürzung für 1 Stunde (bei Beibehaltung der derzeitigen Leistungsstunden) mit 2,25 % der Lohn- u. Gehaltssumme zuzüglich Abgaben = S 8,370.000,-- (322.000) berechnet. Die volle AZ -Verkürzung von 5 Stunden würde ATS 41.850.000,-- (1.610.000,--) kosten. Die Firma bereitete organisatorische Maßnahmen vor, um einen Teil der Mehrkosten aufzufangen. „Der Großteil der durch die Verkürzung der Arbeitszeit entstehenden Mehrkosten wird jedoch nur durch investitionstechnische Maßnahmen kompensiert werden können."

Es gab in diesem Zeiten aber auch wirtschaftlich erfreuliche Nachrichten. Die Wertlegung auf gesteigerte Qualitätsanforderung, mehr Qualitäten mit mehr Positionen kamen klar zur Geltung. Im Jahr 1968 konnte durch organisatorische Maßnahmen erstmals bei Produktionsanstieg der Personalstand weiter rückläufig gehalten werden.

Die Arbeitszeitverkürzung brachte in Sachen Personalabbau sichtlich eine Entspannung. Die Firmenleitung übergab dem Betriebsrat in der Betriebsratssitzung am 11. 12. 1969 einen Entwurf für eine etappenweise Einführung der 40-Stunden-Woche. Diesem Entwurf wurde grundsätzlich die Zustimmung gegeben. Gemäß dem Generalkollektivvertrag wurde einvernehmlich festgelegt, dass auch die Bestimmungen über die Arbeitszeitverkürzung für die 42-Stunden-Woche ab Jänner 1972 und für die 40-Stunden-Woche ab Jänner 1975 in die Vereinbarung aufgenommen wurden.

> „Der Betriebsrat gibt der Vereinbarung hinsichtlich der Einarbeitung der bezahlten Pausen ab 1975 (40-Stunden-Woche) seine Zustimmung, teilt jedoch mit, dass er, sollten bis zum Jahre 1975 in Auffassung der österreichischen Industrie hinsichtlich der Arbeitszeit und Pausenregelung Veränderungen gegenüber der im Kollektivvertrag festgelegten Bestimmungen eintreten oder die Praxis andere Maßnahmen erfordern, an die Firma und Aufnahme von Verhandlungen zum Zwecke der Anpassung an die gegebenen Verhältnisse herangetreten wird. Die Schichtpläne in den kontinuierlichen Betrieben sollen in der bisherigen Form aufrecht bleiben." (BR-Protokoll Nr. 120)

Es war bereits Ende der 60er Jahre absehbar, dass die Grundstoff- und Schlüsselindustrien umorganisiert werden mussten. Rohstoffvorräte neigten sich dem Ende zu. Für die Arbeitnehmer bedeutete dies weitere Wege zu ihren Arbeitsplätzen, Umschulungen um in neuen Bereichen Chancen auf neue Arbeitsplätze zu erhalten. Im Zuge der Umstrukturierungen mussten sogar für die Aufnahme von Fachkräften im Magnesitwerk die Ansuchen vom Vorstand genehmigt werden. Problematisch wurde es, wenn die Aufnahme bereits im Vorstand diskutiert war, der zuständige Direktor die Unterlagen aber bei sich hatte und krank wurde. So kam es zu einem Sonderansuchen, da die Angelegenheit „infolge weiterer Arbeitsüberlastung (dringende Reparaturarbeiten, sowie Durchführung der geplanten Investitionsaufträge) besonders vordringlich geworden ist, ersuchen wir, die formelle Genehmigung für die Einstellung von 5 Schlossern für die Hauptwerkstätte erteilen zu wollen." (PB/Dr. Ei/Th; 22. Mai 1970) Die Fokussierung auf Qualitätssicherung und Lohnerhöhungen war ein Dauerbrenner, so wurde für die im Labor eingesetzten Arbeiter mit einen „Durchschnitts-Grundstundenlohn von S 17,25 vom Betriebsrat beantragt, die Grundstundenlöhne auf durchschnittlich S 18,-- anzuheben." (BR-Sitzung am 15. Juli 1970) Als Begründung wurde die Vielseitigkeit, der manuelle Einsatz, auch schriftliche Arbeiten und arbeiten mit Rechenschiebern angemerkt. Außerdem konnten bei einzelnen Arbeitnehmern im Labor eine Leistungssteigerung von ca. 30% nachgewiesen werden.

Die schon seit Jahren vorhandene schwankende Auftragslage und die zusätzliche Abschwächung der Konjunktur der Stahlindustrie im EWG-Raum verursachten große Absatzprobleme. Im Laufe des Jahres 1971 verstärkte sich die Konjunkturabschwächung, die Auftragseingänge gingen weiter zurück. Aufträge wurden storniert oder verschoben. Diese Aussichten verlangten wieder Personalmaßnahmen, wobei in erster Linie alle Pensionierungsmöglichkeiten ausgeschöpft werden sollten. „Eine verstärkte Aktivität für die Überführung in die Invaliditätspension wird einsetzen. Bei Hilfsarbeitern mit befristeten Arbeitsverhältnissen werden die Verträge nicht verlängert. Bei Facharbeitern mit befristeten Arbeitsverhältnissen wird die Entscheidung über den möglichen Verbleib für die, die mit 30.9. befristet sind, im Laufe der kommenden Woche und für die, die mit 31.10. befristet sind, im Laufe des Monats Oktober 1971 erfolgen." (BR-Protokoll Nr. 127)

Das Jahrzehnt der Rationalisierungen

Es kam zu weiteren Änderungen bei den Rahmenbedingungen Es begann bei den Arbeitsplatzbewertungen. Es wurde ein eigener Direktor (Klose) mit der Durchführung der Arbeitsplatzbewertungen betraut. Durch die Rationalisierungen wurden dadurch weniger Arbeitnehmer benötigt. Veranlasst wurden, dass die Arbeitsvorgänge zeitlich gestoppt wurden um die Produktivität zu erhöhen. Dies veranlasst die Kommunisten heftig Stimmung dagegen zu machen. „Mit ähnlichen Methoden wurde auch bei den Pressen begonnen, nur ist dort die Direktion (nachdem der erste Versuch ohne wesentlichen Widerstand von der Betriebsratsmehrheit hingenommen wurde) noch viel frecher vorgegangen. Jede Arbeitsbewegung wurde gestoppt. Mehrere Obermeister und Assistenten wurden zusätzlich eingestellt, außerdem wurde ein Team mit Stoppuhren und Rechenschiebern eingesetzt, um neue Akkordsätze für die Arbeiter und Angestellten zu errechnen.“ (Der Radentheiner Magnesitarbeiter Nr. 4, Juni 1974)

Die langjährigen wirtschaftlichen Probleme zeigten auch im Betriebsrat bzw. zwischen der Betriebsratskörperschaft und der Belegschaft Wirkung. Es gab es bei den anschließenden Wahlen des Arbeiter Betriebsrates erstmals keine absolute Mehrheit (Protestwahl) der Fraktion Sozialistischer Gewerkschafter in der ÖAMAG. Dies veranlasste die Kommunisten, mit der ÖVP (ÖAAB) eine Koalition einzugehen um den Betriebsratsvorsitzenden zu stellen. Sie konnten die Ankündigungen auch nicht durchsetzen, die Probleme auch nicht lösen. Damit war diese Koalition nur ein Intermezzo bis zur nächsten Wahl, die wieder mit einer klaren absoluten Mehrheit der Fraktion Sozialistischer Gewerkschafter endete.

> „Im Magnesitwerk brachte die Betriebsratswahl einen sensationellen Umschwung, die SPÖ verlor sieben Mandate und mit dem bisherigen Obmann Filipot auch die Führung in diesem Gremium. Neuer Betriebsratsobmann wurde der Kommunist Rupert Kößler. Durch weitere Rationalisierungen mussten im Werk weitere Mitarbeiter entlassen oder „umgeschichtet“ werden, damit verringerte sich der Beschäftigtenstand wieder.“ (vgl. Schmölzer 1996: 471)

Im Jahr 1973 war ein wirtschaftlich befriedigendes Jahr, jedoch traten „im Mai 280 Gruben- und Werkstättenarbeiter im Bergbau wegen nicht erfüllbarer Lohnforderungen in einen unbefristeten Warnstreik der fast vierzehn Tage währte. Er wurde von Betriebsrat und Gewerkschaft unterstützt und endete nach befriedigenden Verhandlungsergebnissen.“ (Schmölzer 1996: 477) Im Werk waren viele Arbeitnehmer mit gelernten Berufen im Produktionsbereich tätig, aber nur als angelernte Hilfsarbeiter, Maschinenbediener usw. eingestuft. Für die Firma hatte die höhere Qualifikation den Vorteil des größeren Einsatzgebietes mit niedrigerem Stundenlohn. Der Betriebsrat (Prettner) verwies auf den seinerzeitigen Antrag des Betriebsrats zu diesem Punkt und ersuchte um Stellungnahme seitens der Firmenleitung

> Herr Dir. Mößler wiederholt die damals abgegebene Erklärung, in der festgestellt wurde, dass die Entlohnung unserer Facharbeiter nach einem mit dem BR vereinbarten Schema erfolgt. Unter der vom BR ange-

führten Gruppe befinden sich Dienstnehmer, die noch der Gruppe der Facharbeiter angehören und solche, die bereits Vorarbeiter sind. Die Entlohnung könne in diesem Falle nur nach der tatsächlich ausgeführten Tätigkeit erfolgen. Selbstverständlich besitzen Dienstnehmer mit einer entsprechenden Ausbildung bei der Besetzung von Meisterposten größere Chancen als ungelernte Kräfte. Die Ausbildung wird ja auch von der Firma entsprechend unterstützt und gefördert." (Protokoll Nr. 135)

Facharbeiter in der Produktion, Einstufung laut Kollektivvertrag, nicht nach gelerntem Beruf. Diese Handlung wurde erst nach jahrzehntelanger Forderung um die Jahrtausendwende geändert. Im Jahr 1973 gab es durch den Krieg im Nahen Osten und die damit verbundene Erhöhung der Ölpreise, die Erhöhung der Seefrachttarife, einen Verlust von 33 Millionen Schilling. Eine Weitergabe der Kosten auf die Preise war nur langsam möglich, so das auch Jänner 1974 ein negatives Ergebnis auswarf. Die 40-Stunden-Woche wurde wirksam, durch die Arbeitszeitverkürzung konnte man einschneidende Arbeitslosigkeit verhindern. Im betrieblichen Bereich der ÖAMAG wurden aber wiederum die Lohnunterschiede zwischen Facharbeiten, Akkordarbeiter und Hilfsarbeiter ein Thema.

„ZBO Filipot führt aus, dass zum Beispiel der Wunsch nach einer Facharbeiterregelung schon länger aus der Belegschaft hörbar wurde, die Betriebsräte hätten aber immer ihren Einfluss beruhigend geltend gemacht und zur Versachlichung der Probleme beigetragen. Eine Garantie dafür, dass plötzlich aus der Belegschaft nicht vorhersehbare Forderungen auftauchen, könne jedoch vom Betriebsrat nicht gegeben werden." (BR-Protokoll Nr. 85)

Die wirtschaftliche Situation erforderte einige Maßnahmen, auch ein Anpassen der Anzahl der Fachkräfte, billigeres Zukaufen und unter Umständen gut ausgebildete Facharbeiter nicht weiter zu beschäftigen. Der Betriebsrat erwähnte, dass die Zukäufe oft qualitativ nicht entsprechen und häufig zeit- und kostspielige Adaptierungen und Reparaturen vorgenommen werden müssen. In der Werkstätte könnte man auch Teile für die Fremdfirmen herstellen. Der Personalverantworltiche hatte in seiner Replik die Facharbeiterseite vor drei Jahren mit Lehrlingen nachbesetzt, derzeit sind die Fachwerkstätten überbesetzt, so dass „die 14 Schlosser- und 11 Elektrikerlehrlinge, welche am 1975 01 17 ihre Lehrzeit beendet haben, nach Ablauf der Behaltefrist nicht mehr zu beschäftigen (1975 04 18). bzw. Maßgabe der gesetzlichen Bestimmungen". (Protokoll Nr. 146) Die bereits 1973 erwähnte Forderungen des Betriebsrates nach adäquaten Kollektivvertragseinstufungen als Facharbeiter

beiter vor allem betreffend der Arbeitnehmer in der Produktion wurde von der Firmenleitung abgelehnt, obwohl sie den Nutzen von gelernten Arbeitnehmern zu schätzen wusste. „Es ist anzunehmen, dass der Einsatz von umgeschulten Facharbeitern unseren Rationalisierungsbestrebungen von Nutzen sein wird, z.B. Verwendung von früheren Facharbeitern an den vollautomatischen Pressen, als Maschinisten etc.“ (Abt./M/A; 1975 08 05) Diese schriftliche Bestätigung zwischen dem Nutzen der höheren Qualifikation und der Weigerung der höheren Einstufung steht am Scheideweg der Umverteilung Kapital zu Arbeitnehmern. Im Jahr 1975 wurde auch die Abbau-Methode im Bergbau Millstätteralpe umgestellt, dadurch wurden ca. 70 Arbeiter zur Überstellung und Umschulung im Laufe der nächsten zwei Jahre frei. Dafür würde „unter Ausnutzung des Arbeitsmarktförderungsgesetzes (…) ab März 1976 ein Umschulungsprogramm für ca. 200 Mitarbeiter anlaufen“. (Pers.Abt./M/A; 1975 08 05) Der Personalstand zum Jahresende 1975 betrug 2.229 Arbeitnehmer/innen.

Im Zeitraum bis Mitte der achtziger Jahre verringerte sich der Wachstumsvorteil Österreichs wieder auf den OECD – Schnitt. Der Rückgang im landwirtschaftlichen Sektor verlangsamte sich zwar, doch auch der Dienstleistungssektor bot immer weniger Beschäftigungsmöglichkeiten. Die Beschäftigungsmöglichkeiten der Industrie lagen im Anteil an der Gesamtbeschäftigung immer noch beträchtlich höher als im OECD- Raum. Die exportabhängigen Industriebetriebe hatten ab Mitte der 1970-er Jahre massive Probleme mit ihren Absatzmärkten. Die Firmenleitung der ÖAMAG reagierte einerseits mit Investitionen und Qualitätsverbesserungen. Die Umstrukturierungen fanden in einem Bereich der Grundstoffindustrie wie der ÖAMAG personellen Niederschlag. Die sollten vorwiegen mittels natürlichen Abgängen und Umschulungen aus der Arbeitsmarktförderung des Staates erreicht werden. In der Zentralbetriebsratssitzung Mitte des Jahres 1976 wurde über die nicht eingetretene optimistische Einschätzung der Lage berichtet. Das ergibt Personalprobleme laut ZBR Protokoll Nr. 150 vom 1976 06 09 in der Höhe von 120 bis 150 Dienstnehmern. Der Geschäftsbericht für das Jahr 1976 erläuterte auch abgesehen von der negativen Entwicklung der Auftragslage, die bereits zu Beginn des Jahres 1975 begann und das ganze Jahr 1976 fortlaufend andauerte auch von nicht abzusehender Entwicklungen. Es wurden die reduzierten Kapazitätsauslastungen variiert, damit eine weitere Senkung des Break-even-Punktes erreicht wurde. Die Personalanpassungen im Zuge von Modernisierung und Verbesserungen waren ein laufender Prozess. Es kamen Dienstnehmer der Flotation zur Dienstleistung in die Steinfabrik. „Der Betriebsrat stellt den Antrag, den Arbeitnehmern, die in dieser Woche in der RMA eine Nachtschicht zu verfahren gehabt hätten, die Nachtzulage zu bezahlen. Die Firmenleitung stimmte diesem Antrag zu.“ (Protokoll Nr. 159) Auch das Jahr 1978 verlief mit den gleichen Unsicherheiten wie die beiden Jahre davor. Der Beschäftigtenstand reduzierte sich von 1987 auf 1902 Mitarbeiter/innen.

Im Jahr 1979 sollte nach einer langen Durststrecke endlich Ruhe im Personalbereich einkehren, es schienen keine weiteren Arbeitsplätze in Gefahr. „Herr Dir. Mößler führt aus, dass ab August 1979 der Auftragseingang relativ gut war. Seit August ist der Eingang rückläufig. Es könne jedoch heute noch nicht abgeschätzt werden, ob dieser Rückgang nur saisonal bedingt ist. Für die Monate Oktober und November kann jedenfalls mit einer Steinproduktion auf etwa der Normallinie vom 11.000 bis 11.500 to gerechnet werden.“ (Protokoll Nr. 161, 1979) Durch die stärkere Konjunktur der Stahlindustrie kam es 1979 zu einer deutlichen Verbesserung der Absatzentwicklung. Ein Vorteil war die hohe Qualität der Produkte des Magnesitwerkes.

Der Mitarbeiterstand erhöhte sich Ende 1979 wieder auf 1906 Mitarbeiter. Für das Jahr 1979 konnte in der ÖAMAG eine Gewinnbeteiligung ausgezahlt werden. „So konnte erstmals mehr als ein Monatslohn erreicht werden. Es wird als einmalige Prämie 1980 an alle Mitarbeiter ein voller Monatsbezug + 10% ausbezahlt.“ (Der Standpunkt Juli 1980)Die Boomphase währte nur kurz, der Auftragseingang im Jahr 1980 war deutlich rückläufig, so dass für November bis Jänner eine deutliche Abflachung eintrat. Nachdem es einen deutlichen Urlaubsüberhang gab wurde als erste Maßnahme ein Betriebsurlaub „von 1980 12 24 12:00 Uhr bis zum 1981 01 07 6:00 Uhr ein Betriebsstillstand auf Urlaubsbasis überlegt.“ (BR-Protokoll Nr. 165, 1980) Im Jahresbericht für 1980 wurden noch positive Zahlen dargestellt, die letzten Wochen des abgelaufenen Jahres brachten jedoch starke Auftragseinbrüche mit sich. Hingewiesen wurde auf die mengenmäßige Steigerung in den westeuropäischen Märkten, gegenüber dem Jahr 1979 bedingt vor allen durch hohe Qualität der Produkte. Der Personalstand hat sich gegenüber Ende des Vorjahres um 75 auf 1981 Mitarbeiter erhöht. Trotz wirtschaftlich schwankenden Verlaufs der letzten Jahre war die Entlohnung immer wieder ein Thema.

Vor allem Qualität versus Qualifikation und Einstufung und Entlohnung waren noch lange nicht in Einlang. So bekam ein „Arbeiter im Akkord ATS 101,78/h = 149,85% (ca. 17.638,-/Monat), ein Maschinenwärter und qualifiziert angelernte Arbeitskräfte ATS 109,74/h = 161,57% (ca. 19.018,-/Monat), im Bergbau in der Grube verdiente man ebensoviel (109,74). Zum Vergleich bekam ein Facharbeiter ATS 67,92/h = 100% (ca. 11.771,-/Monat)." (Werk Radenthein aus E3 80/81, Lohn/Verdienste Arbeiter E 3 80/81, Basis August 81) Das Jahr 1981 verlief wirtschaftlich wieder wie die 1970er Jahre und tiefergehend.

Die Ertragslage und die schlechte Beschäftigungssituation machten in den Vorbetrieben Maßnahmen notwendig. Begonnen wurde im Bergbau ab September mit einer Zurücknahme der Produktion auf die Absatzlage. Der Personalstand wurde um ca. 36 Mann reduziert, bzw. nach Radenthein überstellt oder pensioniert. Dieser Wirtschaftseinbruch 1981 löste in der ÖAMAG eine Kündigungswelle aus. Es solle nach Qualifikationskriterien gekündigt werden, wie Zeitungen berichteten.

„Diese bange Frage, die jeden einzelnen Mitarbeiter bewegt, kann erst in 30 Tagen beantwortet werden. Wir werden nach Qualifikation und nach den sozialen Umständen auswählen", nur so viel sagte Generaldirektor Leitner, „Härtefälle wird man nach Möglichkeit zu vermeiden suchen". (Kleine Zeitung 15. Oktober 1981) Oder Direktor Karl Leitner weiter: „Wir gehen bei den Kündigungen nach Leistung und Qualifikation vor, soziale Härten sollten vermieden werden." (Kurier 17. November 1981) In der Vorstandssitzung am 15. Dezember 1981 wurde über den Stand der Personalreduzierung berichtet. Bei den Arbeitern wurde bis November bei 89 Arbeitnehmern eine einvernehmliche Lösung durchgeführt. Im Dezember wurden durch Kündigungen und Sonderunterstützungen weitere 40 Arbeitnehmer vorbereitet. „Im ersten Quartal 1982 ist mit 46 Abgängen zu rechnen, wobei von den erwarteten ca. 30 Übertritten in die Invalidenpension nach ärztlicher Untersuchung von 43 Anwärtern 22 in die Invalidenpension übernommen werden. 1982 sind weitere 22 vorgesehen (...)." (Vorstandssitzung 15. Dezember 1981) Für weitere 12 Arbeitnehmer wurden noch Arbeitsplätze bei der TIMAG und der ÖHERAG sowie „30 Mann, von denen voraussichtlich mindestens 20 die ÖHERAG im Laufe des Monates März 1982 übernehmen wird".

(Vorstandssitzung 15. Dezember 1981) Im Verwaltungsbereich wurden bis zum Halbjahr 1982 25 Lösungen gefunden.

Auch nach einem stabileren Beginn des Jahres 1982 waren im zweiten Halbjahr 1982 die Auftragseingänge rückläufig. Es wurden aber im September 14 Lehrlinge (10 Schlosser-, 4 Elektrikerlehrlinge) aufgenommen. Die wirtschaftliche Lage und die Aussichten wurden als nicht stabil angesehen, so dass laut Direktor Ernst „laufende Anpassungen unseres Mitarbeiterstandes an die Auftragslage und Absatzsituation dringend erforderlich waren. (...) Auch im engeren Bereich der Personalabteilung wurden alle Möglichkeiten geprüft, um Kosten zu sparen." (Protokoll Nr. 169, 1982) Hier wurden die Schließung der Werkswäscherei und die Raumpflege durch eine Fremdfirma geprüft. Dadurch könnten zwei Frauen aus der Wäscherei weiterbeschäftigt werden. Es gab in diesen Szenarien Verhandlungen mit dem Betriebsrat. Letztendlich wurden die Raumpflege und die Waschraumpflege aus dem Programm Fremdvergabe herausgenommen und mit Eigenpersonal fortgeführt. Das Jahr 1983 verlief auch noch wirtschaftlich schwierig, vor allem wurden die Auftragseingänge kurzfristiger. Der zuständige Direktor DDI. Ernst ersuchte auch weiterhin alle Möglichkeiten der Frühpensionierungen zu nützen. Trotz dieser schwierigen Lage gelang es, die „Mindeststundenlöhne der Hilfsarbeiter in der Produktion ab 1983-11-01 von S 53,44 auf S 55,10 pro Stunde anzuheben." (vgl. BR-Protokoll Nr. 171) Die wirtschaftliche Lage schien sich zu stabilisieren und nach einem schwachen ersten Quartal 1983 „hat sich allmählich die im Bericht über das Jahr 1982 bereits angedeutete, leichte Besserung der Auftragslage eingestellt. Die Zahl der Mitarbeiter hat sich von 1.643 per Ende 1982 auf 1.533 per Ende 1983 verringert. Auch im Berichtsjahr waren wieder Maßnahmen notwendig, die eine große Flexibilität der Mitarbeiter verlangt haben." (Bericht des Vorstandes über das Geschäftsjahr 1983)

Im Jahr 1984 war die konjunkturelle Lage stabil, wenn auch der Auftragseingang monatlich stark schwankte. Im Personalbereich wurden einschließlich der ausgelernten Lehrlinge etwa 50 Dienstnehmer mit einem befristeten Dienstverhältnis aufgenommen. (.....) Vom heutigen Standpunkt aus kann gesagt werden, dass der Arbeiterstand in den nächsten Monaten gleich bleiben dürfte. Ein Kritikpunkt war, dass Personalentscheidungen manchmal von unbefugten Personen und nicht den Vereinbarungen entsprechend getroffen wurden. „Herr Dir. DDI Ernst stellt fest, dass berechtigte Kritik wenn sie von Verantwortungsbewusstsein getragen ist und echte Verbesserungen zum Ziel hat sicherlich gerechtfertigt sei.“ (Protokoll Nr. 173 3. Juli 1984) Die angesprochenen Probleme müssten konkret dargestellt werden und direkt mit dem betroffenen Personenkreis /z.B. TD, Betriebsleitung, Meister, Abteilungsbetriebsrat) besprochen werden.

Die Mitbestimmung – neue Herausforderungen!

Durch die stark schwankenden Auftragseingänge wurde der Belegschaft ein großes Maß an Flexibilität abverlangt. Dies wurde auch intern von der Firmenleitung bestätigt. „Die notwendige Flexibilität der Belegschaft ist weiterhin sehr groß, da der Arbeitsanfall stark wechselt und die technischen Einrichtungen oft überfordert sind.“ (PA-FL/G 1984 – 11 – 16) Diese an den Tag gelegte Flexibilität war auch das Indiz für die Aufteilung der individuellen Lohn- und Gehaltserhöhungen nach der von „Herrn Longin in den Besprechungen mit dem Betriebsrat ausdrücklich Wert gelegt – soll nicht nach dem Gießkannenprinzip, sondern nach dem tatsächlichen Einsatz jeder einzelnen Person festgelegt werden.“ (Lo/Pot 1985 01 16, Vertraulich)

Der Unterschied zwischen den Arbeitnehmergruppen (Arbeiter und Angestellte) wurde geringer, die Rechtsansprüche nicht. Der Betriebsrat stellte fest, dass durch die rasante technische Entwicklung der Unterschied zwischen beiden Arbeitnehmergruppen immer mehr verwischt werde. Dies führt langfristig zu neuen Lohnformen und letztlich zu einem einheitlichen Arbeitnehmerbegriff. Der Betriebsrat wollte auf Konzernebene dieses Ziel, mit erster Etappe Monatslohn erreichen. Als Möglichkeit könnte man mit den Maschinenwärtern und Facharbeitern beginnen. Der Betriebsrat ersuchte Herrn VV Dr. Pöhl um Unterstützung, der bei Wahrung der Kostenneutralität sich das auch vorstellen konnte. Als Vorschlag führte Betriebsratsobmann Prettner aus, „dass sich der Betriebsrat langfristig gesehen ein Einfrieren der Spitzenlöhne bei gleichzeitiger Anhebung der Grundstundenlöhne vorstellen könne. Er schlägt vor, im Zusammenhang mit der ab 1. November gültigen Kollektivvertragserhöhung die Akkorde für die Pressenarbeiter nicht zu erhöhen, dafür aber den Grundstundenlohn auf S 90,-/h anzuheben.Er müsse allerdings mit dem betroffenen Personenkreis noch Gespräche führen.“ (BR-Protokoll Nr. 182) Als erster Schritt kam es einvernehmlich zu der vom Betriebsrat vorgeschlagenen Lösung im Pressenbereich. Ab 1. November 1987 wurden die Stundenlöhne der im Akkord beschäftigten Pressenarbeiter auf S 90.--/h erhöht bei gleichbleibenden Akkordsätzen.

Der vom Betriebsrat geforderte vereinheitlichte Arbeitnehmerbegriff wurde stärker forciert. Auch der Generaldirektor sprach sich für einen einheitlichen Arbeitnehmerbegriff aus. „GD DI Longin führt aus, dass es schwer verständlich sei, dass es zwei Kategorien von Mitarbeitern mit zum Teil erheblichen Unterschieden in den Ansprüchen gibt und das Ziel auf lange Sicht gesehen daher ein einheitlicher Mitarbeiterbegriff sei." (Protokoll Vorstandsgespräch 23. August 1989) Es wurde eine Etappenlösung mit einer schrittweisen Annäherung in das Auge gefasst. Der Betriebsrat (Protokoll Nr. 188) forcierte auch wieder den Weg die niedrigen Facharbeitergruppen (Stundenlohn ATS 97,35) anzuheben. Die übrigen Gruppen sollten ebenfalls entsprechend angehoben werden. Eine überschlägige Durchrechnung ergibt für die Erhöhung der Facharbeiterlöhne Mehrkosten von ATS 2,5 bis 3,0 Millionen/Jahr. Eine Überprüfung wurde zugesagt. In Kombination mit einer Facharbeitereinstufung der Facharbeiter in der Produktion wäre dieser Strategie vorausschauend für die Mitarbeiter sinnvoll und entspräche der Qualifikation.

Die Firmenleitung „verfolgt das Ziel, die im Unternehmen ausgebildeten Arbeitskräfte, insbesondere aus dem Bereich der Lehrlinge, in den Betrieb zu integrieren. Es sind derzeit 21 Lehrlinge in Ausbildung." (Aufsichtsratsprotokoll, 9.4. 1991:5) Die Radex Austria AG und die VM AG wurden ein Unternehmen durch die Umstrukturierung des Unternehmens und die Konzentrierung der Forschungstätigkeit auf die Grundlagenforschung wurden die Ressourcen in Leoben zentriert. (Radex 73 Beschäftigte; Veitsch 93 Beschäftigte; Neu – Gesamt 115 Beschäftigte) Bis 31.12. 1992 wurden Verkauf und Marketing der beiden Gruppen VMAG und RADEX so organisiert, dass ab 1.1. 1993 ein einheitliches Auftreten auf dem Markt gegeben war. In der gemeinsamen Sitzung mit dem Arbeiterbetriebsrat des Werkes Radenthein am 23. Juni 1992 (Personalabteilung, 1992-07-14; PA-L/FL/GG) forcierte der Betriebsrat eine Lohnregelung für flexible Arbeitsbereitschaft. Diese spezielle Lohnregelung sollte auf die Problematik des Wechsels zwischen 3-Schichtbetrieb und kontinuierlichem Betrieb Rücksicht nehmen. Es konnte ebenso keine Lösung gefunden werden wie der Antrag, die Lohngruppe IV für Facharbeiter zu streichen. Damit könnte man einen großen Teil der Maschinenwärter und der Akkordarbeiter mit ATS 110,23/h auf S 111,38/h anheben und die untersten Facharbeiter-Lohngrupppe auflassen. Die Argumentation der Firmenleitung war, dass die Lohngruppe der Maschinenwärter und Akkordarbeiter durch den Einbau von Prämien und Akkordteilen entstanden ist, eine sofortige Realisierung wäre aber im Hinblick auf die Anzahl von nahezu 50 betroffenen Dienstnehmern nicht möglich. (siehe BR-Protokoll Nr. 191).

Der schwache Wirtschaftsverlauf sowie die Fusionierung der beiden österreichischen Magnesitkonzerne erforderten schmerzhafte Synergien im personellen Bereich. Der Radex-Heraklith-Konzern beschäftigte per 31.12.1992 insgesamt 5.182 Mitarbeiter. Davon waren 1.681 als Angestellte und 3.289 als Arbeiter tätig. In Österreich waren 3.687 Arbeitnehmer beschäftigt. Ein Jahr zuvor waren es noch 5.919 Arbeitnehmer. Ein Hauptteil des Beschäftigungsrückgangs lagen in den Rationalisierungsmaßnahmen im Feuerfestbereich. „Der Personalabbau wurde unter Einbeziehung der einzelnen Belegschaftsvertreter und der öffentlichen Behörden verantwortungsvoll umgesetzt. Insgesamt konnte eine deutliche Produktivitätsverbesserung an den Betriebsstandorten erreicht werden.“ (Jahresbericht 1992: 22) Weitergehend ein schön formuliertes Schreiben nach dem Einleiten von Synergiemaßnahmen.

> „Dieses Ziel stellt uns erst dann zufrieden, wenn es nicht nur ausschließlich am Wachstum und an der Profitabilität der Gruppe gemessen wird, sondern ebenso an der Qualität unserer Produkte und an den Leistungen unserer Mitarbeiter. Qualität und motivierte Mitarbeiter auf zufriedenstellenden Arbeitsplätzen betrachten wir als offenes Geheimnis zum Erfolg und zum Nutzen unserer Kunden und Aktionäre. Im Jahre 1992, aber auch 1993 wurden unsere Mitarbeiter im In- und Ausland weit über vorstellbare Belastungsgrenzen hinaus gefordert. Daß trotzdem die durchgeführten Maßnahmen praktisch ohne Konflikte durchgeführt werden konnten, zeugt von höchster Motivation, Teamgeist, persönlichem Engagement und menschlicher Reife, für die ich mich bei allen Mitarbeiterinnen und Mitarbeitern bedanken möchte und die ich gleichzeitig bitte, diese Einstellung auch im Jahr 1993 zu zeigen.“ (Jahresbericht 1992, Vorwort Longin: 8)

Die Formulierung „praktisch ohne Konflikte“ war für die Außenwirkung der Firma ein Sittenbild. Im Innenverhältnis gab es heftige Diskussionen zur Standortsicherung, zur Sicherung der Arbeitsplätze und zur Sicherung von Teilen des Werkes wie folgendes Schreiben zeigt:

„Schreiben nach ArbVG § 109 nicht rechtzeitig informiert um Beratungen aufzunehmen, der BR fordert als ersten Schritt – alle Maßnahmen der Standortsicherung von Radenthein, Investitionen, die vorübergehende Stilllegung des Bergbaues, Abbau von Personal – Prüfung auf Soziales und Betriebswirtschaftlichkeit;

Stilllegung Bergbau ein Fachgutachten vom BR wird angefordert

Die Investitionen müssen standortsicherungsbezogen der Größe und beschlussmäßigen nachgewiesen sein

Personalabbau per Sozialplan, vorher die Punkte a – c (Konzept Standortsicherung)

Versetzungen nur nach nachweislicher Notwendigkeit

Ankündigung der Unterstützung auch des Landes Kärnten nur im Einklang mit der Standortsicherung und der Vorgangsweise. Die Einrichtung der Arbeitsstiftung darf das Standortbudget nicht belasten. Der ZBR Karl Prettner". (Von ZBR Radex an Vorstand Radex, 1992 10 12)

Die Verhandlungen und Interventionen des Betriebsrates zeigten Wirkung. So wurde die für den Bergbau notwendige Kausterlinie für das Heraklithwerk in Ferndorf weiterbetrieben und somit waren ca. 20 Arbeitsplätze gesichert. Zwischen dem Einschreiten des Zentralbetriebsrates der Radex im Oktober 1992 und dieser Entscheidung im September 1993 lagen Monate der intensiven Verhandlungen. Ein wesentlicher Schritt zur Standort- und Beschäftigungssicherung war auch die Entscheidung das Werk Radenthein zur Spezialitätenfabrik der RHI auszubauen.

In der Folge gab es Rege Investitionstätigkeit mit schwankenden Auftragseingängen die sich im zweiten Halbjahr 1995 verschlechterte. So wurde in der BR-Sitzung Nr. 114 am 19. Jänner über die schlechte Auftragslage und eine Überbeschäftigung berichtet und diskutiert vom 4/3 Schichtmodell (37,5 Stunden/Woche plus 0,25 Stunden Übergabezeit bzw. 38, 0 Stunden/Woche) abzugehen. In der Folge wurde ein 19-Schichtmodell (35,6 bzw. 36,8 Stunden/Woche) vereinbart. Mit dieser Arbeitszeitverkürzung wurden Arbeitsplätze gesichert. Die betroffenen Arbeitnehmer stimmten selbst darüber ab, es ergab ein überwältigendes positives Ergebnis. In der BR-Sitzung vom 27. Februar 1996 (BR- Protokoll Nr. 115) wurde darüber berichtet. Über die Abstimmung des 3-Jahresplans, das ein Ergebnis von 84% bei 16% Gegenstimmen waren für das neue Schichtmodell trotz Lohneinbußen. Alle anderen AN verkürzten die Wochenarbeitszeit von 38 Stunden Woche auf eine 37 Stunden Woche.

In der Sitzung Nr. 119 wurde noch berichtet, dass im gebrannten Bereich die Auftragseingänge leicht über Budget liegen. Der Betriebsratsvorsitzende ersuchte den Generaldirektor um einen späteren Verlagerungstermin der PM-Massen von Radenthein, um so in dieser Zeit 10 Arbeitsplätze sichern zu können. Diese Maßnahme war auch besonders hilfreich und entsprach auch den sozialpartnerschaftlichen Gepflogenheiten der Firma. Durch die AZ – Verkürzung im 19 – Schichtenmodell in dem ca. 120 Arbeitnehmer beschäftigt waren konnten so ca. 30 Arbeitnehmer mehr beschäftigt werden. Grundsätzlich war in diesem Zeitraum ein allgemeiner Sozialplan vereinbart, die Betriebsvereinbarungen zu den 19 – Schichtmodellen (Arbeitszeitverkürzung – mit teilweisen Lohnausgleich) sowie Überstundenabbau, Freischichten waren weitreichende Maßnahmen um die bestehenden Beschäftigungsverhältnisse abzusichern. Der Betriebsrat forderte von der Firma aber im Falle von noch notwendigen Lösungen weitere Zusagen,

> „(…) Sämtliche Möglichkeiten zur Überstellung im Konzern (auch Baustoffgruppen) sind vorrangig zu behandeln, - betroffene MA sind im 1. Quartal zu fixieren, eine Rückkehr im Falle von Neuaufnahmen, – jetzt betroffene MA müssen vorrangig behandelt werden. – Beschluss – bei Nichtanwendung wird jede weiter Kündigung beeinsprucht." (vgl. Protokoll Nr. 120)

Dieser Zeitraum konnte weitgehend mit den vorhin genannten Maßnahmen wie AZ-Verkürzung, Freischichten ua. überstanden werden. Die weiteren Jahre verliefen abgesehen von den Konzernturbulenzen („Wir kaufen Amerika") schwankend, ruhiger und tendenziell ansteigend.

Im Jahr 2004 konnte im Zuge eines großen Durchbruchs bei den Kollektivvertragsverhandlungen ein Teil der Gleichstellungen zwischen Arbeitern und Angestellten erreicht werden. Der Monatslohn mit einem Biennalsprungsystem wurde eingeführt, dafür wurde in der Betriebsratssitzung mit Werksleitung am 12.5. 2005 (Protokoll Nr. 26) der Ablauf der Information besprochen. Die Thematik „Einstufung neues Entgeltschma" und die Überleitung vom Veitsch Radex Lohnschema in das „Neue" sollte laut BRV Kowatsch sorgfältig durchgeführt werden. Einige Änderungen wurden sozialpartnerschaftlich gelöst.

„Lediglich bei Koll. (…) kommt es zu einer Abstufung auf Grund noch nicht vorhandener Qualifikationen zur Anlagenbedienung, die aber in nächster Zeit (lt. BL) nachgeholt wird." (Protokoll Nr. 26) In anderen Bereichen wurden Überleitungen und Neueinstufungen sowie einige nicht gemachte Umstufungen aus den vergangenen Jahren auch im Sinne des Betriebsrates bereinigt. In den Bereichen Presse/Mischerei, Brennbetrieb, Verladung, Endfertigung gab es keine Probleme. „Im Bereich Nachbearbeitung kommt es zur Diskussion bezüglich der Abstufung von Koll. (…), welche von BL DI (…) gefordert wird. Der Betriebsrat erhebt Einspruch und stimmt einer Abstufung nicht zu. Es muss erst ein Gespräch zwischen BL, Koll. (…) und BR geben. Die Umstufungen der Koll. (…) und Koll. (…) auf LG - F erfolgt nach kurzer Diskussion. (Protokoll Nr. 26) Die Einführung in das neue Entgeltsystem funktionierte nach kurzer Zeit reibungslos, da auch besonders junge Mitarbeiter und Neueintritte mit Berufsabschluss laut Vereinbarung in die Beschäftigungsgruppe D – Facharbeiter eingestuft wurden. Diese Änderung darf nach jahrzehntelanger Forderung als Quantensprung angesehen werden. Zusätzlich dazu gab es eine Zusatzvereinbarung einer Überzahlung von jeweils plus 5% innerhalb 36 Monaten bei passender Leistung (8/18/36 Monate), jeweils 5/5/3 % Lohnsteigerung innerbetrieblich. Die Krisenzeit Ende 2008/2009 wurde auch mittels Sozialplan, Überbrückungsverträgen und einer innerbetrieblichen Stiftung sozialpartnerschaftlich gelöst um ein möglichstes Maß an Sicherheit gewährleisten zu können. Trotz der Ankündigung, dass 60 Arbeitnehmer abgebaut werden müssen, verblieb es bei 10 Kollegen die in die RHI eigene Mitarbeiterstiftung zur Weiterbildung gingen und bei 10 Kündigung wovon der Großteil im Jahr 2012 wieder in der Firma beschäftigt war. Die restlichen Auftragsschwankungen bis fast minus 55 % im Auftragseingang konnten mit weiteren innerbetrieblichen gemeinsamen (Betriebsrat und Firmenleitung) Lösungen abgedeckt werden. Personalmaßnahmen sind ungeachtet der Anzahl der Betroffenen immer ein schmerzhafter Prozess. Der Zeitraum bis in das Jahr 2018 verlief mit „Ausnahmen“ weitgehend stabil.

Eine Replik: Die Information zu Hause / der Weg voraus (k)ein Widerspruch (inter-/national)

Nach dem Zweiten Weltkrieg gab es einen Mangel an Arbeitskräften, besonders Fachkräfte waren gesucht. Die Diskussionsführung, wenn eine Fachkraft gebraucht wurde, die einen „nationalsozialistischen Hintergrund“ hatte war nicht leicht. Die Aufnahme von „Sachverständigen“ und „Experten“ mit nazionalsozialistischen Hintergrund führte zu heftigen Diskussionen. Schon schnell nach nach dem Krieg wurden für die Kriegsheimkehrer Arbeitsplätze gesucht. Laut Protokoll (vgl. BR 18. 09. 1945) „stand die Gewerkschaft auf dem Standpunkt, dass die verheirateten weibichen Angestellten zu entlassen sind um für Heimkehrer Platz zu schaffen, dies galt besonders wo Mann und Frau im Werk beschäftigt waren." Der Teuerungsausgleich im Jahr 1946 sollte in im Bereich der Entlohnung nach Leistung und Zugehörigkeit zum Werk ausgewählt werden. Die Lohnregelung war von Leistungslöhnern dominiert. Die Anpassungen der Löhne an die Teuerungen waren immer wieder ein laufendes Unterfangen der Interessensvertretungen. Bereits Anfang der 50er Jahre gab es die ersten Diskussionen zur Steigerung der Produktivivität, der Modernisierung der Anlagen und Rationalisierungen im Betrieb um die Konkurrenzfähigkeit zu sichern.

Im Jahr 1954 gab es bereits gleichen Lohn für gleiche Leistung mit denselben Rechten für Saison- und Stammarbeiter. Die Probleme des wirtschaftlichen Auf und Ab der 1950-er Jahre wurden meist sozialpartnerschaftlich gelöst. Die im Jahr 1962 begonnenen Absatzschwierigkeiten für die Produkte des Magnesitwerks und die Auswirkungen der Mechanisierung der Produktion bereiteten Probleme und schafften Gegensätze zwischen Werksdirektion und Betriebsrat. Die Anwendung von Seewassermagnesit, die stärker werdende Konkurrenz und die Einführung des LD-Verfahrens zur Stahlerzeugung sorgten für ein rückläufiges Geschäftsergebnis. Die Diskussion und letztendlich die Arbeitszeitverkürzung von 45 Wochenstunden auf 42 Wochenstunden im Jahr 1972 und von 42 Wochenstunden auf 40 Wochenstunden 1975 zeigten Wirkung, der Personalabbau wurde gebremst.

Die Forderung nach steigender Flexibilität durch stark schwankende Auftragseingänge wurde stärker. Dies wurde auch intern von der Firmenleitung bestätigt. „Die notwendige Flexibilität der Belegschaft ist weiterhin sehr groß, da der Arbeitsanfall stark wechselt und die technischen Einrichtungen oft überfordert sind." (PA-FL/G 1984 – 11 – 16)

Der vom Betriebsrat forcierte vereinheitlichte Arbeitnehmerbegriff wurde stärker forciert. Auch der Generaldirektor sprach sich für einen einheitlichen Arbeitnehmerbegriff aus. „GD DI Longin führt aus, dass es schwer verständlich sei, dass es zwei Kategorien von Mitarbeitern mit zum Teil erheblichen Unterschieden in den Ansprüchen gibt und das Ziel auf lange Sicht gesehen daher ein einheitlicher Mitarbeiterbegriff sei." (Protokoll

Vorstandsgespräch 23. August 1989) Es wurde eine Etappenlösung mit einer schrittweisen Annäherung in das Auge gefasst. Ab Mitte der 1990-er Jahre gab es ein Investitionsstrukturprojekt, im zweiten Halbjahr 1995 verschlechterte sich die Auftragslage. Die Arbeitnehmer stimmten selbst über eine Arbeitszeitverkürzung mit teilweisem Lohnausgleich (35,6 bzw. 36,9 Stundenwoche) mit einem positiven Ergebnis von 84% ab. Durch eine spätere Verlagerung der Massenproduktion konnten noch zusätzlich 10 Arbeitsplätze gehalten werden.

Was bedeutet Qualifikation, wie haben sich die Anforderungen im Laufe der Zeit verändert?

Im Jahr 1962 kam es zu steigenden Anforderungen die von von jüngeren Arbeitnehmern leichter zu bewältigen waren. Sie waren williger, dynamischer und oftmals besser ausgebildet. Ein Indiz daraus folgte 1964 „der Betriebsrat weist darauf hin, dass es in den Betrieben zu starken Abwanderungen von jungen, gesunden Arbeitskräften komme, weil diese mit den Verdienst unzufrieden sind." (BR-Protokoll Nr. 99) Im Jahr 1968 kam die Wertlegung auf gesteigerte Qualitätsanforderungen. Wie zutreffend die Aussage, je höher der Bildungsstand, desto sicherer der Arbeitsplatz zeigte sich bereits 1970. Als erstes wurden bei den Hilfsarbeitern mit befristeten Arbeitsverhältnissen die Verträge nicht verlängert.

Im Jahr 1973 forderte der Betriebsrat die Firmenleitung auf, die Mitarbeiter in Radenthein mit abgeschlossener Lehre als Facharbeiter einzustufen, dies wurde abgelehnt.

> „Es ist anzunehmen, dass der Einsatz von umgeschulten Facharbeitern unseren Rationalisierungsbestrebungen von Nutzen sein wird, z.B. Verwendung der früheren Facharbeitern an vollautomatischen Pressen oder Maschinisten." (1975 08 05 Abt./M/A)

Trotz wechselhaften konjunturellen Verlauf der letzten Jahre war die Entlohnung immer wieder ein Thema. Die Verdienstezwischen Facharbeiter in den Werkstätten und Arbeiter in der Produktion zeigten sich 1990 nicht im Einklang:

Facharbeiter / Werkstätten	ATS 67,92 / h = 100,00%
Arbeiter im Akkord / Produktion	ATS 101,78 / h = 149,85%
Maschinisten und angelernte Arbeitnehmer/Produktion	ATS 109,78 / h = 161,57%

Die Firmenleitung verfolgte das Ziel die im Unternehmen ausgebildeten Arbeitskräfte im Betrieb zu integrieren. Im Jahr 1992 konnte keine

Lösung für die flexible Arbeitsbereitschaft der Arbeitnehmer die im Wechsel zwischen 3 und kontinuierlichen Schichtdienst „springen" gefunden werden. Der Antrag die Lohngruppe 4 für Facharbeiter zu streichen wurde von der Firmenleitung abgelehnt, es wurde keine gemeinsame Lösung gefunden.

Nach der Jahrtausendwende konnte vom Betriebsrat besonders für junge Mitarbeiter und Neueintritte mit Berufsabschluss eine Einstufung als Facharbeiter erzielt werden. Diese Änderung darf nach jahrzehntelanger Forderung als Quantensprung angesehen werden. Zusätzlich dazu gab es eine Zusatzvereinbarung einer Überzahlung von jeweils plus 5% innerhalb 36 Monaten bei passender Leistung (8/18/36 Monate), jeweils 5/5/3 % Lohnsteigerung innerbetrieblich.

Wie wirkten die sozialen Veränderungen auf die Qualifikation im mikroregionalen Raum?

Die Beschäftigung von Hilfsarbeitern war ein erstes Ziel. Aber bereits im Jahr 1949 kam es zu einem Wendepunkt, wie man im BR-Protokoll vom 20. 12. 1949 nachlesen kann.

„Nun wurden die Kündigungen der Saisonarbeiter beim Bau und Stammarbeiter bei der Hauptwerkstatt und Elektrowerkstätte besprochen, wobei sich der Arbeiterbetriebsrat den Standpunkt einnimmt, dass die Stammarbeiter in den anderen Produktionsbetrieben untergebracht werden sollen und wenn es unbedingt notwendig ist dort eben die Saisonarbeiter gekündigt werden sollen." (BR-Protokoll 20.12.1949)

Der erhebliche Personalabbau 1966/67, wie schon in der Einleitung beschrieben, war auf die Modernisierung und Rationalisierungsinvestitionen zurückzuführen. Die Rahmenbedingungen in der Arbeitswelt verschärften sich. Es wurden Arbeitsplatzbewertungen mit straffen Zeitabläufen errechnet. Zu diesem Zweck wurde ein eigener Direktor für Rationalisierungsangelegenheiten betraut. Die Änderung der Abbaumethode im Bergbau ergab die Freisetzung von 70 Arbeitnehmern, die umgeschult wurden. Insgesamt wurde bis März 1976 ca. 200 Arbeitnehmern unter Ausnutzung des Arbeitsmarktförderungsgesetzes ein Umschulungsprogramm angeboten. Im Jahr 1981 zeigten sich wiederum klare Worte im Zuge der Krise und des Personalabbaus. „Wir werden nach Qualifikation und nach sozialen Umständen auswählen". (GD Leitner, Kleine Zeitung 15. 10. 1981). Weitergehend: „Wir gehen bei den Kündigungen nach Leistung und Qualifikation vor, soziale Härten sollten vermieden werden".

(Leitner, Kurier 17.11. 1981) Durch die schwankenden Auftragseingänge wurde der Belegschaft ein großes Maß an Flexibiliät abverlangt. Das wurde von der Firmenleitung im Jahr 1984 auch bestätigt. Eine Einigung, die der Betriebssrat heftig forderte, konnte im Jahr 2004 im Zuge eines Durchbruchs bei den Kollektivvertragsverhandlungen erreicht werden. Es wurde der nächste Schritt in der Angleichung der Rechte zwischen Angestellten und Arbeitern erreicht. Ein Quantensprung gelang mit dem Monatslohn und dem Biennalsprungsystem für Arbeiter.

Im letzten Jahrzehnt gab es eine Vielzahl von Änderungen, die schon in anderen Kapiteln beschrieben wurden. Angefangen von Operation Exellence, einer Verlagerung der Verantwortung vor Ort (Herausnahme von Hierachiestufen), dem Forcieren einer qualitativ hochwertigen Lehrlingsausbildung, Unterstützungen der Mitarbeiter in vielen Varianten (fachlich, Arbeitszeit, Schichteneinteilung), bei Weiterbildungsmaßnahmen und dem Projekt „Gesund von zu Hause, gesund nach Hause", dem Engagement in Richtung Sicherheit u. a. wurden neue Grundlagen geschaffen.

Reparaturarbeiten an den Produktionsanlagen (ca. 1947). In späteren Jahren wurden aus betriebswirtschaftlichen Gründen in einzelnen Betriebsabteilungen infolge Personalknappheit für die Produktion weniger wichtige Reparaturen oft längere Zeit nicht erledigt. Der Betriebsrat protestierte. Bei diesen Gesprächen wurde jedoch auf die aufziehende rückläufige Konjunkturentwicklung hingewiesen, die stets auch einen gewissen Strukturwandel signalisierte.

IV. Arbeiterleben und Wirtschaftswandel

Im Spiegel familiärer Erinnerungen

Durch den Aufbau des Werkes wurde tief in die familiären Strukturen eingegriffen. Die Gesellschaft veränderte sich durch stetigen Zuzug. Dies schaffte Probleme die gelöst werden mussten. Durch die andauernden Personalaufnahmen griff das Werk auch in das bäuerliche Leben ein. Nicht nur die „Knechte" sondern auch die eigenen Söhne der Bauern blieben nicht am Hof, sondern arbeiteten eher im Magnesitwerk für wesentlich mehr Geld, „8 bis 10 Kronen Taglohn für starke Arbeitshände." (40 Jahre ÖAMAG 1948: 14) Zumindest blieb die Hilfestellung der Arbeiter zu Hause am Hof, bei seinem Bruder, dem Landwirt. Im Sommer wurde Urlaub genommen und es wurde bei den Arbeiten am Hof mitgeholfen. Die Arbeiter heirateten Bauerntöchter, bauten sich ein Haus und agierten oft als Landwirt im Nebenerwerb.

Mitte der 1930-er Jahre waren viele bäuerliche Unternehmen schwer verschuldet. Im Magnesitwerk war die Lage durch die erhöhte Kriegsrüstung der Auslandsstaaten besser, es gab im ganzen Jahr 1935 Hochkonjunktur. Es wurden Beschäftigte eingestellt. Für die Renovierung der Kirche St. Nikolaus und für die Orgel wurden von Präsident Winter 10.000 Schilling gespendet. Durch den Boom der Aufträge und den Wassermangel gab es Kritik wegen der Staubbelästigung durch das Werk. Die gesellschaftliche, wirtschaftliche Entwicklung und der Umweltschutz werden in den nächsten Jahrzehnten ein ewiges Thema der Verbesserungen im positiven Miteinander zwischen Wirtschaft und Gesellschaft bleiben.

Im offenen Diskurs befand sich die Werksleitung im Jahr 1973. Durch starke Frühjahrswinde wurde Staub, der aus Kalk, Talk und Magnesitresten bestand, aufgewirbelt und verblasen. Auf Grund dieser Situation wurde der Generaldirektor der ÖAMAG mit einer Unterschriftenaktion konfrontiert, die von zahlreichen Siedlern unterfertigt war. Der Gemeinderat diskutierte zu dieser Thematik mit der Anfrage, was das Werk dagegen zu unternehmen gedenke. „Der Bürgermeister, der auch Zentralbetriebsratsvorsitzender ist, gibt Auskunft, dass das Werk von sich aus bestrebt sei, allfällige Missstände abzustellen und im nächsten Jahr 24 Millionen Schilling für Entstaubungsanlagen verbauen will." Nicht nur innerhalb des Fabrikgeländes, sondern auch für die Gemeinschaft der Gemeinde reichte der helfende Arm des Magnesitwerks. Die Verbundenheit des Magnesitwerkes mit der

Gemeinde war in der Region rund um die Gemeinde Radenthein nicht zu übersehen. So auch im Jahr 1960, als starker Schneefall das Kirchendach zerstörte. „Als im März durch starken Schneefall das Kirchendach einbrach, behob das Magnesitwerk den Schaden.“ (Schmölzer 1996)

Allgemein

In den Jahren von 1951 bis 1961 verringert sich der Anteil der Beschäftigten im landwirtschaftlichen Bereich von 32,7% (37,5 % Kärnten) auf 23 % (25,3 % Kärnten). Viele wechselten in den Arbeiterstand und bewirtschaften den Hof zum Nebenerwerb.

Das Wirtschaftswachstum mit seinen Stützen in der Bauwirtschaft, dem Energiesektor und der Verstaatlichten Industrie brachte einen Beschäftigungszuwachs im sekundären Sektor (Industrie und verarbeitendes Gewerbe). 1951 arbeiten hier 38,8% (33,6 % Kärnten) der Berufstätigen, 10 Jahre später bereits 43,5% (38,6 % Kärnten). Es wurden hier bereits Änderungen in der Wirtschaftsstruktur sichtbar, welche Österreich noch Probleme bereiten sollten. Die Landwirtschaft war in den 1970-er Jahren einem immer stärkeren Druck zur Wandlung in Richtung Industriegesellschaft unterworfen. Gräbner schreibt, dass die wirtschaftliche Situation der Landwirte in der Gemeinde Radenthein aber wesentlich stabiler als im Durchschnitt des politischen Bezirkes ist. Der Trend, dass der bäuerliche Bevölkerungsanteil mit 8 % schon sehr niedrig und im Gefolge des Konzentrations- und Anpassungsprozesses weiterhin im Sinken sei, stellte auch er fest. Mehr als die Hälfte der bäuerlichen Betriebe in Radenthein sind Nebenerwerbsbetriebe, arbeiten nebenbei als Handwerker, hauptsächlich im Werk oder betreiben eine Gastwirtschaft. „Die günstige Schichteinteilung im Werk ermöglichte es den meisten, nebenbei die Landwirtschaft aufrechtzuerhalten. „Dieser Umstand hat nicht wenig zur Stabilität im bäuerlichen Bereich des Untersuchungsraumes beigetragen: So war es möglich, dass jüngere Besitzer von unrentabel gewordenen Kleinbetrieben zunächst am Hof bleiben konnten und dabei doch einen sicheren Erwerb hatten. Dadurch musste der erforderliche Strukturwandel nicht sprunghaft und überstürzt zu einem Bruch in der Entwicklung der Gemeinde führen, sondern konnte und kann in nunmehr fast zwei Menschenaltern heranreifen und sich vollziehen.“

Die Industrialisierung veränderte auch im Einzugsgebiet des Magnesitwerks die sozialen Unterschiede. Wesentlich für das gemeinsame Wohl war aber der sorgsame Umgang der Firmenleitung mit Wohnungsunterstützungen (Hausbau usw.) und den sozialen Leistungen. Die gesellschaftliche Entwicklung, die Personalpolitik vor allem die Sozialpartnerschaft zwischen dem Betriebsrat und der Werksleitung trug zu einem Abbau der Radikalismen und zu einer Fortentwicklung der Region bei. Als wesentlicher Faktor muss man dabei die sozialen Unterstützungen, das kulturelle, die sportlichen sowie die zahlreichen bildungsmäßigen Angebote betrachten wo wohl mit Unterschieden aber auch Arbeiter Chancen zur Weiterentwicklung hatten.

„Dieser Wandel führt auch zu einer zunehmenden inneren Annäherung zwischen den Arbeitern und der starken Gruppe der Angestellten. Wo es Spannungen gibt, haben sie Ursachen sehr subjektiver Art. Da mögen die Überheblichkeit gerade unterster Angestellten-Schichten genauso eine Rolle spielen“, wie auch manchmal der Neid von Arbeitern gegenüber sehr hoch dotierten Angestellten im Management. Im Großen und Ganzen funktioniert aber das Verhältnis wie bereits 1971 festgestellt auch 40 Jahre später noch erfreulich gut.

Aus der Praxis

Die Datenerhebung für dieses Kapitel wurde mittels problemzentrierten Interviews und mittels Fragebogen (Rückmeldungen von 2/3 der Belegschaft) vom Januar 2012 durchgeführt. Als Interviewpartner wurden 18 Arbeitnehmer oder ehemalige Arbeitnehmer des Magnesitwerks ausgewählt. Als Kriterien, die es bestmöglich einzuhalten galt, zur Auswahl der Kandidaten galten die Eintrittsdaten im folgenden Verlauf: kurz nach dem Zweiten Weltkrieg (IV 1); ca. ein Jahrzehnt später (IV 2); Ende der 1970-er Jahre (IV 3); Ende der 1980-er Jahre; nach der Jahrtausendwende; die Jahre 2016/17.

Arbeitnehmer der Fachwerkstätten, der Produktion, wenn möglich aus spezifisch unterschiedlichen Teilen. Im ersten Zuge wurde der Frageblock das Leben in der Demokratie, die Konsolidierungs- und Aufbauphase mit jenen sechs ehemaligen Arbeitnehmern durchgeführt, die diese Zeit auch erlebten. Im Spiegel der Erinnerungen, wird aus Sicht dieser Arbeitnehmer im Zuge von Interviews, dann weitergehend der Interviews aller 18 Arbeitnehmer und im Schlussteil auch unter Einbeziehung der Auswertung des Fragebogens beantwortet.

Interviews

Was war nach dem Krieg wichtig?

Für zwei Interviewpartner (IV 1) war der sichere Arbeitsplatz wichtig. Bei jeweils einem Interviewpartner von IV 1 und 2 wurde die „schwere“ des Lebens aus den Erzählungen „sichtbar“. Aussagen wie „das Leben musste weitergehen, dass man zu essen hatte“, war wichtig. „Wir haben nicht gehungert, aber man hatte auch nichts anzuziehen, es war sehr schwer, Schuhe zu bekommen“ (IV 1) oder „ich war noch zu jung, es ist uns durch die Krankheit des Vaters nicht gut gegangen, wir waren aber trotzdem zufrieden. Es gab nichts zu kaufen, vielen ging es noch schlechter als uns. Auch wir Kinder haben gearbeitet, Geld zu verdienen auch ohne Beruf war wichtig.“ (IV 2) Trotz der schwierigen Nachkriegsjahre wurde in eine positive Zukunft für die Kinder investiert: „Meinen Eltern war es wichtig, dass ich einen Beruf zu erlerne. Im Jahr 1953 habe ich die Lehre begonnen. Dabei habe ich ATS 20,--/Woche bei 60 Stunden verdient. Inkludiert waren dabei auch Verpflegung und die Nächtigung. Oftmals habe ich auch abends zum Teil auch am Sonntag arbeiten müssen. Im 2. Lehrjahr hat sich außer der Entlohnung ATS 40,--/Woche (3. Lehrjahr ATS 60,--/Woche) bei der Arbeit nichts geändert“. (IV 2)

Differenziert waren noch die restlichen beiden Aussagen von zwei Interviewpartnern, wovon einer auf die schlechte Behandlung der Lehrlinge von Seiten der Arbeiter Stellung nimmt (IV2). Der Zweite hatte die Erinnerung an die schlechte Zeit „eher“ ausgeblendet, es sei ihm gut gegangen, „ich hatte den Vorteil, bei einem Bauern aufgewachsen zu sein“. (IV)

Wie schnell wurde die soziale Versorgung hergestellt?

Bei dieser Frage gab es weitgehende Übereinstimmung der Interviewpartner, dass es den Arbeitnehmern im Werk besser ging als in anderen Betrieben, es gab immer wieder Verbesserungen, die Sozialleistungen waren höher, alles wurde korrekt abgewickelt.

Etwas differenziert waren die Aussagen bei den individuellen Bemühungen wie, „man musste sich immer wieder selbst bemühen, um etwas zu bekommen. Es wurde damals vielleicht großzügiger gehandhabt. „Der Verdienst im Werk war gut, man konnte sich mehr leisten.“ (IV 1) Wichtig und erstmals fiel auch das Wort „Pakete“ aus dem Marshallplan, wobei die Versorgung auch personenabhängig in der Erinnerung gewesen war. „Es gab einen kommunistischen BR, von dem man nicht viel erwarten konnte. Erst danach ging es uns besser, es kam die Werkskantine.“ (IV 1) Diese Aussage wurde von einem Interviewpartner im nächsten Teil bestätigt, „das Werk war Vorreiter – österreichweit.“ (IV 2) Im selben Trend, die Interviewten im Jahr 1955 gab es keine Probleme, es ging uns schon sehr gut, weitergehend auch der Wortlaut des nächsten Interviewten der die gute Bezahlung des Magnesitwerks hervorhob und einen Vergleich erzählte. „Bei der Firma Blas verdiente ich in einem Monat so viel wie ich im Werk in 8 Tagen hatte; zum Vergleich, bevor ich ins Werk eintrat.“ (IV, 2)

Wie wirkten die externen, Arbeitnehmer beeinflussenden Faktoren?

Es gab von zwei Interviewten von IV 1 bzw. von IV 2 Aussagen, wobei die Hilfe aus dem Marshallplan bei allen drei deckungsgleich und positiv in Erinnerung war. Positiv war die Steigerung des Lebensstandards. „Es hat sich alles gebessert, ohne den Marshallplan (Essenspakete) wäre es uns sehr schlecht gegangen.“ (IV 1) In Erinnerung waren noch folgende Ereignisse:

„Wir bekamen die Pakete aus dem Marshallplan über das Werk, wieweit die andere Bevölkerung diese Pakete bekam, weiß ich nicht.“ (IV1) In Bezug auf die Arbeitsleistung kam die Aussage, „wenn einer arbeiten wollte, gab es genug Arbeit. Im Werk hat alles gepasst. Im Werk in Radenthein ging es uns wesentlich besser als z.B. im deutschen Werk in Urmitz.“ (IV 2)

Wie wirkten die internen, Arbeitnehmer beeinflussenden Faktoren?

Der erste Interviewpartner stellte fest, dass man mit anderen Dingen mehr zufrieden war als heute. „Ich war immer zufrieden mit dem, was es gab.“ (IV, 1) Der Quantensprung der sich vollzog kam auch beim nächsten Partner zum Ausdruck, zuerst gab es keine Monturen sowie vor allen, die WC- Anlagen und Duschen waren seiner Empfindung nach am Anfang noch sehr primitiv, „es hat sich erst Mitte der 50er Jahre, noch deutlicher in den 60er Jahren verbessert.“ (IV 1) Diese Aussage wurde von einem Interviewpartner aus der Gruppe IV 2 bestätigt, „im Werk (Duschen u.a.) war alles da. Das Werk war der Beste Arbeitgeber.“ (IV 2 JK) Erwähnt wurde noch das Kaufhaus, „wo nur der Werksarbeiter, wesentlich billiger als wo anders, einkaufen durfte. Man konnte über das Werk günstiger bestellen, das wurde auch genutzt.“ (IV 2, JG) Aus den Interviewgruppen (IV 4, 5, 6) wurden die Sozialräumlichkeiten, die Sozialleistungen positiv erwähnt. In der Gruppe (IV 6) wurde hierfür die Aussage, „Das habe ich vorher nicht gekannt“, getätigt. Das Lohnniveau wurde in der Gruppe IV 4 genannt. In der Gruppe IV 4 wurde der Standard mit der Aussage „man muss sich den Standard immer wieder vor Augen führen, das was man hat nicht als selbstverständlich sehen“.

Der nächste Frageblock betraf die gesellschaftlichen Ereignisse, Kernpunkte des Wandels. Es wurden alle 18 befragten Interviewkandidaten zu diesen Themenfeldern befragt.

Welche Strukturveränderungen gab es?

Ein Interviewpartner beschreibt das persönliche Empfinden, „zuerst habe ich Arbeit gesucht, gefunden, dann kam das Gefühl, man ist ein Magnesitler“! (IV 1) Weitergehend war zuerst Quantität gefragt, in den 1960-er Jahren kam eine gewaltige Änderung zur Qualität. Diese Änderung wurde auch von einem zweiten Partner als hochgradig empfunden, Umstellung auf qualitativ hochwertige Produktion. „Der Konkurrenzdruck ist gestiegen, der asiatische Raum konnte die einfachen Produkte billiger liefern.“ (IV 2) Ein dritter konnte vieles an Positivem abgewinnen, „auch durch die Automaten und der Automatisierung“, (IV 2) wobei der vierte weitergehend die positive Veränderung des Betriebsklimas zu Gunsten der Arbeiter hervorhob. „Die Veränderungen kamen Schritt für Schritt. Die Sozialleistungen waren enorm.“ (IV 2) Eine Änderung der Aussagen gab es in der Reihe der Serie der IV 3-Kandidaten. Es gab auch Einbrüche in der Auftragslage, „ich musste einmal für drei Monate nach Ferndorf. Im Jahr 1981 bei den Entlassungen, gab es eine große Unsicherheit und Ungewissheit, es gab dadurch eine gewisse ‚Konkurrenz‘ unter den MA.“ (IV 3) Der zweite Partner erinnert sich global an viele Änderungen zwischen 1976 und 1990, die schwankenden Auftragslagen in der Firma. Wesentlich war, dass „früher mit mehr Mitarbeiter, die Arbeit einfacher war. Der persönlich Druck nimmt zu.“ (IV 3) Schnelllebiger von der Arbeit bis in den privaten Bereich flexibel zu sein, alles schnell zu erledigen, damit legt man sich oftmals selbst Stress auf, so einer der Interviewkandidaten. Der Trend einer schnelllebigen Zeit, kürzere Auftragseingangszeiten, mehr Druck u.a. wurde auch in den Interviewgruppen 4, 5 und 6 immer wieder genannt.

Auch dass sich wirtschaftlich vieles geändert hat, wie „die Beschäftigtenzahl hat sich verringert, was auch die Betriebe im Umfeld zu spüren bekommen. Die Leute müssen heute viel mehr auspendeln als früher." (IV 3) „Den täglichen Arbeitsauftrag /selbst eingeteilt, großteils in Eigenverantwortung abzuarbeiten", gehört bei vielen Arbeitsplätzen schon zur Normalität (IV 4), wie das weitergeben von Wissen an andere Arbeitnehmer.

Gab es Streiks, gewerkschaftliche Kampfmaßnahmen im Werk in Radenthein?

Die Frage nach Streiks oder gewerkschaftlichen Kampfmaßnahmen wurde bis auf einen Partner aus der IV 3, der sich an keinen Streik in seiner Zeit erinnern kann, zwischen den Gruppen IV 1, IV 2 und IV 3 weitgehend gleichmäßig beantwortet. In den ersten beiden Gruppen IV 1 und IV 2 kam es zu Erinnerungen zwischen, „es gab ein paar Streiks (ein paar Stunden) wegen Lohnerhöhungen in der Steinfabrik, oder „kurze Streiks – ein paar Stunden lang. Es gab Zeiten absoluter Kampfbereitschaft". (IV 4)(IV 1, IV 2) „Ein- oder zweimal Streikansätze von der Gewerkschaft. Es hat auch immer wieder Einigungen gegeben. An einen generellen Streik kann ich mich nicht erinnern." (IV 2)

Interessant ist auf jeden Fall die Formulierung, „nein, es wurde nie gestreikt, im Ernst nicht." (IV 2) Im Zusammenhang mit den Aussagen, dass es zweimal kurze Streiks gab, aber „es wurde alles rasch wieder ausgeredet", (IV 2) zeichnet sich hier ein Bild einer starken Betriebsorganisation mit einer fundamentierten Sozialpartnerschaft. Ähnlich den vorher angeführten Erinnerungen gab es auch von den Partnern aus IV 3 Aussagen wie, „ja, innerbetrieblich, wenn es darum ging eine Betriebsvereinbarung oder Zulagen auszuhandeln, gab es kurze Arbeitsunterbrechungen." „Ja wir hatten Betriebsversammlungen, waren kurz davor, der Bergbau begann" war für die IV 4 und 5 in Erinnerung (IV 3). Die Interpretation Streik oder Betriebsversammlung als Kampfmaßnahme ist für die Arbeitnehmer oftmals schwer zu differenzieren, „es gab Betriebsversammlungen, aber keine Streiks im Werk. Einmal eine Streikaktion des ÖGB gegen die Pensionsreform in Wien." (IV 3) In Erinnerung geblieben ist bei dieser Frage der Herbst 2011. Erwähnt wurden noch Warnstreiks, Gruppenversammlungen und die Betriebsversammlung des Jahres 2011. Die Frage erzielte auch Anmerkungen im Zusammenhang mit Lohnerhöhungen und KV-Verhandlungen. Mit angemerkt wurde einmal auch das Wort „Nicht erwähnenswert“.

Beim Fragebogen ist die Erinnerung vom Herbst 2011 interessant. „Kampfmaßnahmen“ wurden mit 104 Pro- zu 64 Gegenstimmen bewertet. Wenn man bedenkt, dass die Bereitschaft von flächendeckenden Kampfmaßnahmen für Lohn- und Gehaltsverhandlungen, die aber sozialpartnerschaftlich gelöst werden konnten, vorhanden ist und im Herbst 2011 die vor allem betroffene Gruppe – Beginn mit dem Bergbau – in der Befragung nicht inkludiert ist, so zeigt das Ergebnis ein eindeutiges gewerkschaftlich organisiertes Bild.

Wie geschah die Grundversorgung, gab es einschneidende Änderungen?

Die Aussagen begannen mit dem, dass das Werk immer den Zeiten angepasst „hervorragend einen guten Ruf hatte, man hatte Vorteile z. B. beim Einkaufen“, (IV 1) oder die Beihilfen in Einzelfällen und im „sozialen Bereich vom Betriebsrat und Betrieb.“ (IV 2) Der soziale Bereich war in den Interviews auch sehr durchschlagend, es gab „sehr viele Sozialleistungen im Werk, die bei anderen Firmen nie möglich waren.“ (IV 2) „Es hat immer alles gepasst“, (IV 2) war noch eine der nüchternen Aussagen, wieder rückkehrend zu, „im Werk ging es uns weitaus besser als in anderen Betrieben, es war sicher ein Sonderstatus im Werk zu sein.“ (IV 3) Diese Aussagen wurden unterstrichen durch die Aussagen, „das Werk und die Knappschaft (VadöB) waren Vorreiter auf sozialem Gebiet, bei Arbeit, Urlaub und Krankenstand.“ (IV 2, SF) Weitergehend, „im Werk geht es uns sicher besser, als in anderen Betrieben, es gibt z.B. bei Krankheit in Krankheitsfällen keine Entlassungen, Abmeldung.“ (IV 3, 5) Es kamen von Aussagen wie: „hier wird man anders behandelt“, (IV 6) oder dass, das Niveau vom Werk für die gesamte Region beispiellos ist, „für alle Anliegen hat man einen Ansprechpartner, ob Firma oder Betriebsrat.“ (IV 4)

In der Befragung mit dem Fragebogen wurden die Grundversorgung und die Sozialräumlichkeiten, sprich Waschraum hervorgehoben. Die Wertungen dafür kamen ab einer Betriebstreue von 10 Jahren und länger desto positiver, optimal erwähnt wurde auch die Gesundheitsversorgung.

Bei einer Betriebstreue unter 5 Jahren waren die Arbeitsbekleidung, die Arbeitsschuhe und die Arbeitshandschuhe führend. Gesamt wurden der Gesundheitszirkel und das Fitnesscenter angeführt. Positiv erwähnt wurden die Betriebsratsaktionen des Mineralwassers in den Sozialräumlichkeiten sowie die Aktion gesunde Jause (Obst).

Wie war das Freizeitverhalten (Arbeit versus Freizeit)?

In Ansätzen kamen einige der Interviewpartner zu ähnlichen Aussagen. „Früher war es großzügiger, die MA waren nicht so unter Druck, die Maschinen mussten laufen." (IV 1) „Der Betrieb musste aufrechtgehalten werden, die Urlaubsvergabe wurde damals relativ großzügig gehandhabt." (IV 2) Diese Großzügigkeit wurde auch ausgenützt. „Es gab viele 3-Tage-Scheine (Krankenstand), die meist von den Bauern genommen wurden." (IV 1)

Das führt zum oft erzählten Witz: „ Ich habe meinen Urlaub schon verbraucht aber noch einige alte 3-Tage-Scheine, die müssen verbraucht werden, bevor sie verfallen. In den Ausführungen des nächsten Partners gibt es heute natürlich mehr Freizeit, anfangs „haben wir 12 Stunden gearbeitet, auch für die Musik gab es jede Unterstützung." (IV 1) Eine hohe Förderung durch das Werk gab es damals für die Musik und den Sport. Es kamen auch Rückmeldungen wie „ich glaube es ist heute noch gleich", (IV 2) sowie „früher wurden alle Überstunden bezahlt, heute gibt es zum Teil Zeitausgleich, früher war es besser bis eher gleichbleibend." (IV 3) Zu dem speziellen Thema Arbeit und Arbeitsweg kam nochmals die Beschwerlichkeit zum Ausdruck, auch „sonntags musste man arbeiten sowie, es gab weite Wege zur Arbeit." (IV 1) Weitergehend zu den Aussagen, „ich habe 3/3 (Anm. Wechselschicht) gearbeitet, wir haben viele Überstunden geleistet, die bezahlt wurden." (IV 3) Die Schicht – 4/3 wird auch in den IV 4, 5 und 6 sehr differenziert bewertet; „durch die Schicht gibt es mehr Einschränkungen, bis hin zu ich schätze die Schicht, da habe ich mehr Zeit."

In einem Interview wurde die Schnelllebigkeit der Zeit angesprochen, indem die Leute möglichst viel Freizeit konsumieren wollen. „Es gab früher nicht so viele Möglichkeiten, man hat heute mehr Freizeitstress." (IV 3) „Wir haben einen höheren Wohlstand /Zeit ist wichtig, ich schätze die Zeit mehr" sind doch gängige Aussagen. Differenziert wiederum, dass die Freizeit versus 4/3 Arbeit (höherer Verdienst) auch lebensstilabhängig ist. (IV 5 und 6)

„Ich will heute leben, nicht erst am Friedhof" (IV 5), komplettiert die Palette der Meinungen.

In der Fragebogenabfrage kam es im Arbeitnehmerkreis unter 5 Jahren Betriebstreue zu durchwegs positive Rückmeldungen, „dass alles passt“. Im Kreis der 5- bis 9-jährigen Betriebstreue gab es eine Rückmeldung mit der Begründung, „mit der Freizeit wird es eher schlechter, weil man ausgepowert ist“. Die Bereiche 10 – 19 Jahre Betriebstreue hatten 3 Rückmeldungen, die sich auf die 4/3-Schicht (vollkontinuierlicher Schichtbetrieb) bezogen. Sie kamen deshalb zum Schluss, dass sie weniger Freizeit hatten. Bei den Arbeitnehmern mit 20 – 29 Jahren Betriebstreue gab es 7 ähnlich lautende Rückmeldungen, wobei aufgrund der Anzahl der Gesamtrückmeldungen von ausgeglichenen Darstellungen auszugehen ist. Im Positiven kam es zu Rückmeldungen, wie „passt, reicht, sehr gut, für mich persönlich passt es, super, ok, mit den Jahren wird es immer besser, optimal und nicht verändert, die Freizeit unter der Woche, arbeiten auch am Wochenende (4/3 Schicht Anm.).“

Wie entwickelte sich das kulturelle Leben?

Die Bereiche Sport und Kultur kamen stark fokussiert zur Sprache. Wobei die Firma „sehr viel für Sport übrig“ hatte. (IV 1) Auch Sportler hatten Vorteile, sie wurden leichter im Werk aufgenommen, Sport und Kultur wurden sehr gefördert. Anfangs sehr gut, ich kam sofort zur Musik aber heute ist bei weitem nicht mehr so viel Geld zur Verfügung lauten die Ausführungen eines weiteren Interviewpartners von IV 1.

In den Gesprächen mit dem Partner von IV 2 kam das Einzugsgebiet der Arbeiter unseres Werkes als Thema zu Sprache. Es war viel größer, heute ist der Umkreis, aus dem die Arbeitnehmer kommen, kleiner. „Die Radentheiner müssen heute eher auspendeln. Es wurde gebaut, die Erdmannsiedlung, Ostsiedlung, heute herrscht Stillstand, durch Auspendler. Die Siedleraktion des Werks wurde positiv erwähnt.“ (IV 2) Das Arbeiten am Wochenende war ein Thema des nächsten Partners, „aber es gab Unterhaltung.“ (IV 2) „Ich bin selbst kulturell aktiv. Das kulturelle Leben in Radenthein sackt immer weiter ab. In den umliegenden Gemeinden hat sich das kulturelle Leben entwickelt, in Radenthein geschah nichts. Viele, die in Frühpension gegangen sind, haben sich im kulturellen Leben engagiert.“ Die Entwicklung geht nach hinten, die Zeiten haben sich geändert waren weitere Aussagen (IV 3, 4, 5) Das letzte Highlight war das Drachenbootrennen, so in Erinnerung des nächsten Partners und weiter, „die „Werksmusik“ gibt es eigentlich nicht mehr.“ (IV 2) Wobei vieles eine Sache der Betrachtung und Erinnerung ist, wie das folgende Zitat aussagt. „War und ist intakt." (IV 2) „Das Angebot für eine Musikkapelle war stärker vorhanden, der Tourismus veranstaltete mehr Konzerte, die Menschen kamen eher – heute ist schon ein hoher Werbeaufwand notwendig, um ein Konzert zu veranstalten" (IV 6)

Mit dem Begriff „kulturelles Leben" (gemeint ist hier die Blasmusik) wurde je jünger das Publikum desto eher keine Aussage gemacht bzw. ein Trend sichtbar. „Früher hatte man es einfacher, heute weiß man nicht mehr was man machen sollte". In Kenntnis, dass das Angebot, die Angebotsannahme in der Region schwächer wird, „sollen doch mehr Menschen auch andere Orte sehen, damit sich auch andere kulturelle Angebote in anderen Ländern nutzen".

Die Entwicklung des kulturellen Lebens in der Befragung mittels Fragebogen wurde quer über alle Gruppen der Betriebstreue überwiegend negativ dargestellt. Als Beweggründe wurde Zeitmangel, sei es durch den kontinuierlichen Schichtdienst mit weniger Zeit an den Wochenenden als auch die Teuerung der Angebote angeführt. Im Bereich der „Gleichbleibenden" fiel eine Aussage der unter 5-jährigen Betriebstreue auf. Bei den Arbeitnehmern die länger im Werk beschäftigt waren kamen noch Rückmeldungen wie „mittelmäßig oder die Kameradschaft wurde schlechter es gibt weniger Zusammenhalt, es gibt mit jeder Führung neues kulturelles Leben bis hin die Kultur wird weniger forciert."

Positive Rückmeldung waren erst ab den Arbeitnehmern mit einer Betriebstreue von 10 Jahren und mehr zu erfahren, z.B. „das kulturelle Leben wurde als immer besser werdend, hervorragend, normal bis als sehr gut bewertet."

Wodurch unterschieden sich die Entwicklung der AN im Werk von AN mit Arbeitsplätzen in der restlichen Region?

In dieser Frage war quer über alle befragten Gruppen die Bezahlung im Werk ein Thema, „dass im Werk gut gegenüber anderen Firmen gezahlt wurde, man hat auch immer zur richtigen Zeit und korrekt sein Geld bekommen. Es sei allen gut gegangen. Der Verdienst war im Werk höher als in der „Privatwirtschaft draußen", das hat sich in den letzten Jahrzehnten etwas ausgeglichen." Im Detail, „früher was das Lohnniveau aufgrund der schweren körperlichen Arbeit (Akkord) höher. Bei uns werden die MA mehr im flexiblen, technischen Bereich gefordert, in anderen Privatfirmen mehr handwerklich.“ (IV 3) Ein anderer Interviewpartner führte aus, dass damals jeder in der ganzen Region im Werk arbeiten wollte. „Auch die Lokale und Firmen im Umkreis lebten vom Werk. Die Leute zogen früher nach Radenthein, heute gehen sie weg.“ (IV 1) Das Werk hat die Region geprägt so ein weiterer Partner, das ist heute nicht mehr so fährt er weiter fort (Mitarbeiterzahlen: Früher 3.500 MA; Heute ca. 400 MA), es „ging uns sehr gut. Vor allem auf sozialem Gebiet war der Unterschied sehr groß.“ (IV 2) Durch die geregelte Arbeitszeiten ist die persönliche Planbarkeit einfacher (IV 4 und 6) Die kleineren Betriebe sterben aus, es bilden sich immer mehr Großbetriebe so die Aussagen aus IV 5.

Viele Arbeitnehmer wollen nach wie vor im Werk arbeiten. „Es gibt nach wie vor viele Sozialleistungen vom Betriebsrat, die es in anderen Firmen nicht gibt.“ (IV 3) Das soziale Umfeld ist im Werk besser, die „soziale Sicherheit/ Arbeitssicherheit ist im Werk höher, man hat immer bekommen, was einem zugestanden.“ (IV 2, 6) Weiter im organisatorischen Sinn, „das Werk hat so wie früher noch immer Vorbildfunktion gegenüber anderen Betrieben.“ (IV 2) Abschließend noch individuell zu den Arbeitnehmern, denen es „im Werk sicher besser geht als anderen“. (IV 3)

In der regionalen Bewertung wurde die Meinung geäußert, dass die Gemeinde Radenthein ausstirbt. In der Bewertung des Magnesitwerks wurde die Arbeitszeit positiv genannt, differenziert die restlichen Themen, jeweils von den 5-9, 10-19, 20-29 und über 30-jährigen Betriebstreue zum Magnesitwerk. Im Werk gibt es eine gute Entlohnung bzw. Bezahlung und ein gutes Arbeitsklima. Diese Meinung der Bezahlung zieht sich in den Nennungen quer hin, dass man pünktlich und regelmäßig sein Geld bekommt und die Entwicklung im Werk besser wurde. Die nach wie vor wesentlich bessere Bezahlung wurde bei den 20- bis 29-jährigen genannt.

Auch wenn die Sozialleistungen teilweise angepasst wurden, gb es noch sehr gute Rückmeldungen (z. B. durch Hilfe für familienfreundliche Arbeitszeiten). Diese waren vor allem wesentlich bei den Arbeitnehmern mit einer Betriebstreue ab 20 Jahren. Vor allem die Information durch den Betriebsrat und die Firmenleitung ist nennenswert. Erwähnt wurde der Betriebsrat (die Gewerkschaft) mit den Sozialleistungen durch „besondere Sozialleistungen der Firma und des Betriebsrates, z. B. Kinderweihnachtsgeld, Vignette, Kleidung usw.“.

Praxisbetrachtung

Beginnend mit den tiefgreifenden Veränderungen in der Gesellschaftsstruktur durch den Aufbau des Werkes in einer bäuerlichen Region begann ein gewaltiger Umbruch. Nicht nur, dass „Knechte“ ins Magnesitwerk wechselten, auch die Bauernsöhne sahen ihre Zukunft im Werk bei gutem Verdienst. Das Landschaftsbild veränderte sich binnen weniger Jahrzehnte vom Dorf zur Industriegemeinde. Von Vorteil für einen vernünftigen Anpassungsprozess innerhalb der Gesellschaft und der Gemeinde waren sowohl die Arbeitszeiten im Werk, die den Landwirten ein arbeiten sowohl am Hof als auch im Werk ermöglichten. Die Arbeitszeit wurde auch in der Fragebogenauswertung der Arbeitnehmer als positiv eingestuft. Die Unterstützung seitens des Werks an die Gemeinde wie auch die Sozialleistungen, die den Verhältnissen angepasst war, sorgte immer für Hilfe.

Nach dem II. Weltkrieg war es für die Interviewten wichtig, dass man zu essen hatte und der Arbeitsplatz gesichert war. Die „Schwere“ dieser Zeit spiegelte sich in den Erzählungen wider. Die Sozialleistungen und der Verdienst im Werk blieben positiv in Erinnerung. Die Lebensmittelpakete aus dem „Marshallplan“ dürfen nicht unerwähnt bleiben. In der Erinnerung jener Faktoren, die die Arbeitnehmer von innen beeinflussten, waren die WC-Anlagen, Duschen, die sich von einem primitiven Standard erst Mitte der 1950-er Jahre bis in die 1960-er Jahre deutlich verbesserten. In der Befragung wurden der Zentralwaschraum und die Arbeitsbekleidung sowie die Arbeitsschuhe hervorgehoben. Besonders erwähnt wurden die Betriebsratsaktionen mit der Abgabe des Mineralwassers und der „Gesunden Jause“ (Obst) im Jausenraum. Die Einrichtung des Werkskaufhauses wurde positiv erwähnt. Im Bereich der strukturellen Veränderungen wurde auf den gestiegenen Konkurrenzdruck aus Asien verwiesen. Auch wurde der Automatisierung viel Positives abgewonnen. Diese beiden Ausführungen kamen von IV 2. Die Zunahme von Stress und Druck, die Arbeit mit viel weniger Personal zu erledigen, war bei der Gruppe von IV 3, 5 und 6 ein wesentliches Thema.

Die Sozialpartnerschaft, das Verhandeln am Tisch, kann als gefestigt angesehen werden, wenn es auch notwendig war, mit diversen Arbeitsunterbrechungen den Forderungen Nachdruck zu verleihen. Der Fragebogen vom 2011 brachte folgende Erinnerung. Erwähnt wurden noch Warnstreiks, Gruppenversammlung und Betriebsversammlung. Im Bereich der

Gesundheitsversorgung gab es durchwegs positive Rückmeldungen, „es war sicher ein Sonderstatus, im Werk zu sein“, lautete eine der Aussagen. Der Bereich Arbeit versus Freizeit wurde positiv kommentiert, aber im Resümee mit zwei Aussagen – früher waren die Mitarbeiter nicht so unter „Druck“ und die Firma war großzügiger – versehen. Diese Rückmeldung, wenn auch differenziert zu betrachten, trat auch in der Befragung zu Tage, „weniger Freizeit und mehr ausgepowert zu sein nach der Schicht“. Im kulturellen und sportlichen Leben wurde Replik genommen, dass das Werk früher weit mehr Geld dafür übrig hatte. Ein Problem im kulturellen Leben ist es auch, dass Radenthein heute vielfach eine „Auspendler-Gemeinde“ geworden ist. Die Kultur wird heute auch sehr unterschiedlich und international definiert. Die jeweiligen Kulturangebote reichen heute vom Ort, der Region, dem Staat bis zu internationalen Angeboten, welche von den Menschen auch beachtet werden. Der Unterschied der Arbeitsplätze im Werk zu jenen „außerhalb“ war, dass das Werk gegenüber anderen „gut“ gezahlt hat, das hat sich etwas ausgeglichen. In der Strukturbefragung wurde diese Meinung weitgehend geteilt, dass es eine gute Entlohnung bzw. Bezahlung und ein gutes Arbeitsklima gibt. In der Strukturbefragung wurde die Meinung weitgehend geteilt, dass es eine gute und pünktliche Entlohnung bzw. Bezahlung und ein gutes Arbeitsklima gibt. Die nach wie vor wesentlich bessere Bezahlung wurde bei den 20- bis 29-jährigen genannt. Viele Arbeitnehmer wollen nach wie vor im Werk arbeiten, die Sozialleistungen von der Firmenleitung und dem Betriebsrat gibt es in anderen Firmen nicht. Durch „besondere Sozialleistungen der Firma und des Betriebsrates z. B. Kinderweihnachtsgeld, Vignette, Kleidung usw.“, auch die Information durch den Betriebsrat und die Firmenleitung verstärkt sich die positive Erinnerung. Eine Besonderheit ist, dass es bei jeglichen Fragen der Arbeitnehmer jemanden gibt der Hilfe leisten kann. Das Werk hat immer noch Vorbildfunktion, den Arbeitnehmern „geht es sicher besser als anderen“ im Werk, so eine Replik eines Interviewten.

Im Spiegel der betrieblichen und überbetrieblichen Arbeitnehmer/innen-Vertretung

Mitbestimmung in den Nachkriegsjahren ist untrennbar verbunden mit der Entnazifizierung. Es musste ein „Weg zurück“ in das normale Leben gefunden werden. Das Entfernen von nationalsozialistischen Elementen, von jenen Feiglingen, die sich versteckt hatten, war eine der Aufgaben der Arbeitnehmervertretung und der Firmenleitung. Die Differenzierungen zwischen echten Nationalsozialisten und Verleumdungen zu unterscheiden aber auch der Frage, was zu tun ist, wenn eine Fachkraft benötigt wurde, die Nationalsozialist (gewesen) ist. Diese Fakten und Vorgänge wurden im Kapitel „Im Sturm der politischen Systeme“ beschrieben. Im kurzen Aufriss wird die Situation der Lohn-Preis-Abkommen beleuchtet. Eine Zeit mit sozialen Spannungen innerhalb der Gesellschaft, wie reagierte die Arbeitnehmervertretung darauf. Die Sicherstellung der Ernährung, die Bildung der Ernährungsausschüsse, der Unterbindung des Schleichhandels mit der Problematik, dass in den (Ernährungs-)Ausschüssen auch Bürgermeister saßen, die Bauern waren und so vielfach die Interessen kollidierten. Es gab Interventionen des Betriebsrates vom Magnesitwerk für eine bessere Alters- und Gesundheitsversorgung, d. h. ein weiterer Arzt in Radenthein. Die innerbetrieblichen Umstrukturierungsprozesse gab es seit dem Zweiten Weltkrieg und wurden zumeist zwischen Betriebsrat und Firmenleitung beidseitig diskutiert und gelöst. Wesentliche Einschnitte Ende der 1970-er Jahre sowie das Management buy out 1986 und die Fusion mit der VMAG, der Didier AG bis hin zur Fusion mit der Magnesita AG beeinflussten das Magnesitwerk und die Zusammenarbeit des Betriebsrates und der Firmenleitung. Diese Änderungen waren ein Sinnbild für die strukturelle Veränderung der wirtschaftlichen Landkarte in Kärnten. In 60 Jahren Arbeitnehmer/innen-Vertretung zeigt sich die Arbeit in der Veränderung nun internationaler.

Die Lohn-Preis-Abkommen / Verstaatlichung

Im Jahre 1946 existierte bereits eine Rohform der Sozialpartnerschaft in Form einer „Zentrallohnkommission“. Mit den fünf Preis-Lohn-Abkommen von 1947 – 1951 wurden hohe Inflationssteigerungen wie nach 1918 vermieden. Die Lohn-Preis-Abkommen stießen vor allem bei den oppositionellen Gruppen, den Kommunisten, ab 1949 der VDU auf Proteste. Die Durchsetzung dieser Abkommen war immer wieder von heftigen Störmanövern geprägt. Deshalb war es für Österreich wichtig, ja sogar selbstverständlich, dass diesen Staat nur eine große Koalition führen konnte. Nachdem es kaum private Großbetriebe gab und die industrielle Produktion doch Zukunftschancen zeigte, war es für Österreich notwendig, diese Firmen in eine österreichische Struktur einzubinden.

Zusätzlich war die österreichische Regierung der Meinung, dass jegliches Eigentum, welches vor 1938 zu Österreich gehörte, auch jetzt schon fiktiv wieder in österreichischem Besitz stand. Um die Großbetriebe vor dem Zugriff der Besatzungsmächte zu schützen, beschloss der Nationalrat, unter Widerstand der Sowjetunion, 1946 das erste Verstaatlichungsgesetz.

> „Im Jänner 1946 brachten die sozialistischen Abgeordneten zum Nationalrat einen neuen Gesetzentwurf zur Verstaatlichung der Schlüsselindustrien ein, der in seinem Ausmaß über den Versuch vom 5. September 1945 weit hinausging. Der neue Entwurf hatte die Unterstützung des Österreichischen Gewerkschaftsbundes (ÖGB). Die ÖVP musste im Hinblick auf ihre Wahlpropaganda sowie die Klauseln des Abkommens über die Regierungskoalition dem Verstaatlichungsgrundsatz wohl oder über treu bleiben. Der Verstaatlichungsentwurf, den diese Partei ihrerseits einbrachte, sah jedoch beträchtliche Einschränkungen hinsichtlich des Umfanges und der Tragweite der Verstaatlichung vor. Im Zuge der zähen Verhandlungen zwischen den beiden Regierungsparteien verzichtete man auf die von den Sozialisten vorgeschlagene Verstaatlichung der Magnesit- und Graphitindustrie, der Kraftfahrzeugindustrie, bestimmter chemischer Industrien, der Nahrungsmittelindustrie sowie der Versicherungsanstalten. Außerdem sollte die Tragweite der Nationalisierung (im Sinne der Verstaatlichung) durch einen Entwurf der ÖVP eingeengt werden, der die Schaffung von Werksgenossenschaften innerhalb der verstaatlichten Unternehmungen vorsah.“ (Langer 1966: V, B.: 47)

Allerdings hat die Zustimmung der Sozialisten zu dieser letzteren Formel ihnen die Möglichkeit gegeben, die Verstaatlichung der drei größten Banken des Landes zu erwirken. Auf der Grundlage dieses Kompromisses hat sich dann der österreichische Nationalrat am 26. Juli 1946 einmütig sowohl für das Erste Verstaatlichungsgesetz (BGBI. Nr. 168/1946) als auch für das damit gekoppelte Werksgenossenschaftsgesetz (BGBI. Nr. 169/1946) ausgesprochen. Im Großen und Ganzen gehen mit diesem Gesetz die wichtigsten Unternehmungen der Grundindustrien, der Erdölwirtschaft und des Bankensektors auf die Republik über. Wie bei Schärf 1953 ab den Seiten 116 ff. nachzulesen ist, wurden diese Gesetzmaßnahmen trotz des in aller Form erhobenen Einspruchs der russischen Besatzungsbehörden, jedoch mit der stillschweigenden Zustimmung der übrigen alliierten Mächte beschlossen.

> „Der sowjetische Einspruch hatte die bedeutsame Folge, dass die in der russischen Besatzungszone gelegenen Unternehmungen und Betriebe, die unter das österreichische Gesetz fielen, zehn Jahre hindurch bis

> zum Abschluss des Staatsvertrages im Jahre 1955 de facto der österreichischerseits erfolgten Verstaatlichung entzogen blieben. Diese Unternehmungen wurden von den sowjetischen Behörden direkt verwaltet und betrieben, die einen Konzern für die Industrieunternehmungen, die sogenannte USIA, und einen Konzern für die Erdölunternehmungen, die SMV (Sowjetische Mineralöl- Verwaltung), gründeten. Auch ist es zu erwähnen, dass das damit gekoppelte Werksgenossenschaftsgesetz praktisch nicht zur Anwendung gekommen ist. (vgl. Langer 1966: 47)

Es war eine Zeit von sozialen Spannungen, die auch politisch dazu genutzt wurden, um mittels Propaganda in den Betrieben Stimmung zu machen.

> „In den verschiedenen Betrieben werden von Seite der Kollegenschaft Tendenzen bemerkbar, die durch eine eventuelle Fortsetzung geeignet sind, den größten Unfrieden in die Arbeiterschaft hineinzutragen. Um solche Missstände zu vermeiden, sei nochmals ausdrücklich darauf hingewiesen, dass der heutige österr. Gewerkschaftsbund keine Richtungsgewerkschaft, sondern eine Interessensvertretung auf überparteilicher Basis darstellt. Der größte Teil der in den Betrieben beschäftigten Arbeiter hat den Sinn und Zweck dieser Überparteilichkeit richtig begriffen und lehnt jede politische Beeinflussung im Gewerkschaftsleben, als auch bei den Wahlen von Betriebsräten ab. Wie tief dieser Gedanke der Einheit in den Arbeitern verwurzelt ist, veweist wohl am besten die kürzlich im Spittaler Bezirk abgehaltene Betriebsrätekonferenz. Mit Rücksicht darauf, dass die österr. Arbeiterschaft diesen Einheitsgedanken nicht nur hegt, sondern dass dieser weitgehendst ausgebaut werden muß, ist es notwendig, dass in den Betrieben die Belegschaft nicht in politische Gruppen aufgespaltet wird." (Rundschreiben 7/47: 6)

Die Wirtschaft wollte das investierte Kapital in möglichst kurzer Zeit wieder verdient haben, sowie möglichst hohe Gewinne erzielen. Der Gewerkschaftsbund wollte möglichst schnell einen angemessenen Lebensstandard für die unselbständig Erwerbstätigen erzielen. Das hieß in dieser Zeit vor allem, leistbare Nahrungsmittel für die Bevölkerung zur Verfügung zu stellen. In dieser turbulenten Zeit wurden die vorher genannten Forderungen in pragmatischen vernünftigen Verhandlungen zwischen den Sozialpartnern einer Lösung zugeführt. „Um der drohenden Gefahr einer totalen und unkontrollierbaren Inflation zu entgehen, wurde mit Wirksamkeit 1. August 1947 das 1. Lohn-Preis-Abkommen getroffen. Durch die schwere Bedrohung des durch das Lohn-Preis-Abkommens angestrebten Versuches die Wirtschaft zu stabilisieren, wurde in letzter Stunde das Währungsschutzgesetz erlassen." (Dinklage 1982: 198)

Durch die Erfahrungen aus der Zeit nach dem ersten Weltkrieg, sowie den Problemen, welche die Kommunisten bereiteten, wurde gemeinsam zwischen Sozialpartnern und Regierung versucht, ein bodenständiges Sozial- und Wirtschaftskonzept auf die Füße zu stellen. „Anfang 1947 brachte der sozialistische Minister Waldbrunner einen ergänzenden Entwurf zur Verstaatlichung des Elektrizitätssektors ein. Dieser Entwurf wurde vom Nationalrat am 26. März 1947 mit Stimmeneinhelligkeit verabschiedet. Er wird normalerweise als Zweites Verstaatlichungsgesetz bezeichnet." (BGBI. Nr. 81/1947). Die Elektrizitätswirtschaft wird damit neu geordnet. Die während des Anschlusses in Bau befindlichen oder neu in Bau begonnenen großen Wasserkraftwerke gingen an den Bund, während die regionalen Erzeuger und Verteilergesellschaften an die Länder gehen. Damit hatte Österreich wesentliche Verstaatlichungen, welche mit Ausnahme für die Betriebe in der sowjetischen Besatzungszone in Kraft traten. Die Sowjetunion war als einziger, im alliierten Rat vertretener Staat, gegen diese Verstaatlichungen und verhinderte so die notwendige Einstimmigkeit für eine Annahme dieser Gesetzte nicht. Die erste Etappe nach dem 2. Weltkrieg war geschafft.

> „So sehr der Österreicher auch dazu neigt, seine eigenen Leistungen und seinen Möglichkeiten zu unterschätzen, so kann man doch bei dem Rückblick auf das vergangene Jahr 1946 feststellen, dass es in vielen Dingen, wenn auch langsam, viel zu langsam für unsere Ungeduld, vorwärts gegangen ist. Wenn auch die Weltkohlenknappheit uns Schwierigkeiten verursacht, so sind doch die Verkehrswege in Ordnung gekommen. Wir verdanken dies eigener Arbeit und der tatkräftigen Hilfe der Besatzungstruppen. Es gibt wieder eine österreichische Verwaltung, die sich langsam und Schritt für schritt einspielt und die Aufgaben meistert, die ihr gesetzt sind. Der ärgste Hunger ist abgewendet worden, und es steht zu hoffen, dass durch die bewilligten Auslandsanleihen auch das eben beginnende Jahr uns weiter bringen wird (...) Im Lande fehlen etwa 10.000 Wohnungen, wobei nicht daran gedacht ist, dass es tausende menschenunwürdige Wohnungen gibt, und dass die Landarbeiterfrage vielfach in der Forderung nach entsprechenden Heimstätten ausmündet. Unsere Schulen reichen nicht mehr aus, auch dann nicht, wenn sie alle frei sind. Die Krankenhäuser sind zu klein geworden, die öffentlichen Einrichtungen aller Art sind aufs äusserste beansprucht und müssen den geänderten Verhältnissen entsprechend erweitert werden. (Newole Karl, Rundfunkvortrag 3. Jänner 1947)

Nur von einer Änderung zu reden war zu wenig, um mittelfristig einen Übergang zu schaffen, mussten weiter einschneidende Reformen getätigt werden. Viele Produzenten orientierten sich eher am betriebswirtschaftlichen Ergebnis, als am volkswirtschaftlichen Vorankommen, was ein recht kurzfristiger Gedankengang war. Die Lebensverhältnisse waren für die Menschen trotzdem noch trostlos, deswegen war es auch wichtig, Zukunftsaussichten bieten zu können, welche auch mit dem 2. Lohn-Preisabkommen im September 1948 sichtbar wurden. „Der österreichische Gewerkschaftsbund hat im vergangenen Jahr seine Kraft für die Erhöhung des Realeinkommens der Arbeiter- und Angestelltenschaft eingesetzt. Diesem Ziel diente das Währungsschutzgesetz sowie das 2. Lohn-Preis-Übereinkommen. Durch die Steigerung der Produktion wurde die Möglichkeit für Preissenkungen geschaffen.“ (Dinklage 1982: 208)

> „Die wirtschaftliche und arbeitsmarktpolitische Wichtigkeit dieser Gesetze zeigte sich bereits in den Jahren nach 1946. Es waren fast ein Fünftel der Industriebeschäftigen in der Verstaatlichten Industrie beschäftigt, welche fast ein Viertel der industriellen Wertschöpfung auf sich vereinte und damit in weiterer Folge die Funktion des Motors des österreichischen Wiederaufbaus übernahm.“ (vgl. Dachs u.a. 1992: 32)

Nachdem sich die Situation einigermaßen verbessert hatte, die Ernährungslage weitgehend gesichert war, war es notwendig geworden auch Ressourcen für Investitionen lukrieren zu können. Die vorhandenen Finanzmittel sollten so eingesetzt werden, dass die Exporte stiegen und die Abhängigkeit von Importen sich verringerte.

Ein Ziel war es, im internationalen Vergleich wettbewerbsfähig zu werden. Deshalb gab es 1949 das 3. Lohn-Preis-Abkommen. „Hier ging es um die Sicherung der Staatsfinanzen gegen eine drohende Inflation. Durch das Investitionsbegünstigungsgesetz wurden die Möglichkeiten für den weiteren Ausbau der Staatsbetriebe sowie der allgemeinen Wirtschaft gegeben.“

Die staatlichen Finanzmittel sollten so eingesetzt werden, dass ein möglichst hohes Maß an Eigenleistungen der investierenden Firmen freigesetzt wurde. Investitionen, insofern sie nicht in die Erweiterung gerichtet sind, haben den Zweck, die Produktivität zu heben. Das heißt im personellen Bereich mit weniger Arbeitnehmern das Auslangen zu finden.

Die Kommunisten wollten diese wirtschaftlich schwere Situation für sich nutzen, um mehr Einfluss zu gewinnen. Sie verfolgten dieses Ziel mit politischen Störmanövern und Streikaufrufen, wie Anton Benya berichtete: „Meiner Meinung nach spürten die Kommunisten damals, diese Republik bekommt Fundament, die Wirtschaft geht aufwärts, mit der Propaganda von der ständigen Verelendung des Proletariats und von der versöhnlerischen Politik der Gewerkschaftsführung werden sie noch weniger Stich machen als vorher. Sie wollten verlorengegangene Machtpositionen zurückgewinnen.“

Es kam anlässlich des 4. Lohn-Preis-Abkommens 1949 tatsächlich zu einigen Demonstrationen und Streiks. Auch im Magnesitwerk in Radenthein hatten sich am 28. September mehrere Vertreter von Abteilungen beim Betriebsrat eingefunden und gegen das 4. Lohn-Preis-Abkommen protestiert.

> Der Betriebsratsobmann berichtete von der Lage im Betrieb und „wir haben beschlossen, eine Resolution an die Gew. Exekutive abzusenden, weiters daß gleich morgen Nachmittag eine Betriebsversammlung stattfindet, in der ein namhafter Gewerkschaftsvertreter aus Klagenfurt als Referent erscheinen und uns über die Lage des 4. Lohn-Preis-Abkommens auseinandersetzen informieren soll.“ (BR-Protokoll/ Gewerkschaftsfunktionäre vom 28.9.1950)

Auch österreichweit verebbten im Allgemeinen die Streiks aufgrund der besonnenen Haltung der Arbeiterschaft bald wieder. Dieser Streikaufruf der Kommunisten war schlussendlich rückblickend mit deren Niederlage ein entscheidender Tag für die Fortentwicklung der Republik. Ende der 1940-er Jahre zeichnet sich ein Anziehen der Konjunktur an. Im Sommer 1950 kam es zu einer sehr besorgniserregenden Weltwirtschaftssituation, hervorgerufen durch den Koreakrieg. Die Rüstungswelle heizte die Inflation an und die Lebensmittel wurden teurer. Außerdem sollte die Subventionierung der Kohle- und Kokspreise eingestellt werden. Die Wirtschaft war trotz dieser Probleme einigermaßen stabil geblieben. 1951 flaute die Konjunktur wieder ab und stagnierte 1952 vollkommen. Um die Volkswirtschaft nicht zu gefährden, gab es das 5. Lohn- Preis-Abkommen 1951. „Der Nationalrat nahm am 4. Juli 1951 das vom ÖGB geforderte Gesetz zur Erlassung von Mindestlohntarifen durch die Einigungsämter an. Die Verhandlungen für das 5. Lohn-Preis-Abkommen wurden am 11. Juli nach dreiwöchiger Dauer abgeschlossen. „Es ist unseren Unterhändlern gelungen, sowohl die überhöhten Agrarpreisforderungen als auch die verlangten Tariferhöhungen auf ein angemessenes und volkswirtschaftlich tragbares Augenmaß herunterzudrücken.“

Die Probleme der Zeit wurden durch eine große Regierungskoalition gelöst. Die Sozialpartner waren in die wesentlichsten Entscheidungsprozesse eingebunden. Durch die gemeinsamen Entscheidungsfindungen bei den notwendigen Umstrukturierungsschritten wurde der Grundstein für Steigerungen von Einkommen und Konsumstandards in den Nachkriegsjahren gelegt. Die Währung konnte stabilisiert werden, weitere Lohn-Preis-Abkommen waren nicht mehr notwendig. Die erste Phase nach dem Krieg schien bewältigt zu sein. Nun kam es notwendigerweise zu einer Entscheidungsfindung, um die Wirtschaft von der vorherrschenden Nachkriegswirtschaft umzustellen. Um strukturelle Änderungen durchführen zu können und soziale Härtefälle zu mildern, entschlossen sich die politisch Verantwortlichen zu einer sozialen Marktwirtschaft mit starker staatlicher Prägung einer antizyklischen Wirtschaftspolitik. Die Umstellung war ein einschneidender Punkt mit wirtschaftlichen Krisensituationen und Probleme durch die hohen Arbeitslosenziffern. Es bedurfte großer Anstrengungen um die Wirtschaft und damit die Aufbauarbeit zu sichern und schließlich erholte sich auch die Konjunktur, ebenso in Kärnten. Bezugnehmend zu den Spannungen zwischen West und Ost sowie dem Auslaufen der Marshallplanhilfe wurden österreichweit wirtschaftliche Probleme in der Radentheiner Chronik beschrieben. Parallel zu dem oben genannten Bestreben ist drei Jahre später das Zitat aus einem ZBR-Protokoll zu nennen und zu bewerten. Es stammt vom Generaldirektor der ÖAMAG und lautet: „Was ist der Mensch wert? Human Ressources!?“

> „Die jetzt in unseren Betrieben durchgeführten großen Investitionen, die uns wieder in die Reihe der modernst eingerichteten Unternehmen stellen sollen, sind für uns alle eine Lebensfrage. Alle, die für die Wirtschaftlichkeit unseres Unternehmens mit verantwortlich sind, dürfen sich nicht von der augenblicklichen Konjunktur blenden lassen. Um einer sicher kommenden Änderung der gegenwärtigen Absatzverhältnisse gewappnet entgegentreten zu können, genügt es aber nicht, wenn das Unternehmen auf dem Sektor der Betriebsausrüstung allein vorbereitende Maßnahmen trifft. Eine Festigung gegen Krisen, wie sie ein Absatzrückgang erfordert, setzt selbstverständlich auch die Produktivität hebende Maßnahmen beim Faktor Arbeit voraus.
>
> Dazu gehört das Bestreben jedes einzelnen Dienstnehmers, auf seinem Arbeitsplatz 100%ige Arbeit zu leisten. Diese Erkenntnis muß aber auch jedem Dienstnehmer deutlich werden lassen, dass ein Versuch des einen oder andern, sich eventuell diesen Verpflichtungen zu entziehen, eine Gefahr für das Unternehmen und die Belegschaft bedeutet, daher im gemeinsamen Interesse verhindert werden muß.“ (ZBR-Protokoll Nr. 24)

In den Jahren 1952 und 1953 zeigte das Wirtschaftswachstum erstmals einen Stillstand. Die Arbeitsmarktlage war problematisch, denn die

Arbeitslosenquote stieg in Österreich von 5,6 % (1951) auf 7,5 % (1952) und schließlich auf 8,7 % (1953). Diese Konjunkturschwankungen bekam das Land Kärnten auch zu spüren, wie im folgenden Zitat erkennbar ist, dass es wirtschaftlich im Jahr 1952 starke Probleme in Kärnten gab.

> „Steigend waren weiters die Industrieproduktion und die Nächtigungen im Fremdenverkehr, hingegen schrumpften der Bereich der Investitions- und Konsumgüter. Diese wirtschaftliche Delle verursachte Probleme auf dem Arbeitsmarkt, welche sich auch bis 1953 hinzogen. In Kärnten betrugen die Arbeitslosenziffern mit 20.643 (31.12.1953) Menschen, dies war um 757 mehr als noch ein Jahr davor." (Dinklage 1982: 251)

Die finanzielle Unterstützungen, die Marshallplanhilfe, lief aus. Wie schon erwähnt, schloss Österreich 1948 mit Amerika das erste ERP - Abkommen, die Währung war schon stabilisiert, weitere Lohn - Preis - Abkommen waren nicht mehr notwendig.

Der Weg zurück …

In einem Referat anlässlich einer Betriebsversammlung 1946 der ÖAMAG spricht Herr Kazianka von der Gewerkschaft, dass wir uns die Wirtschaftslage wohl besser vorgestellt haben. Weiters, die Privatinitiativen haben nichts zum wirtschaftlichen Wiederaufbau beigetragen. Die neu entstandenen Produktionszweige, wie z.B. Spielwarenproduktion, die die Arbeiterschaft nur rücksichtslos ausbeutet, keinen wirtschaftlichen Zweck hat und nur unnötig Holz verschwenden. Daher so Kazianka, ist es notwendig, in der Wirtschaft die Planung einzuführen, die durch die Verstaatlichung sichergestellt wird. Weiters spricht er,

> „die Löhne im Magnesitwerk sind wohl besser als bei anderen Unternehmen, wo im allgemeinen eine Lohnerhöhung noch nicht stattgefunden hat. Die Lebensmittelpreise z. B. Fleisch sind dagegen um mehr als 50% gestiegen. Jetzt soll ein Härteausgleich durchgeführt werden, jedoch nur mit Zustimmung der Preiskontrollkommission. Die Ernährungs- und Kontrollausschüsse haben die Kluft zwischen Bauer und Stadtbevölkerung vergrößert, eigentlich hat er die Aufgabe die Bauern nicht nur zu kontrollieren sondern auch zu schützen." (Protokoll Betriebsversammlung 17. September 1946)

Freie Marktwirtschaft versus Planwirtschaft – ein Weg musste gefunden werden, da bereits im Sommer 1945 ein wirtschaftliches Hilfsprogramm, der sogenannte Marshallplan anlief. Den westlichen „Mächten" war ein Zurückdrängen des Kommunismus wichtig, deshalb bekamen vor allem jene Länder die Wirtschaftshilfe, welche als vom Kommunismus bedroht eingeschätzt wurden. Die wirtschaftliche Gegenseite dieses Programms für die USA war ihr Interesse an einer Ausweitung des Welthandels sowie an einer Ankurbelung der europäischen Wirtschaft, um so neue Absatzmärkte erobern zu können. Dadurch konnten sie ihre eigene hohe Wirtschaftsproduktion sowie ein hohes Beschäftigungsniveau erhalten.

Nachdem die Hilfssendungen mit Ernährung für Österreich der UNRRA laut Rundschreiben des ÖGB Kärnten 7/47 bis auf Restsendungen mit Ende 1946 ausgelaufen waren, war die Ernährung des österreichischen Volkes für das anlaufende Jahr noch nicht sichergestellt.

Die Sowjetunion betrachtete eine Teilnahme Österreichs am Marshallplan als eine Gefahr für die Unabhängigkeit des Staates. Trotz dieser problematischen Vorzeichen und Widerstände seitens der Sowjetunion unterfertigte Österreich den Vertrag (ERP-Abkommen 2. Juli 1948), mit den Vereinigten Staaten. Der Staat Österreich bekam Warenlieferungen, die zum Inlandspreis verkauft werden mussten. Der Erlös wurde auf ein Sonderkonto eingezahlt. Davon wurden Kredite mit nur 5% Verzinsung zur Deckung des Warenbedarfs und zur Ersetzung des Kapitalmarktes gewährt. Dies führte zu Produktionssteigerungen und einer Stabilisierung der Währung. Im Gegenzug verpflichteten die USA die Partner, ihre Währung zu stabilisieren und den Staatshaushalt ins Gleichgewicht zu bringen.

Die Lebensmittelproduktion stellte sich noch trostlos und kritisch dar, wie die Bundesregierung Ende Februar 1947 auf der Konferenz der Landeshauptleute in Wien feststellte und die Landeshauptleute anwies, „die Bauern neuerlich zu einem Notopfer aufzurufen, um den Kaloriensatz von 1550 bis zur neuen Ernte aufrecht erhalten zu könne. Angesichts dieser schier unüberbrückbaren Schwierigkeit machen wir das werktätige Volk Kärntens jetzt schon darauf aufmerksam, in diesem Frühjahr jedes Fleckchen Erde mit Gemüse und dergleichen zu bebauen." (Rundschreiben 7/47: 3)

Die Mitglieder der Ernährungsausschüsse hatten als Konsumentenvertreter auch die Aufgabe, die Schleichhändler aufzudecken sowie im Rahmen ihrer Kompetenzen die Notwendigkeit der Maßnahmen zu erklären und sich auch manchmal von Gemeindebürgermeistern, die „andere Interessen" vertraten, nicht ablenken zu lassen. Das Problem war, dass in diesen

Ausschüssen oftmals Bauern saßen und auch viele Bürgermeister Bauern waren, was die Lage nicht erleichterte.

> „Gleichzeitig muß aber festgestellt werden, dass es auch Ernährungsausschüsse gibt, deren Mitglieder als Konsumentenvertreter, vielfach ihrer Aufgabe nicht gewachsen erscheinen. Dieses teilweise Versagen solcher Ausschüsse ist unter anderem darauf zurückzuführen, dass diese ihrer Kompetenz nicht bewusst sind und sich in vielen Fällen von den Gemeindebürgermeistern von ihrer Aufgabestellung ablenken lassen.
>
> Die Aufgabe der Versorgungsausschüsse ist es auch zu kontrollieren, ob das Anbausoll, sowie die Ablieferungsmenge richtig vorgenommen werden. Das Wirken der Versorgungsausschüsse soll so sein, dass der Produzent der Lebensmittel die Notwendigkeit dieser Maßnahmen versteht und die Versorgungsausschüsse nicht als Feind der Bauernschaft, sondern vielmehr diese ihren Freund betrachten.“ (Rundschreiben 7/47: 4)

Die Notwendigkeit die Ernährung sicherzustellen sowie den lukrativen Schleichhandel zu unterbinden war teilweise eine höchst problematische Angelegenheit. Man sah, dass zu Ernährungsausschüssen auch Produktionsausschüsse für die gewerbliche und industrielle Produktion notwendig waren.

> „Gelingt es sowohl die bereits bestehenden Versorgungsausschüsse, sowie die neu zu errichtenden Produktionsausschüsse soweit zu bringen, dass sie tatsächlich klaglos funktionieren, dann ist ein wesentlicher Schritt zu einer normalen Bewirtschaftung und Verteilung der im Lande erzeugten Güter gesichert, was die allgemeine Lebenslage wesentlich verbessert. Abschließend sei zu den Versorgungsausschüssen noch gesagt, dass sie nicht nur das Recht besitzen landwirtschaftliche Produzenten, sondern auch alle Gewerbetreibenden wie Lebensmittelhandlungen, Eisenhandlungen, Milchabgabestellen, sowie Geschäfte aller Art zu kontrollieren.“ (Rundschreiben 7/47: 5)

Die Amerikaner, UNRRA und Briten leisteten weiterhin Unterstützung. Der britische Vertreter hielt jedoch die Effektivität der Optimierung für gering. „Nach seiner Meinung war der einzig Erfolg versprechende Weg zu einer endgültigen Sicherung der Versorgung und zu einem Ende der Rationierung eine deutliche Erhöhung der Erzeugerpreise, um die Landwirte zu einer Erhöhung und Optimierung der Erträge anzuregen. Hand in Hand damit müsste jedoch auch eine Anpassung der Löhne und Gehälter erfolgen, um die Kaufkraft der Arbeiterschaft zu sichern.“ (vgl. Stieber 2005: 259) Wesentliche Probleme waren auch die Löhne, die auch von der Zentrallohnkommission genehmigt werden mussten. „Lohnerhöhung

– die noch nicht von der Zentrallohnkommission genehmigt worden ist – berichtet Hauschka – Bei der fernmündlichen Rücksprache mit der Kammer für gewerbliche Wirtschaft in Klagenfurt am 1.7. 1947 wurde festgesetzt, dass diese Zulage von 40 g für alle übrigen Betriebe der ÖAMAG sofort gewährt werden kann." (BR-Protokoll 20.6. 1947) Es war eine Zeit mit sozialen Spannungen, die auch politisch dazu genutzt wurden, um mittels Propaganda in den Betrieben Stimmung zu machen.

> „In den verschiedenen Betrieben werden von Seite der Kollegenschaft Tendenzen bemerkbar, die durch eine eventuelle Fortsetzung geeignet sind, den größten Unfrieden in die Arbeiterschaft hineinzutragen. Um solche Missstände zu vermeiden, sei nochmals ausdrücklich darauf hingewiesen, dass der heutige österr. Gewerkschaftsbund keine Richtungsgewerkschaft, sondern eine Interessensvertretung auf überparteilicher Basis darstellt. Der größte Teil der in den Betrieben beschäftigten Arbeitern hat den Sinn und Zweck dieser Überparteilichkeit richtig begriffen und lehnt jede politische Beeinflussung im Gewerkschaftsleben, als auch bei den Wahlen von Betriebsräten ab. Wie tief dieser Gedanke der Einheit in den Arbeitern verwurzelt ist, verweist wohl am besten die kürzlich im Spittaler Bezirk abgehaltene Betriebsrätekonferenz. Mit Rücksicht darauf, dass die österr. Arbeiterschaft diesen Einheitsgedanken nicht nur hegt, sondern dass dieser weitgehendst ausgebaut werden muß, ist es notwendig, dass in den Betrieben die Belegschaft nicht in politische Gruppen aufgespalten wird." (Rundschreiben 7/47: 6)

Im Rundschreiben des Gewerkschaftsbundes Spittal an der Drau wird auf die dringend benötigten Daten und Namen der Betriebsräte sowie der Beschäftigtenzahlen der Arbeiter und Angestellten hingewiesen. Es wurde darauf verwiesen, dass mit der Arbeitsplatzwechselverordnung, bezüglich Kündigung und Entlassung von Dienstnehmern in Betrieben wo Betriebsräte bestehen eine neue Situation eingetreten, „nicht mehr die bei den Arbeitsämtern errichteten Vermittlungsausschüsse zuständig sind, sondern die Betriebsräte im Sinne des § 25 des Betriebsrätegesetzes dazu Stellung zu nehmen haben". Der Betriebsratsobmann intervenierte auch für eine bessere Altersversorgung seiner Arbeiter. Im Schreiben an die Gewerkschaft Metall- und Bergarbeiter ersuchte er um Aufklärung.

Es gab in Radenthein eine medizinische Notlage, in welcher die Suche nach einem Arzt nicht leicht war. Schon am 10. November 1947 intervenierte der Betriebsrat des Magnesitwerkes, Liaunig, gemeinsam mit dem Obmann der Metallarbeitergewerkschaft mit Befürwortung des Radentheiner Bürgermeisters bei der Abteilung für Gesundheitswesen in der Kärntner Landesregierung für die Weiterbeschäftigung von Dr. med. Hermann Berger als Arzt in Radenthein. Dem folgte noch ein Gespräch von Betriebsratsobmann Liaunig bei Landesrat Krassnig sowie nochmals ein gemeinsames Interventionsschreiben, datiert mit 22. 11. 1947, mit dem Ziel, die Zulassung für Dr. Berger in Radenthein zu erreichen. Dieses Ziel wurde schließlich auch erreicht.

In der sich allmählich normalisierenden Lage gab es doch Betriebsräte und Betriebsversammlungen, die sich politisch zu Wort meldeten, wie mit folgender Resolution aus dem Jahre 1952 an die Österreichische Bundesregierung und alle Parteivorstände. Die Arbeiterschaft der Österreichischen-Amerikanischen Magnesit Aktiengesellschaft, Kärnten, hatte in einer Protestversammlung einstimmig diese Resolution beschlossen.

> „Mit größter Empörung hat die Arbeiterschaft von der Entscheidung des Verwaltungsgerichtshofes, wonach der Heimwehrfaschist Starhemberg seine Besitzungen in Österreich wieder zurückerhalten soll, Kenntnis erhalten. Auf Grund der Tatsachen, daß Starhemberg im Jahre 1934 gegen die Republik Österreich und die Demokratie, sowie die Arbeiterschaft als Hochverräter auf das höchste vergangen hat, protestieren wir gegen diese Entscheidung des Verwaltungsgerichtshofes auf das schärfste.
>
> Wir verlangen von der Bundesregierung, daß die Güter Starhembergs in die Verwaltung des Bundes genommen werden und der schon lange geforderte Hochverräterprozeß endlich durchgeführt wird (...).“ (Arbeiterschaft ÖAMAG an die Österreichische Bundesregierung und an alle Parteivorstände. Wien, 8. Jänner 1952)

Die erste Phase nach dem Krieg schien bewältigt zu sein. Nun kam es notwendigerweise zu einer Entscheidungsfindung, um die Wirtschaft von der vorherrschenden Nachkriegswirtschaft umzustellen. Durch die soziale Marktwirtschaft mit starker staatlicher Prägung und einer antizyklischen Wirtschaftspolitik konnten die wirtschaftlichen Krisensituationen mit hohen Arbeitslosenziffern gemeistert werden. Die Problemsituation war schwierig zu bewältigen, denn das gesamte Sozialprodukt der österreichischen Wirtschaft, das in den Jahren 1950 und 1951 nur um 10 % und 7 % gestiegen war, erreichte im Jahre 1952 nur knapp den Vorjahresstand. Die Massenkaufkraft war fallend, die weiterhin auch 1953 eingehaltene deflationistische Wirtschaftspolitik hat in Kärnten ein weiteres Ansteigen der Arbeitslosigkeit verursacht.

Es bedurfte großer Anstrengungen um die Wirtschaft und damit die Aufbauarbeit zu sichern und schließlich erholte sich auch die Konjunk-

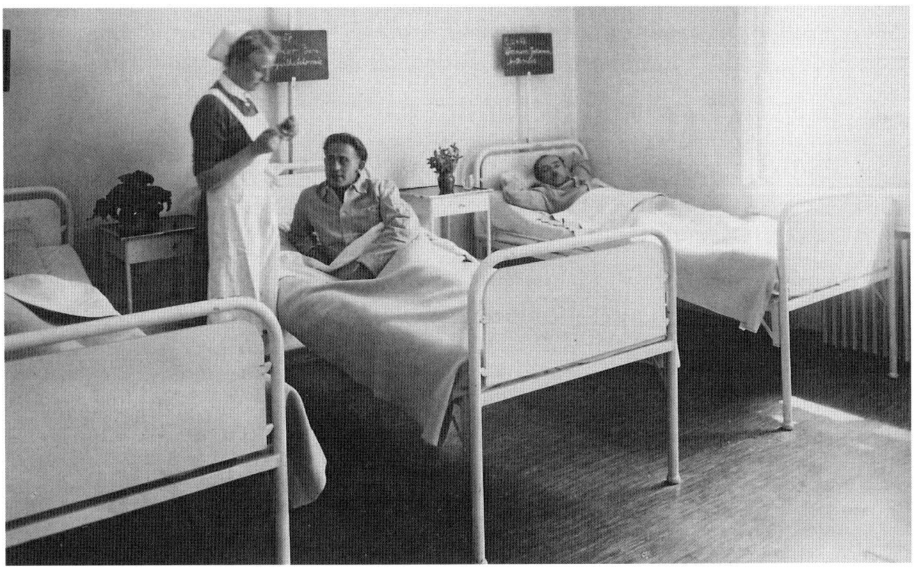

Abb. 18, 19: Gesundheit ist eine der wichtigsten Ressourcen für ein Unternehmen, gleichzeitig aber auch für die gesamte Gesellschaft. In der Realität erkennt man, dass die Arbeitswelt neben ihren durchaus positiven Effekten für jeden Einzelnen auch einen Ort unterschiedlichster Gefahren darstellt. Die Folgen waren in Radenthein stets gegenwärtig. Man kannte arbeitsbedingte und arbeitsmitbedingte Krankheitsbilder, die steigende Krankenstände auslösten und letztendlich in Invaliditäts- und Berufsunfähigkeitspensionen münden konnten. Das lokale Werkskrankenhaus galt viele Jahre als wichtige soziale Errungenschaft.

tur, ebenso in Kärnten. „Die ansteigende Wirtschaftskonjunktur 1954 brachte auch eine Entlastung auf dem Arbeitsmarkt. Die Arbeitslosenzahl war mit 16.364 (Österreich, 160.073/ 7,6 %) um 4.279 (Österreich, 20.405, - 11,1 %) niedriger als im Jahr davor." Kärnten hatte während des laufenden Jahres im Vergleich zu den anderen Bundesländern stark schwankende Arbeitslosenzahlen. Dies war ein Anzeichen einer stark geprägten Wirtschaft in den Bereich des Baugewerbes und vor allem im Fremdenverkehr. Trotz dieser strukturellen Probleme konnte Kärnten am internationalen Ansteigen der Wirtschaftskonjunktur partizipieren, dadurch gab es auch eine deutliche Entlastung am Arbeitsmarkt. Die Arbeitslosenquote Österreichs fiel auf 5,4 %. Die gute Wirtschaftslage führte zu einer gewissen Zufriedenheit, so dass der damalige Sozialminister Maisel (1955) sprach „(...) man könne mit der gegenwärtigen wirtschaftlichen Situation zufrieden sein. Die Beschäftigungslage war noch nie so günstig. Die enormen Beträge, die der Bund und die Länder aufgewendet haben, führen dazu, dass die Wirtschaft stabilisiert werden konnte. Heute stehen wir vor der Frage, wo wir die Facharbeiter der verschiedenen Mangelberufe hernehmen sollten. Wir wollen aber nur jene Lohnbewegungen mitmachen, die echt sind und eine tatsächliche Erhöhung der Kaufkraft mit sich bringen."

Der Schlagabtausch erfolgte in dieser Zeit mit den Kommunisten, die im Betrieb noch verankert waren. Via Zeitungsartikel wurden verschiedene Argumente den Arbeitnehmern mitgeteilt. Es wurde über die Liberalisierung im Unterschied zwischen der Öffnung der Märkte Richtung Westen im Verhältnis zum Osten und auf die Gefahren zum Liberalismus hingewiesen. Um einen Einblick zu geben, wie „Politik" gemacht wurde, wird hier im Auszug der Artikel mit dem Kärntner ÖGB-Vorsitzenden Herke angeführt:

> „Koll. Herke sagte in unserer Betriebsversammlung: „Auch die Liberalisierung macht uns Schwierigkeiten". Doch damit ist es nicht getan. Er hätte auch sagen sollen, warum es dazu kommt und wieso sie Schwierigkeiten macht. – Wir wollen nachhelfen und dies für Koll. Herke tun.
>
> Liberalisierung lesen wir in jeder Zeitung und auch im Radio wird davon gesprochen. Es bedeutet, dass Österreich für die Einfuhr bestimmter Waren aus dem Westen jede Kontrolle aufhebt. Seit 1. Jänner d.J. sind bereits 50% der Waren, die Österreich aus den Westen einführt „liberalisiert", bis 1. März müssen es schon 60% sein.

> Müssen? Ja, denn die Liberalisierung erfolgt unter dem schärfsten Druck der Amerikaner und wird von der Marshallplanverpflichtung seit langem gefordert. Gegenüber den Oststaaten gilt sie nicht. Es mag sein, dass die Liberalisierung den einen oder anderen Artikel vorübergehend billiger macht. Die Gefahr, dass der österreichische Markt mit Waren aus dem Westen überschwemmt wird, ist viel größer. Das bedeutet, dass bei uns immer mehr Arbeitslose werden, ja ganze Industriezweige zum Stehen kommen können." (Radentheiner Magnesitarbeiter Nr. 1, Ende Februar 1954)

Die soziale Marktwirtschaft sollte als Mittelweg des Ausgleichs zur freien Marktwirtschaft fungieren. Durch den beginnenden Wirtschaftsboom war es auch möglich, eine Umverteilungspolitik mittels Steuer- und Kollektivvertragspolitik zu den weniger Wohlhabenden zu machen. Durch die geordneten Strukturen am Wirtschafts- und Arbeitsmarkt wurden die öffentlichen Investitionen vorangebracht, die Produktionsbedingungen verbessert und durch die Stabilisierung des Sozial- und Wirtschaftsmarktes die Konsumnachfrage angekurbelt. Sowohl die Unternehmer als auch die Arbeitnehmer hatten das Interesse, einerseits die Produktivität zu steigern und die Gewinne zu erhöhen, andererseits die Löhne zu steigern. Die Entwicklung in diesem Zeitraum baute auf dem Vertrauen in dieses Land mit der Erwartung, durch Zusammenarbeit beiderseits Verbesserungen erringen zu können. Die vorherrschenden Klassengegensätze zwischen Arbeitern und Kapitalisten wurden zugunsten der gemeinsamen Aufbauinteressen hintangestellt. Die Erhaltung des sozialen Friedens durch die Stabilisierung der Ernährungs- und Wirtschaftssituation durch die Lohn-Preisabkommen waren ein wichtiger Meilenstein für die Fortentwicklung des Staates. Trotz der versuchten Störungen blieben die verantwortlichen Funktionäre des Österreichischen Gewerkschaftsbundes, der Kammern für Arbeiter und Angestellte, der Wirtschafts- und Landwirtschaftskammern in Kooperation mit der Regierung ruhig und besonnen und legten dadurch den Grundstein der österreichischen Sozialpartnerschaft, welche durch die Errichtung der Paritätischen Kommission 1957 die Basis der österreichischen Sozial- und Wirtschaftspolitik bildete.

Die enormen Umstrukturierungsprozesse sowie die stattgefundenen Rationalisierungsmaßnahmen wurden in einem sozialen Klima abgehandelt und auch Lösungen für die freigesetzten Arbeiter gefunden. Die Gewerkschaft in Österreich zeigte keine Kampfansätze gegen zukunftsträchtige Innovationen oder einen nicht aufhaltbaren technischen Wandel.

Sie kämpfte eher für Einführung modernerer Technologien und bessere Rahmenbedingungen.

Die teilweise massiven Änderungen und Rücknahmen von Subventionen verursachten vor allem im ÖGB große Probleme. Anton Benya spricht trotz dieser, mit einer pragmatischen Haltung, von einem richtigen Weg in die Zukunft:

„Der schrittweise Abbau der staatlichen Subventionen hat sich als richtig erwiesen. Im Budget wurden Gelder für eine Politik der Investitionen frei. Wir haben die amerikanischen Dollar, die wir seit 1948 aus dem Marshall-Plan erhielten, nicht „verfressen", sondern in die Industrie, in den Wiederaufbau investiert." (vgl. Benya 1992: 57) Österreich erhielt in den fünf Jahren ca. 1 Mio. Dollar an Mitteln aus dem Marshallplan (ab 12. Juli 1962 hatte Österreich volles Verfügungsrecht/heute ERP-Fonds).

Zusätzlich verstärkte Österreich die Investitionen im Infrastrukturbereich und stabilisierte so die Zeiten mit schwachem Wirtschaftswachstum. Die Investitionstätigkeit konzentrierte sich auf die Grundstoffindustrie, die Energiewirtschaft, die Bundesbahn, die Landwirtschaft, den Fremdenverkehr und die Exportförderung.

Die aufgebaute Industriestruktur wurde Schritt für Schritt konsolidiert. Es gelang, Teile der Rüstungsindustrie in zivile Produktionsstätten umzubauen. Durch die Konzeption der Investitionen, die sich vor allem auf den Grundstoffbereich bezog, gab es aber in den Jahren danach strukturelle Probleme. Österreich konnte an der allgemeinen Nachkriegskonjunktur teilnehmen, wurde aber durch die sowjetische Besatzungsmacht und durch die sowjetisch kontrollierten Betriebe schwer behindert. Die USIA-Betriebe (ca. 30 % der industriellen Kapazität Österreichs) konnten produzieren, exportieren und importieren, ohne dass eine österreichische Behörde eingreifen durfte.

Aufgrund von konjunkturellen Problemen sowie Absatzschwierigkeiten in der Stahlindustrie kam es zur Ankündigung des Vorstandes der ÖAMAG, im Jahr 1959 personelle Maßnahmen setzen zu müssen. Am 30. Dezember 1958 gab es eine Betriebsratssitzung. Der Betriebsratsobmann Filipot erläuterte den Mitgliedern des Arbeiterbetriebsrates, dass dem Betriebsrat vor einigen Tagen von der Personalabteilung die Information über Kündigungen von Arbeitern mitgeteilt wurde. Es sollten insgesamt 70 Arbeiter, die namentlich genannt wurden, mit Jahresbeginn gekündigt werden. Um eine endgültige Stellungnahme zu den Kündigungen abgeben zu können, ersuchte der Betriebsrat um Aufklärung über die wirtschaftliche Situation des Unternehmens. Zur Betriebsratssitzung erschienen vier Vorstandsmitglieder sowie der Leiter der Personalabteilung, um die Notwendigkeit der Maßnahmen zu erklären.

> „Herr Dir. Wick erklärt, dass die gesamte Stahlindustrie mit großen Absatzschwierigkeiten zu kämpfen haben. Aus diesem Grund sind bei uns die Auftragseingänge ganz erheblich zurückgegangen, sie liegen wesentlich unter dem Auftragsstand bei Jahresbeginn 1958. Außerdem sind in den letzten Monaten auf verschiedenen Märkten größere Preisermäßigungen notwendig gewesen.
>
> Herr Mößler teilt mit, dass der Vorstand außer der Maßnahme der Kündigung aller Saison-Arbeiter die Rückführung des derzeitigen Arbeiterstandes auf den Beschäftigtenstand des Jahres 1956 beschlossen hat. Der Vorstand habe angeordnet, dass bei den beabsichtigten Kündigungen besondere Härten vermieden werden sollen. Herr Dir. Wick teilt mit, dass die Kündigungen als letzte Maßnahme ins Auge gefasst wurden." (Aktennotiz, BR- Sitzung 30. Dezember 1958)

Um Kündigungen zu vermeiden, kam es durch die Produktionsrückgänge auch zu Rückgängen an Über- und Sonntagsstunden, was sich im finanziellen Bereich negativ für die Arbeitnehmer niederschlug. Es entstand eine doppelte Problematik, weniger Aufträge mit weniger Stundenaufwand heißt weniger Lohn für die Beschäftigten. Die Lebenshaltungskosten stiegen trotzdem weiter.

> „BO. Filipot bringt vor, dass die Lebenshaltungskosten in den letzten Monaten um 6,6% (Index) gestiegen sind. Die Steigerung sei hauptsächliche darauf zurückzuführen, weil verschiedene Preise für Lebensmittel, wie Fleisch und Gemüse, Haushaltsgegenstände, der elektrische Strom, die Eisenpreise, die Preise für Schuhe usw. erheblich gestiegen sind. Zu den allgemeinen Preissteigerungen kommt noch der Umstand, dass durch den Geschäftsrückgang in unserem Unternehmen die Über- und Sonntagsstundenleistung in Fortfall gekommen sind. Durch verringerte Produktion sind auch die Prämien gesunken. Der Verlust dieser Leistungen liegt bei einzelnen Arbeitern bei S 1.000,-- und mehr pro Monat. Im Jahr 1958 seien auch unter Hinweis der bevorstehenden Arbeitszeitverkürzung praktisch keine Verbesserung bei den Stundenlöhnen durchgeführt worden. Wegen der Tatsache des Verdienstrückganges bei vielen Arbeitern in unserem Betrieb und der Verteuerung bei verschiedenen Bedarfsgütern haben in den letzten Tagen wiederholt Abordnungen, die ihrer Unzufriedenheit mit den derzeitigen Verhältnissen Ausdruck gaben, beim Betriebsrat vorgesprochen und um Abhilfe gebeten. Nach

> Durchsicht der Durchschnittslohnvergleiche wird Dir. Samitz die Bitte des BR dem Vorstand weiterleiten." (BR-Protokoll Nr. 82)

Der Auftragsrückgang im Magnesitwerk im Jahr 1959 blieb auch für die Ortschaft Radenthein nicht ohne Auswirkungen. Die Bevölkerung der Gemeinde in Radenthein sah die kommende Krise im Magnesitwerk schon im Laufe des Jahres 1959 mit Besorgnis. Die Konkurrenz am Weltmarkt war stark angestiegen. „Ein Tunnelofen musste stillgelegt werden, 210 Arbeiter verloren ihren Arbeitsplatz. Außerdem geriet das Unternehmen durch das seit 1957 in Bau befindliche Magnesitwerk Hochfilzen in finanzielle Schwierigkeiten, die die Werksleitung zu „einschneidenden Sparmaßnahmen" zwangen, die sich wiederum auf die Löhne der Beschäftigten im Werk und darüber hinaus auf das Gewerbe im Ort und der Umgebung negativ auswirkten." (Schmölzer 1996: 403) Für das Land Kärnten war das Jahr 1960 aus wirtschaftlicher Sicht ein Spitzenjahr, wie es aus dem Tätigkeitsbericht der Landesexekutive des ÖGB Kärnten hervorgeht. „Das Jahr 1960 hat für Österreich den stärksten Wirtschaftsanstieg seit dem Jahre 1945, der bis dahin größten Nachkriegskonjunktur, gebracht." Die Firmenleitung wollte Arbeitnehmer kündigen. Der Betriebsrat teilte der Firma daraufhin mit, den beabsichtigten Kündigungen nicht zuzustimmen. Als Begründung führte Filipot an, dass die Firmenleitung zu Ende des Jahres 1962 die Möglichkeit gehabt hätte, sich ohne Schwierigkeiten von einer größeren Anzahl Saisonarbeitern zu trennen bzw. deren Arbeitsverhältnisse zu lösen. „Von den Betrieben werde nunmehr aber versucht, ältere und länger dienende Arbeiter zu kündigen bzw. jüngere ledige Saisonarbeiter dafür im Betrieb zu behalten."

Im Gegensatz zur Beschreibung für das Jahr 1962 zeigten die Einbrüche und die Investitionen im Artikel für das Jahr 1963 am Beschäftigtenstand deutliche Auswirkungen.

> „Obwohl Löhne und Preise stiegen, hielt die Hochkonjunktur zwar an, doch wirkten sich der Metall- und Bergarbeiterstreik und die Verschärfung auf dem Welt- Stahlmarkt, besonders in den Monaten Mai bis August, auch auf den Absatz von Magnesitprodukten nachteilig aus. Rohmagesitförderung und Steineförderung wurden eingeschränkt, was sich auch auf die Löhne der Arbeiter niederschlug. In Werk und Bruch waren 4.770 Arbeiter und Angestellte beschäftigt, gut 200 weniger als im Vorjahr." (Schmölzer 1996: 424)

Anlässlich der Eröffnung der Landesausstellung „Freizeit – gestern, heute, morgen" am 17. Mai 1963 im Festsaal der Arbeiterkammer erklärte

Vorsitzender Suchanek, „die Verkürzung der Arbeitszeit auf ein menschenwürdiges Maß und das gesetzliche Verbot der Kinderarbeit waren erste große, soziale Errungenschaften der Gewerkschaften. Der unaufhaltsame Fortschritt der Technik und die Automatisierung der Arbeitsvorgänge – sollen sie ein Segen für die Menschheit sein – dürfen keine unfreiwillig feiernden Hände verursachen, sondern müssen eine noch kürzere Arbeitszeit bringen."

Trotz allem war die Zielrichtung noch auf den Ausbau und die Verstärkung der Grundstoffindustrie ausgerichtet wie im Wirtschaftsteil des Kärntner ÖGB-Berichtes 1966 festgestellt wurde, dass die von der Landesregierung in Kärnten eingeschlagene Politik mit dem Ziel einer beschleunigten Industrialisierung erfolgreich gewesen ist. „Der Beschäftigtenstand in der Kärntner Industrie konnte von 24.826 Dienstnehmern 1960 auf 27.048 1965, also um rund 9 % erhöht werden (Österreich 2,2%), sowie sei immer noch der Beschäftigtenanteil in der Kärntner Industrie, gemessen am Beschäftigtenpotential des Landes, mit 18,6%, verglichen mit dem österreichischen Durchschnitt (25,5%), viel zu niedrig. Anders ausgedrückt heißt dies, dass in Kärnten nicht einmal jeder vierte Dienstnehmer in der Industrie beschäftigt ist. Die Realität in Kärnten war eine andere, wie weiter dargestellt wurde. Seit Jahren wird nahezu der gesamte Zuwachs an Arbeitskräften in der gewerblichen Wirtschaft von den Dienstleistungszweigen absorbiert. In der Zeit von 1958 bis 1965 waren in Kärnten 14.000 Dienstnehmer zusätzlich in die Wirtschaft eingeströmt. Davon gingen 12.000 in die Dienstleistungsberufe, wie Gastgewerbe, Handel, Geld- und Kreditwesen, öffentlicher Dienst usw. und nur 2000 in die produktbildenden Wirtschaftszweige.

„Von 1965 bis 1966 verminderte sich sogar der Beschäftigtenstand in den produktbildenden Wirtschaftszweigen von 83.479 auf 80.987 oder um 3%. Während im österreichischen Durchschnitt immer noch 54,5% aller Dienstnehmer in der produktbildenden Wirtschaft beschäftigt waren, betrug dieser Anteil in Kärnten nur noch 50,5%." (vgl. Dinklage 1982: 236)

Wirtschaftskrisen …!

Die schon zuvor genannte Entwicklung zur „Industriegesellschaft" führte zu stark abnehmenden Beschäftigungszahlen im primären Wirtschaftssektor mit einem noch teilweisen Anstieg im sekundären Sektor. Dieser

Trendeinschätzung folgte auch die Wirtschaftsentwicklung, in welcher sich im Vergleich von 1961 bis 1971 die Anzahl der Beschäftigten im primären Sektor von 23% (25,3 % Kärnten) auf 13,9 % (13,4 % Kärnten) reduzierte. Der leichte Beschäftigungsanstieg im sekundären Sektor von 38,6 % auf 40,4 % in Kärnten vollzog sich ebenfalls wie prognostiziert. Im restlichen Bundesdurchschnitt blieb die Anzahl der Beschäftigten in diesem Sektor nahezu unverändert. Die dafür benötigte höhere Anzahl an hochqualifizierten Arbeitnehmern sollte in den vorhandenen Ressourcen des Schulsystems ausgebildet werden. Damit wollte man die Schulstrukturen so ökonomisch als möglich führen und andererseits der Wirtschaft die geforderten qualifizierten Arbeitnehmer zur Verfügung stellen.

„Die Schaffung größerer Betriebseinheiten von außen, durch internationale Betriebsansiedelungen, kam trotz des offensichtlich vorhandenen industriellen Arbeitskräftepotentials nur langsam in Schwung. Erst als in den entwickelten Regionen das Arbeitskräftepotential ausgeschöpft war, erhielten Länder mit relativ billigen Arbeitskräften die Möglichkeit, Betriebe anzusiedeln. In Kärnten geschah dies in den 1960-er und 1970-er Jahren vor allem in der Elektro- und in der Bekleidungsindustrie. Das große Potenzial von ungelernten Arbeitskräften bei durchschnittlich niedrigeren Löhnen blieb so lange ein Vorteil, bis die Betriebe, die sich zum Teil kaum weiterentwickelten, ihre Standorte in Billiglohnländer verlegten." (vgl. Zeloth 2002: 163) Die internationale Wirtschaftslage verbesserte sich 1976, zusätzlich brachte die zielorientierte Wirtschaftspolitik der Regierung eine positive Entwicklung. In den 1970-er Jahren verflachte der wirtschaftliche Aufschwung. Es galt das Augenmerk auf die Modernisierung der Industrie zu legen. Österreich hatte einen starken Schwerpunkt in arbeitsintensiven Branchen der Grundstoff- und Konsumgüterindustrie. Es galt ab nun den anlaufenden Strukturwandel zu bewältigen.

> „In den 70er Jahren gelang ein Technologiesprung ersten Ranges war die Einführung des „LD-Verfahrens", ein Sauerstoffaufblasverfahren, nach den Ursprungsorten Linz und Donawitz benannt. Die hochfeuerfesten Ofenauskleidungen mussten mitziehen. In diesen Tagen kam es zur Pioniererfindung Radentheins, dem sogenannten „Simultan"-Sinter- und –Stein. Aber auch hierzu war ein Technologieschub nötig, denn wenn bisher Magnesiasinter bis maximal 1800°C gebraucht hatte, wurde Simultan-Sinter nun bei über 2000°C gebrannt. Rotieröfen mussten modifiziert werden, Kohle zum Brand durch Schweröl ersetzt werden. Auch

> die für die Steinherstellung nötigen Temperaturen von 1500-1700°C mussten auf über 1800°C angehoben werden, was zum Teil nur in neuen Ofenaggregaten möglich war.
>
> Im Jahre 1970 übernahm die ÖAMAG einige andere Firmen. Mit dem ersten Ölpreisschock gingen die Expansionsjahre zuende. Es zeichneten sich wieder große Veränderungen ab. Für das große Unternehmen mit seinem großen Potential an Know-How, seine zahlreichen Technikern und Wissenschaftlern, war die Marschroute klar: Quantität war durch Qualität zu substituieren.“ (Maier Karl 1987)

Die Kärntner Wirtschaft hatte durch das antizyklische Gegensteuern auch im Jahr 1974 eine Aufwärtsentwicklung erfahren, wobei es in einzelnen Wirtschaftszweigen auch zu Rückgängen in der Auftrags- und Absatzsituation gekommen war. Im Jahr 1975 wurde jedoch sowohl die österreichische Wirtschaft als auch die wirtschaftliche Entwicklung von Kärnten von den Rückgängen erfasst, wie im Bericht des ÖGB Kärnten von 1975 nachzulesen ist.

> „Die weltweiten Rezessionserscheinungen schlagen auch voll auf Kärnten durch. Der Kärntner Arbeitsmarkt ist aufgrund der hohen Exporte und der Fremdenverkehrslastigkeit stärker betroffen als Restösterreich.
>
> Im August 1975 waren 176.127 AN beschäftigt, um 3,3% wenige als im Jahr zuvor. Besonders Bemerkenswert ist die Abnahme der männlichen Beschäftigten in den Arbeiterberufen um 9,1%. In den Angestelltenberufen ist eine Steigerung um 2,2% zu verzeichnen. Ende 1975 wurden in Kärnten 169.260 Beschäftigte gezählt, was gegenüber dem Vorjahr eine Abnahme von 7712 Beschäftigen oder 4,6% bedeutet.“ (vgl. Dinklage 1982: 262)

Die sich 1970 anbahnenden Änderungen im Wirtschaftsgefüge waren begleitet von dunklen Gewitterwolken. Die Zeit der Aufbauphase nach dem Zweiten Weltkrieg schien vorbei zu sein. Ein stark steigendes Wirtschaftswachstum mit einer steigenden Beschäftigungsanzahl reduzierte sich Richtung Nullpunkt. Die Land- und Forstwirtschaft schrumpfte sehr stark. Die Landwirte fanden vor allem im sekundären Produktionssektor Arbeit, dieser stand aber in der weiteren Folge auch vor einer Sättigung. Stark im Steigen war noch der tertiäre Sektor, der sogenannte Sektor der Dienstleistungen. Es schien, als ob hier die Chancen der Zukunft liegen würden. Bestätigt wurde dieser Trend von den ausgewiesenen Beschäftigungszahlen in den jeweiligen Sektoren. Der primäre Wirtschaftssektor fiel im Beschäftigungsausmaß von 32,6 % auf 8,80 %, der sekundäre Sektor von blieb bis 1985 letztlich stabil um sich danach nach unten zu entwickeln, der tertiäre Wirtschaftsektor stieg bis 1985 auf mehr als 50 % der Beschäftigten an.

Diese Entwicklung traf auch das Bundesland Kärnten, wie Ibounig im Folgenden feststellt. „Spätestens seit Beginn der 1980-er Jahre tragen die Erwerbsstrukturen (der Kärntner Bevölkerung) Züge einer Dienstleistungsgesellschaft. Bei der Volkszählung 1981 waren erstmals mehr als die Hälfte der Berufstätigen dem tertiären Sektor zuzurechnen." Doch letztlich kam es ab den 1980-er Jahren zu Problemen, die sich aus einer strukturell stark auf die Grundstoffindustrie aufgebauten Wirtschaft ergaben, da Österreich eine kleine, von den Weiterentwicklungen des Weltmarktes abhängige, Volkswirtschaft war. Eine schwere Strukturkrise in der europäischen Eisen- und Stahlindustrie, auch neue Herstellungsverfahren mit dem Ergebnis, dass deutlich weniger Magnesiterzeugnisse verbraucht wurden, brachten auch das Magnesitwerk in Probleme. Es war „gezwungen 100 Arbeiter in Frühpension zu schicken und 105 Beschäftigte abzubauen. Am 10. Oktober hatte das Werk nur noch 1.380 Arbeiter; nach den Abbaumaßnahmen waren es nur mehr 1.161 Arbeiter und 405 Angestellte." Im zweiten Halbjahr 1982 gab es einen Auftragsrückgang von 25 bis 30 %. Um weitere Freisetzungen zu vermeiden, wurden Stillstandstage zwischen Firmenleitung und Betriebsrat vereinbart.

Mitbestimmung mit neuen Gedanken und Zielen!

Die wirtschaftliche Herausforderung ab Mitte der 1980-er Jahre war auf die Themenbereiche Umstrukturierung, Modernisierung und Internationalisierung der Wirtschaft gerichtet. Die wirtschaftliche Entwicklung der 1980-er Jahre wies noch auf ein weiteres Charakteristikum hin. Die rasante technologische Entwicklung und die neuen Strukturen brachten Wirtschaftswachstum, ohne dass die hohe Arbeitslosigkeit entscheidend abgebaut wurde. Zunehmend wurde die Langzeitarbeitslosigkeit das Hauptproblem. Die Weltwirtschaftslage und auch die österreichische Wirtschaft waren weiterhin in der Stagnation. (WIFO 11/1982: 647f) Wobei es sich hier um einen fortlaufenden Trend handelte, nachdem sich die neuerliche Schwächung der heimischen Konjunktur seit Jahresmitte 1982 auch im Herbst fortgesetzt hatte. „Konnte man in den ungünstigen Wirtschaftsdekaden der Sommermonate noch eine stärker als üblich ausgeprägte Saisonkomponente sehen, so verstärkte sich nun der Eindruck einer länger anhaltenden Abwärtsbewegung von Nachfrage, Produktion und Beschäftigung(…).“ Auch die „Arbeitsmarktlage hat sich weiter verschlechtert. Die Arbeitslosenrate 1982 beträgt 3,7 % und wird 1983 voraussichtlich 4,6 % im Jahresdurchschnitt betragen. (WIFO 12/1982: 712)

„Die Wertschöpfung des industriellen und gewerblichen Sektors in % des BIP (1983 fast 30 %) ist nach internationalen Maßstäben hoch. In den sechziger Jahren wurde dieser Satz nur von Deutschland übertroffen.“ Im europäischen Gesamtvergleich konnte Österreich überproportional zulegen.

> „Im Gegensatz zum Produktionswachstum lag das Produktivitätswachstum im erzeugenden Sektor über dem OECD-Durchschnitt. Zuzuschreiben ist diese günstige Entwicklung bis zu einem gewissen Grad der stärkeren Ausweitung der Produktion seit Ende der sechziger Jahre, die der österreichischen Industrie Massenproduktionsvorteile brachte, aber auch Aufholeffekten angesichts des relativ niedrigen Ausgangsniveaus der Produktivität zu Anfang der sechziger Jahre. Zum Unterschied von der OECD insgesamt war die Beschäftigung in der Industrie in den früheren sechziger Jahren rückläufig. Nur während der Zeit der kräftigen Konjunkturbelebung 1968 – 1973 wuchs die Zahl der Beschäftigten im erzeugenden Sektor.“ (vgl. Bundeskanzleramt 1985: 50)

„Selbstverständlich wurde auch rationalisiert, um den rasant gestiegenen Personalkosten zu begegnen, aber auch zur Anpassung der Kapazitäten. So wurde der Personalstand konzernweit seit den 1970-er Jahren um etwa ein Drittel reduziert. Das Jahr 1987 brachte die tiefgreifendste Änderung in den Besitzverhältnissen der Unternehmensgruppen seit der Gründung im Jahr 1908. Nach längeren Verhandlung gelang es DI Hellmut Longin und Dr. Walter Ressler im Verband mit einem Bankenkonsortium erstmals in Österreich ein „Management-Buy-out“ durchzuführen. Nach dem Besitzwechsel änderte die Gruppe ihren Namen auf „Radex – Heraklith – Industriebeteiligungs AG“. Die Existenzsicherung eines so hochspezialisierten Unternehmens ist weltweit mit Abstützung auf sämtlichen Märkten mit Produkten der Hochtechnologie möglich. Da es meistens globale Krisen vor allem im Stahlbereich gibt, andere Absatzgebiete wie Kupfer, Glas, Zement, Nichteisen, UEC u.a. immer gebraucht werden, ist die weltweite Absicherung des Absatzes als vernünftig anzusehen. „Der Kopf, das Hirn in Form österreichischer Forschungs- und Ingenieurleistung ist in Österreich, dank der Leistungsfähigkeit österreichischer Techniker und Kaufleute ist allen gewaltigen Veränderungen der

Wirtschaft seit 1945 zum Trotz, der Aufbau einer Unternehmensgruppe gelungen, die mit mehr als 90 % seiner Erzeugnisse über 90 Länder in aller Welt beliefert.“ (Karl Maier, Herbst 1987)

Im Zuge dieser massiven Umwälzungen gab es auch wirtschaftliche Einbrüche. „Das konjunkturelle und wirtschaftliche Umfeld hat sich im Geschäftsjahr 1992 – entgegen anderslautenden Prognosen – nicht gravierend geändert. Während in den USA die Rezession allmählich überwunden zu sein scheint, befinden sich die anderen Industrieländer noch im Konjunkturtief. Die Entwicklung im Jahr 1992 zeigt sich als Fortsetzung des Vorjahres, verstärkt durch eine weitere massive Verschlechterung in der zweiten Jahreshälfte. In Westeuropa schwächte die Konjunktur ab, nachdem die von der Vereinigung der beiden deutschen Staaten ausgehenden Nachfrageimpulse nachgelassen hatten.“ (Jahresbericht 1992: 14)

> „Hinsichtlich Verkauf und Marketing wurde beschlossen, die Aktivitäten der beiden Gruppen VMAG und RADEX bis zum Jahresende so zu organisieren, dass ab 1993 ein einheitliches Auftreten auf dem Markt gegeben ist.
>
> Was die Personalsituation betrifft, wird es aus heutiger Sicht im operativen Bereich kaum zu Veränderungen kommen, doch muß damit gerechnet werden, dass im Verwaltungs- und Vertriebsbereich Kostensenkungen, verbunden mit Personalreduktion notwendig sein werden.“ (BR-Protokoll Nr. 191)

Durch einen neuerlichen Konjunktureinbruch in Westeuropa und den Industrieländern wurde ein Kostensenkungs- und Restrukturierungsprogramm durchgeführt. Die Radex Austria und Veitscher Magnesit wurden zu einer einheitlichen Firma zusammengelegt. Das Betriebsstättenkonzept, das auf den Stärken der sechs Fertigungswerke beruhte, ermöglichte die Straffung der Produktionsqualitäten jedes Standortes um 20 bis 50 Prozent und reduzierte die Kosten. Durch diese Maßnahmen betrug das Ergebnis der gewöhnlichen Geschäftstätigkeit (EGT) 1995 ATS 59 Mio., 1996 ATS 50 Mio., konnte 1997 ausgeglichen dargestellt werden und drehte sich 1998 mit ATS 100 Mio. ins Positive. „Da durch die Zusammenlegung der Radex und der VMAG eine erhebliche Anzahl von Mitarbeitern abgebaut werden musste, ist es doch erfreulich, dass speziell bei uns keine Kündigungen notwendig waren. Hierbei bestätigte sich die besonders gute Zusammenarbeit zwischen Betriebsrat, Firmenleitung, Landesarbeitsamt und Sozialministerium.“ (Arb. BR, 5.5.1992)

Diese Umstrukturierungen waren auch ein Sinnbild der industriellen Umgestaltung Kärntens. Erkennbar wird dies daraus, dass die Industrie 1970 nahezu 40 % zur wirtschaftlichen Gesamtleistung beisteuerte, „1980 waren es 36,1 %, 1990 nur noch 34,5 %. In den 1990-er Jahren trat eine leichte Erholung ein. 1997 betrug der Anteil der Industrie an der Gesamtwirtschaft 35,5 %." (Valentin 2004: 294)

Über den Zukauf von Global Industrial (GIT) und Harbison Walker Refractories Co. in Amerika mit Ende 1999 und den Asbestproblemen und Klagen (obwohl RHI selbst nie Asbest verarbeitet hatte), führte zur Einbringung der zugekauften amerikanischen Firmen ins Chapter 11 (Konkurs)-Verfahren und zu einer Entkonsolidierung per 31. 1. 2001. Der Bereich Feuerfest verlor damit sämtliche Produktionsstätten in den USA und verblieb auf Schulden von Euro 1 Mrd., die RHI fast in die Pleite führten.

Regional und übergreifend weitergearbeitet und mit jahrelangem Nachdruck des Betriebsrates wurde das Ausbildungsprojekt „RHI Werk Radenthein – Region Nockberge" durchgesetzt. Dieses sollte für den Betrieb und die Region positive Impulse setzen. Das Ausbildungskonzept wurde in Zusammenarbeit mit mehreren Institutionen, der AK Kärnten, Mag. Heinz Pichler und dem Projektkoordinator Mag. Martin Kowatsch erarbeitet. Weitere Details sind im Teil Bildung nachzulesen. Ab dem Jahr 2001/2002 wurden verstärkt PC-Kurse vor Ort im Werk angeboten. Dies wurde auch erst möglich, da mit dem „Ausbildungsprojekt Region Nockberge" in den Schulungsräumlichkeiten die Computerschulungsplätze eingerichtet wurden. Die PC-Kurse wurden fast flächendeckend für alle Mitarbeiter im Werk Radenthein unter Nutzung des Bildungsgutscheins der Arbeiterkammer angeboten und durchgeführt. Diese Schulungen und die Nutzung des Bildungsgutscheins sind nach wie vor aktuell.

2004 konnte bei den Kollektivvertragsverhandlungen ein Teil der Gleichstellungen zwischen Arbeitern und Angestellten erreicht werden. Der Monatslohn mit einem Biennalsprungsystem wurde eingeführt. Nach der Einstufung in die jeweilige Beschäftigungsgruppe gibt es für die Arbeitnehmer eine automatische Lohn- und Gehaltsvorrückung nach 2/4/6/9 und 12 Jahren. Starke Änderungen machten sich durch deutliche Kostensteigerungen auf der globalen Rohstoff-, Transport- und Energieebene spürbar. Ein Grund dafür war das starke Wachstum in Asien/China. Die Zukunft liegt wahrscheinlich in einem regional differenzierten Rohstoff- und Produktionsstättenkonzept. Durch Umstrukturierungen der Industrie konnte Kärnten bis zum Ende des 20. Jahrhunderts nicht an das österreichische Niveau herangeführt werden.

„Von 1995 bis 2002 stieg das Kärntner Bruttoregionalprodukt nur geringfügig von etwa 9,8 Milliarden auf rund 12,5 Milliarden, in Österreich im selben Zeitraum von 163,4 auf rund 205,6 Mrd. Euro." (Valentin 2005: 285)

Die Feierlichkeiten zum 100-Jahr-Jubiläum waren gerade erst verklungen, da kam die Meldung von einem Großschaden im Tunnelofen 1. Die Folge waren ein sofortiges Niederfahren und Abstellen dieses Aggregates. Die Diskussionen zwischen Betriebsrat und Firmenleitung, wie die Arbeitnehmer versorgt werden sollten, liefen an. Bald darauf kam es zu einem eklatanten Rückschlag der zweiten Produktionslinie, die Aufträge sanken um über 50 % ein, die Weltwirtschaftskrise hatte das Magnesitwerk erfasst. Am 11. November 2008 gab es eine Betriebsversammlung für Arbeiter und Angestellte, um eine Information der Ursachen und den weiteren Fahrplan zu erläutern. In dieser Situation waren der Abbau der Zeitkonten bzw. Urlaubsabbau zu wenig. Es wurden verschiedene Lösungen (Stiftung, Urlaub, Zeitabbau, Bildungsmaßnahmen u.a.) zwischen Firmenleitung, Arbeitsmarktservice und Betriebsrat gefunden, um diese Zeit gemeinsam überstehen zu können.

Das letzte Jahrzehnt war von Themen über eine schlanke Produktion (Lean) und dem Ansatz von weiteren Einsparungen im Sozialbereich geprägt. Es änderte sich der Zugang firmenseitig (auch Vorstandsabhängig) hinweg vom Dialog. Mit dem Zugang bei Themen mit dem Einholen von Rechtsgutachten zu operieren, erleichterte die Lösungsfindung nicht.

Es änderte sich nach der Weltwirtschaftskrise der Zugang (vorstandsabhängig) hinweg vom Dialog. Mit dem Zugang bei Themen und dem Einholen von Rechtsgutachten zu operieren, erleichterte die Lösungsfindung nicht. Ab dem Jahr 2017 kam der erwartete Schritt in Richtung weitere Internationalisierung. Dieser brachte auch andere (positive) Visionen und Diskussionen für die Zukunft mit sich.

7 Jahrzehnte … im Spiegel

Die Säuberung der Wirtschaft von ehemaligen Nationalsozialisten aus den Wirtschaftsbetrieben war eines der wesentlichsten Themen nach dem Zweiten Weltkrieg. Es gab dafür eigens eingerichtete Gremien und ein starkes Mitsprache- und Entscheidungsrecht der Arbeitnehmergremien. Im Laufe der Zeit wurde versucht sogenannte „Mitläufer“ von den „schweren“ Verbrechern zu trennen. So gab es auch ein Schreiben von Landeshauptmann Piesch im Mai 1946 der die wesentlichsten Gründe für diese Trennung ausführte. In einem internen Bericht „vertraulichen Lagebericht“ wurde über die Besorgnis der Bevölkerung berichtet. Es handelte sich um jene Nationalsozialisten die gegen „kein“ Gesetz, (keinen Tatbestand) verstoßen hatten, sollten mit abgemilderte Formen der „Sühne“ „bestraft“ werden. Da diese Männer in Haft waren und die Frauen die Ersparnisse aufgebraucht hatten und wegen der Kindeserziehung nicht arbeiten konnten drehte sich die Stimmung in der Bevölkerung in Richtung Kommunisten. Trotz der später kommenden Nationalsozialistengesetze, der Amnestie für die Minderbelasteten darf man die Opfer des Nationalsozialismus nicht vergessen.

Am 26.6.1946 wurde das erste Verstaatlichtengesetz sowie im gleichen Zuge das Werksgenossenschaftsgesetz beschlossen. Um einer unkontrollierbaren Inflation zu entgehen kam es zwischen den Sozialpartner mit 1. August zum ersten Lohn- Preisabkommen. Am 26. März 1947 wurde der Elektrizitätssektor verstaatlicht, das informelle zweite Verstaatlichtengesetz. Im September 1948, mit dem zweiten Lohn- Preisabkommen gab es die Möglichkeit zur Steigerung der Produktivität und Senkung der Preise. Mit dem 3. Lohn-Preisabkommen 1949 sollten die Staatsfinanzen wegen der drohenden Inflation gesichert werden. Im Zuge des 4. Lohn-Preisabkommens kam es zu einigen Demonstrationen die besondere Aufklärungen und Diskussionen in den Betrieben erforderte. Das letzte Lohn – Preisabkommen um überhöhte Argrarpreisforderungen zu senken und die Tariferhöhungen auf ein wirtschaftlich tragbares Maß zu bringen wurde am 11. Juli 1951 beschlossen.

Problematisch waren die Preissteigungen bei den Lebensmitteln. Die Ernährungs- und Kontrollausschüsse hatten die Kluft zwischen Bauern und Stadtbevölkerung noch vergrößert. Dafür mussten Lösungen gefunden, die Ernährung gesichert werden, was schließlich auch gelang. Wesentlich zu erwähnen sind die Inteventionsschreiben des Betriebsrates des Magnesitwerkes für eine bessere Altersversorgung der Arbeiter und eine bessere medizinische Versorgung in Radenthein. Die soziale Marktwirtschaft sollte als Mittelweg des Ausgleichs zur freien Marktwirtschaft fungieren. Die Erhaltung des sozialen Friedens durch die

Sozialpartner war der Beginn zum Erfolg. Dadurch konnten auch die enormen Umstrukturierungs- und Rationalisierungsprozesse friedlich ablaufen. Die Verkürzung der Arbeitszeit auf ein menschenwürdiges maß, das Verbot der Kinderarbeit waren große soziale Errungenschaften der Gewerkschaften. Der Fortschritt der Technik müsse noch kürzere Arbeitszeiten bringen, so lauteten die Forderungen. Die in den 70er Jahren anbahnenden Änderungen im wirtschaftlichen Leben zeigten von starken Richtungsänderungen. Die Aufbauphase schien vorbei. Die Rezessionserscheinungen schlugen auf Kärnten durch, der sekundäre Sektor schien gesättigt. Nach dieser Zeit der Umstrukturierung wandelte sich die Kärntner Erwerbsstruktur in Richtung Dienstleistungsgesellschaft. Im Jahr 1986 wurde die Unternehmensgruppe RHI aus amerikanischen Besitz heraus gekauft. In den 1990-er Jahren gab es tiefe Restrukturierungseinschnitte nach dem Kauf der Veitscher Magnesitwerke AG mit einem neuerlichen Betriebsstättenkonzept. Die Krise durch den Zukauf in den USA und die später kommenden wirtschaftlichen Gegebenheiten durch die Boom-Phase in China, die steigenden Rohstoffpreise, steigende Preise der Energie, die Krise der Weltwirtschaft, der Merger RHI mit Magnesita wurde bereits beschrieben.

Was bedeutet Qualifikation, wie haben sich die Anforderungen im Laufe der Zeit verändert?

Es gab nach dem II. Weltkrieg einen eklatanten Mangel an Fachkräften. Andererseits gab es heftige politische und gesellschaftliche „Hygienevorschriften", die es zu berücksichten galt, wenn man Fachkräfte mit nationalsozialistischem Hintergrund einstellen wollte. Die Frage, die sich stellte, durfte man auf Sachverständige mit nationalsozialistischer Vergangenheit zurückgreifen? Diese Frage stellte sich 1947 der Betriebsrat in der ÖAMAG und leitete sie an die Gewerkschaft weiter. Die Antwort erfolgte schriftlich am 7.7.1947, solche Leute (Minderbelastete, Illegale) sind bei einer Wiedereinstellung wie ganz neu aufgenommene Arbeiter oder Angestellte zu betrachten. Irgendeine Sühne müssen pardonierte Nazi von gestern erbringen. Ehemalige Arbeitskollegen, Verwandte, Bekannte als „Nazi" wurden benötigt. Es war eine Frage der Moral und der Zeit!

Im Jahr 1955 gab es eine günstige wirtschaftliche Lage, damit verbunden die Frage wo die Facharbeiter für verschiedene Mangelberufe herkommen sollten. In den Zeiten als schon der Strukturwandel spürbar wurde gab es stark abnehmbare Beschäftigtenzahlen im primären Wirtschaftssektor, teilweise noch einen Anstieg im Sekundären. Die dafür benötigten hochqualifizierten Beschäftigen sollten im Schulsystem ausgebildet werden. Es gab einen weiteren Entwicklungsschub Ende der 1970-er bis Anfang der 1980-er Jahre, in welchen die technologische Entwicklung voranschritt. Die Zeiten von Wirtschaftswachstum brachte kaum eine Senkung der Arbeitslosigkeit. Nach Schulungsimpulsen war die wesentlichste regionale Maßnahme das „RHI-Ausbildungsprojekt – RHI Werk Radenthein – Region Nockberge". Die Ausbildung von jungen Leuten, die als hochqualifizierter Nachwuchs später Spitzenleistung bringen sollte. Auch mit Nachdruck des Betriebsrates wurde mit Hilfe des Bildungsgutscheins der Arbeiterkammer Anfang des neuen Jahrtausends fast flächendeckend im Arbeiterbereich Schulung durchgeführt. Durch eine Vereinbarung zwischen Betriebsrat und Firmenleitung wurden die Mitarbeiter mit Lehrabschluss auch in der Produktion in der Beschäftigungsgruppe Facharbeiter des Kollektivvertrages eingestuft. Durch den Kollektivvertrag 2004 gab es mit dem Biennalsprungsystem eine weitere Angleichung der Arbeiter an die Angestellten. Wie wirken die sozialen Veränderungen auf die Qualifikation der Arbeiter im mikroregionalen Raum?

Eine Grundsatzfrage nach dem II. Weltkrieg stellte sich zwischen der Definition, „wer ist politisch verführt worden" oder „wer wird als Fachkraft" für den Wiederaufbau gebracht. Die Frage zwischen Hilfsarbeiter und Führungskraft als Nationalsozialist muss man sich stellen. In einem Fall wurde z.B. ein Thema aufgerollt als ein Arbeitnehmer statt, dass man ihn entlassen hätte, nur nach Sittenberg versetzt wurde. Dies zeigt auch den Zugang zur Diskussion und die Schwierigkeiten der Arbeitnehmervertretung zu dieser Thematik. In späterer Folge wurde die Konsensfindung „griffiger" wie das Beispiel mit der Abwicklung des Falles eines Werksdirektors zeigt. Vorsichtig in der Recherche und auch Verantwortungsbewusstsein musste an oberster Stelle stehen, denn Verleumdungen waren auch vorhanden, hier zu differenzieren, wer ein „echter Nazi" und wer es zweifellos nicht war, war nicht immer einfach. Nach Bewältigung dieser schweren Zeit und einigen wirtschaftlichen Schwankungen stellte sich schon Anfang der 1950-er Jahre die Frage, was ist der Mensch wert? Human Ressources!

Produktivität zu heben, jeder musste 100-%-ige Leistung bringen, sich dessen zu entziehen sei eine Gefahr für das Unternehmen und der Belegschaft, so lautete das Credo. Durch Absatzschwierigkeiten 1959 wurden in der ÖAMAG als erstes die Saisonier-Arbeitsverhältnisse gelöst. Im Jahr 1963 kam es zu Differenzen zwischen Betriebsrat und Firmenleitung, da sich die Firma von älteren und länger dienenden Arbeitern trennen wollte. Mit Ende 1962 hätte man sich aber von den Saisonarbeitern lösen können, hier gab es anscheinend eine Änderung der Sichtweise seitens der Firmenleitung. In Kärnten gelang es erst in den 1960-er und 1970-er Jahren mit relativ billigen Arbeitskräften, als die entwickelten Regionen Österreichs von Arbeitskräften ausgeschöpft waren, Betriebe der Bekleidungs- und Elektroindustrie anzusiedeln. Regional blieb dieses Potential oftmals ungelernter Arbeitskräfte jahrzehntelang ein Wertschöpfungsbringer bis schlussendlich auch viele Betriebe abwanderten. Im Magnesitwerk begann durch den ersten Ölpreisschock die Richtungsänderung von Quantität zu Qualität. Zusätzlich wurde in der ÖAMAG in den 1970-er Jahren bis 1986 laut Maier aus Herbst 1987, der Mitarbeiter Stand um ein Drittel abgebaut was in Verbindung mit der steigenden Produktqualität auf steigende Anforderungen der Mitarbeiter schließen lässt. Ein Rückschlag wie im Jahr 2009 zeigt deutlich die wirtschaftlichen Auswirkungen eines Industriebetriebes in der Stadtgemeinde Radenthein der nach wie vor über 50% der Kommunalabgabe liefert. Auch bei fehlendem Arbeitsplatzangebot im produzierenden Sektor wurde deutlich, dass die Arbeitsplatzsichernden Maßnahmen an erster Stelle stehen. Die gelungene Absicherung von Arbeitsplätzen, mit einem Netzwerk von Maßnahmen in der schwersten Wirtschaftskrise seit 1929 zeigt die Sinnhaftigkeit der Sozialpartnerschaft. In den nachfolgenden Jahren wurden weitere zukunftssichernde Investitionen im Werk Radenthein getätigt.

Im Spiegel der Werkszeitung der Österreichisch Amerikanischen Magnesit AG Radenthein 1947 – 1951

Der neue Geist nach dem Zweiten Weltkrieg spürbar die Probleme zu lösen, ein Geist der Verbundenheit von freien Menschen, so lautete es auf der Titelseite der Erstausgabe der Werkszeitung sinngemäß, hier hat die Werkszeitung die Aufgabe dem geistigen Aufbau und am glücklichen Zusammensein der Angehörigen in Frieden mitzuwirken. „Heben Sie sich jede Nummer der Werkszeitung sorgsam auf. Wir liefern am Jahresschluss eine hübsche Sammelmappe und Sie haben ein schönes

50 Groschen

Werkzeitung

der

Österreichisch- Amerikanischen
Magnesit Aktiengesellschaft
Radenthein

2. Jahrgang | 20. September 1948 | Nr. 17/18

40 Jahre ÖAMAG.

1908–1948

Herr Generaldirektor Dr. Otto Büchler-Hauschka bei der Festrede

Mit frischer Kraft ins fünfte Jahrzehnt!

Abb. 20

Nachschlagwerk in Ihrer kleinen Bibliothek.“ So lauteten die Ausführungen auf der Seite 2 der ersten Ausgabe am 5. Juni 1947 der Werkszeitung. Im Erscheinungsverlauf wurde diese Zeitung zweimal monatlich bis zur Nr. 3, 5. Jahrgang im Jahr 1951 publiziert.

Was war der redaktionelle Sinn der Werkszeitung?

Der Grundgedanke war, diese Zeitung als Familienblatt für alle Menschen, die in den Betrieben der Österreichisch – Amerikanischen Magnesit Aktiengesellschaft arbeiten, zu gestalten. Ein Familienblatt als Verständigungsmittel, als Bindeglied und Sprachrohr der Arbeitsgemeinschaft, der Betriebsleitung und der Betriebsräte. Die Zeitung war als offenes Medium aufgesetzt, d. h. auch die Mitarbeiter konnten Artikel, kritische Kommentare oder Verbesserungsvorschläge einbringen. Durch diese Artikel sollten die Arbeitnehmer/innen auch geschult werden.

> „Das Blatt soll auch dem Betriebsrat zur Verfügung stehen zu allen seinen Mitteilungen an die Belegschaft, zu seinen Berichten über seine Tätigkeit und seine Wünsche an die Kollegenschaft.Wir wollen durch wirtschaftspolitische Aufsätze und Behandlung sozialpolitische Gesetze breiteste Aufklärung in die Reihen unserer Werksangehörigen tragen und so unseren Teil an der allgemeinen Bildungsarbeit beisteuern. Je mehr die Arbeiterschaft und Angestelltenschaft durch die moderne Sozialgesetzgebung der Zweiten Republik an der Entwicklung und Führung des Unternehmens mitbestimmend und mitbeteiligt wird, desto notwendiger wird es sein, daß wir alle wirtschaftlichen und sozialpolitischen Probleme einer neuen Zeit behandeln und besprechen.“ (Werkszeitung, 5. Juni 1947: 2)

Familiäre Nachrichten, Vereine und ausdrücklich freier Platz für die Sorgen der Hausfrauen sollte in dieser Zeitung auch geboten werden. Die Beiträge mussten namentlich gekennzeichnet sein und bis spätestens acht Tage vor dem Erscheinungsdatum jedes 5. und 20. des Monats abgegeben werden.

Im Teil „Internationales“ wurden die Arbeitsbedingungen der jeweiligen Arbeits- und Einsatzgebiete vorgestellt, in welchen die Produkte des Magnesitwerks verwendet und eingebaut wurden. Erklärt wurden nicht nur der fachliche Bereich sondern auch die kulturellen und gesellschaftlichen Gegebenheiten und die Lebensbedingungen in diesen Gebieten. Weitergehend gab es Information und Aufklärung über die Gesetzwerdung und politische Bildung. Die Entstehung der Gesetze und rechtlichen Rahmenbedingungen, z.B. auch die Verhandlungen und den Kompromiss zum Jugendschutzgesetz wurden hier erklärt. Einen der wichtigsten Bereiche der Nachkriegsjahre war die Sicherstellung der Ernährung, auch in der Werkszeitung wurden verschiedene Artikel über die Situation, die Kosten und auch eine Entscheidungshilfe für Hausfrauen – Was sie kochen sollte? – gedruckt. Die Artikel über das Werk, die Personen und die Gemeinde sowie die Expertenbeiträge rundeten das Erscheinungsbild der Zeitung ab. Wesentliche und durchgängige Beiträge kamen zum Thema Sicherheit, Gesundheit, Betriebssicherheit und Ordnung bis hin zum unfallsicheren Verkehr. Diese Beiträge waren „Dauerbrenner“ in der Zeitung.

Der Betriebsrat und die Gewerkschaft waren sozialpartnerschaftlich im Zeitungsaufbau eingebunden. So wurde über die BR-Wahlen, diverse Gesetze, die Entstehung und Geschichte des österreichischen Gewerkschaftsbundes und u.a. ein Zugang zur Sozialpartnerschaft berichtet. Die Aufklärung über die Lehrlingsausbildung im Werk bis hin zur landesweiten Problemen in der Berufsausbildung die in mehreren Expertenbeiträgen mit Reformvorschlägen diskutiert wurden, bis hin zu Freisprechfeiern für die Lehrlinge und der Arbeit in den Vereinen wurde in der Werkszeitung berichtet.

Internationales

Ein Aufklärungsthema von Obering. Luis Hütter am 20. Juni 1947 war die Notwendigkeit der sorgfältigen Verpackung des Materials. Unter dem Titel: „Auf Karawanenwegen im Orient.“ wurden die Lieferwege, die Lebens- und Arbeitsbedingungen dargestellt. Die Lieferung wurde verschifft und schwamm durch die Adria, vorbei an „Griechenlands Gestaden, nördlich von Kreta durch die Ägäis“ Rhodos im Norden und Zypern im Süden betrachtend zum Südtürkischen Hafen Iskenderum wo die Lieferung ausgeladen wurde.

> „In dieser sehr heißen Gegend, wo türkische Arbeiter mit Fez oder Turban die Radex-Kisten auf eine ziemlich modern anmutende Eisenbahn verladen, gelangen die Radex-Steine über das gebirgige Land der Kurden zur Hauptbahnstrecke, die das Mersin über Udana nach Malatna führt. Diese immerhin mehr als 1000 km lange Strecke in die wasserarme und vegetationslose Gebirgsgegend der östlichen Türkei führt uns in ein Bergbau- und Industriezentrum, das halbwegs zwischen den Bahnknotenpunkten Malatna und Dinarbarkir liebt. Die Radexsteine werden

in der Station Urghana-Maden (...) ausgeladen und mittels Schlepper in das Kupferwerk Ergani Maden gebracht." (Werkszeitung/Hütter, 20. Juni 1947: 10)

Es wurde über die Probleme der Arbeit in der Einöde berichtet. Im Reiseverlauf von Radenthein, Korea nach Syrien, mussten in diesen Gegenden „werkseigene Gaststätte, ein Werkshotel und Sportplätze gebaut werden, um das Leben in der Einöde erträglich zu machen. Es ist notwendig, dass die Lieferungen der Steine und Mörtel einbaufertig ankommen. Umfangreiche Behau- und Schleifarbeit stoßen hier auf größte Schwierigkeiten. Davon können unsere Ingenieure und Richtmeister, die auf einsamen Baustellen in Korea, Syrien, Griechenland, Rhodesien, Marokko, Bosnien usw. arbeiten, ein Lied singen, wenn es am Notwendigsten mangelte und die Beschaffung einer Schleifscheibe, eines Maurerhammers oder Wasserglas fast unüberwindliche Schwierigkeiten bereiteten." (Werkszeitung/Hütter, 20. Juni 1947: 10f)

Hans Gmeiner (WZ, 5. 11. 1947: 77) startete eine Serie wohin die Feuerfeststeine exportiert werden, wie sie eingebaut und welche Lebensbedingungen in diesen Gebieten herrschen.

Diese Serie beginnt mit einem historischem Abriss über die Notwendigkeit der Bearbeitung von Kupfer bis zurück in die Bronzezeit und die Länder und Abbaugebiete.

In der Serie am 20. November 1947: 85 wurde die Notwendigkeit der Radex-Steine im Kupferherstellungsprozess und die Arbeit der Ingenieure die diese Arbeit ausführen, beschrieben. Die Bestellung, die Preise, die Lieferzeit wird im Artikel erläutert. Weiters die Lebensbedingung, dass Teile des Kistenmaterials zum Hüttenbau verwendet werden. Die Berichterstattung folgt weiter (WZ, 5.12.1947: 94f) dem Hüttenbau, den Arbeitsbedingungen, die Information über die geringe Entlohnung, die Information über die „guten sanitären Einrichtungen", das es keinen Mangel an Arbeitskräften gibt. Es gibt Kinos, Sport – und Fußballplätze in dieser Gegend. Auch werden in diesen „Eingeborenen Camps" Werksfeste, nach deren Art gefeiert so die Information im Bericht nachzulesen. Für ein sehr reichhaltiges Programm ist stets gesorgt, u.a. werden für uns. (...)

Berichtet wurde über die Fragen der dort lebenden Menschen sei es häuslicher Natur wie auch über die Arbeitsmoral. Nachdem die Baustelle termingerecht fertiggestellt werden sollte, und es Arbeitszeitprobleme gab, kam es zur Problemlösung. Dadurch dass die WC-Anlagen durchgehend besetzt waren und die Zeit so „versessen wurde", wurde dies wie folgt gelöst,

> „die 6 erkorenen Neger schlugen wie auf Kommando auf die Wellblech-Rückwand der langen WC-Batterie die aus ca. 30–35 Stangensitzen bestand, ein. Der Effekt war einzig. Im Zeitraum von wenigen Sekunden war dieses permanent besetzte WC leer und verlassen, alles strömte mit und auch ohne verrichteter Dinge den beiden seitlichen Ausgängen zu, einige schwangen sich sogar in ihrer Bestürzung über die vorgebaute Anstandswand der WC-Batterie. Alles was laufen konnte, lief zur Arbeitsstelle, einige kamen um einige Sekunden später am Ziel an, weil sie durch den Schock vergessen hatten, sich ganz zu bekleiden, obwohl die Garderobe dieser schwarzen Herren nur aus der Jacke und Hose besteht, das war die Ursache des verspäteten Einlangens am Ziel." (Werkszeitung/Gmeiner, 20. Dezember 1947: 103)

In weiterer Folge wurde über die Inbetriebnahme des zugestellten Aggregates und die ersten Chargen berichtet. Die Zeit des Abschiednehmens wurde in aller Kürze beschrieben. Ab dem Produktionsstandort ging es vorerst mit dem Zug, danach sollte es mit dem Flugzeug weitergehen. Der Abflug begann vorerst alleine, danach ging es mit einem viermotorigen Flugboot weiter, mit 9 Passagieren. Dieses Flugzeug stürzte ab, es gab 5 Tote und 3 Schwerverletzte, der Autor wurde nur leichtverletzt. In Griechenland bekam der Autor neue Bekleidung, eine einfache Soldaten-Uniform, nach einigen Tagen flog er nach Rom, wo er den Wiener Schnellzug bestieg und nach Radenthein fuhr.

Diese Dienstreise war laut Bericht äußerst erfolgreich, dieser große Ofen wurde schon seit Jahrzehnten mit bewährten Radex-Steinen zugestellt und diese konnten ihre vorzügliche Haltbarkeit unter Beweis stellen. „Das ist ein Beweis, daß unsere Radex – Steine zufolge ihrer fortschrittlichen Entwicklung und sorgfältigen Bearbeitung jeder Beanspruchung im praktischen Betrieb gewachsen sind, was auch ferner hin das Bestreben und Ziel der Werkleitung und der Belegschaft sein möge." (WZ/Gmeiner, 5. März 1948: 34)

In der Nachkriegszeit war politische Bildung und Aufklärung über die Funktionsweise eines demokratischen Staates ein wesentliches Schulungsthema.

Das Gesetz und die politische Bildung

Die Werkszeitung vom 5. Februar 1948: 19f berichtete; wie ein Gesetz entsteht. Der Hintergrund dieses Artikels war, die Leser darüber aufzuklären wie vom Anfang bis zum Ende die Gesetzgebung funktioniert.

> „Heute wollen wir einmal über diese aktuelle Frage reden, umso lieber, als man mit Freude feststellen kann, daß sich heute die breitesten Kreise des Volkes für die Gesetzgebung interessieren. Wir heutigen erinnern uns noch sehr gut auf die faschistischen Propaganda von der `Quatschbude` und von der `Krippe `an der Sie alle fressen und von der Wertlosigkeit der Demokratie und ihrer parlamentarischen Einrichtungen. Wir wissen jetzt sehr genau, warum sie uns einreden wollten, daß sich die große Masse nicht um die Politik kümmern sollte und es wenigen `Führern `überlassen bleiben sollte die Geschicke der Menschen zu lenken. Was dabei herausgekommen ist, als sich die Masse um die Politik nicht kümmerte und sie einigen `Spezialisten` überließ, das haben wir schaudern am eigenen Leib verspürt. Wir wollen nicht mehr, daß sich ähnliches noch einmal ereignet (...). (Werkszeitung, 5. Februar 1948: 19)

In der weiteren Folge nach dieser Einleitung wurde über die Unterscheidung Bundes- Landesgesetz berichtet, die Gesetzeswerdung im Nationalrat, die Einrechnung, entweder als Regierungsvorlage oder als Initiativantrag. Die Begutachtungsfristen, die Arbeit der Nationalräte in den Ausschüssen u.a. bis zur Beschlussfassung.

In dieser Zeitungsausgabe auf Seite 20 gibt es eine Reportage über Ferdinand Hanusch von der Geburt bis zu seinem Wirken als Staatssekretär, die Einführung des Arbeitsrechtes, den Arbeitsschutz (8 Stundentag) Grundsätze der Arbeitslosenversicherung, die gesetzliche Verankerung des Arbeiter Urlaubes, das Gesetz der Arbeiterkammern bis zu seinem Tod am 28. September 1923.

Auch die politische Bildung und Aufklärung spielte eine wesentliche Rolle: Niemals vergessen! In der Werkszeitung vom 20. Jänner 1948, 2. Jahrgang wurden einige Zahlen, Daten und Fakten beschrieben.

Das neue Jugendschutzgesetz

Das von der Arbeiterkammer und dem Jugendreferat der Gewerkschaftsjugend ausgearbeitete Jugendschutzgesetz wurde von der Sozialistischen Partei als Initiativantrag der Genossen Proksch, Probst, Schärf und Genossen im Parlament eingebracht. Bis 1938 gab es in Österreich kein eigenes Jugendschutzgesetz. Die Jugend berücksichtigenden Bestimmungen wurden in den verschiedenen Gesetzen, wie Urlaubsgesetz, Nachtarbeitsverbot, dem Achtstundentag im Achtstundentaggesetz usw. geregelt. Grundsätzlich schwebte der Arbeiterkammer lt. Bericht ein Jugendschutz- und Berufsausbildungsgesetz vor, in dem zwei große Hauptstücke vorhanden sein sollten: 1. die arbeitsrechtliche Stellung der Jugend, 2. die Form der Berufsausbildung, das Recht der Jugend auf eine Berufsausbildung und ihre Pflicht dazu.

„Wenn man heute vom Recht auf Arbeit spricht, von Wirtschaftsdemokratie, so ist wohl die Voraussetzung dazu das Recht, eine Arbeit zu erlernen, sein Talente auszubilden. Nicht der elterliche Geldsack darf entscheiden, was ein Kind wird. Wenn jeder Staat immer das Geld aufbringt, um Soldaten auszubilden, so muß jeder auch das Geld aufbringen können, seine Jugend zur produktiven Arbeit zu erziehen." (Werkszeitung, 20. November 1947: 87)

In den Beratungen im Jugendausschuss kam man zur Erkenntnis, dass die Ausarbeitung des ganzen zweiteiligen Gesetzes zu lange dauern würde. So wurde der Beschluss gefasst, den ersten Teil fertig zu stellen. Dazu konnten nicht alle Wünsche der Gewerkschaftsjugend erfüllt werden, „der Entwurf ist ein Kompromiss und wurde von den Vertretern aller drei Parteien einstimmig genehmigt." (Werkszeitung, 20. November 1947: 87)

Die Verpflegung der Bevölkerung war das Grundanliegen der politisch Verantwortlichen. Im Laufe der Zeit veränderte sich die Diskussion von „genügend Kalorien hin zu hohen Preisen", bei den Lebensmitteln.

Der Betriebsrat berichtet in der Werkszeitung vom 5. März 1948: Unter anderem informiert er die Belegschaft darüber, dass seit Dezember das Bestreben bestand, den Preis der Küchenverpflegung anzugleichen. Der Betriebsrat berichtete, dass es bis jetzt möglich war, dieses Thema hinauszuschieben. Es war eine Erhöhung um einen Satz von S 4,50 angesetzt gewesen, „es ist gelungen, diesen Satz auf S 3,50 zu ermäßigen." (Werkszeitung, 5. März 1948: 38)

Die Firma klärte in der Werkszeitung am 20. März 1948 über die Kosten der Werksküche auf, die Einnahmen-Ausgaben-Relation im Herbst 1947 nahm folgenden Verlauf:

Monat	Ausgaben	Einnahmen	Defizit
August	ATS 38.319,62	ATS 13.095,70	ATS 25.223,92
September	ATS 38.336,77	ATS 13.498,89	ATS 28.867,88
Oktober	ATS 66.465,57	ATS 15.367,31	ATS 51.098,26
November	ATS 49.165,80	ATS 15.513,40	ATS 33.656,40

Im Oktober wurden Kartoffel, Kraut und Gemüse um ca. ATS 25.000,-- gekauft, diese Mehrkosten müssten über 7 – 8 Monate verteilt werden.

„Bei Außerachtlassung dieses Betrages ergibt sich trotzdem die Tatsache, daß durch die Einnahmen aus dem Preis von S 2,-- für die Tagesverpflegung nur ca. 33% der Werksküchenkosten gedeckt sind. Die Kosten der Werkküche setzen sich nun folgend zusammen: 67% direkte Kosten für Lebensmittel, Transporte u. a. 33 % für Kosten für Löhne, Gehälter, Gebäudeerhaltung. (Werkszeitung 20. März 1948: 44) Zusätzlich hat sich die Zahl der Benutzer der Küche von 373 auf 491 erhöht.

Zur Selbstkostenabdeckung müsste man von S 2,-- auf S 6,-- erhöhen, so die Darstellung im Bericht weiter, da das Werk im Jahr 1948 wahrscheinlich S 250.000,- zuschießen wird müssen. Aus diesen Zahlen ist es erkennbar, so der Abschluss, dass es keinen Grund gäbe, ein Politikum aus der Preiserhöhung zu machen.

Werk, Personen und Gemeinde

Das Werk in der Region, wie leben die Personen miteinander, wie entwickelte sich die Gemeinde. Über diese Entwicklung machte sich in den nachfolgenden Seiten 13 und 14 der Gemeindesekretär J. Färber Gedanken und findet Raum um über das Verhältnis „Magnesitwerk und Gemeinde“ Stellung zu nehmen.

Er beschreibt, dass die Marktgemeinde Radenthein vor kaum vier Jahrzehnten noch ein bedeutungsloses armes Dorf war. „Das damalige Budget dürfte wahrscheinlich auch kaum den Betrag überschritten haben, der heute von der Gemeinde in einem Monat allein für Fürsorgezwecke ausgegeben wird. (…) Mehr als 300 Neubauten sind im Gemeindegebiet einstanden u.a. ein Schulgebäude, um das uns viele Städte beneiden könnten, sowie ein modern eingerichteter Kindergarten.“ (Werkszeitung/Färber, 20. Juni 1947: 13) Die Erklärung findet Färber in den Eckpfeilern der Einnahmen der Gemeinde des Kommunalbudgets mit dem Rückschluss auf das Magnesitwerk. Er verweist auf die Anfangs ablehnende

Haltung der Bauern gegenüber dem Werk, die nur das Primäre sahen, doch inzwischen so Färber weiter, sind sie auch eines besseren belehrt worden.

Interessant sind die Ausführungen mit dem Wortlaut,

> „doch inzwischen hat die Zeit die damaligen Gegner längst eines Besseren belehrt. Die Kluft zwischen den –Eingeborenen- und – Zuagrasten- ist verschwunden und sowohl Bürger wie Bauer haben die wirtschaftliche Bedeutung des Magnesitwerkes für die Gemeinde und somit für die gesamte Bevölkerung schätzen gelernt. Aus der Fabrik sind die heutigen Magnesitwerke entstanden und aus dem Dörflein Radenthein ist eine bedeutende Industriegemeinde geworden; aus den verachteten –Fabriklern- die Bürger von heute. Und es ist geradzu symbolisch, daß vor einem Jahr zum erstemal ein Arbeiter zum Bürgermeister gewählt wurde, ein Mann, der selbst nahezu schon vier Jahrzehnte in diesem Betrieb arbeitet." (Werkszeitung/Färber, 20. Juni 1947: 14)

Mit 1. Oktober 1948 wurde der Bau des neuen Rathauses der Marktgemeinde Radenthein begonnen. Dieser Bau umfaßt einen umbauten Raum von ca. 7000m³ und eine Erdbewegung von 3500m³ mußten bewerkstelligt werden. Der Bau wurde im Oktober 1950 fertiggestellt und wurde von der Gemeinde übernommen und bezogen. Vbgm. Ob.-Ing. Riegger entwarf das neue Gemeindewappen, ein „leuchtender Kristall in Form von Kalk, Granat, Eisen vor allem Magnesit versinnbildlicht, das seit jeher den Ort Radenthein prägte. Der Löwe im zweiten Feld des Wappens und die verwendeten Farben sollen die Verbundenheit Radentheins mit Kärnten und Österreich zum Ausdruck bringen." (Werkszeitung, 20. November 1950: 137) Bei der Einweihung durfte Bgm. Gaugelhofer u.a. Lh. Wedenig und GD Bargezi mit den Dir. Samitz und Dir. Dr. Wick begrüßen.

Ein alter Rotierofenmeister erzählt…

Der Bericht ist eine Nacherzählung über die Erlebnisse eines ehemaligen alten Rotierofenmeisters, der 1909 nach seiner Lehrzeit, und anderwertigen Erfahrungen beim Brennen von Material nach Radenthein kam und 35 Jahre beim Rotierofen beschäftigt war. Er berichtet, dass in den Anfangsjahren die grundlegensten Betriebsteile, wie Seilbahn und Schachtofenanlage gebaut wurde. Da die ansässige Bevölkerung zur Umsetzung der Bauvorhaben nicht ausreichten, hörte man fast sämtliche Sprachen und Dialekte der damaligen Monarchie.

„Manch einer von ihnen ist dann `picken`geblieben, hat hier geheiratet und ist in Radenthein glücklich geworden." (Werkszeitung, 28. August 1948: 130)

Erzählt wurde auch über die Skeptiker, die meinten, es wird nichts gescheites, in Kürze wird hier wieder Gras darüber wachsen. Das alles ist nicht eingetreten und die „Jungfrauen und Maiden Radentheins beteten in ihrem Kämmerlein vor dem Schlafengehn: `Du liaba Gott, i hätt lei a Bitt, schenk mi` an Mon von Magensit!`- Ja es wurde viel Geld verdient und auch ebenso leicht wieder ausgegeben. Aber die Arbeit war schwer, sehr schwer sogar." (Werkszeitung, 28. August 1948: 130)

Warum schon jetzt – Unfallverhütung? Sich schonen – und Betriebssicherheit, das „Aufpassen" auf sich selbst und den Arbeitskollegen war ein wesentlicher Themenschwerpunkt. Eine Serie der Schulung und Aufklärung startete im Bereich,

Sicherheit, Gesundheit und Unfallverhütung

„Jeden Fehler an Maschine, Werkzeug und sonstigen Betriebseinrichtungen sofort melden Verhüten ist besser als heilen." (Werkszeitung, 20. November 1947: 87)

Betriebssicherheit durch Ordnung: In diesem Artikel wurde festgestellt, dass die Betriebssicherheit nur dann erreicht werden kann wenn jeder einzelne, vom Betriebsinhaber bis zum Lehrling voll dahinterstehen. Eine der häufigsten Gefahrenquellen ist die Unordnung, wenn man im Betrieb einmal folgenden Versuch macht:

> „Man lege irgendein Abfallstück, Brett, Eimer o. dgl. Mitten auf den Weg und beobachte, was nun damit geschieht. Der erste Arbeiter geht ihm gewissentlich aus dem Weg, auch der zweite, der dritte; der vierte stolpert darüber und schimpft wie ein Rohrspatz über die Schlamperei, der fünfte steigt darüber, der sechste gibt ihm einen Stoß, daß es zur Seite fliegt, vielleicht einem Arbeitskameraden auf das Schienbein oder durch eine Fensterscheibe. Es bleibt der Phantasie oder den Erfahrungen der Leser (...) Eines steht fest: bis sich endlich jemand findet der den Gegenstand aufhebt und an den Platz bringt, wohin er gehört, kann allerhand Unglück passieren! Dann allerdings werden viele zugreifen, um das ‚corpusdelicti' wegzuräumen, dann wird ganz fürchterlich über die verfluchte Schlamperei geschimpft, dann kommen die guten Ratschläge und Ermahnungen und das berühmte ‚hätt ich nicht...!' Zu spät, um den Unfall ungeschehen zu machen, aber nicht zu spät, um aus dem Gesche-

Abb. 21, 22: Einen starken Ausdruck für das Sicherheitsbedürfnis des Unternehmens und der Belegschaft vermitteln diese Bilder von der Radentheiner Werksfeuerwehr (ca. 1947), die hier noch beinahe paramilitärisch organisiert erscheint, sich in den folgenden Jahrzehnten aber zu einer modern ausgebildeten und gut ausgerüsteten Schutzkörperschaft verfestigt hat.

henen die richtige Lehre für die Zukunft zu ziehen: Unordnung ist die Ursache vieler Gefahren im täglichen Leben und im Betrieb und muß in energischer und wirkungsvoller Weise bekämpft werden." (Werkszeitung, 20. Jänner 148: 12)

Es wurde im Artikel aber auch auf die Pflichten der Arbeitgeber hingewiesen, als Beispiel wurde die Aufstellung der Maschinen genannt. Die Maschine stand zum Beispiel so knapp am Verkehrsweg, dass der im Transport beschäftigte Arbeiter leicht verunglücken könnte. Es kamen Hinweise auf bauliche Mängel, Fußbodenlücken, Geländer, Gerüste, Leitern u.a. Dies aufzuspüren ist Sache lt. Bericht des Unfallverhüters, die Unfallquellen festzustellen, und diese „den Betriebsrat der Betriebsleitung zur Kenntnis zu bringen und für ihre Beseitigung Sorge zu tragen." (Werkszeitung, 20. Jänner 1948: 12)

Die Aufklärung und der Hinweis auf Sicherheit und Gesundheit zieht sich quer durch die Zeitungen, so auch in der Ausgabe vom 5.3.1948: 36f wo von zwei Arbeitsunfällen berichtet wurde. Auch wurde darauf hingewiesen die Wunden nicht zu vernachlässigen sondern sofort zu verbinden.

Die Betriebssicherheit

Die Betriebssicherheit nur durch Überwachung durch die Aufsichtsbehörden zu regeln genügt nicht mehr, erfolgreich wird diese erst sein wenn Betriebsrat, Betriebsleiter und Belegschaft gemeinsam das Ziel Sicherheit verfolgen. Im Artikel wurde über die Notwendigkeit der Gefahrenvermeidung geschrieben. Darüber, dass dies auch immer Aufwand, Mühe und Geld kostet. „Es ist müßig darüber zu streiten, ob diese Aufwendungen wirtschaftlich sind oder nicht, weil die Vernachlässigung der Betriebssicherheit mit absoluter Gewissheit Unfälle zur Folge hat, die mehr kosten, als die zu ihrer Verhütung notwendigen Ausgaben. Hohe und niedere Unfallsziffern sind also nie ein Zufall." (Werkszeitung, 20. Juni 1948: 94) Es wird dezidiert darauf hingewiesen, dass alle Belegschaftsmitglieder im Bezug auf die Betriebssicherheit Verantwortung tragen bis hin steigend zum Betriebsleiter. Solange eine Gefahr vorhanden ist werden immer Unfälle passieren, deshalb sollte man seinen Anteil zur Vermeidung leisten. Im Jahr 1947 hatte die Steinfabrik 43 leichte und 4 schwere Unfälle, insgesamt 47 Unfälle. Die Aufbereitung 17, davon 1 tödlicher, die Rotieröfen 13 davon 2 schwere Unfälle, die Seilbahn 16 Unfälle, darunter 1 schwerer. In den

Werkstätten 15 davon 1 schwerer Unfall, der Bauabteilung 12 Unfälle, den Elektrobetrieben 2 Unfälle.

Werkszeitung 5. Juni 1949: 83 wird auf über 110.000 Unfälle, davon 75.000 Unfälle in Industrie und Gewerbebetrieben hingewiesen. Betrachtet wurden die gesundheitlichen Folgen wie Krankenlager oder sogar Amputation bei schweren Unfällen. Das seelische Leid der Menschen und der Familienangehörigen als schwerer Faktor. Der zweite Punkt die wirtschaftlichen Folgen, des Verunglückten, der während des Krankenstandes, wenn er Kranken- und unfallversichert ist das Krankengeld bekommt, das ca. 50% seines Arbeitsverdienstes ausmacht. Falls er nicht mehr Arbeitsfähig wird und seinen Arbeitsplatz verliert und nun als „Krüppel mit der kargen Invalidenrente sein Leben trieften muß, hat diese zumeist schwerwiegende Folgen für den Arbeiterhaushalt." (vgl. Werkszeitung, 5. Juni 1949: 83) Weitergehend wird auf die Volks- und Betriebswirtschaftlichen Belastungen von Arbeitsunfällen hingewiesen, diese beschrieben und erläutert. Die Maschine abstellen, dann erst putzen und schmieren! – war zum Beispiel das Credo in der Ausgabe der Zeitung vom 20. Juli 1949.

In der Ausgabe vom 5. September 1949: 132f, wird auf einen Bericht von Dr. Oskar Meister (vom Landesarbeitsamt Graz) veröffentlicht in der Zeitschrift „Arbeit und Wirtschaft" hingewiesen. Es wurde auf die steigenden Unfallzahlen in Österreich aufmerksam gemacht, die trotz steigender Beschäftigung, vom Jahr 1947 zum Jahr 1948 eine stark steigende Tendenz hatten. Bezug genommen wird im Artikel auf die Überschrift: Mehr Unfallverletzte als Kriegsverletzte.

Nahezu die Hälfte der Unfälle ereigneten sich bei der Beförderung von Werkstoffen, Baumaterialien und Fertigwaren. Deshalb gab es in der WZ vom 5. Mai 1950: 78 spezielle Hinweise zur Beförderung von diesen genannten Stoffen und Materialien. Hingewiesen wurde auf das richtige anfassen der Last, die eigene Kraft nicht zu überschätzen, Rücksicht auf andere zu nehmen und die eigene und die Gesundheit anderer zu schützen.

Informiert wurde über die Betriebsratswahlen, das Betriebsratsgesetz, über die Kollektivverträge und u.a. über die Landeskonferenzen des Österreichischen Gewerkschaftsbundes und der Gewerkschaft der Metall und Bergarbeiter.

Die betriebliche und überbetriebliche Interessensvertretung

Die Aufklärung und die Rechte der Interessensvertretung und Mitarbeiter waren wesentliche Bestandteile der Werkszeitung.

Im Artikel „Der Betriebsrat berichtet“ wurde über Begünstigungen für ehemalige politische Häftlinge berichtet. Aufgrund des Soz. Verf. Überleitungsgesetzes wurden Personen, die in der Zeit vom 4. März 1933 bis 9. April 1945 aus politischen Gründen (außer nationalsozialistischer Betätigung), die dadurch in der Sozialversicherung einen Nachteil erlitten haben, entsprechend begünstigt.

„Zeiten einer aus politischen Gründen verursachten Untersuchungshaft, Strafhaft oder Anhaltung in einem Anhaltelager während des obengenannten Zeitraumes, gelten als Pflichtbeitragszeiten. Die Anrechnung dieser Zeiten erfolgt mit der höchstzulässigen Beitragsgrundlage in derjenigen Rentenversicherung, der der Versicherte vor seiner Haft oder Anhaltung angehörte.“ (Werkszeitung, 5. Dezember 1947: 97) In diesem Beitrag wurde der Vorgang und der Ablauf erläutert, wie diese Zeiten in Anrechnung zu bringen sind.

Über das Ergebnis der Betriebsratswahlen wurde in der Zeitung vom 20. November (1947: 90) berichtet. Die Wahlen nahmen folgenden Verlauf:

In Radenthein erreichen bei den Arbeitern die SPÖ 12 Mandate (Liaunig, Brenner, Strasser, Tengg, Pirsch, Buchacher, Feichter, Pichler, Sittlinger, Filipot, Krammer Martina, Dabernig), die KPÖ 2 Mandate (Maier, Krammer Mathias).

Die Angestellten wählten: Überparteiliche Angestellte 2 Mandate (Dipl. Ing. Wolf, Stissen), SPÖ 2 Mandate (Markel, Riegger), Kleine Angestelle 1 Mandat (Jonk).

Im Bruch wählten die Arbeiter wie folgt: SPÖ 4 Mandate (Wasserer, Kaufmann, Gruber, Fechtinger) KPÖ 1 Mandat (Unterweger). Bei den Angestellten: SPÖ 1 Mandat (Strießnig).

Bei den zweiten Betriebsratswahlen wurde bei den Arbeitern dem Vorsitzenden Liaunig das Vertrauen ausgesprochen. Bei den Angestellten in Radenthein erreichte aber die politisch ungebundene Liste 147 Stimmen und 5 Mandate, die Sozialisten mit 53 Stimmen nur 1 Mandat.

Werk Radenthein im Jahr 1949	Stimmen	Mandate	Jahr 1947	Stimmen	Mandate
Liste Liaunig (S.P.)	738	11		722	12
Parteiungebunden Liste	156	2			
Arbeiter Einheitsmagnesit Liste	88	1		120	1
Magnesit Arbeiter Liste	29	0			
Österr. Gew.	24				
Magnesitbruch					
Einheitsliste Wasserer		143		195	6
Gegen die Liste		95			

Quelle: Werkszeitung, 20. Oktober 1949: 15

In Radenthein konstituierten sich Liaunig, Krebs, Tengg, Schweigern, Gutzelnig, Filipot, Pirsch, Mitterer Steffi, Scheiber, Leeb, Stiegler, Winkler, Maier. Im Bergbau kamen Wasserer, Ott, Hinteregger, Maierbrugger, Huber und Poppernitsch zum Zug.

Auf den Seiten zehn und elf dieser Ausgabe (WZ 20. Juni 1947) wurde über das Betriebsrätegesetz, das am 28. März 1947 im Parlament mit den Stimmen der Abgeordneten der Sozialistischen Partei und der Volkspartei gegen die Stimmen der Kommunistischen Partei beschlossen wurde, in einem ersten Teil berichtet. Es wurde darüber informiert, wem der Betriebsrat für seine Tätigkeit verantwortlich ist, welche sonstigen Rechte die Mitglieder des Betriebsrates haben und auch die besonderen Kündigungsmöglichkeiten.

In der Ausgabe vom 5. Juli 1947, Seite 20, wurde weiter über das Betriebsrätegesetz informiert: Welche Aufgaben und Befugnisse stehen dem Betriebsrat zu?

Diese wurde Folge am 20. Juli 1947 auf Seite 28 mit dem Thema: Welche Rechte stehen dem Betriebsrat bei Kündigungen und Entlassungen von Arbeitskollegen zu? abgeschlossen.

Am 5. August 1947:35 folgte eine Information über das Kollektivvertragsgesetz, „In jedem Staat mit einer den heutigen Bedürfnissen entsprechenden modernen Gesetzgebungen bildet das soziale Recht einen wichtigen Teil jener Rechtsbestimmungen, die Beziehungen der Menschen untereinander zu regeln. Das soziale Recht fließt aus verschiedenen Quellen, zu denen Gesetze, Verordnungen und Gewohnheitsrechte zählen. Zu den besonderen Quellen des sozialen Rechtes gehören die Kollektivverträge."

Auf die Aufklärung der Entstehung des österreichischen Gewerkschaftsbundes wurde großen Wert gelegt. Beginnend mit der Ausgabe von 20. September 1947 auf Seite 61, wurde die Geschichte des ÖGB beschrieben. Der Titel: Aus der Geschichte des ÖGB mit mehreren Fortsetzungen. Die Gewerkschaften wurden bis zum Jahre 1934 beschrieben, deren Auflösung und die Konfiszierung des Vermögens im Ständestaat, bis 1938 die Deutsche Arbeitsfront als Grundlage geschaffen wurde, bis es schließlich zur Gründung des Österreichischen Gewerkschaftsbundes am 30. April 1945, nicht mehr als Richtungsgewerkschaften sondern als überparteiliche Interessensvertretung kam. Die Geschichte des ÖGB wird noch fortgeführt in den Werkszeitungen vom 5. November 1947: 79 und 5. Dezember: 96.

Über die Landeskonferenz des ÖGB wurde am 20. Jänner 1948:13 berichtet. Wesentlich war, dass die Mitglieder und Arbeitnehmer der Gewerkschaft Metall- und Bergbau in der Aufbauphase durch besondere Opferbereitschaft auffielen, durch die freiwilligen Sonntagsschichten, um die Kohleproduktion zu steigen, damit die Industrie und das Gewerbe anlaufen konnten. An dieser Stelle gab es die Möglichkeit, Pro/Kontra-Meinungen auszutauschen, diese zu diskutieren.

Themen, Experten, Meinungen

Ab März 1948 begann eine Artikelfolge, die sich mit verschiedenen aktuellen Themen befasste. Es kamen Vertreter aus unterschiedlichen Richtungen, verschiedenen Expertisen zum Zug, ihre Meinung auszudrüken.

In der Werkszeitung vom 20. März 1948 ab Seite 41f startete die Serie mit dem Thema: Was ist Planwirtschaft? Der Autor dieses Artikels war Gustav Wilhelm, ein bekannter Wirtschaftsfachmann (SPÖ).

Das Thema Rationalisierung und Wirtschaftsplanung wurde in der Zeitung vom 5. April 1948: 52f bearbeitet. Dieser Artikel wurde aus den Mitteilungen des Österreichischen Kuratoriums für Wirtschaftlichkeit, Jänner 1948, entnommen.

In der Zeitung vom 20. April 1948: 57f, schreibt Karl Mantler, der Präsident der Wiener Arbeiterkammer, Staatssekretär im Bundesministerium für Vermögenssicherung und Wirtschaftsplanung und Vorsitzender der Lebens- und Genussmittelarbeiter der freien Gewerkschaften. Karl Mantler war von 1939 bis 1945 im Konzentrationslager Buchenwald. Der Titel des Artikels von Mantler war: Wo halten wir mit der Planungsarbeit? Es kam in diesem Artikel zu Fragen und Antworten über die Grundgedanken der österreichischen Planung. In der Werkszeitung zum 1. Mai 1948:70 gibt es auch einen Artikel von Mantler, Arbeiterschaft und Staat, mit Fortsetzung. Die Fragen, wie steht der Arbeiter zum Staat? Wie steht der Staat zum Arbeiter? Bis hin zur geschichtlichen Aufarbeitung der Thematik des Endes des Ersten Weltkriegs, Erste Republik, deren Probleme sowie die Unterschiede zur Zweiten Republik und die Notwendigkeiten beim Aufbau der Republik. „Angesichts der allgemeinen Verarmung des Landes in allen seinen Bevölkerungsschichten muß die Wohlfahrt der arbeitenden Menschen im Mittelpunkt der staatlichen Sorgen stehen." (Werkszeitung, 1. Mai 1948: 70) In der Werkszeitung am 20. Mai 1948 wurde auf der Seite 76 dieses Thema abgeschlossen.

Am 20. Mai 1948:73f wurde in Fortsetzungen das Thema Rationalisierung beschrieben. Rationalisierung: „Wir beginnen mit der Veröffentlichung eines Aufsatzes von Min.-Rat. Ing. Baravalle, der zwar schon vor 20 Jahren geschrieben wurde, aber an Aktualität nichts nur nichts verloren hat sondern manchen von unseren Lesern Anlaß zum Nachdenken geben wird." (Werkszeitung, 20. Mai 1948: 73)

In der Zeitung vom 5. Juli 1948 wurde auf den Seiten 97f vom Kongress des Österreichischen Gewerkschaftsbundes berichtet. Das Thema dieses Berichtes war der Vortrag von Bundespräsident Dr. Karl Renner: Vom liberalen zum sozialen Staat. Dieser Vortrag zeigt einen interessanten historischen Umfang, von 1789, der französischen Revolution, bis zur Märzrevolution im Jahr 1848 und die dazugehörigen Themen bis 1948.

Das Inländerarbeiterschutzgesetz wurde unter Wirtschaftsfragen in der Zeitung am 20. Juni 1949 behandelt. Durch 138.652 Arbeitssuchende per Ende Februar 1949 sowie 100.000 per Ende April gab es hier Nachdruck nach einem Inländerarbeitsschutzgesetz, um die österreichischen Arbeiter vor der Konkurrenz der Ausländer, hauptsächlich politische Flüchtlinge, zu schützen. Die Notwendigkeit wurde im Verhältnis der 1,775.688 Beschäftigten darunter 231.255 Ausländer, gesehen. „Bis zum 1. Dezember 1948 sind weitere 24.249 Ausländer neu in die Betriebe eingestellt worden. (…) Sie würden aber im gegenteiligen Falle ja zu einer eminenten Gefahr für die österreichischen Arbeiter werden, die nun durch dieses wichtige Gesetz bedeutend eingeschränkt wurde." (Werkszeitung, 20. Juni 1949:91)

Am 20. Juli 1949:104 kam von Franz Rauscher der Artikel, Planwirtschaft oder Wirtschaftsplanung. Franz Rauscher war Staatssekretär (SPÖ). Am 5. Oktober 1948:165f schrieb Dipl. -Ing. R. Betiska über die Innerbetriebliche Rationalisierung als Gemeinschaftsarbeit. „Dieser Artikel erschien erstmals in der Industrie, dem Organ der Vereinigung Österreichischer Industrieller, Nr. 32, 1948. Sie wurden von dem Organ der Arbeiterkammer, Arbeit und Wirtschaft, übernommen und sind so aktuell, daß wir sie unseren Lesern nicht vorenthalten wollen.“ (Werkszeitung, 5. Oktober 1948:165f) Am 20. Oktober 1948: 173f wurde das Thema höhere Leistung – höherer Lohn diskutiert. „Mit diesem interessanten Problem befaßte sich die Monats-Zeitschrift der Wiener Arbeiterkammer und führte dazu aus:

„Im Mittelpunkt gewerkschaftlicher Zielsetzung stand seit jeher der Kampf um höhere Löhne, kürzere Arbeitszeit und verbesserte Arbeitsbedingungen. Um dem Arbeiter und Angestellten einen möglichst hohen Anteil an den erzeugten Gütern zu erringen, wurden einst Lohnbewegungen ausgelöst und, wenn es sich als notwendig erwies, durch Streiks unterstützt. Dieser ursprünglichen Aufgabe sind die österreichischen Gewerkschaften bis zum heutigen Tage treu geblieben. Gewandelt aber haben sich die Verhältnisse und gewandelt hat sich die gewerkschaftliche Taktik.“ (Werkszeitung, 20. Oktober 1948: 173) Der Artikel beschreibt das Wechselspiel der Lohn- mit der Wirtschaftspolitik, die Inflation und Reallohneinkommen und die Auswirkungen auf die Menschen und Wirtschaft. „Erst der Mensch – dann die Maschine“, so lautet der Titel in der Ausgabe vom 5. Juni 1949. Der Artikel, beginnend mit dem Frühkapitalismus drückt aus, die Maschine wurde vergöttert, man versündigte sich am Menschen. Erst nach dem Ersten Weltkrieg konnte man über Druck der Arbeiterbewegung den Schritt zur sozialen Verbesserung erreichten.

Ein wesentlicher Beitrag kam von Bundesminister Karl Maisel, „Vier Jahre Sozialpolitik“, in der Zeitung vom 20. Oktober 1949. Dort beschreibt er die wesentlichen Grundzüge der Herstellung der Gesetze nach dem Zweiten Weltkrieg. Das wesentliche, so lauten die Ausführungen, war die Einrichtung des Sozialrechtes, am wenigsten umstritten das Arbeiterkammergesetz, dann das Feiertagsruhegesetz sowie das Arbeiterurlaubsgesetz. Im Jahr 1946 wurde das Betriebsrätegesetz eingeführt, das Arbeitslosenfürsorgegesetz sowie das Gesetz zur Erhöhung der Alters- und Invalidenrenten für Arbeiter, das sogenannte Beihilfengesetz. 1947 kam das Kollektivvertragsgesetz, das Gesetz über die Wiedereinstellung geschädigter Dienstnehmer und das Arbeitsinspektionsgesetz. Im Jahr 1948 folgte das Sozialversicherungsgesetz und das Gesetz über die Beschäftigung von Kindern und Jugendlichen sowie das Arbeitslosenversicherungsgesetz.

In der Werkszeitung vom 20. Oktober 1950 folgte: Das Zauberwort, Vollbeschäftigung! Der Artikel zeigt die Probleme der Arbeitslosigkeit und die Notwendigkeit der Vollbeschäftigung. Er geht auch mit jenen hart ins „Gericht", die scheinbar nichts dafür tun wollen, dass die Vollbeschäftigung wieder hergestellt wird.

Am 20. November 1950 wird den Lesern unter dem Titel Reallohn und Produktivität vorerst der Reallohn erklärt und danach die Produktivität. Die Problematik der österreichischen Produktivität mit dem veralteten Maschinenpark wurde aufgrund einer Rede von ÖGB-Präsident Böhm dargestellt. Die anderen westeuropäischen Länder erreichen gegenüber 1937 schon 135% der Produktivität, Österreich erst 90%, damit gab es ein Problem im Verkauf.

Für den betriebswirtschaftlichen Bereich kam auch die Zeit der Investitionen und Änderungen der Arbeitsmethoden. Im kommunikativen Bereich sowie über die Werkszeitung versuchte die Firmenleitung des Magnesitwerkes, die Arbeitnehmer stärker in und an den „Wirtschaftsbetrieb" zu binden. Mit folgendem Artikel in der Werkszeitung versuchte die Firmenleitung aufzuklären und zu informieren.

> „Das österreichische Institut für Wirtschaftsforschung hat eine Studie über die Produktivität der österreichischen Wirtschaft herausgebracht. Es stellt dabei folgenden Leitsatz fest:
>
> Die Steigerung der Produktivität ist das Kernproblem der österreichischen Wirtschaft.
>
> Die Steigerung der Produktivität, d.h. der Produktions-Menge, die von jedem beschäftigten Arbeiter erzielt wird, ist die Voraussetzung einer besseren Versorgung des Inlandmarktes mit Waren, der Steigerung des Lebensstandards der österreichischen Bevölkerung.
>
> Die Arbeiter haben sich in den Jahrzehnten und Jahre vorher wenig um wirtschaftliche Dinge gekümmert. Von der Betriebsführung erfuhren sie nichts. Seit sie aber durch das Betriebsrätegesetz verankert sind kümmert sich jeder intelligente Arbeiter und Angestellte immer intensiver um die Gesetze der Wirtschaft und die Voraussetzung einer modernen Betriebsführung.

Es ist erklärlich, dass in der Nachkriegszeit die Leistung stark zurück gegangen ist. Es ist bekannt, dass die Ernährung so schlecht war, dass man beim besten Willen eine höhere Arbeitsleistung von niemanden verlangen konnte.

...Der Bericht beschäftigt sich dann mit dem Mangel an beruflicher Schulung und dem Rückgang des Leistungswillens, der auf psychologische Ursachen zurückgeht. Der Bericht stellt fest, dass „dort wo die Leitung der Betriebe den Sorgen und Wünschen der Belegschaft Verständnis entgegenbrachte, die Arbeitsmoral und der Leistungswille der Arbeiter meist keine Wünsche offen ließen."

...aber andere finden es zweifellos richtig so, wenn er sagt, dass der technischen Rationalisierung des Produktionsprozesses unter den konkreten Maßnahmen für die Steigerung der Produktivität ein erster Platz einzuräumen ist und eine Verbesserung der Betriebsorganisation Platz zu greifen habe. „Die mit der Erhebung betrauten Fachleute – sagt der Bericht – haben festgestellt, daß die innerbetriebliche Organisation der einzelnen Betriebe noch stark verbesserungsfähig ist. Die modernen Erkenntnisse der Betriebs- und Arbeitswissenschaft sind noch weitgehend unbekannt: viele Betriebe arbeiten noch nach Methoden, die bereits vor zwanzig oder dreißig Jahren rückständig waren." (Werkszeitung, 5. August 1949: 113)

Bessere Schulung und Einbindung der Arbeitnehmer in die Betriebsorganisation wurde bereits als Thema im August 1949 publiziert. Es ist ein Themenpunkt, der auch bei den Studien von Kern/Schuhmann 20 Jahre später auftaucht und erforscht wird.

„Jede Betriebsorganisation strebt nach durchgreifender Regelung und Kontrolle aller Funktionen, nach Mechanisierung und Maschinisierung. Diese Tendenz setzt sich in den umfassenderen Organismus, den Staat hinein fort: die Omnipotenz des Staates, die Totalisierung seiner Eingriffe ist die Folge. Es erstirbt die Freiheit, die geistige Kultur, die persönliche Würde und das Glück der Menschen.

Ein Gutteil des Pessimismus, der Ratlosigkeit und Richtungslosigkeit unserer Zeit ist die Folge dieser Anschauung. Man sieht sich in einer ausweglosen Situation und verzweifelt – oder man predigt Rückkehr ohne sich eine solche ernstlich vorstellen zu können – oder man lebt dem Augenblick!

Der Zug zur Mechanisierung ist unverkennbar, eine Umkehr wäre nicht nur unmöglich, sie wäre auch verfehlt! Denken wir doch einmal den begonnen Entwicklungsprozeß einer modernen Fabrik konsequent zu Ende – das ist nicht gar so schwer, wir haben ja einige praktische Beispiele vor uns: je weiter die Durchorganisierung und Mechanisierung fortschreitet, desto überflüssiger wird in einem Betrieb der Mensch als Arbeiter. Je geregelter, spezialisierter und damit vereinfachter seine Funktionen werden, desto eher können sie durch Maschinen ersetzt werden – u. sie werden ersetzt! Am Ende dieser Entwicklung steht nicht der mechanisierte Mensch – sondern die automatische Fabrik! Und nicht eine solche Fabrik, sondern tausend Zehntausende – so viele, wie nötig sind, um alle notwendigen Lebensbedürfnisse zu erzeugen. Um nicht nur Fabriken, sondern auch Verkehrsmittel und viele Verwaltungsfunktionen können und werden automatisiert werden." (Werkszeitung, 20. Mai/5. Juni 1950: 82ff)

Der Weg von der Mechanisierung zurück, nicht der mechanisierte Mensch, sondern die automatisierte Fabrik wurde bereits 1950 publiziert. Im schleichenden Übergang dauerte es noch einige Jahrzehnte, bis wir im Magnesitwerk nach „heutigen Gesichtspunkten" von einer automatisierten Fabrik sprechen.

Bereits 1950 wurde in einem Artikel der Werkszeitung der ÖAMAG eine Differenzierung zwischen den europäischen im speziellen den österreichischen Arbeitnehmern und anderen Arbeitnehmern mit ihren Zukunftsaussichten beschrieben. Der heutige Arbeiter, so hieß es, sei kein Maschinenbestandteil mehr, zu seiner Führung braucht man Qualitäten. Und weiter: Wie soll man diese Qualitäten herausfinden und wer soll es tun?

„Eine Hauptaufgabe menschlicher Gemeinschaften ist die richtige Auslese. Wir sehen in der Natur, wohin eine Art gerät, wen aus irgendeinem Grunde der natürliche Auslesevorgang nicht mehr funktioniert. Wir Menschen aber sind in einem Entwicklungsstadium angelangt, in welchem der blinde, grausame und verschwenderische Auslesevorgang der Natur durch bewusste Maßnahmen abgelöst werden muß. Versagen diese Maßnahmen, dann werden wir weiterhin, schlecht geleitet, von einer Katastrophe zur anderen dem Untergang zutaumeln – mit oder ohne Maschinen. Hier liegt die wahre Gefahr für die Menschheit, nicht in der Technisierung.

Gewiß, das enge Wirtschaftsgebiet ist hinderlich, wir müssen also fördern, was zur Bildung eines umfassenden Wirtschaftsorganismus führen kann. Aber noch etwas ist es, was sich bei uns einer Mechanisierung oft hinderlich erweist: das sind die eigenbrötlerisch erscheinenden Menschen. Seien wir uns dessen bewusst, dass diese hinderlichen Eigenschaften im Grunde Vorzüge sind: unsere Leute sind eben keine bloß reproduzierenden Maschinenbestandteile, sondern in verbreitetem Maße schöpferische begabt! Machen wir, soviel wir können, diese wertvollen Kräfte nutzbar

– das wird gewiß nicht leicht sein, aus verschiedenen Gründen, aber es ist mindestens ebenso nötig und nützlich wie die Erschließung eines großen Erdölvorkommens.“ (Werkszeitung, 20. Mai/5. Juni: 84)

Es wurde sowohl die Berufsausbildung präsentiert wie auch notwendige Reformen diskutiert. „Es wurde nach Bedarf ein Lehrling aufgenommen und als billige Hilfskraft und Laufbursch kam er von einem Schlosser zum anderen, wie es eben die Arbeitstage erforderten.“ (vgl. Werkszeitung, 20. Oktober 1947:70f) In dieser Zeit war niemand für die Ausbildung verantwortlich. Zu den Gesellenprüfungen wurden damals die freigewordenen Lehrlinge nicht zugelassen und konnten nur Hilfsschlosser sein. „Die Ablegung der Facharbeiterprüfung ist erst seit 1938 möglich.“ (Werkszeitung, 20. Oktober 1947:71)

In den Jahren nach Kriegsende kam es wieder zu einem normalen Ablauf der Lehre. Es wurde ein Lehrlingsbeirat ernannt. Dieser hatte die Aufgabe, als Bindeglied zwischen Firma und Lehrling zu fungieren. Es kam zur Ausarbeitung neuer Ausbildungsrichtlinien sowie zu kostenlosem Fachunterricht und Englischunterricht während der Dienstzeit. Wesentlich war zu dieser Zeit auch schon, dass die Lehrlinge einen gewählten Vertreter aus ihrer Mitte mit Mitspracherecht zu den Betriebsratssitzungen entsenden durften. Die Aufnahme der Lehrlinge geschah mittels Aufnahmeprüfung, wobei „die Kinder von besonders verdienstvollen und langdienenden Werksangehörigen bevorzugt werden“. (Werkszeitung, 20. Oktober 1947:70) Ausgebildet wurden die Berufe Schlosser, Elektriker, Tischler, Zimmerer und Maurer.

Die Lehrzeit begann mit einem Grundlehrgang, in dem die Grundkenntnisse gelehrt werden. Danach kamen die Schlosser in der Reihenfolge zum Schmiede-, Schweißer-, Dreher-, Hobler-, und Zeichenlehrgang. Die Lehrlinge kamen noch in die Garage, Elektrowerkstätte und die Werkzeugausgabe. Dazu gehörend gab es auch immer theoretischen Fachunterricht, Englisch und die Berufsschule. In der Lehrwerkstätte gab es die Möglichkeit, sich in der dazugehörigen Bibliothek in der Freizeit selbst weiterzubilden. Im Jahr 1947 war die Lehrwerkstätte als eigenständiger Betrieb selbstverständlich geworden. „Vor einem Jahrzehnt gab es noch keine geregelte und zweckmäßige Lehrlingsausbildung. Es gab damals keinen Unterricht und keinen vierwöchigen Urlaub.“

„Auf Anregung des Betriebsrates hat sich die Direktion bereit erklärt, den Lehrlingen unter 18 Jahren bis auf Widerruf einen freien Nachmittag pro Woche zu gewähren.“ (Werkszeitung 5. März 1948: 38) Auf diese Weise kamen die Lehrlinge auf eine 40-Stunden-Woche.

Freisprechungen von Lehrlingen

Die Lehrlinge wurden nach bestandener Facharbeiterprüfung am Ende der Lehrzeit als Schlosser in die Betriebe überstellt. Es wurde ausgeführt, dass das Lernen nie aufhört, aber jetzt die Eigenständigkeit beginnt. Das unbedingte Untergeordnetsein sollte aufhören, das eigene Geld werde verdient, die Abhängigkeit verringert, das eigene Leben beginnt, so die Ausführungen im Artikel. Weiter wird ausgeführt, dass die Facharbeiter- und Gesellenprüfung besonders in der Sparte der metallverarbeitenden Berufe arg überfüllt sind. Deshalb wurde die Prüfung ziemlich streng gehandhabt. Von 10 angetretenen Lehrlingen konnten 2 mit guten Erfolg, 5 weitere mit Erfolg bestehen. 3 Lehrlinge wurden wegen ungenügenden theoretischen Kenntnissen nicht zur praktischen Prüfung zugelassen.

Im Artikel wird die Frage gestellt: Warum? Trotz der Lehrwerkstätte, dem Fachunterricht und der Prüfungsvorbereitung, wo auch noch das nötige Wissen vermittelt wird, gibt es noch eine Erklärung.

„Natürlich ist – wie überall – das eigene Wollen auschlaggebend. Die noch häufig beobachtete, vielleicht teilweise Gleichgültigkeit macht sich gerade hier bemerkbar und trägt an manchem Nichtgelingen die Hauptschuld. Und das muß anders werden. Eine Wendung kommt doch nur den Beteiligten selbst zugute.“ (Werkszeitung, 20. April 1948: 62)

Überalterung der Facharbeiterschaft; Wege zur Lösung des Nachwuchsproblems: Die österreichische Qualitätsarbeit hatte einmal Weltruf, die Wertschätzung bestimmten die Menschen. Den berufslosen älteren Jahrgängen sollte die Möglichkeit zur Ablegung der Facharbeiterprüfung nach dem Ende der Lehrzeit gegeben werden. Die Befürchtung, dass das Gewerbe dagegen wäre, wurde hier ausgeführt. „Das Handelsministerium und die Bundeshandelskammer streben die Aufhebung des Gesetzes vom September 1939 an, das die Gleichstellung des Industrie- mit dem gewerblichen Facharbeiter bestimmt, und die Wiederherstellung der §§ 97 und 98 des alten österreichischen Gewerberechtes; hier ist der Rückschritt Vater des Gedankens.“ (Werkszeitung, 5. August 1948: 114) Es bedarf einer genauen Planung, welche Berufe benötigt werden, so die Ausführungen.

„Selbstverständlich muss auf die persönlichen, geistigen und körperlichen Fähigkeiten, auf die Begabung der jungen Menschen weitgehend Rücksicht genommen werden. Es wird darauf ankommen, das Ausmaß der Ausbildung nach den Bedürfnissen vernünftig abzugrenzen und festzulegen, wer für die Ausbildung verantwortlich ist. (…) Eine Voraussetzung der Planung und Lenkung der Berufsausbildung wird die Neuregelung der Berufes sein. Ihre Bestimmungen nach dem Ausmaß der Tätigkeit. Man kann feststellen, daß durch die technische Entwicklung der letzten 50 Jahre, die manuellen Berufe kaum mehr als Lebensaufgabe angesehen wurden; dem gewerblichen Beruf war die Ethik entschwunden." (Werkszeitung, 5. August 1948: 114)

Wenn die Arbeit an Wert gewinnen sollte, muss man die Spezialberufe zu sinnvollen Berufsgruppen zusammensetzen. Hier wird ausgeführt, dass die Dreher, Maschinen-schlosser, Fräser, Hobler, Schleifer zur Berufsgruppe der Maschinenbauer zusammengefasst werden sollten oder die Blechschlosser, Konstruktionsschlosser, Bauschlosser, Spengler zur Gruppe der Bau- und Konstruktionsschlosser. Das Ziel dieser Bestrebungen, wurde ausgeführt, ist der manuellen Arbeit neue Werte zu geben.

Berufsausbildung auf neuen Wegen (Anton Proksch)

Es gibt zu wenige Facharbeiter, aber es finden Schulentlassene keinen Lehrplatz. Dieser Widerspruch gehört gelöst und Lehrplätze angeboten. Durch die technischen Änderungen produziert die Industrie Produkte die vorher das Gewerbe herstellte. Proksch schreibt, dass vorher die allgemeinen – gewerblichen Fortbildungsschulen errichtet werden müssten, um die Allgemeinbildung der Lehrlinge zu steigern. Die Lehrwerkstätten, die bald nach dem Ersten Weltkrieg von Großbetrieben errichtet wurden, konnten nur einen Teil der tatsächlichen Bedürfnisse befriedigen. „Die Berufsausbildung muss daher genauso wie die Schulbildung Angelegenheit der Gesamtheit werden. Sie ist es ja ohnehin zum Teil, denn die Kenntnisse für die höheren Berufe (…). (Werkszeitung, 5. März 1949:33f) Eine Gesamtlösung bringt so eine steigende Belastung für den öffentlichen Haushalt, aber die Einrichtung von öffentlichen Lehrwerkstätten sorgt für Qualitätsarbeit die notwendig benötigt wird, das ist eine Investition, wenn diese auch nicht für alle Berufe notwendig ist für die Berufsausbildung, müssten Betriebe der privaten Wirtschaft besonders gefördert werden und unter „Mitwirkung der Unternehmer und der

Arbeiter und Angestellten alle Möglichkeiten geprüft und möglichst rasch die notwendigen Entschlüsse gefasst und der Verwirklichung zugeführt werden."(Werkszeitung, 5. März 1949: 34)

Von der Formung der wertbewussten Arbeitspersönlichkeit: In einem vorhergehenden Artikel wurde die Forderung aufgestellt, die Lehrwerkstätten müssten von einer Leitstelle aus im ganzen Land gleich geführt werden. „(...) wenn man verhindern will, daß kostbare Arbeitskraft, Geld und Materialwerte unsinnig vergeudet werden. Wir müssen unbedingt vermeiden, daß in jeder Lehrwerkstätte nach eigenem Gutdünken herumexperimentiert wird." (Werkszeitung, 20. Juli 1949: 105) Die Steuerungsstelle sollte die Ausbildungsleiter und das Ausbildungspersonal zusammen-fassen. Der Zweck war ein Erfahrungsaustausch zur Verbesserung und Neuerstellung von Lehrgängen der Ausbildung. Die Betreuung umfasst nicht nur die „fachliche, technische oder handwerkliche Ausbildung der ein Anlernen von Fertigkeiten und Vermitteln von Wissen allen sondern vielmehr die Erziehung des ganzen jungen Menschen und Formung einer ausgeprägten Arbeitspersönlichkeit." (Werkszeitung, 20. Juni 1949: 105)

Von der modernen Berufsausbildung:

Die Schulbildung wurde im kurzen von der Volksschule bis zur Lehrwerksstätte beschrieben. Der Autor nahm Bezug auf die Forderung der Gewerkschaft nach staatlichen Lehrwerkstätten mit Internatsversorgung. Es wurde verwiesen, dass andere Staaten uns schon voraus sind. Es gibt Gründe dies zu machen, laut Ausführungen kann das mit Pro und Kontra diskutiert werden. Empfohlen wurde hier aber eine Stelle zu schaffen, die die Betriebe bei der Gründung und Führung von Eigenen- wie Bezirkslehrwerksstätten unterstützt. Der Vorschlag lautete das von den Nationalsozialisten im Jahr 1938 dem Reiche „gleichgeschaltenen, Österreichischen Institut für technische Arbeitsschulung, wieder ins Leben zu rufen (...) Unter reger Teilnahme der Handelskammer, der Arbeiterkammer, des Gewerkschaftsbundes, des Handelsministeriums sowie des Ministeriums für soziale Verwaltung müßte mit einem Stock moderne Betriebspsychologie und erfahrenen Praktiker diese wertvolle Arbeit der Zentralisten aller betrieblichen Erneuerungsbestrebungen wieder aufgenommen werden." (Werkszeitung, 5. Juli 1949: 97)

Freisprechfeier und Schulabschluss in der Lehrwerkstätte: Es konnte ein Lehrling mit sehr gutem Erfolg abschließen, was vorher seit 10 Jahren nicht gelungen war. Drei weitere konnten die Prüfung bestehen. Die Noten in der Berufsschule konnten im Schnitt von 2,63 auf 2,22 gesteigert werden. Es gab noch mehrere Auszeichnungen bei der Schulabschlussfeier. Die Zahl der jährlich frei werdenden Lehrlinge überstieg die Zahl der Facharbeiterstellen bei weitem. „Es ist nicht möglich, alle Freigesprochenen bei uns weiter zu beschäftigen, muß dieser Erfolg gut geheißen werden, denn die Besten aus ihren Reihen werden guten Nachwuchs für unseren eigenen Bedarf abgeben und jene, die in das allgemeine Wirtschaftsleben hinaustreten, werden auch dort ihren Mann stellen.“ (Werkszeitung, 20. August 1949: 124)

V. Replik des Autors

Das vorliegende Buch zeigt ein regional prägendes Unternehmen mit Verantwortungsübernahme für den wirtschaftlichen, gesellschaftlichen und den Bildungsfortschritt sowie den sozialen Ausgleich. Die oben genannten Themen wie auch die Erinnerungskultur sind im Überblick beschrieben. Im Kapitel – Im Sturm der politischen Systeme / Entnazifizierung – ist auf die Vorgänge dieser Zeit hingewiesen. Erinnerungen an Personen, die als Soldaten der Deutschen Wehrmacht dienen mussten oder die Darstellung von Menschen, die sich allein gegen das Unrechtssystem stellten und im Widerstand in der Zeit des Naziregimes einen sinnlosen Tod fanden, sollen zum Verständnis für die Geschehnisse dieser Zeit erkennbar bleiben.

Es ist nachzuverfolgen, dass die Arbeitnehmer/innen eines exportierenden Unternehmens, die international tätig sind, rasch erkennen, welche Probleme in einem komplexen Wirtschaftsunternehmen auftreten. Erfahrungsgemäß versuchen sie, diese gemeinsam zu lösen und bringen viel Verständnis für kulturelle Unterschiede auf.

Es erscheint dem Verfasser wichtig, deutlich zu machen, die Bildungspolitik nicht mit Wettbewerbspolitik gleichzustellen und gegenüber der notwendigen Individualität der Menschheit keine Schranken zu errichten, denn mit dem Hausverstand sind „wir in der Lage, die Welt um uns herum zu begreifen“. (MK 2012) Hausverstand ist, wenn ein Mensch in seinen Urteilen, mit Rücksicht auf seine (Lebens-)erfahrungen von praktischen Beispielen und Erfahrungen geleitet wird, jedoch methodische Datenerhebungen oder Lehrmeinungen unterstützend einbezieht.

Abb. 23, 24: Die Loyalität der Radentheiner Frauen zum Werk ist offenkundig, obwohl sie als „schwaches Geschlecht“ nicht immer fair behandelt wurden. Ihre Mitwirkung im Krieg und in der Nachkriegszeit galt als „selbstverständlich“. Danach wurden ihre Arbeitsverhältnisse prekär – die Frauen aus der Produktion wieder verdrängt. Und dennoch konnte das „Modell Radenthein“ nur mit dem Engagement der Frauen, die am Aufbau der Region ihren Anteil haben, gelingen. Frauen in der Magnesitproduktion (ca. 1947).

Der Ausgangstitel der nun vorliegenden Publikation „Vom Hausverstand zur Kompetenz“ kann wie folgt gesehen werden.

Wir Menschen lernen von der Kindheit bis zum Alter. Wir urteilen ohne Diskriminierung (Nationalitäten, Unterschiede zwischen Geschlechtern, gleichgeschlechtlich, Diskriminierung zwischen Arbeitnehmergruppen u.a.) und ohne Vorurteile. Wir bauen uns keine Schranken („im Kopf“) auf, wir Menschen sind individuell in der Lage, die Problematik, die Situation der Welt sowie des Individuums zu begreifen. Wir nehmen Rücksicht auf andere und bieten Lösungsvarianten an.

Der Autor arbeitet anhand eines „roten Fadens“ mit folgender Grundfragestellung: Was bedeutet Qualifikation? Wie haben sich die Anforderungen im Laufe der Zeit verändert? Wie wirken die sozialen Veränderungen auf die Qualifikation der Arbeiter im mikroregionalen Raum?

Im Buch wird ein Bild gezeichnet, dass die Stadtgemeinde Radenthein vor gut einem Jahrhundert noch ein bedeutungsloses, armes Dorf war. „Das damalige Budget dürfte wahrscheinlich auch kaum den Betrag überschritten haben, der heute von der Gemeinde in einem Monat allein für Fürsorgezwecke ausgegeben wird. (…) Mehr als 300 Neubauten sind im Gemeindegebiet entstanden u.a. ein Schulgebäude, um das uns viele Städte beneiden könnten, sowie ein modern eingerichteter Kindergarten.“ Die Erklärung findet Färber in den Eckpfeilern der Einnahmen der Gemeinde, des Kommunalbudgets mit dem Rückschluss auf das Magnesitwerk. Er verweist auf die anfangs ablehnende Haltung der Bauern gegenüber dem Werk, die nur das Primäre sahen, doch inzwischen – so Färber weiter – sind sie auch eines Besseren belehrt worden. Interessant sind die Ausführungen mit dem Wortlaut,

> „doch inzwischen hat die Zeit die damaligen Gegner längst eines Besseren belehrt. Die Kluft zwischen den ‚Eingeborenen‘ und ‚Zuagrasten‘ ist verschwunden und sowohl Bürger wie Bauer haben die wirtschaftliche Bedeutung des Magnesitwerkes für die Gemeinde und somit für die gesamte Bevölkerung schätzen gelernt. Aus der Fabrik sind die heutigen Magnesitwerke entstanden und aus dem Dörflein Radenthein ist eine bedeutende Industriegemeinde geworden; aus den verachteten ‚Fabriklern‘ die Bürger von heute. Und es ist geradezu symbolisch, daß vor einem Jahr zum erstenmal ein Arbeiter zum Bürgermeister gewählt wurde, ein Mann, der selbst nahezu schon vier Jahrzehnte in diesem Betrieb arbeitet.“ (Werkszeitung/Färber, 20. Juni 1947: 14)

In einer Nacherzählung über die Erlebnisse nach seiner Lehrzeit berichtete ein alter Rotierofenmeister, dass die (...)

> „ansässige Bevölkerung zur Umsetzung der Bauvorhaben nicht ausreichte, man hörte fast sämtliche Sprachen und Dialekte der damaligen Monarchie (...) Aber die Arbeit war schwer, sehr schwer sogar." (vgl. Werkszeitung, 28. August 1948: 130)

Betrachtet man die Entwicklung der Region über zwei oder drei Generationen hinweg, so könnte man die Frage, wer ist „einheimisch" und wer ist „fremd", vielfältiger definieren.

Es gab unzählige Veränderungen und soziale Verbesserungen. Das Werk bot einen besseren Verdienst. „Wer früher Knecht war wurde zum Herrn, verdiente mehr Geld, mehr als dreimal soviel pro Jahr als ihm der Bauer zahlte, drum zahlte er jetzt a feines Quartier und nahm die ‚Seine' mit", so lauteten die Ausführungen aus dem Gedicht des Jahres 1925. Die Zeiten der „schnell arbeitenden Hände" waren schnell vorüber, es kam zu höheren bildungsmäßigen Anforderungen. Die langfristige (volks-)wirtschaftliche Sichtweise der Firmengründer im Zuge des Aufbaus geschah mit dem Bau der Volksschule(1924), der Hauptschule Radenthein (1927) und dem Bau des Kindergartens (1931). Zusammen mit der Errichtung von Bibliotheken, der Förderung von Sportvereinen hoben diese Unterstützungen den Bildungsstandard der Menschen für die Region, damit konnte man gezielt das Arbeitskräftepotential für das Magnesitwerk heben.

Die Definition von Qualifikation bestand ursächlich darin, die Arbeitnehmer/innen aufzuklären und fortzubilden. Auch wurde die politische Bildung und Aufklärung ernst genommen. Damit wurde die Demokratie stabilisiert und das Verständnis für sie gefördert. Die Radentheiner Werksarbeiter erhielten so Informationen über die Entstehung der Einführung des Arbeitsrechtes, den Arbeitsschutz (8-Stunden-Tag), Grundsätze der Arbeitslosenversicherung, die gesetzliche Verankerung des Urlaubanspruches, über das Gesetz der Arbeiterkammern und auch das neue Jugendschutzgesetz. Dass viele Rechtsnormen bei ihrer Entstehung einen Kompromiss darstellten, wurde erläutert. Wesentlich und deutlich war die Schulung für die Demokratie und gegen totalitäre Systeme.

(...) Wir heutigen erinnern uns noch sehr gut an die faschistische Propaganda von der ‚Quatschbude' und von der ‚Krippe', an der sie alle fressen (...) Wir wissen jetzt sehr genau, warum sie uns einreden wollten, daß sich die große Masse nicht um die Politik kümmern sollte und es wenigen ‚Führern' überlassen bleiben sollte (...). Was dabei herausgekommen ist (...), das haben wir schaudernd am eigenen Leib verspürt. Wir wollen nicht mehr, daß sich ähnliches noch einmal ereignet (...). (Werkszeitung, 5. Februar 1948: 19)

Die gemeinsame Bildungsarbeit (z.B. über die Firmenzeitung) mit Berichten der Firmenleitung, des Betriebsrates und der Gewerkschaft über die Gesetze, den Kollektivvertrag und die politische Situation brachte auch für die folgenden Jahre Stabilität und Fortschritt innerhalb der Belegschaft. Es wurde auch über Veränderungen, die im Sinne der Sozialpartnerschaft verhandelt wurden, als auch über die Kompromisse in der Wirtschaftspolitik, dem Arbeitsrecht und die Fortschritte der Sozialpolitik berichtet und informiert. Das demokratische Gesellschaftssystem wurde so gefestigt.

Oskar Negt schreibt, dass es für nicht-demokratische Gesellschaftsordnungen ausreicht, „wenn das ganze Wissenschafts- und Bildungssystem darauf abgestellt ist, den Leistungsbewussten Mitläufer mit den nötigen Qualifikationen auszustatten. Der Bildungsbegriff, der für eine demokratische Gesellschaftsordnung erforderlich ist, hat eine ganz andere Qualität."

Achten wir, dass Schulungen, die nur noch Produktivitätssteigerung als inhaltliches Ziel haben, für die notwendigen Elemente wie Zusammenhalt, (Ver-)bindung und Entwicklung konterkarierend für eine demokratische Gesellschaft sind. „Die Bindungsbedürfnisse verschwinden nicht, ganz im Gegenteil, sie werden angesichts ohnmächtiger Praktiken der Krisenbewältigung verstärkt und richten sich dann auf undemokratische Verfahrensweisen."

„Denn Demokratie ist, wie ich bereits gesagt habe (...) die einzige politische Ordnung, die gelernt werden muss, nicht ein für alle und durch Aneignung bestimmter Regeln (das vielleicht auch) besonders von Kindheit an bis ins hohe Alter hinein." (Negt 2012)

Der Betriebsrat berichtet in der Werkszeitung über Begünstigungen für ehemalige politische Häftlinge. Aufgrund des SV-Überleitungsgesetzes wurden Personen, die in der Zeit vom 4. März 1933 bis 9. April 1945 aus politischen Gründen (außer nationalsozialistischer Betätigung) in der Sozialversicherung einen Nachteil erlitten haben, entsprechend begünstigt. Aufklärungsarbeit über z.B. das Betriebsrätegesetz, das Kollektivvertragsgesetz und die Sozialpartnerschaft wurde intensiv geleistet. Durch die Sozialpartnerschaft wurde diese Region entwickelt. Durch die Industrialisierung und gewerkschaftliche Organisation wurde die Region von Radenthein geprägt. Der englische Historiker Hobsbowm bezeichnete die Arbeiterbewegung als „soziales Phänomen". Die Arbeiter bekamen Zugang zur Erwerbsarbeit gegen Entgelt, die Arbeitszeit wurde reduziert, es gab Möglichkeiten zur Bildung und eine Entwicklung zu sozialem und wirtschaftlichem Wohlstand. Die gemeinsame Entwicklung, sprich Sozialpartnerschaft hat sich trotz auch oftmaliger Kontroversen ausgezeichnet.

> „Die Männer, die hier wie dort am Werke sind, bilden die Gewähr dafür, dass auch weiterhin auf dem Gebiete der sozialen Betreuung Vorbildliches geleistet wird. Die gewählten Vertreter unserer Arbeiter und Angestellten trachten in den Sitzungen des Zentralbetriebsrates alle Fragen der Sozial- und Lohnpolitik einvernehmlich mit der Werksleitung zu lösen." (Hütter 1948: 47)

Wissen, Information und Mitbestimmung mit durchgängigen Chancen zur persönlichen (Bildungs-)Entwicklung gehörte zum „reality-of-life" in der Zweiten Republik. Ein wichtiger Ansatz aus dem Jahr 1949 war jener von der Formung der wertbewussten Arbeitspersönlichkeit. Hingewiesen wurde, dass die Betreuung nicht nur die „fachliche, technische oder handwerkliche Ausbildung oder ein Anlernen von Fertigkeiten und Vermitteln von Wissen zu umfassen hat. Vielmehr soll auf die Erziehung des ganzen jungen Menschen und Formung einer ausgeprägten Arbeitspersönlichkeit Wert gelegt werden".

Man müsse allen alles lehren, so sinngemäß Comenius, jedoch nicht, „daß wir von allen die Kenntnisse aller Wissenschaften und Künste (und gar eine genaue und tiefe Kenntnis) verlangten. Das ist weder an sich nützlich noch bei der Kürze unseres Lebens irgendjemandem überhaupt möglich... Aber über Grundlagen, Ursachen und Zwecke der wichtigsten Tatsachen und Ereignisse müssen alle belehrt werden, die nicht nur als Zuschauer, sondern auch als künftig Handelnde in die Welt eintreten." (J.A. Comenius zit. n. Gruber 2001: 165)

Mit den Umstrukturierungen der Wirtschaft in Österreich wurde aus betriebswirtschaftlicher Sichtweise „Bildung zur Seite gestellt" und Qualifikation forciert. Trotz einseitig wirkender und steigenden Qualifikationsanforderungen lebt die Hoffnung, dass die Arbeitnehmer nicht vollständig von den folgenden demokratischen Problemen entkoppelt werden. Das Problem der Definitionen von Bildung ist aber tiefergreifend. Es wird bereits sichtbar, dass „Bildung“ zugunsten von Schulung und Qualifikation an Bedeutung eingebüßt hat. Dieser Trend vollzieht sich vor allem seit Anfang der 1970-er Jahre, und es wurde das Wort Bildung immer mehr durch den Begriff Qualifizierung oder auch durch „lebenslanges Lernen“ ersetzt.

„Die berufliche Bildung sollte nicht mehr lediglich als fachliche Ertüchtigung, als Zurüstung für die Erfüllung vorgegebener Anforderungen gesehen werden“, sondern „zur aktiven Mitwirkung an der Humanisierung der Arbeit und an der Demokratisierung der Betriebe und der Wirtschaft befähigen.“ (Lempert zit. n. Gruber 1996: 197)

Wichtig ist, dass es gelingt die Bildungspolitik nicht mit Wettbewerbspolitik gleichzuschalten und der notwendigen Individualität der Menschheit keine Schranken vorzusetzen. Kurzfristig dominiert wirkt damit, laut Negt, das verständnisschwache Lernen, es wirkt zerstörend. Ein anderer Zugang ist jener von Bildung als das Anlegen von Vorräten, als eine Art Lagerhaltung, die aufbewahrt, was man nicht sofort braucht, was aber in der Lebensperspektive notwendige kritische Potentiale der Weltauffassung bewahrt.“

Es war/ist/bleibt und folgt, „dass nichts bleibt, wie es war“. (MK 2018) Die Hoffnung „Habe Mut, dich deines eigenen Verstandes zu bedienen!“ lebt.

VI. Anhang

Literaturverzeichnis

Hannes Androsch, Österreich 1945 – 2005. In: Wirtschaft und Gesellschaft. Wien 2005.

Anton Benya, Mein Weg – Lebenserinnerungen eines langjährigen ÖGB-Präsidenten. Wien 1992.

Armin Bernhard, Grundbegriffe der Pädagogik: Bildung. In: Armin Bernhard/Lutz Rothermel (Hg.), Handbuch Kritische Pädagogik. Eine Einführu

ng in die Erziehungs- und Bildungswissenschaft. Weinheim, Basel 2001. S. 62 – 73.

Peter Blossfeld, Höherqualifizierung und Verdrängung – Konsequenzen der Bildungsexpansion in den Siebziger Jahren. In: Max Haller/Walter Müller (Hg.), Beschäftigungssystem im gesellschaftlichen Wandel. Frankfurt/New York 1983. S. 184 – 240.

Rainer Michael Bodensohn (Hg.), Die inflationäre Anwendung des Kompetenzbegriffs fordert die bildungstheoretische Reflexion heraus. Themenheft „Kompetenzen und Kompetenzmessung“ der Zeitschrift für empirische Pädagogik, Periodikum des Zentrums für empirische Pädagogische Forschung in Landau 2002.

G. Brandenburg, Berufliche Weiterbildung und Arbeitsmarktpolitik. In: A. Weymann (Hg.), Handbuch für die Soziologie der Weiterbildung. Darmstadt 1980.

Ders., Weiterbildung und Arbeitsmarktpolitik. Göttingen 1975.

Christoph F. Buechtemann, Veränderungen bei der Nachfrage nach beruflichen Fähigkeiten. In: CEDEFOP - Europäisches Zentrum für die Förderung der Berufsbildung. AGORA - I „Die Zunahme von höheren Bildungsabschlüssen und ihre Verteilung am Arbeitsmarkt: Lehren aus der Vergangenheit und Fragen für die Zukunft“. Thessaloniki 1997.

Bundeskanzleramt, Sektion für Wirtschaftliche Koordination (Hg.), OECD-Wirtschaftsberichte 1984/85 Österreich. Wien 1985.

Bundesministerium für Unterricht – wissenschaftliche Abteilung (Hg.), Bildungsplanung in Österreich. Band 1. Wien/München 1963.

Herbert Dachs/Herbert Kramer/Wolfgang C. Müller/Emmerich Tálos, Historische Entwicklung. In: Herbert Dachs u.a. (Hg.), Handbuch des politischen Systems Österreichs. 2. Aufl. Wien 1992. S. 11 – 80.

Franz Decker, Handbuch der Weiterbildung für die Praxis in Wirtschaft und Verwaltung – Grundlagen und neue Ansätze in der Weiterbildung. München/Wien 1984.

Barbara Dietsche/Heinz H. Meyer, Literaturauswertung Lebenslanges Lernen und Literaturnachweis zur Literaturauswertung Lebenslanges Lernen. Anhang 3 und Anhang 4 zur Strategie für Lebenslanges Lernen in der Bundesrepublik Deutschland. Im Auftrag des BLK Ad-hoc-AG „Strategiepapier Lebenslanges Lernen“. Deutsches Institut für Erwachsenenbildung 2004.

Karl Dinklage, Geschichte der Kärntner Arbeiterschaft, Bd. II. Klagenfurt 1982.

Helmut Engelbrecht, Geschichte des österreichischen Bildungswesens. Erziehung und Unterricht auf dem Boden Österreichs von 1918 bis zur Gegenwart. Band 5. Wien 1998.

Hans-Jochen Gamm, Grundlagen der Pädagogik: Allgemeine Pädagogik. In: Armin Bernhard/Lutz Rothermel (Hg.), Handbuch Kritische Pädagogik. Eine Einführung in die Erziehungs- und Bildungswissenschaft. Weinheim, Basel 2001. S. 28 – 37.

Wilhelm Günther/ Werner Paar (Hg.), Vom Rohmagnesit zum feuerfesten Magnesitstein; Österreichische und ausländische Magnesitproduktion, Weltexport und Konkurrenz. Hrsg. Bergbaumuseum Leogang, Hütten 1997.

Herwig Gräbner, Rohstoff- & Produktionsstandort Radenthein 1908 – 1971. Die Industrie- und Fremdenverkehrsgemeinde Radenthein. Graz 1971. (Dissertation Karl-Franzens-Universität, unveröffentlicht.)

Elke Gruber, Beruf und Bildung – (k)ein Widerspruch. Bildung und Weiterbildung in Modernisierungsprozessen. Innsbruck/Wien 2001.

Elke Gruber, Neuere Konzepte und Theorieansätze in der beruflichen Bildung – dargestellt am Beispiel der Schlüsselqualifikationen. In: Gerhard Bisovsky/Christian Stifter (Hg.), Wissen für Alle. Beiträge zum Stellenwert von Bildung und Demokratie. Wien 1996. S. 193 – 213.

Georg Hahn, Die Krise der Erwachsenenbildung: Zwischen Taylorismus und Lean Production. In: Gerhard Bisovsky/Christian Stifter (Hg.), Wissen für Alle. Beiträge zum Stellenwert von Bildung und Demokratie. Wien 1996. S. 214 – 247.

Martin Heidenreich, Arbeitsorganisation und Qualifikation. In: H. Luczak /W. Volpert (Hg.), Handbuch Arbeitswissenschaft. Stuttgart 1997. Schäffer-Poeschl: S. 696 – 701. (Internet: http://www.sozialstruktur.uni-oldenburg.de/25296.html; Abfrage am 28. November 2011; vorliegende Fassung, Aufsatz pdf. Seitenzahl 1 bis 8)

Friedrich Hödl/Robin Schmitdt-Withley, Die Geschichte der österreichischen Magnesit-Industrie und der RHI AG. Hg.: RHI AG. Leoben 2011.

Susanne Huss, Von der Bildungsexpansion zur Ware Bildung. Bildung im Netz von Wirtschaft, Politik und Gesellschaft in der zweiten Hälfte des 20. Jahrhundertes. München/Wien 2008.

Peter Ibounig, Die Wirtschaft und Gesellschaft Kärntens im Spiegel der Statistik: Ein Überblick der Entwicklung im 20. Jahrhundert. In: Grubenhunt & Ofensau. Vom Reichtum der Erde. Kärntner Landesausstellung Hüttenberg/Heft 29. April bis 29. Oktober 1995. Klagenfurt 1995. S. 423 – 430.

Wieland Jäger/Hans Joachim Mayer, Sozialer Wandel in soziologischen Theorien der Gegenwart. Wiesbaden 2003.

Horst Kern/Michael Schumann, Das Ende der Arbeitsteilung? Rationalisierung in der industriellen Produktion: Bestandsaufnahme, Trendbestimmung. München 1990.

Siegfried Lamnek Qualitative Sozialforschung. 4. Auflage. Weinheim, Basel 2005.

Edmond Langer, Die Verstaatlichungen in Österreich. Wien 1966.

Werner Lenz, Demokratie und Bildung. Widersprüche in Bildung und Gesellschaft. In: Gerhard Bisovsky/Christian Stifter (Hg.), Wissen für Alle. Beiträge zum Stellenwert von Bildung und Demokratie. Wien 1996. S. 11 – 21.

Karl Maier, Geschichte Werk und Ort Radenthein (unveröffentlicht). Radenthein 1987.

Philipp Mayring, Einführung in die Qualitative Sozialforschung. Eine Anleitung zu qualitativem Denken. 5. Auflage. Weinheim/Basel 2002.

Karl Marx/Friedrich Engels, Werke. Band 19. 1. Aufl. Berlin-Ost 1962.

Karl Marx/Friedrich Engels, Werke. Die deutsche Ideologie. Band 3. Berlin 1981.

Eva Matthes, Geisteswissenschaftliche Pädagogik. Ein Lehrbuch. München 2011.

Gertraud Mikl-Horke, Industrie- und Arbeitssoziologie, Arbeits- und Industriesoziologie. München/Wien 1991.

Oskar Negt, Gesellschaftsentwurf Europa. Plädoyer für ein gerechtes Gemeinwesen. 1. Auflage. Göttingen/Stuttgart 2012.

Österreichisches Institut für Wirtschaftsforschung (Hg.), Monatsbericht 11/1982, Wien 1982.

Österreichisches Institut für Wirtschaftsforschung (Hg.), Monatsbericht 12/1982, Wien 1982.

Österreichisches Institut für Berufsbildungsforschung, Betriebliche Weiterbildung von Facharbeitern in der Industrie. Wien 1983.

Österreichisches Institut für Berufsbildungsforschung, Betriebliche Weiterbildung von Facharbeitern im Gewerbe. Wien 1982.

Ulrike Payer, Die Wirtschaftsräume der Österreichisch-Amerikanischen Magnesit Aktiengesellschaft. Wien 1984. (Diplomarbeit, unveröffentlicht.)

Stadtgemeinde Radenthein (Hg.), Eine Chronik in 2 Teilen. Teil 1: Von den Anfängen bis 1930 bearbeitet von Wolfgang Kury nach Franz Türk: Lit: 13 – 264. Teil 2: Erlebte Geschichte von 1930 bis 1990 aufgezeichnet von Othmar Schmölzer: Lit: 265 – 599. Klagenfurt 1996.

Horst Siebert, Didaktisches Handeln in der Erwachsenenbildung. Didaktik aus konstruktivistischer Sicht. 4., aktualisierte und erweiterte Auflage. München 2003.

Ders. Theorien für die Praxis. Studientexte für die Erwachsenenbildung. Bielefeld 2004.

Alfred Sohn-Rethel, Geistige und körperliche Arbeit. 2. Aufl. Frankfurt am Main 1972.

Erich Spanring, Erarbeiten einer Logistigkonzeption für die Österreichisch-Amerikanische Magnesit Aktiengesellschaft in Radenthein, einem Unternehmen der Feuerfestindustrie Radenthein. (Dissertation Montanuniversität Leoben 1986, unveröffentlicht.)

Horst Speicher, Kritisches Lexikon der Erziehungswissenschaft und Bildungspolitik. Im Auftrag der päd. extra Redaktion. Reintek bei Hamburg 1975.

Wolfgang Speiser, Volksbildung nach 1945. Wien 1982.

Wolfgang H. Staehle, Management. Eine verhaltenswissenschaftliche Perspektive. 6. Auflage. München 1991.

Bernd Thalbauer, 25 Jahre Kärntner Wirtschaftsgeschichte 1951 – 1976. 125 Jahre Handelskammer Kärnten. Klagenfurt 1976.

Hellwig Valentin, Der Sonderfall. Kärntner Zeitgeschichte 1918 – 2004/08. Klagenfurt-Laibach-Wien 2009.

Ders., Nationalismus oder Internationalismus? Arbeiterschaft und nationale Frage mit besonderer Berücksichtigung Kärntens 1918-1934. Klagenfurt 2000.

Wilhelm Wadl/Alfred Ogris, Das Jahr 1938 in Kärnten und seine Vorgeschichte. Ereignisse – Dokumente – Bilder. Klagenfurt 1988.

August Walzl, „Als erster Gau…“ Entwicklungen und Strukturen des Nationalsozialismus in Kärnten. Klagenfurt 1992.

Georg Walter/Ulrike Sattel/Anna-Maria Schmitz (Kursautor/innen), Arbeitsorganisation und Qualifikationsstruktur. KH 2. Fachbereich Erziehung-, Sozial- und Geisteswissenschaften. Fernuniversität/Gesamthochschule Hagen 1991.

Thomas Zeloth, Bevölkerungsbewegung und Wirtschaftswandel in Kärnten 1918 – 2001. Band 86. Klagenfurt 2002.

Zeitungen/Zeitschriften

Kleine Zeitung; 15. Oktober 1981: ÖAMAG: Kündigung auch nach der Qualifikation

Kleine Zeitung; 10. September 2011: Meine Karrriere, Eine Studie zum Thema Lebens- und Arbeitsstil der 20-Jährigen.

Kurier, 17. November 1981: Radenthein: Weitere 200 wurden gekündigt

Die Neue Zeit: Tageszeitung für Kärnten und Osttirol; Erscheinungsort Klagenfurt; Verlagspostamt Klagenfurt; 18. Jahrgang/Nummer 282; Klagenfurt, Freitag, den 6. Dezember 1963

Die Neue Zeit: Tageszeitung für Kärnten und Osttirol; Erscheinungsort Klagenfurt; Verlagspostamt Klagenfurt; 18. Jahrgang/Nummer 283; Klagenfurt, Samstag, den 7. Dezember 1963

Die Neue Zeit: Tageszeitung für Kärnten und Osttirol; Erscheinungsort Klagenfurt; Verlagspostamt Klagenfurt; 18. Jahrgang/Nummer 286; Klagenfurt, Mittwoch, den 11. Dezember 1963

Gesetzesquellen

UN – Menschenrechtserklärung von 1948 Artikel 23

Bundesverfassungsgesetz vom 6. Februar 1947 BGBI Nr. 25/1947

BGBI Nr. 162/1949 - Streichung Minderbelasteter

Erstes Verstaatlichtengesetz BGBI Nr. 168/1946

Zweites Verstaatlichtengesetz BGBI Nr. 81/ 1947

Landesgesetz vom 20. Juli 1948 über Kleinsiedlerfond

Landesgesetz vom 20. März 1953 Über Kleinsiedlerfond

Verbotsgesetz StGBI. Nr. 13/1945; 8. Mai 1945.

Wirtschaftssäuberungsgesetzes (StGBI. Nr. 160/1945), 12. September 1945 (Novellen vom 16. 11. 1945 (StGBI. Nr. 39/46 und vom 13. 12. 1945 (StGBI. Nr. 41/1946)

Werksgenossenschaftsgesetz BGBI Nr. 169/1946

Quellen Kärntner Landesarchiv

Landesarchiv: B) Anhaltelager / LH Piesch bittet um Trennung zwischen Schwer- und Minderbelasteten (7.5.1946) Der Landeshauptmann in Kärnten; Klagenfurt, May 7, 1946; AN: S.M.G.O; gezeichnet vom LH Sgd. Piesch Btr. Denazifizierungskomitee

Landesarchiv: Sicherheitswesen; A) Vertrauliche Lageberichte; Sicherheitsdirektion für Kärnten; Klagenfurt, 30,07,1946 - Staatspolizei - Tag Nr: 913/46; Wochenbericht Nr. 45; Das Problem der minderbelasteten inhaftierten Nationalsozialisten

Landesarchiv für Kärnten: Schreiben an die Stadtgemeinde Radenthein vom 27.10.1997 Betreff: Gedenktafel für die Opfer des 8. Mai 1945 – Überprüfung des Textes; Univ. Doz. Dr. Alfred Ogris.

Landesarchiv: Nr. 31 Wiederaufbau privater Wirtschaftsbetriebe; Radenthein Magnesitwerk; Betrifft: Zusätzliche Lebensmittel für das Magnesitwerk Radenthein. Klagenfurt, am 10. September 1947

Landesarchiv: Nr. 18 Radioansprachen

Radiorede (Der Empfang der Radiorede für den 25. 10. 46 (LH Piesch) wird bestätigt. Klgf., am 25.10.46) 24. Okt. 1946. Radiovortrag - Landeshauptmann Hans Piesch

Festschriften / Ansprachen / Werkszeitung

25-Jahr-Jubiläumsschrift 1908 – 1933 (schwarzes und weißes Buch).

40 Jahre Österreichisch- Amerikanische Magnesit Aktiengesellschaft Radenthein. Radenthein, Kärnten (1948). Eigenverlag der Gesellschaft. Für den Inhalt verantwortlich Obering. Luis Hütter. Radenthein.

Türk, Franz (1948): Aus der Entstehungsgeschichte Radentheins: Lit: 10

Die Benediktiner von Millstatt und die Georgsritter: Lit: 10 – 13.

Das Magnesitvorkommen wird entdeckt: Lit: 13 – 15.

(Dr. G. Zöpfl. Schrifttum: Kärnten, ein Reisehandbuch von Dr. G. Zöpfl ; Dorfleben im 18. Jahrhundert von Zwiedeneck-Südenhorst; Die Kunstdenkmäler Kärntens Bd. ½ von Dr. F. Novotny.)

Färber, Josef (1948): Vom Bauerndorf zur Industrie und Marktgemeinde: Lit: 15 – 16.

Hütter Luis (1948): Unsere Sozialen Einrichtungen: Lit: 39 – 47.

Rede von Generaldirektor DDr. Wolfgang Wick im Magnesitbruch Obermillstätteralpe am 16.7. 1964 anläßlich der Förderung der 10-millionsten Tonne Rohmagnesit

WIR, Ein Nachrichtenmagazin der General Refractories Company European Group, Eigentümer, Herausgeber und Verleger Österreichische-Amerikanische Magnesit AG Radenthein. Carintihia Klagenfurt. 1976/2.

Wir; Ein Nachrichtenmagazin der General Refractories Company European Group

75 Jahre ÖAMAG 1908 - 1983. Hg. General Refractories Company European Group (Hg.) (1983/5). Für den Inhalt verantwortlich: Dipl.-Vw Helmut Pichl, Radenthein. Schriftleitung: Dr. Kurt M. Maier. Druck:Carinthia Klagenfurt. Radenthein

100 Jahre Magnesit in Radenthein 1908 – 2008, Festschrift, Hrsg. RHI Rohstoff- & Produktionsstandort Radenthein 2008.Leoben: Druckerei Ges.m.b.H.

Erstausgabe: Werkszeitung der Österreichisch – Amerikanischen Magnesit Aktiengesellschaft Radenthein. 5. Juni 1947, 1. Jahrgang. Nr. 1.

Werkszeitung der Österreichisch – Amerikanischen Magnesit Aktiengesellschaft Radenthein. 20. Juni 1947, 1. Jahrgang. Nr. 2.

Werkszeitung der Österreichisch – Amerikanischen Magnesit Aktiengesellschaft Radenthein. 5. Juli 1947, 1. Jahrgang. Nr. 3.

Werkszeitung der Österreichisch – Amerikanischen Magnesit Aktiengesellschaft Radenthein. 20. Juli 1947, 1. Jahrgang. Nr. 4.

Werkszeitung der Österreichisch – Amerikanischen Magnesit Aktiengesellschaft Radenthein. 5. August 1947, 1. Jahrgang. Nr. 5.

Werkszeitung der Österreichisch – Amerikanischen Magnesit Aktiengesellschaft Radenthein. 20. September 1947, 1. Jahrgang. Nr. 8.

Werkszeitung der Österreichisch – Amerikanischen Magnesit Aktiengesellschaft Radenthein. 20. Oktober 1947, 1. Jahrgang. Nr. 9 – 10.

Werkszeitung der Österreichisch – Amerikanischen Magnesit Aktiengesellschaft Radenthein. 5. November 1947, 1. Jahrgang. Nr. 11.

Werkszeitung der Österreichisch – Amerikanischen Magnesit Aktiengesellschaft Radenthein. 20. November 1947, 1. Jahrgang. Nr. 12.

Werkszeitung der Österreichisch – Amerikanischen Magnesit Aktiengesellschaft Radenthein. 5. Dezember 1947, 1. Jahrgang. Nr. 13.

Werkszeitung der Österreichisch – Amerikanischen Magnesit Aktiengesellschaft Radenthein. 20. Dezember 1947, 1. Jahrgang. Nr. 14.

Werkszeitung der Österreichisch – Amerikanischen Magnesit Aktiengesellschaft Radenthein. 20. Jänner 1948, 2. Jahrgang. Nr. 2..

Werkszeitung der Österreichisch – Amerikanischen Magnesit Aktiengesellschaft Radenthein. 5. Februar, 2. Jahrgang. Nr. 3

Werkszeitung der Österreichisch – Amerikanischen Magnesit Aktiengesellschaft Radenthein. 5. März 1948, 2. Jahrgang. Nr. 5.

Werkszeitung der Österreichisch – Amerikanischen Magnesit Aktiengesellschaft Radenthein. 20. März 1948, 2. Jahrgang. Nr. 6.

Werkszeitung der Österreichisch – Amerikanischen Magnesit Aktiengesellschaft Radenthein. 5. April 1948, 2. Jahrgang. Nr. 7.

Werkszeitung der Österreichisch – Amerikanischen Magnesit Aktiengesellschaft Radenthein. 20. April 1948, 2. Jahrgang. Nr. 8.

Werkszeitung der Österreichisch – Amerikanischen Magnesit Aktiengesellschaft Radenthein. 1. Mai 1948, 2. Jahrgang. Nr. 9.

Werkszeitung der Österreichisch – Amerikanischen Magnesit Aktiengesellschaft Radenthein. 20. Mai 1948, 2. Jahrgang. Nr. 10.

Werkszeitung der Österreichisch – Amerikanischen Magnesit Aktiengesellschaft Radenthein. 20. Juni 1948, 2. Jahrgang. Nr. 12.

Werkszeitung der Österreichisch – Amerikanischen Magnesit Aktiengesellschaft Radenthein. 5. Juli 1948, 2. Jahrgang. Nr. 13.

Werkszeitung der Österreichisch – Amerikanischen Magnesit Aktiengesellschaft Radenthein. 5. August 1948, 2. Jahrgang. Nr. 15.

Werkszeitung der Österreichisch – Amerikanischen Magnesit Aktiengesellschaft Radenthein. 28. August 1948, 2. Jahrgang. Nr. 16.

Werkszeitung der Österreichisch – Amerikanischen Magnesit Aktiengesellschaft Radenthein. 5. Oktober 1948, 2. Jahrgang. Nr. 19.

Werkszeitung der Österreichisch – Amerikanischen Magnesit Aktiengesellschaft Radenthein. 20. Oktober 1948, 2. Jahrgang. Nr. 20.

Werkszeitung der Österreichisch – Amerikanischen Magnesit Aktiengesellschaft Radenthein. 20. Jänner 1949, 3. Jahrgang. Nr. 2.

Werkszeitung der Österreichisch – Amerikanischen Magnesit Aktiengesellschaft Radenthein. 5. März 1949, 3. Jahrgang. Nr. 5.

Werkszeitung der Österreichisch – Amerikanischen Magnesit Aktiengesellschaft Radenthein. 5. Juni 1949, 3. Jahrgang. Nr. 11.

Werkszeitung der Österreichisch – Amerikanischen Magnesit Aktiengesellschaft Radenthein. 20. Juni 1949, 3. Jahrgang. Nr. .12

Werkszeitung der Österreichisch – Amerikanischen Magnesit Aktiengesellschaft Radenthein. 5. Juli 1949, 3. Jahrgang. Nr. 13.

Werkszeitung der Österreichisch – Amerikanischen Magnesit Aktiengesellschaft Radenthein. 20. Juli 1949, 13. Jahrgang. Nr. 14.

Werkszeitung der Österreichisch-Amerikanischen Magnesit Aktiengesellschaft Radenthein. 5. August.1949. 3. Jahrgang. Nr. 15.

Werkszeitung der Österreichisch – Amerikanischen Magnesit Aktiengesellschaft Radenthein. 20. August 1949, 3. Jahrgang. Nr. 16.

Werkszeitung der Österreichisch – Amerikanischen Magnesit Aktiengesellschaft Radenthein. 5. September 1949, 3. Jahrgang. Nr. 17.

Werkszeitung der Österreichisch – Amerikanischen Magnesit Aktiengesellschaft Radenthein. 20. Oktober 1949, 3. Jahrgang. Nr. 20.

Werkszeitung der Österreichisch-Amerikanischen Magnesit Aktiengesellschaft Radenthein. 20. Mai/5. Juni 1950. 4. Jahrgang. Nr. 10/11.

Werkszeitung der Österreichisch – Amerikanischen Magnesit Aktiengesellschaft Radenthein. 20. Oktober 1950, 3. Jahrgang. Nr. 14/15.

Werkszeitung der Österreichisch – Amerikanischen Magnesit Aktiengesellschaft Radenthein. 20. November 1950, 4. Jahrgang . Nr. 16/17.

Radentheiner Nachrichten, Mitteilungsblatt der Fraktion der Gewerkschaftlichen Einheitsliste für das Magnesitwerk Radenthein. Mitte Oktober 1953. Nr. 5.

Der Radenthein Magnesitarbeiter, Mitteilungsblatt der Fraktion der Gewerkschaftlichen Einheitsliste für das Magnesitwerk Radenthein. August 1969. Nr. 3.

Der Radenthein Magnesitarbeiter, Mitteilungsblatt der Fraktion der Gewerkschaftlichen Einheitsliste für das Magnesitwerk Radenthein. Juni1974. Nr. 4

Der Radenthein Magnesitarbeiter, Mitteilungsblatt der Fraktion der Gewerkschaftlichen Einheitsliste für das Magnesitwerk Radenthein. März 1977. Nr. 1

Fraktion sozialistischer Gewerkschafter im Arbeiterbetriebsrat der ÖAMAG Magnesitwerk Radenthein (Hg.) (Juli 1980): Der Standpunkt. (Zeitung)

Fraktion sozialistischer Gewerkschafter im Arbeiterbetriebsrat der ÖAMAG Magnesitwerk Radenthein (Hg.) (Jänner 1990): Der Standpunkt. (Zeitung)

Fraktion sozialistischer Gewerkschafter im Arbeiterbetriebsrat der ÖAMAG Magnesitwerk Radenthein (Hg.) (September 1991): Der Standpunkt. (Zeitung)

Interne Notizen und Protokolle / Arbeitnehmervertretung

Vertrauensratssitzung 11. Juni 1945

Vertrauensratssitzungen vom 11. und 18. Juli 1945

Protokoll über die Betriebsratssitzung am 18. 9. 1945

Betriebsrat des Mag. Werkes Radenthein/Kärnten – an die Entnazifizierungskommission in Spittal. Radenthein den 8.2.1946

Ferlach, 14. Februar 1946. Der Arbeiterbetriebsrat Kärntnerisches Eisen- und Stahlwerk

Schreiben an die Landesregierung Steiermark am 21. Februar 1946

Österr. Gewerkschaftsbund, Landeskartell Kärnten, Klagenfurt, Lidmanskyg. 20, Rundschreiben Nr. 5. Klagenfurt, den 25.2. 1946. (Wirtschaftssäuberung)

Schreiben Josef Pagitz: An den Betriebsrats-Obmann der Österr. Magnesit Aktiengesellschaft Radenthein, 7. März 1946

BR Kestag/ Ferlach an Arb. BR Öst. Magnesit Werke; Beurteilung über P... und K..: Bezug: Ihr Schreiben vom 9. d. J. 24.4.1946

Schreiben Österreichischer Gewerkschaftsbund, Landesexekutive Kärnten, Lidmannskygasse 20, An den Arbeiterbetriebsrat der Magnesit A.g. Radenthein 9. Mai 1946

Betriebsrat Mag. Werk Radenthein. An den Österreichischen Gewerkschaftsbund Landesexekutive Kärnten, Lidmannskygasse 20 Klagenfurt, 15.5.1946

Protokoll über die Betriebsratssitzung vom 26.6. 46 mit Verwalter Dr. Hauschka. (Lohnerhöhung)

Protokoll über die Betriebsratssitzung am 9.8.1946

Protokoll über die Betriebsratssitzung am 12.8.1946

Protokoll von der Betriebsversammlung vom 17. September 1946 (Referat von der Gewerkschaft Kazianka)

BR – Protokoll Nr. 9 (17.12.1946)

Schreiben Betriebsrat Magnesitwerk vom 18. 1. 1947 an ÖGB Kärnten z.h. Labg. Scheiber; Betrifft: Einstellung von Illegallen in das Werk Radenthein

Protokoll Nr. 13 über die BR-Sitzung vom 11. 3. 1947 (Dir. Dr. Hauschka)

Betriebsrat der Österreichischen Magnesit Aktiengesellschat Radenthein, 15. März 1947; gez. Liaunig –Arb.; Nikolasch Ang. (Abschrift)

Politische Beurteilung, 3.5.1947 von Dipl. Fritz v. Kahler; Friedrich Hoja, Ing. Rudolf Maurer; Alois Hütter; Einzelschreiben jeweils am 3.5.1947 von BRO Liaunig

BR-Protokoll Nr. 17 vom 12.6.1947 mit Dr. Hauschka (Badeangelegenheit)

Protokoll über die Betriebsratssitzung am 20. Juni 1947 (Thema Entgelt mit Dr. Hauschka)

Protokoll über die Betriebsratssitzung am 30. Juni 1947. (Dr. Hauschka)

Schreiben vom Österr. Gewerkschaftsbund Lex Kärnten vom 7.7. 1947. An den Arbeiterbetriebsrat des Magnesitwerkes Radenthein; Betrifft Ihr Schreiben vom 16.6. 1947

ÖGB – Kärnten Rundschreiben Nr. 7/47;(Seite 7; Wirtschaftsäuberung/ Ernährungsfragen Seite 3, Versorgungsausschüsse und ihre Kompetenzen Seite 4, Seite 5, Betriebsratswahlen neu Seite 6)

Der Betriebsratsobmann W. Liaunig Magnesitwerk Radenthein. An die Gewerkschaft der Metall und Bergarbeiter, z.H. H. Pirmann, Betrifft: Rente für Industriearbeiter. Radenthein, den 11. August 1947

Protokoll Nr. 21 BR-Sitzung 13.11. 1947 (Gen. Dir. Hauschka)

Interventionsschreiben Betriebsrat des Magnesitwerkes in Radenthein. An das Amt der Kärntner Landesregierung – Abteilung 11 – z.H. Herrn Landesrat M. Krassnig, Klagenfurt, Radenthein, am 22.11. 1947. Liaunig als Betriebsratsobmann (Unterstützt von Bgm. Radenthein Auffegger)

Arbeitsordnung ÖAMAG, 1948

Österreichischer Gewerkschaftsbund Bezirksleitung Spittal an der Drau, 13.1.1948, An alle Betriebsräte im Bezirk, Spittal – Drau)

BR – Protokoll vom 20.10 1949, (Werkswohnungen/ Bildungsreferat)

Resolution des Zentralbetriebsrates vom 27.10.1949

BR – Protokoll 20.12. 1949

Protokoll Nr. 7 über die BR-Sitzung am 4. Jänner 1950 aus O.1

Protokoll über die Betriebsräte und Gewerkschaftsfunktionär – Sitzung am 28.9.1950

An die Österreichische Bundesregierung und an alle Parteivorstände Wien, Fi/Re;Für die Arbeiterschaft der Österr.-Amerik. Magnesit A.G. 8. Jänner. 1952

ZBR-Protokoll Nr. 24 vom 18.3.1952. (Dir. Samitz)

Schriftverkehr Betriebsrat mit Personalabteilung vom 16.09. sowie 18.09.1952

ZBR – Protokoll Nr. 26 vom 1.4. 1953 (Mit H. GD Dr. Bargezi, Hr. Dir. Lanser, H. Dir. Riegger, Hr. Dir. Samitz, Hr. Dir. Dr. Wick)

Protokoll Nr. über die BR-Sitzung am 7.10. 1953 - Radenthein

Landesausschuss 30. Dez. 1953/ Zahl 1451/53

BR - Protokoll Nr. 59 vom 27. Jänner 1954 in Radenthein. (Hr. Dir. Samitz, Herr Mössler)

ÖAMAG Aktennotiz (ZBR vom 28. 04. 1954)

Aktnenotiz 18.5.1954 (Dir. Samitz an BRV Filipot)

Protokoll Nr. 63 über die BR-Sitzung am 9.2. 1955. Radenthein

BR-Protokoll Nr. 78 (1958)

Aktennotiz über die BR – Sitzung vom 30.12.1958 in Radenthein. (Betrifft: Kündigungen)

An den Vorstand der Österr. Amerikan. Magnest AG Radenthein 26.11. 1959, der Ang. Betriebsrat; Fleisch- und Wurstwarenversorgung unserer Werksangehörigen.

Protokoll Nr. 79 über die BR-Sitzung am 11.12.1959, Radenthein

BR - Protokoll Nr. 82 vom 13.7. 1960 in Radenthein

Abschrift von der Vorstand-Sitzung am 21.2.1962; Auszug aus BR-Protokoll Nr. 88 vom 13.2.1962

BR - Protokoll Nr. 90 vom 7.11 1962

BR - Protokoll Nr. 93 vom 17.4.1963 in Radenthein

Protokoll Nr. 99 über die BR-Sitzung am 25.6. 1964, Radenthein

BR - Protokoll Nr. 109 vom 9.12.1966. (Siedleraktion 1967)

BR - Protokoll Nr. 111 vom 4.7. 1967. (Bericht Dir. Samitz)

Protokoll Nr. 120 über die BR-Sitzung am 15.12.1969. (Betr. Arbeitszeitverkürzung gemäss Generalkollektivvertrag vom 26.9.1969)

Protokoll Nr. 121, BR-Sitzung 15. Juli 1970

BR - Protokoll Nr. 127 vom 16.9.1971 in Radenthein. (Bericht Dir. Samitz)

Protokoll Nr. 77 über die ZBR-Sitzung am 12.10. 1971 in Radenthein

BR-Sitzung 23.3.1972

Protokoll Nr. 135, über die gemeinsame Besprechung mit dem Arbeiterbetriebsrat des Werkes Radenthein am 1973 05 10 (Facharbeiter mit Meisterprüfung)

Protokoll Nr. 85 über die gemeinsame Sitzung mit dem Zentralbetriebsrat am 1974 06 17 in Radenthein

Protokoll Nr. 146 über die gemeinsame Besprechung mit dem Arbeiterbetriebsrat des Werkes Radenthein am 1975 02 18 (Lehrlingssituation)

Protokoll Nr. 150 über die gemeinsame Besprechung mit dem Arbeiterbetriebsrat des Werkes Radenthein am 1976-06-09.

Protokoll Nr. 151 über die gemeinsame Sitzung mit dem Arbeiterbetriebsrat des Werkes Radenthein am 1976 09 07.

Protokoll Nr. 159 über die gemeinsame Besprechung mit dem Arbeiterbetriebsrat des Werkes Radenthein am 1978 11 23 (Innerbetrieblicher Kurs für Facharbeiterprüfung)

BR - Protokoll Nr. 161 über die gemeinsame Besprechung mit dem Arbeiterbetriebsrat des Werkes Radenthein am 1979 10 16. (Bericht über die wirtschaftliche Lage)

Protokoll Nr. 162 über die gemeinsame Besprechung mit dem Arbeiterbetriebsrat des Werkes Radenthein am 1980 – 02 - 05

Protokoll Nr. 165 über die gemeinsame Besprechung mit dem Arbeiterbetriebsrat des Werkes Radenthein am 1980 11 25. (Bericht über die wirtschaftliche Lage)

Protokoll Nr. 167 über die gemeinsame Besprechung mit dem Arbeiterbetriebsrat des Werkes Radenthein am 1981 07 14. (Bericht über die wirtschaftliche Lage)

Protokoll Nr. 169 über die gemeinsame Sitzung mit dem Arbeiterbetriebsrat des Werkes Radenthein am 1982-09-01 (Personalabteilung, 1982-09-07; Pers. Abt./P/G)

Protokoll Nr. 171 über die gemeinsame Besprechung mit dem Arbeiterbetriebsrat des Werkes.

Protokoll Nr. 173 über die gemeinsame Besprechung mit dem Arbeiterbetriebsrat des Werkes Radenthein am 1984 07 03. (Bericht über die wirtschaftliche Lage)

Protokoll Nr. 182 über die gemeinsame Sitzung mit dem Arbeiterbetriebsrat des Werkes Radenthein am 1987 11 10. (Monatslohn für Arbeiter)

Protokoll Nr. 187 über die gemeinsame Sitzung mit dem Arb. BR 1989- 10-01. (Ansuchen um Förderung)

Protokoll Nr. 188 über die gemeinsame Sitzung mit dem Arbeiterbetriebsrat des Werkes Radenthein am 1990 04 25. (Facharbeiterlöhne)

Protokoll Nr. 62 über die Sitzung am 6. März 1990.

Protokoll Nr. 63 über die Sitzung vom 23. März 1990.

BR- Sitzung Arbeiterbetriebsrat am 1992-05-05.

Protokoll Nr. 191 über die gemeinsame Sitzung mit dem Arbeiterbetriebsrat am 1992-06-23. (Bericht über die wirtschaftliche Lage, Streichung der Lohngruppe IV /= S 108,47/ für Facharbeiter)

ZBR Radex (Prettner) an Vorstand Radex am 1992 10 12

BR-Protokoll Nr. 91 vom 7. 9. 1993

BR-Protokoll Nr. 109 vom 5.9. 1995

BR-Sitzung Nr. 114 am 19. Jänner 1996

BR-Sitzung Nr. 115 am 27. Februar 1996

BR-Protokoll Nr. 116 vom 29. April 1996

BR-Protokoll Nr. 119 vom 10. September 1996

BR-Protokoll Nr. 120 vom 31. Oktober 1996

BR-Protokoll Nr. 109 über die Sitzung am 5. 9. 1999

BR-Protokoll Nr. 145 über die Sitzung am 31. August 1999

BR-Protokoll Nr. 156 vom 10.4.2001

BR-Protokoll Nr. 2 vom 23.10.2001

BR-Protokoll Nr. 4 vom 19.12.2001

BR-Protokoll Nr. 26. mit Werksleitung vom 12.5. 2005

BR-Protokoll Nr. 33 vom 14. 7. 2006

Firmenleitung und allgemeiner Schriftverkehr

Ortsgruppe Radenthein, Liste der Anwärter vom 11.3.1938. Radenthein 10.5. 1938

Besprechungsprotokoll der Direktion mit den Vertrauensleuten der Arbeiterschaft vom 2. Juli 1945.

Besprechung mit dem Betriebsrat am 11.9. 1945.(Protok. Rad. 12.9.45 Dr.H/K =Dr. Hauschka)

Schreiben an das Landesarbeitsamt vom 30.1.1946; Dr. H/Kl.

Brief Wrulich Sebastian bei Frau Josefine, Auergasse 4/1, Klagenfurt Ost. Klagenfurt, am 13.2.46. An Herrn Dr. Bargezi, Direktor der Radentheiner Magnesitwerke.

Schreiben vom: Der Bürgermeister in Mooswald, Bezirk Villach, 2.6. 1946)

Aussage Wilhelm Leber, 23.8. 1946; Erhebungsabteilung des Landesgendameriekommando für Kärnten in Klagenfurt.

Schreiben der Betriebsleitung Elektrobetriebe 48/m Ing. Machner an den Betriebsrat des Magnesitwerkes Radenthein am 4. 9. 1946

Schreiben von: Rie/Ke; W8 159/Wa – 11.1 . 1947; 15.1. 1947

Vorstandsbeschlüsse vom 26. Juli sowie vom 6. und 14. August 1951 und des Aufsichtsratsbeschlusses vom 25. 9. 1951 sind mit der Gemeinde Verhandlungen geführt worden. (Kindergarten Radenthein)

Protokoll über die Vorstandssitzung am 8.12.51 in Radenthein; Radenthein; Sa/Ro, 11.12.1951. (Neue Heimat/Wohnungen Radenthein)

Schreiben von Pers. Abt./M/P.:Ra.; 20.01.1952

Von Einkauf, August 1957; Kaufhaus; Kostendeckende Preise: Meine Vorschläge:

Protokoll über die Vorstandssitzung am 3.9. 1957

An den Vorstand der ÖAMAG, Radenthein 13.Mai 1957; DG. Personalabteilung und Ang. BR – (Wohnraum ist mit 15. Mai datiert)

Buchhaltung an Vorstand, Radenthein vom 14. Juni 1960, MS/M

Aktennotiz: Pers. Abt./M/A; 6.2. 1961;Siedleraktion

Hans Samitz; Welfare 1961 und Investitionsantrag vom 12.9.1961. (Dir. Lanser und Dir. Riegger)

Aktennotiz, Wohnbauvorhaben Schusserboden; Anruf Nationalrat Dr. Weihsmann am 25.5. 1962, Radenthein; 25.5. 1962; Pers.Abt./M/A

Aktennotiz über eine Besprechung am 2.3.1962; Pers.Abt./M/A

Schreiben: Pers. Abt./M/A; 14.9. 1962; Radenthein. (Küchen)

Aktennotiz: Besprechung mit dem Arbeiter-Betriebsrat; Radenthein; 12.10. 1962; Pers.Abt./M/A.

An den Vorstand; Radenthein, 8.7. 1963; Pers.Abt./M/A. (Werkmeisterschüler)

Aktennotiz: Radenthein 15.7.1963 Pers. Abt./M/Ma. (Lehrlinge)

Schreiben: Pers.Abt./M/A, aus O. 1, Radenthein, 29.8.1963, An alle Betriebsleiter, Lohnbüro's und Betriebsräte.

Vorstandssitzung 28.8. 1963.

An den Vorstand, Vst. 15.11.63; Radenthein; 23.11.1963 Pers. Abt./;/A. (Wohnungen)

Aktennotiz: Pers. Abt./M/A 5.2.1964

An den Vorstand, Radenthein, 23.11.1964 Pers. Abt./M/A.(Arbeitskräfte Magnesitbruch)

Aktennotiz: Erhöhung der Mindestprämie in den Produktionsbetrieben; Radenthein., Pers. Abt./M/FL/A, 25.1.1966.

ÖAMAG: Radenthein, 23. November 1966; Pers.Abt. /M/A; Streng vertraulich. (Betrifft: Personal)

Aktennotiz:Pers. Abt M/FL/A, Radenthein 5.9.1967

Schreiben an Herrn Sis! - Dr. W/Be 11.10.1968

Schreiben an Herrn Bobrovsky! - 30.5.1970. (Pers.Abt./M/P)

Von Pers. Abt. /M/A; An Herrn GD. DDr. Wick; Radenthein, 14.2.1969

Von Dir. Klose 17.2. 1969; An GD. DDr. Wick; Zusammenfassung

Schreiben an den Arbeiter –Betriebsrat z. Handen BO Filipot; Radenthein 14. Oktober 1969

Aktennotiz: Pers. Abt./M/A, Radenthein 4.5.1970. (Gehälter)

Aktenvermerk: PB/Dr. Ei/Th; Radenthein, den 22. Mai 1970. Betrifft: Einstellung von 5 Schlossern für HW.

Vorstandssitzung 4./5. Juli 1974. (22.c. Siedleraktion)

Aktennotiz: Betrifft: Personal/ Besuch Dr. Dobernig, Stellv. Leiter Landesarbeitsamt, Amtsrat Bachner, Arbeitsamt Spittal/Drau am 1975 08 05 von Pers. Abt./M/A. (Lehrlinge, Personalsituation)

Auszug aus AV über Vorstandssitzung vom 75 04 01. Radenthein 1976 10 04; TH.

Schreiben: Lei/P; 1976 01 07.

Besprechungsprotokoll Lfd. Nr. 25/76, Unterricht in der Werksschule. BL-ET, Radenthein, 1976-08-25, Aus O. L., Ing. Pu/My,

Auszug aus AV über Vorstandssitzung v. 23. u. 24. Sept. 1976; Radenthein 1976 10 04; TH.

Aktenvermerk: Vorstandssitzung am 19. November 1976 in Radenthein. GD-DI Lei/ TH; Radenthein 1976 11 23.

Aktenvermerk vom 1977 02 24: Vorstandssitzung Radenthein am 18. Februar 1977. (Lehrlinge)

Schreiben: Pers. Abt./M/A; 1976 03 29.

Werk Radenthein aus E3 80/81, Lohn/Verdienste Arbeiter E 3 80/81, Basis August 81.

Schreiben: PD/ Dr. PÖ/Bi 7. Aug. 1980.

Aktenvermerk Vorstandssitzung 29. Jänner 1982

Auszug aus Aktenvermerk aus der AV vom 22. April 1981; Radenthein, 1981 04 30 GD-DI.Lei/Th

An die Personalabteilung, Radenthein, 1981 12 22. Betrifft: Auszug aus AV über Vorstandssitzung vom 15. Dezember 1981 in Radenthein. (6.) Personalsituation:Stand Personalreduzierung)

Schreiben: Österreichisch-Amerikanische Magnesit Aktiengesellschaft, Radenthein Kärnten. Der Vorstand, Radenthein, 2. Jänner, 1984, P/Sch

Personalabteilung: PA-FL/G, Radenthein, 1984-11-16. (Personal- und Sozialfragen, Personalpolitische Fragen)

Protokoll über die Besprechungen am 1984 12 20 in Radenthein zwischen Vorstand der GRE und Zentralbetriebsrat der österreichischen Gesellschaften; Individuelle Lohn- und Gehaltserhöhungen für 1985. Vertraulich, Radenthein, 1985 01 16; Lo/Pot.

Vorstandsinformation, Radenthein, 1985 01 02; P/pot. An alle Mitarbeiter

Auszug aus dem Protokoll der Vorstandssitzung 2/87 am 1987 01 27.

Vorstandsprotokoll 7/88; 22 08. 1988

VV /XXI /34, Radenthein, 1988 08 22, Aus O. P2, N3, VV/Dr. Pö/Pot, An: PA-G, Auszug aus dem Vorstandsprotokoll 7/88 (Sitzung am 1988 07 19), Ad 4. Darstellung Vorstandsbereich Forschung, Personalentwicklung über die nächsten 10 Jahre

Protokoll Vorstand vom 22./23. 8. 1988

Von: Personal, Radenthein, 1989-08-24, Aus PA-L/FL; PA-G/P/GG, Protokoll Vorstandsgespräch 23. August 1989. (Gleichstellung Arbeiter – Angestellte, --Mitarbeiterbegriff)

Schreiben: PA-G/P/GG, Radenthein, 1989-09-04.

Aktenvermerk, PD/ Dr. Pö/ BI, 7. Aug. 1989. (Betr.: Lehrlinge – Überstellen dieser nach Gesellenprüfung in andere Abteilungen)

Vorstand; Radenthein, 1989 08 29, VV/Dr.Pö/WG, Auszug aus dem Protokoll (Konzept), Der Vorstandssitzung vom 22./23.8.1989. (Innerbetriebliche Trainer, Ausbildungsprogramm, Ausbildungsräumlichkeiten)

Vorstand; VV/XXI/36,Radenthein, 1989-09-04, Aus O. P2, N3, VV/Dr. Pö/WG, Zirkularprotokoll, An Vorstand PA_G, Stipendium THL Hüttentechnik Leoben

Vorstandssitzung Radex Austria, 7. November 1989.

Von: VV Pöhl, Radenthein, 1990-06-22. VV/Dr. Pö/Pot, Auszug aus dem Protokoll IV/90 der Vorstandssitzung am 30. Mai 1990 in Radenthein, Ad. 8. Traineegruppe – Nachfolgeplanung, Niederschrift über die Sitzung des Aufsichtsrates der Radex Austria Aktiengesellschaft für feuerfeste Erzeugnisse am 9.4. 1991.

Schreiben: PA-G; Radenthein 1990-03-15

Niederschrift über die Sitzung des Aufsichtsrates der Radex Austria Aktiengesellschaft für feuerfeste Erzeugnisse am 9.4. 1991.

Schreiben: Personalabteilung; PA-L/FL/GG, 1992 – 07- 14.

Geschäftsberichte

Geschäftsbericht für das Jahr 1976. Österreichisch-Amerikanisch Magnesit Aktiengesellschaft Radenthein. Radenthein, im Feber 1977.

Geschäftsbericht für das Jahr 1980. Österreichisch-Amerikanisch Magnesit Aktiengesellschaft Radenthein. Radenthein, im Februar 1981.

Jahresbericht 1992 der Radex-Heraklith Industriebeteiligungs Aktiengesellschaft. Wien.

Dank

Der Autor ist folgenden Persönlichkeiten, Institutionen und Firmen zu Dank verpflichtet.

(...) für die Unterstützung, den fachlichen und persönlichen Input sowie das Engagement bei der Fertigstellung, der Redaktionsarbeit und dem Layout bis hin zum Druck: Prof. Vinzenz Jobst, Leitender Sekretär der Arbeiterkammer i.R., selbst Autor mehrerer Bücher.

(...) für die Unterstützung zum Erscheinen der Publikation der Firma RHI Magnesita sowie der Kammer für Arbeiter und Angestellte für Kärnten.

(...) für die Teilnahme an der Befragung und für die Interviews den ehemaligen Mitarbeitern.

Meiner Familie Monika, Heidi & Sophia, Richard und Ines für das Verständnis für die zeitaufwendigen Recherchen und die jahrelange Arbeit.

Bildnachweis

Abb. 1: Österr. Staatsarchiv / Abb. 2, 3, 4, 5: ÖAMAG-Festschrift 1933 / Abb. 6: Internetquelle / Abb. 7: Dinklage 1982: 147 / S. 48, 70: Privatarchiv M. K. / S. 112: RHI Magnesita N.V. / Abb. 10, 11, 12, 13, 14, 15, 16, 17, 18, 19, 20, 21, 22, 23, 24 sowie S. 221, S. 313: Privatarchiv M. K.

Der Autor

Martin Kowatsch, Mag. Dr., *1972 in Villach, lebt und arbeitet in Radenthein. Betriebsratsvorsitzender von RHI Magnesita in Radenthein. Kowatsch beschäftigt sich mit Bildungs-, Gesellschafts- und Wirtschaftsfragen.

Personenregister

Alexander III. 10, 12
Androsch Hannes 9

Bargezi Eduard 71, 197, 274
Baumgartner Walter 100, 182
Beel Carl 17
Beliska R. 283
Benya Anton 150, 166, 240, 251
Berger Hermann 247
Berger Erhard 51, 52
Berlek 33
Billard Joseph Anton 19, 20, 23
Böhm Johann 284
Briede Otto 20
Büchler-Hauschka Otto 41, 71, 137, 178, 194, 196, 246
Buchacher Franz 152

Canaval Richard 14, 16
Carmann Josef 33, 51, 52, 57
Clark Frank King 20
Cook 20

Dellach Thomas von 13
Dinklage Karl 151, 158, 162, 164, 167, 238, 240, 254, 256
Draxler Helmut 103

Ebner Max 17
Engelbrecht Helmut 153, 155
Engels Friedrich 9
Erdmann Konrad 23, 27, 33, 35, 36,
Ernst Karl 193, 211

Färber Josef 273, 274, 293
Filipot Rudolf 131, 144, 159, 160, 198, 200, 206, 207, 251, 252, 253
Fellner 131
Flaschberger Leopold 126
Flath Julia 140
Franchi Atilio 24
Friedrich III. 12

Gaugelhofer Peter 154, 274
Geistler Wilfried 51
Gferer Christoph 140

Gilchrist P. C. 16
Glanzer Robert 16, 17
Gmeiner Hans 269, 270
Gräbner Herwig 116, 124, 129, 179, 223
Gruber Elke 296, 297

Hansgirg Fritz 35
Hanusch Ferdinand 241
Hapernig Alois 179
Häuser Rudolf 143
Herke Hans 249
Hessenbruch Frank 17, 19, 20
Hinterlassnig Heinrich 139
Hobsbawm Eric 7, 286
Hödl Friedrich 101
Hofer Oliver 140
Hörhager Josef 16, 17, 18
Hoja Friedrich 68
Huber Josef 29
Hütter Luis 68, 124, 127, 128, 149, 157, 178, 268, 269, 296

Ibounig Peter 257

Jobst Vinzenz 313

Kahler Fritz von 68
Kaspar Stefan 54
Kary Hans 137
Kazianka Johann 243
Klose Felix 205
Krainz Bruno 139
Krassnig Mathias 247
Krieger Emil 17, 19
Kössler Rupert 192, 206
Kostner Siegfried 137
Kowatsch Martin 5, 125, 126, 152, 165, 174, 175, 183 184, 190, 191, 216, 260
Kühn Rosa 51
Kuschinsky 54

Lanser Paul von 124
Lauda Hans 33
Leitner Karl 89, 91, 143, 161, 167, 210, 220, 221
Liaunig 68, 246
Lobisser Switbert 36
Longin Hellmut 93, 171, 187, 193, 212, 213, 214, 218
Luschan Oskar Ritter von 19

Maier Karl 256, 259, 265
Maisel Karl 283
Mantler Karl 281, 282
Marx Karl 9
Meister Oskar 278
Mikl-Horke Gertraud 187
Mitter Anton 14
Mörtl Günther 170
Morris D. 41, 52, 201
Mößler Gottlieb 124, 144, 163, 164, 180, 206, 209, 292
Moser Fritz 180, 181

Nechwatal Rudolf 57, 66
Negt Oskar 189, 295, 297

Oberherzog Matthias 13
Olsacher Brigitte 140
Olsacher Stefan 140
Oberlerchner Walter 139
Oswald 17

Pacher Günther 170
Payer Ulrike 129, 133, 147
Pertl Armin 171
Pertl Andreas 140
Pichl Helmut 91
Pichler Heinz 152, 183, 260
Piendl 22
Piesch Hans 116, 262
Pirker Hans 51
Pöhl Wolfgang 192, 212
Porsche Ferdinand 28
Preiml Baldur 137
Prettner Karl 132, 163, 182, 183, 206, 212
Probst Otto 271
Proksch Anton 132, 289, 271, 289

Quadflieg Mariette 51

Rauscher Franz 283
Renner Karl 282
Ressler Walter 93, 258
Riegger Hannes 124, 131, 141, 274

Samitz Hans 130, 131, 132, 135, 144, 145, 159, 198, 200, 253, 274
Sax Max 15

Schärf Adolf 271
Scheiber Hans 157, 187
Schichtel Franz 35
Schlaff Martin 107
Schmölzer Othmar 130, 131, 133, 144, 150, 152, 153, 154, 155, 156, 182, 199, 203, 206, 225, 253
Seiser Franz 52
Siemens Friedrich 15
Siemens Wilhelm 15
Sis Radoslav 139
Spanring Erich 170
Später Martin 15
Sprung Rudolf 13
Stehler 53, 57
Stieber Gabriela 245
Stölzl Johann 22
Strukely Mario 126
Suchanek Erich 254

Thamerl Jürgen 140
Thomas S. G. 16
Türk Franz 21

Unrest Jakob 10
Urban III. 11

Valentin Hellwig 6, 191, 260, 261

Wagner Heimo 126, 165
Wedenig Ferdinand 274
Wick Wolfgang 54, 76, 135, 198, 202, 252, 274
Wiederschwinger Margarethe 139
Wilhelm Gustav 281
Wilitsch Hugo 27
Winkler Siegfried 165, 166
Winter Emil 10, 19, 20, 27, 33, 34, 133, 148, 149, 162, 222
Winter Dwight 27, 41
Winter Mary Elisabeth 133, 148, 149
Winterstein Wilhelm 107
Wilitsch Hugo 20
Weydenhammer Rudolf 33, 36

Zammernig Reinhard 184
Zapf Johann-Paul 12, 13
Zeloth Thomas 255